티벳 死者의 書

●──《티벳 사자의 서》의 영역자 라마 카지 다와삼둡(왼쪽)과 영문판의 편집자 에반스 웬츠. 시킴의 강톡에서 1919년.

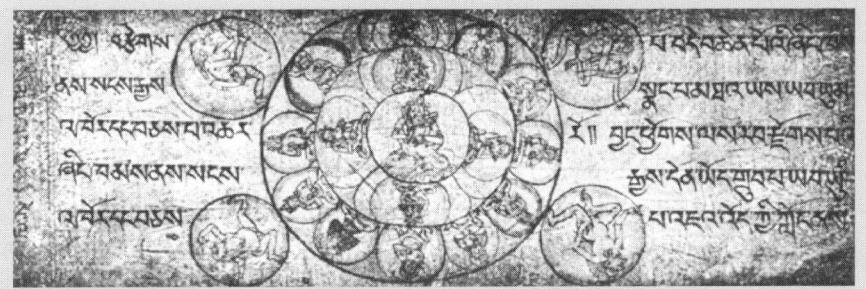

●──《티벳 사자의 서》의 원본 중에서 여섯째날의 일부인 35a(위쪽)와 열넷째날의 일부인 67a.

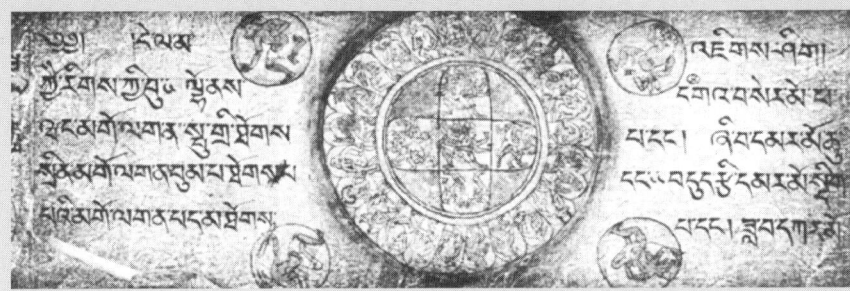

●──여섯 글자의 소리, 곧 육자진언(六字眞言)이라고 흔히 말하는 "옴 마니 밧메 훔." 이것은 첸라지(관세음보살)의 핵심적인 만트라이다. 본문 p. 354 참조.

●──도르제(Dorje, 金剛杵). 티벳 라마들이 종교 의식에서 사용하는 도구로 번개라는 뜻이다. 모든 것을 파괴하는 무서운 힘을 가진 인드라 신의 무기다. 윤회계의 여섯 세계에 대한 통치권을 상징한다. 본문 p. 61, 275 참조.

●──《티벳 사자의 서》를 쓴 파드마삼바바를 그린 불화.

티벳 死者의 書
THE TIBETAN BOOK OF THE DEAD

파드마삼바바―― 지음
라마 카지 다와삼둡―― 번역
에반스 웬츠―― 편집
류시화―― 옮김

정신세계사

옮긴이 류시화는 시인으로 경희대학교 국어국문학과를 졸업했고, 인간 의식 탐구와 영적인 진화에 관련된 많은 책을 번역해 왔다. 지은 책으로는 시집《그대가 곁에 있어도 나는 그대가 그립다》, 산문집《삶이 나에게 가르쳐준 것들》《딱정벌레》등이 있으며, 옮긴 책으로는《성자가 된 청소부》《또다른 여인이 나를 낳으리라》《달마》《나는 왜 너가 아니고 나인가》《잃어버린 지평선》《현대물리학이 발견한 창조주》《내 영혼의 닭고기 수프》등 많은 책이 있다.

티벳 死者의 書
The Tibetan Book of the Dead

파드마삼바바Padma Sambhava 짓고, 라마 카지 다와삼둡Lama Kazi Dawa-Samdup 번역하고, 에반스 웬츠Evans Wentz 편집하고, 류시화 옮긴 것을 정신세계사 정주득이 1995년 8월 26일 처음 펴내다. 김철호가 내교와 교정을, 강무성이 책꾸밈을 맡다. 정신세계사의 등록일자는 1978년 4월 25일(제1-100호), 주소는 03965 서울시 마포구 성산로4길 6 2층, 전화는 02)733-3134(대표 전화), 팩스는 02)733-3144, 홈페이지는 www.mindbook.co.kr, 인터넷 카페는 cafe.naver.com/mindbooky이다.

2025년 7월 1일 박은 책(초판 제54쇄)

ISBN 978-89-357-0066-0 03220

세상을 떠난 아버지와 어머니,
그리고 나에게 진리를 가르쳐 준
동양과 서양의 스승들,
세속의 스승들과 영적인 스승들 모두에게
이 한 권의 책을 바친다.

에반스 웬츠의 헌사

죽는 법을 배우는 것, 그것이야말로 가장 가치있는 과학이며 모든 과학을 초월하는 것임을 그대는 알아야만 한다. 인간은 누구나 자신이 죽으리라는 것을 안다. 그것은 모든 인간에게 공통된 것이다. 영원히 살 사람도 없고, 또한 영원히 살기를 기대하거나 확신할 사람도 없다. 그러나 죽는 법을 배울 만큼 지혜를 가진 사람은 세상에 너무도 적구나. 나는 그대에게 이 신비의 가르침을 주노라. 이 가르침은 그대 영혼의 행복에 큰 도움을 줄 것이고, 모든 아름다운 삶의 근본이 되리라.

《오롤로기움 사피엔티아》
14세기

인간이여, 그대는 자신의 의지와는 상관없이 죽음을 맞이하는구나. 죽는 법을 배우지도 못한 채……. 죽는 법을 배우라. 그러면 그대는 사는 법을 배우게 되리라. 죽음을 배우지 못한 자는 삶까지도 배울 수 없기 때문이다.

《죽음의 기술》 중에서
모든 여행 중의 여행 — 인간에게 죽는 법을 가르치다

이곳에 있는 것은 무엇이든지 그곳에 있으리라. 그곳에 있는 것이 마찬가지로 이곳에도 있으리라. 이곳에 있는 것과 그곳에 있는 것이 차이가 있다고 보는 자는 영원히 죽음에서 죽음으로 이르는 길을 걸으리라.
참된 마음만이 이것을 깨달을 수 있으니, 그곳은 이곳과 아무런 차이가 없다. 그곳이 이곳과 차이가 있다고 보는 자는 영원히 죽음에서 죽음으로 이르는 길을 걸으리라.

《카타 우파니샤드》 제4장
스와미 쉬라바난다 번역

❖──── 옮긴이의 말

죽음의 순간에 단한번 듣는 것만으로

류시화

　지금으로부터 1,200년 전, 한 인도인 스승이 티벳 왕의 초청을 받아 히말라야 산중국가로 먼 여행을 떠났다. 그는 유명한 탄트라(密敎)의 대가였으며, 신비 과학에 정통한 자였다. 사람들은 그를 가리켜 '연꽃 위에서 태어난 자', 파드마삼바바라고 불렀다. 그것은 그의 순수함과 완전함을 상징하는 이름이었다. 그는 또한 인도 최고의 대학이며 당시 영적 탐구의 중심지였던 나란다 불교대학의 교수이기도 했다.
　3년의 긴 여행 끝에 티벳에 도착한 파드마삼바바는 히말라야 설산에서 인도에서 갖고 온 신비 경전들을 티벳어로 번역하기 시작했다. 또한 인간을 궁극의 깨우침으로 인도하는 비밀의 책들을 직접 그 자신의 언어로 써내려갔다. 생각해 보라. 만년설이 빛나는 산중국가에서 한 이국의 노승이 노오란 버터기름 등잔 아래 앉아 《책 중의 책》들을 한 글자씩 적어내려가고 있는 모습을. 인간은 그것만으로도 아름답지 않은가. 여기, 삶과 죽음의 비밀과 인간을 저 너머의 세계로 안내하는 초월의 언어들이 그의 아름다운 손끝을 거쳐 새롭게 탄생하기 시작했다. 그것들은 모두 100권이 넘었고, 각 권의 분량은 수백 장에 이르렀다.

하지만 위대한 스승 파드마삼바바는 그 비밀의 책들을 세상에 공개하지 않았다. 아직 때가 아니었다. 세상은 아직 그 내용을 이해할 준비가 돼 있지 않았다. 아직 준비되지 않은 사람들에게 궁극의 문을 열어 보이는 것은 그들을 눈멀게 하는 것이나 마찬가지였다. 그래서 그는 그 신비서들을 티벳 전역의 히말라야 동굴 속에 한 권씩 숨겨 두었다. 그리고 나서 그는 세상을 떠났다. 그 숨겨진 책들은 이제 영원히 빛을 볼 수 없게 되었다.

파드마삼바바, 나는 그에게 절한다. 그의 탁월한 지혜에 머리를 숙인다. 그는 생과 사, 시간과 공간을 초월하는 참다운 지식을 이미 터득한 자였다. 그래서 그는 죽기 전에 몇 명의 제자들에게 특별한 능력을 전수했다. 그것은 그들이 적당한 시기에 다시 육체를 갖고 세상에 환생하는 능력이었다. 그리하여 그 제자들은 수백 년 후에 한 명씩 다시 세상으로 돌아와, 세상이 준비가 되었을 때 그 숨겨진 비밀 경전들을 어둠 속으로부터 꺼내기 시작했다. 그것이 스승으로부터 그들에게 주어진 위대한 사명이었다. 이 위대한 사명을 가진 자, 그들을 사람들은 테르푄이라고 불렀다. 그것은 티벳어로 '보물을 찾아내는 자'라는 뜻이다. 현재까지 이 테르푄들이 찾아낸 파드마삼바바의 경전만 해도 65권에 이른다. 그 나머지 책들은 아직도 세상의 때를 기다리며 미지의 동굴 속에 묻혀 있는 것이다.

이제부터 우리가 신비감에 떠밀려 한 장씩 책장을 넘기게 될 이 《티벳 사자의 서》는 테르퇸 중에서도 가장 뛰어난 인물인 릭진 카르마 링파가 티벳 북부지방의 한 동굴에서 찾아낸 비밀의 책이다. 그것은 보물 중의 보물이었다. 그것은 깊은 동굴 속에서 꺼내져 세상에 나오자마자 진리의 길을 걷는 많은 이들을 초월의 세계로 이끌었다. 여기, 깊은 동굴이란 무엇을 의미하는가. 바로 우리 자신의 어둠과 무의식이 아닌가. 그리고 그 속에는 우리 자신을 빛의 몸으로 탈바꿈시킬 근본 진리가 숨겨져 있는 것이 아닌가.

릭진이 이 책을 찾아냈을 때 그 원제목은 《바르도 퇴돌》이었다. 바르도Bardo는 '둘do 사이bar'라는 뜻이다. 그것은 낮과 밤의 사이, 곧 황혼녘의 중간 상태를 말한다. 이 세계와 저 세계 사이의 틈새다. 그래서 티벳에서는 사람이 죽은 다음에 다시 환생하기까지 머무는 사후의 중간 상태를 바르도라고 부른다. 인간이 그 상태에 머무는 기간은 49일로 알려져 있다.

그리고 퇴돌Thos-grol은 무슨 뜻인가. 그것은 '듣는 것으로thos 영원한 자유에 이르기grol'의 뜻이다. 그러므로 이 책의 제목은 《사후 세계의 중간 상태에서 듣는 것만으로 영원한 자유에 이르는 가르침》이라고 번역된다.

듣는 것만으로 영원한 자유에 이르는 책이 여기 있다. 죽음의 순간에 이르러 오직 단 한 번 듣는 것만으로도 생과 사의 굴레를 벗어 던질 수 있는 책이 여기 있다. "죽음을 배우라, 그래야만 그대는 삶을 배울 것이다." 하고 이 책은 역설한다. 생을 마치고 사후의 세계로 여행을 떠났을 때 그대 앞에는 많은 빛들이 나타날 것이다. 임종의 순간에는 최초의 투명한 빛이 그대를 맞이하러 나타나리라. 그대는 그 빛을 따라가야만 한다. 그 빛은 모든 것의 근원이며 진리의 몸 그 자체이기 때문이다. 만일 그대가 그 빛을 깨닫는 데 실패한다면 그 다음에는 또다른 빛들이 나타날 것이다. 그리고 그 빛들과 함께 수많은 신들이 그대 앞에 등장한다. 어떤 신은 평화의 신이고, 어떤 신은 분노의 신이다. 이 모든 빛들과 신들에게로 돌아가는 데 실패한다면 그대는 점점 깊은 어둠 속으로 떨어질 것이다. 그리고 공포의 환영들이 그대를 사로잡으리라. 그대는 사지가 산산이 찢기고 심장이 꺼내져 내동댕이쳐지며 머리가 부서질 것이다. 그러나 그 끝없는 고통 속에서도 그대는 죽을 수가 없다. 마침내 그대는 다시금 세상에 태어나기를 원하게 되고 어두운 무의식 상태에서 어느 자궁 속으론가 황급히 뛰어들게 된다. 그렇게 해서 49일은 지나가고, 그대는 다시금 생과 사의 수레바퀴로부터 헤어날 수가 없게 된다고 이 책은 설명하고 있다.

그러나 무엇보다도 이 책의 뛰어난 점은, 우리가 사후에 보게 되는 그 모든 빛들과 신들의 세계가 사실은 우리 자신의 마음에서 투영된 환영에 불과한 것이라고 분명히 선언하고 있다는 점이다. 그것들은 실체를 가진 것이 아니라 우리의 무의식 세계가 펼쳐 보이는 환상의 그림자에 지나지 않는다. 나아가 삶도 죽음도 우리의 환영이고, 모습도 색깔도 마음까지도 실체 없는 환영의 세계이다. 삶도 내 자신이 만드는 것이고, 세계도 내가 창조하는 것이다. 《티벳 사자의 서》가 우리에게 일깨우는 진리는 바로 그 환영의 세계를 속히 깨달으라는 것이다. 죽음에 이른 자의 귀에 대고 죽음은 환영에 불과한 것이며 삶까지도 그림자일 뿐이니 서둘러 그것들에서 벗어나라고 이 책은 속삭인다. 그 속삭임의 울림은 크다. 우리의 삶의 환영이 너무도 깊은 까닭이다. 그 속삭임은 또한 영혼의 귀에 대고 저 은자와 현자들의 목소리를 빌어 이렇게 말한다.

"아, 고귀하게 태어난 자여! 저 근원에서 나오는 빛을 보라. 그 빛을 깨달으라. 그 빛이 바로 그대 마음의 근본이다. 내 말을 들으라. 그대를 유혹하는 저 덧없는 환영들에 집착하지 말라."

이 책이 다른 위대한 경전들과 어깨를 나란히 할 수 있는 이유가 여기에 있다. 흔히 오해되고 있듯이 이 책은 장례식 절차를 설명한 책이 아니며, 단순한 사후세계의 설명서가 아니다. 생의 근본 진리를 분명하고 단호한 어조로 설파하는 티벳 최고의 경전이다. 따라서 진지한 독자라면 이 책이 죽은 자를 위한 것이 아니라 산 자를 위한 심오한 가르침이라는 사실을 눈치채지 못할 까닭이 없다. 진리의 길을 걷는 모든 구도자들에게 이 책은 하나의 기본서이자 궁극의 책이다. 그리고 이 책에서 말하는 죽음이란 단순히 육체의 죽음을 말하는 것이 아니라 하나의 상징적인 죽음이다. 그것은 진리의 길에 입문하는 사람들에게 행해지는 동서양의 모든 입문 의식과 같은 것이다. 이들 입문 의식에서는 무엇보다도 상징적인 죽음이라는 통과의례를 거친다. 진리를 깨치기 위해서는 먼저 '나'가 죽어야만 한다고 스승들은 가르친다. 나의 존재, 나의 관념, 나의 과거, 이 모든 것이 죽어야 한다. 그것이 곧 진정한 거듭남이고 종말론의 의미라고 신비주의 시인 안젤루스 실레시우스는 풀이한다. '나'의 전부가 죽을 때 스스로 밝아 오는 진리의 빛, 모든 사물의 근원에 편재해 있는 그 절대의 빛, 다름아닌 그 빛의 깨달음에 대해 이 책은 말하고 있다. 그것이 다만 훗날에 이르러 죽은 자에게 읽어 주는 안내서의 의미로 전락했음을 학자들은 밝히고 있다.

칼 융이 말했듯이, 《티벳 사자의 서》는 '닫힌' 책으로 시작해 '닫힌' 책으로 끝날지도 모른다. 읽는 사람의 영적인 이해력에 따라서만 그것은 책장이 열리기 때문이다. 그것은 누군가에게는 끝내 닫힌 책일 수도 있지만, 마음을 열고 모든 편견을 넘어 진리의 여행을 떠나려고 하는 자에게는 그 책장을 눈부시게 열어 보일 것이다.

《티벳 사자의 서》가 세상에 널리 알려지게 된 것은 뛰어난 테르퇸이었던 릭진 카르마 링파의 공로만이 아니었다. 릭진이 이 책의 두루

마리를 동굴 속에서 꺼낸 뒤에 그것은 필사본과 목판본으로 티벳과 히말라야 인접 국가에서만 전해져 내려왔다. 그러던 중 20세기 초에 한 영국인 구도자가 그 필사본을 발견했다. 그는 티벳 불교 연구의 선구자이며 옥스퍼드 대학의 종교학 교수인 에반스 웬츠였다. 그는 인도 북서부 다르질링의 한 사원에서 이 필사본을 구했으며, 시킴으로 건너가 티벳 승려 라마 카지 다와삼둡의 제자로 입문했다. 라마 카지 다와삼둡은 영어와 티벳어, 산스크리트어에 능통한 위대한 학승이었다.

1919년 시킴의 강톡에서 이들은 《바르도 퇴돌》의 번역을 마쳤다. 번역은 라마 카지 다와삼둡이 했고, 에반스 웬츠는 그가 구술하는 주석과 해설을 받아 적었으며 책의 편집을 맡았다. 그리고 그 초판본이 《티벳 사자의 서》라는 제목으로 1927년 옥스퍼드 대학 출판부에서 인쇄되었다. 그것이 서구세계에 일으킨 반응은 실로 엄청난 것이었다. 그것은 당시의 대표적인 심리학자 칼 융에게 큰 영향을 미쳤고, 그는 여기에 실린 대로 《티벳 사자의 서》에 대한 심리학자의 해설을 쓰기까지 했다.

이 책에는 다른 책들과는 달리 여러 편에 달하는 서문과 해설문이 실려 있다. 또한 경전의 문장마다 많은 주석이 붙었고, 〈부록〉 편에는 독자의 이해를 돕기 위한 더 자세한 설명이 실려 있다. 《티벳 사자의 서》가 이토록 많은 해설과 설명을 필요로 하는 데에는 그만한 이유가 있다. 사실 티벳에서 이 경전이 오랜 세월 동안 전해 오면서 스승은 제자에게 반드시 경전에 대한 해설을 함께 전수했다. 그 해설이 없이는 이 경전은 '비밀의 책'으로 닫혀 있을 수밖에 없었다. 따라서 나는 이 책을 번역하면서 원본에 있는 모든 서문과 해설문을 완역해 실었다. 칼 융의 것과 함께 아나가리카 고빈다의 서문도 탁월한 것으로 정평이 나 있음을 밝힌다. 또 하나 밝혀 둘 것은, 편집자 에반스 웬츠는 라마 카지 다와삼둡의 해설을 받아 적으면서 많은 주석을 달았는데, 나는 약간 고지식한 그 편집 방법에서 벗어나 주석 부분을 모두 본문에 포함시켰다. 그렇게 해도 아무런 무리가 없었으며, 오히려 독자의 책읽기에는 그쪽이 더 편하다고 판단했기 때문이다.

《티벳 사자의 서》는 아무리 훌륭하게 번역한다 해도 또다른 누군가가 재번역해야 할 만큼 언어의 한계가 가진 '바르도'의 세계로부터 거듭 '환생'해야만 하는 책이다. 종교에 해박하거나 언어의 지식을 갖고 있다고 해서 번역에 덤벼들 수 있는 책이 아니다. 나는 이 책의 옳은 번역을 위해 영어본뿐만 아니라 몇 권의 일본어본까지 참고했음을 고백하지 않을 수 없다. 그 중에는 티벳 경전의 전문 번역가로 이름난 어느 일본인의 번역본도 있었는데, 이 책에서만큼은 그 번역가 역시 미로 속에서 헤매고 있음을 금방 느낄 수 있었다. 한 단락의 문장을 번역하기 위해 몇 시간의 명상과 여러 해에 걸친 공부가 필요한 책이 바로 《티벳 사자의 서》이다. 그리고 모든 번역본이 해설문을 삭제해 버리는 중대한 잘못을 범하고 있었다. 그것은 이 책을 세상에 소개한 라마 카지 다와삼둡과 그의 위대한 스승들의 의도에서 크게 벗어나는 일이다. 그것은 마치 독자에게 열쇠를 주지 않고 닫힌 문 앞에 세워 두는 것과 다를 바 없다. 물론 이미 열쇠를 가진 몇 사람에게는 그것이 필요없을 것이다.

또한 나는 이 번역에서 종교를 초월해 진리에 다가가고자 하는 독자의 이해를 돕기 위해 가능하면 불교 용어를 쓰지 않았다. 물론 필요한 경우 대부분의 불교 용어를 괄호 안에 표시하긴 했지만, 학식을 갖춘 이에게는 어떤 단어들이 설익게 느껴질 수도 있을 것이다. 그러나 삶과 죽음의 근본적인 원리를 풀어 헤치는 이 중요한 책이 단어 하나의 정통성보다는 그것이 담고 있는 메시지를 정확히 전달하는 것이 더 중요함을 그들 또한 이해하리라고 나는 믿는다.

이 책의 저자로 알려진 스승 파드마삼바바의 지혜, 그것을 만년설의 동굴 속에서 찾아낸 제자 릭진의 헌신, 그리고 다시 그것을 세상에 전파한 라마 카지 다와삼둡과 에반스 웬츠의 성실하고 겸허한 노력이 여기 이 책의 모든 문장들 속에서 빛나고 있다. 그들에 비하면 이 책을 번역하면서 내가 들인 노력이란 아주 작은 것이다. 그리고 그나마의 노력 역시 많은 이들의 도움이 아니었다면 결실을 맺지 못했을 것이다. 나는 그들에게 감사를 드린다. 10년 전 처음으로 뉴욕의 이스트웨스트 서점에서 이 책을 발견했을 때부터 나는 그것을 언젠가 번역해 보리라고 혼자서 다짐했었다. 지나서 생각해 보니 그 이후 내가 여러 곳을 떠돌며 해 온 모든 공부는 사실 이 책의 정확한 번역에 한 걸음이라도 다가서기 위한 것에 다름아니었다. 특히 티벳어의 정확한 발음을 위해 힘들여 한 글자씩 읽어 주기를 마다하지 않은 네팔에 사는 티벳인들의 도움이 컸다. 그들은 아침마다 고요한 히말라야 산의 대기 속에서 이렇게 외치곤 했다. 게오, 게오, 게오! 수밤 아추 사르바자탐! 모든 존재가 행복을 발견하기를!

생은 다만 그림자.
실낱 같은 여름 태양 아래 어른거리는
하나의 환영.
그리고 얼마큼의 광기.
그것이 전부.
우리에게 시간은 충분했다.
그러나 우리는 그만큼 살지 않았을 뿐.

차 례

옮긴이의 말	죽음의 순간에 단 한 번 듣는 것만으로 · 류시화	9
제4판 서문	눈고장의 현자들이 건네 준 책 · 에반스 웬츠	23
제3판 서문	비밀에 부쳐진 책 · 에반스 웬츠	27
제2판 서문	삶의 예술과 죽음의 예술 · 에반스 웬츠	33
	죽음을 맞이하는 순간의 수행법	40
초판 서문	티벳 현자들의 가르침 · 에반스 웬츠	41

비밀의 이해
【티벳 사자의 서 해제】

편집자의 해설	비밀의 책을 열다 · 에반스 웬츠	47
	1. 《티벳 사자의 서》의 중요성	49
	2. 상징 기호의 사용	50
	3. 《티벳 사자의 서》의 49일의 의미	56
	4. 다섯 원소들의 상징적 의미	58

	5. 지혜의 가르침	*62*
	6. 죽음의 의식	*73*
	7. 사후세계 또는 바르도	*85*
	8. 바르도 환영의 심리학	*88*
	9. 사후의 심판	*94*
	10. 환생 사상	*102*
	11. 우주론	*133*
	12. 《티벳 사자의 서》에 담긴 가르침들	*139*
	13. 필사본에 대해	*142*
	14. 《티벳 사자의 서》의 출처	*147*
	15. 번역과 편집	*153*
심리학자의 해설	우나 살루스—대자유에 이르는 길·칼 융	*159*
해설	죽음의 과학이 발견한 삶의 비밀·라마 고빈다	*187*
해설	환생과 윤회의 비밀·존 우드로프	*203*

티벳 死者의 書
【경전과 주해】

첫째권 【치카이 바르도 · 초에니 바르도】 *227*

	서 문	*230*
	의식체의 탈바꿈	*231*
	《사자의 서》를 읽어주는 방법	*232*
	《사자의 서》의 내용	*234*
제1부	**치카이 바르도** 【죽음의 순간의 사후세계】	*237*
	1. 치카이 바르도의 첫번째 단계	*238*
	최초의 빛으로 사자를 인도하는 사람	*239*
	최초의 빛으로 사자를 인도하는 시기	*240*

구체적인 방법	*241*
2. 치카이 바르도의 두번째 단계	*252*

제2부 초에니 바르도 【존재의 근원을 체험하는 사후세계】 *259*

1. 세번째 빛의 사후세계 *260*
2. 첫째날부터 일곱째날까지 평화의 신들이 나타남 *268*

첫째날	*269*	둘째날	*273*
셋째날	*278*	넷째날	*283*
다섯째날	*288*	여섯째날	*293*
일곱째날	*307*		

3. 여덟째날부터 열넷째날까지 분노의 신들이 나타남 *316*

서론	*316*	여덟째날	*324*
아홉째날	*327*	열째날	*329*
열하루째날	*332*	열둘째날	*334*
열셋째날	*338*	열넷째날	*342*

4. 결론 : 이 가르침의 근본적인 중요성에 대해 *356*

둘째권 【시드파 바르도】 *361*

짧은 서문 *364*

제1부 사후세계 *365*

1. 사후세계의 몸 —— 그 탄생과 초능력 *366*
2. 사후세계에 있는 존재들의 특징 *375*
3. 사후의 심판 *384*
4. 모든 것을 결정하는 생각의 힘 *392*
5. 여섯 세계의 빛이 밝아오다 *401*

제2부 환생의 과정   407

1. 자궁문 닫기   408
- 자궁으로 들어가는 것을 막는 방법   411
- 자궁문을 닫는 첫번째 방법   412
- 자궁문을 닫는 두번째 방법   416
- 자궁문을 닫는 세번째 방법   417
- 자궁문을 닫는 네번째 방법   422
- 자궁문을 닫는 다섯번째 방법   425

2. 자궁문 선택하기   429
- 환생할 장소가 미리 환영으로 나타남   431
- 괴롭히는 악령들로부터 자신을 지키기   434

3. 두 가지 선택   440
- 극락 세계에서의 초자연적인 탄생   441
- 자궁을 통한 탄생—인간세상으로 돌아옴   443

4. 전체적인 결론   448

사자의 서 부록 【기원문들】   455

1. 붓다들과 보디사트바들에게 도움을 청하는 기원문   457
2. 사후세계의 위험 가득하고 좁은 여행길로부터 구원을 청하는 기원문   460
3. 여섯 바르도의 서시(序詩)   466
4. 사후세계의 두려움으로부터 보호를 청하는 기원문   471
5. 끝맺음말   478

부 록
【보충해설】

《티벳 사자의 서》의 이해를 위한 몇 개의 설명　　483
   1. 요가　　484
   2. 탄트라　　487
   3. 만트라 또는 힘을 가진 말　　497
   4. 스승과 제자 그리고 입문　　500
   5. 존재의 근원　　502
   6. 북방불교와 남방불교 그리고 기독교　　514
   7. 중세 기독교의 사후심판　　521

크리슈나의 기억

아르주나여, 그대와 나는 지금까지 많은 생을 살아 왔다.
나는 그 모든 생을 기억하지만, 그대는 기억하지 못하는구나.

《바가바드 기타》 제4장

❖─── 제4판 서문

눈고장의 현자들이 건네 준 책

에반스 웬츠

 삶은 죽음으로부터 나온다. 소크라테스는 독약을 앞에 놓고 죽음의 세계로 여행을 떠나기 앞서 그것을 직관적으로 깨달았다. 우리가 이제부터 책장을 넘겨 나갈 이 책 역시 우리에게 다름아닌 그 진리를 일깨우고 있다. 여기 이 책은 결코 어떤 종교적 전통이나 믿음으로부터 탄생한 책이 아니다. 죽음의 세계를 경험한 다음, 의식을 가진 채 다시금 인간의 육체 속으로 환생한 위대한 영적 스승들의 증언을 근거로 한 것이다.
 히말라야 눈고장〔雪國〕의 현자들이 우리에게 건네 준 이 문헌은 죽음의 순간과 사후세계에서 더없이 가치있는 안내서가 되리라고 나는 믿는다. 모든 인간 존재는 필연적으로 그 세계를 통과해야만 한다. 그

것은 인간의 숙명이다. 하지만 진정한 지식을 갖고 그곳으로 여행을 떠나는 자는 드물다. 그러므로 이 책의 가치는 아무리 강조해도 부족할 정도다.

《티벳 사자의 서》는 과학적이고 명상적인 방법으로 인간 존재를 탐구한 책이다. 미지의 인간 존재를 탐구하는 것은 바깥 공간을 탐험하는 것보다 훨씬 더 중요한 일이다. 달이나 금성에, 또는 어떤 다른 우주 공간에 육체를 갖고 발을 내딛는 것은 인간 지식에 보탬이 될지 모른다. 그러나 그것은 어디까지나 덧없는 외부 현상에 대한 지식일 뿐이다. 인간의 궁극적인 목적은, 이 책에서 현자들이 가르치는 것처럼, 그 덧없는 것들을 초월하는 데 있다.

중세 유럽의 르네상스 시대에는 동양으로부터 바람이 불어와 '죽음의 기술'에 대한 많은 주옥 같은 문헌들을 탄생시켰다. 그 문헌들에서 따온 인용문을 독자들은 이 책의 주석에서 많이 만나게 될 것이다. 오늘날도 그때와 마찬가지로 인간이 나온 곳과 나아가는 곳에 대해 더 많이 알고자 하는 바람들이 커져 가고 있다. 최근에 세상을 떠난 남인도 티루바나말리의 위대한 스승 라마나 마하리쉬는 내가 그의 아슈람을 방문했을 때, 우리들 각자가 자기 자신에게 이렇게 물어야 한다고 말했다.

"나는 누구이며 무엇인가? 왜 나는 이곳에 육신을 갖고 태어났는가? 나는 어디를 향해 가고 있는가? 탄생은 왜 있으며 죽음은 왜 있는가?"

이것이 인간의 궁극적인 질문이다. 바로 그 질문에 대한 해답을 《티벳 사자의 서》는 간직하고 있다. 이 책은 세상에 처음 출판된 이후로 카톨릭과 개신교 양쪽 모두의 대표적인 인물들로부터 많은 평가를 받았다. 나는 편집자로서 그 사실을 기쁜 마음으로 여기에 전하는 바이다. 또한 심리학의 거장 칼 융 박사도 이 책의 독특한 가치를 인식하고 긴 심리학적 해설을 썼다. 그는 그 글에서 이렇게 밝혔다.

"1927년에 초판이 나온 이래 수년 동안 이 책은 언제나 내 손에서 떠나지 않았다. 나는 이 책에서 새로운 생각과 발견을 위한 많은 영감을 얻었을 뿐 아니라, 수많은 근본적인 통찰력을 얻었음을 고백하지 않을 수 없다."

이후로도 오랫동안 이 책이 번역자 라마 카지 다와삼둡과 편집자인 나의 소망을 이뤄 주기를 나는 바란다. 우리의 소망이란, 현대인들이 동양의 영적 지식을 더욱 이해하는 것, 특히 우리가 잊고 있는 인간의 가장 중요한 문제──곧 생과 사의 문제에 대한 바른 지식을 갖게 하는 일이다.

편집자는 이 자리를 빌어 최근에 편지뿐만 아니라 신문과 강연을 통해서 이 책에 대한 많은 평가를 보내 준 사람들에게 감사를 드리고 싶다. 나는 이미 전에도 그런 이들에게 감사를 표시한 적이 있다. 이 책이 널리 읽히게 된 것은 이렇듯 전세계 모든 곳에서 이 책의 가치를 알아본 신문기자와 학자와 독자들이 있었기에 가능한 일이었다.

이 책을 이미 읽은 사람이나 이제부터 읽게 될 사람 모두가, 특히 진리의 길을 걷는 구도자들 모두가 진정한 행복을 발견하기를 기원한다. 그리고 여기에 티벳에서 가장 사랑받는 영적 스승 밀라레파의 말을 적어 놓고 싶다. 이것은 밀라레파가 세상을 떠나기에 앞서 제자들에게 전한 작별의 가르침이다.

"그대여, 진리에 대한 열망과 명상과 실제 수행을 하나로 묶으라. 그리하여 실제 수행을 통해서 진정한 앎을 얻으라. 이 삶과 다음의 삶과 그 둘 사이의 삶을 하나로 여기라. 그리하여 그것들이 하나인 것처럼 그대 자신을 수행하라."

위대한 영적 스승들이 우리에게 말하듯이, 《티벳 사자의 서》의 가르침을 실제 수행으로 옮길 때 우리는 티벳의 성자 밀라레파처럼 저 초월의 목적지에 한 걸음 다가설 수 있을 것이다.

캘리포니아, 샌디에이고에서
1959년 세례 요한 축일에

❖──── 제3판 서문

비밀에 부쳐진 책

에반스 웬츠

   나는 이 서문을 깊은 감사의 마음을 갖고 쓴다. 죽음과 환생의 과학인 이 티벳 문헌에 대해 전세계가 깊은 애정을 가져 주고 있지만 무엇보다 놀라운 것은 서양 심리학의 거장 칼 융이 심리학적 해설문을 써 준 일이다. 1938년 취리히에서 라셔 베락에 의해 출판된《티벳 사자의 서》스위스 초판본에 칼 융은 그 해설문을 실었다. 그것을 여기에 최초의 영어 번역으로 옮겨 싣는다. 또한 이번에 함께 실은 라마 아나가리카 고빈다의 해설은《티벳 사자의 서》의 신비한 내용을 풀이하는 탁월한 글로 평가받고 있다.
   편집자인 나와 이 책을 읽는 모든 사람들은 칼 융과 라마 고빈다에게 많은 빚을 진 셈이다. 그들 덕분에 우리는 더 두툼하고 알찬 책을 손에 들 수 있게 되었다. 칼 융의 해설을 독일어에서 번역해 준 R. F. 헐 씨도 큰 일을 했다. 또한 그것을 이 책에 실을 수 있도록 허락해 준 볼링겐 재단에도 깊은 감사를 드린다.

지금 여기 지구별 위에 환생한 인간 가족의 모든 구성원들에게 《티벳 사자의 서》는 가장 중요한 메시지를 전하고 있다. 이 책은 지금까지 고대의 동양인들만이 알고 있던 죽음과 환생의 비밀을 전세계에 열어 보이고 있다.

인간은 누구나 육체를 버리고 죽음을 경험해야만 한다. 그러므로 죽음이 다가왔을 때 그 죽음을 올바르게 맞이하는 법을 아는 것은 더없이 중요한 일이다. 라마 고빈다는 해설에서 고대의 신비 의식들이 한 것처럼, 그리고 인도의 경전 《우파니샤드》가 선언하는 것처럼, 깨달음에 이르지 못한 자는 영원히 죽음에서 죽음으로 이어지는 길을 걸을 수밖에 없다고 말하고 있다.

인도의 고대서 《바가바드 기타》에 등장하는 크리슈나 신의 가르침에 따르면, 오직 깨어 있는 자만이 자기 자신의 수많았던 죽음과 탄생을 기억한다고 한다.

고타마 붓다는 생과 사의 윤회를 의심하는 모든 자들에게, 자신의 참본성을 깨달음으로써 그것을 확인할 수 있는 명상 수행법을 내놓았다.

깨닫지 못한 사람들은 단지 자신의 많은 탄생과 죽음들을 기억하지 못한다는 이유만으로 윤회에 대한 가르침이 사실이 아니며 과학적으로 입증할 수도 없다고 반박한다. 인간이 지각하고 느낄 수 있는 영역은 이미 밝혀진 대로 극히 제한적이고 좁은 영역 안에 갇혀 있다. 인간이 볼 수 없는 물체와 색채들은 얼마든지 있다. 우리가 들을 수 없는 소리, 우리가 맡지 못하는 냄새, 우리가 맛볼 수 없는 맛, 그리고 우리가 느낄 수 없는 감정들이 수없이 많다. 또한 인간은 자신이 일상적으로 갖고 있는 의식만이 의식의 전부라고 믿는데, 그 뒷면에는 또다른 의식 세계들이 있다. 명상 수행자들과 성자들은 그 세계들을 인식한다. 심리학자들도 거기에 대해 조금씩 자료를 수집하기 시작했지만 아직은 매우 적은 지식밖에 갖고 있지 못하다.

라마 고빈다가 정확히 설명했듯이, 그 의식들 속에는 우리의 잊혀진 과거들이 완전한 형태로 기록되어 있고 또 그 기록들은 언제든지 우리가 꺼내 읽을 수 있다. 또한 지금 이곳에 환생한 우리들 모두는 그 과거들을 공유하고 있다.

심리학적 해설문에서 칼 융은 프로이트의 무의식 분석이 서양에서는 인간의 정신 영역을 아래 차원으로부터, 다시 말해 동물적 본능의 세계로부터 탐구해 들어간 최초의 시도라고 설명한다. 그것은 《티벳 사자의 서》에서 설명하고 있는 사후세계의 세번째 단계인 시드파 바르도, 곧 환생의 길을 찾는 단계에 해당한다. 하지만 그럼에도 불구하고 형이상학에 대한 '이해할 만한' 두려움이 프로이트로 하여금 더 이상 신비 세계의 영역 안으로 들어가는 것을 막았다고 칼 융은 지적하고 있다. 이 점에서 프로이트는 전형적인 현대인이었으며, 그 자신이 스스로 만든 한계 속에 갇혀 있었다. 자신들이 스스로 만든 한계 때문에 현대의 과학과 신학은 기독교 교리에 담긴 신비 사상들조차 설명하기를 거부하고 있다. 칼 융은 진실로 그의 선배격인 프로이트의 한계를 뛰어넘었다. 그는 말한다.

"그러므로 프로이트의 이론은 사실상 무의식에 대한 부정적인 평가를 내리는 것말고는 어떤 결론에도 이를 수 없다."

무의식의 세계에는 인간의 모든 과거가 완벽하게 저장되어 있다고 칼 융은 역설한다. 이것과 비슷한 결론에 라마 고빈다 역시 동양 과학을 통해 도달한 것이다.

칼 융의 보고서에 따르면 정신분석학자들은 인간의 자궁내 기억들까지 조사해 들어갔다고 주장한다. 만일 프로이트 학파의 정신분석학이 그런 이른바 자궁내의 경험을 훨씬 더 이전까지 추적하는 데 성공했더라면, 그들은 틀림없이 시드파 바르도를 넘어서 적어도 사후세계의 두번째 단계인 초에니 바르도의 낮은 차원까지는 거슬러 올라갈 수 있었을 것이라고 칼 융은 말한다.

하지만 그는 지적하고 있다.

"우리가 가진 현재의 생물학적 개념만 갖고는 이런 모험에 성공할 수 없는 것이 분명하다. 그것이 성공하려면 현재의 과학적인 가설에 바탕을 둔 것이 아닌 완전히 다른 종류의 철학적 준비가 필요할 것이다. 하지만 그 여행이 멈추지 않고 계속됐더라면, 그리하여 적어도 사후세계에 의식체가 존재한다는 어떤 흔적이라도 찾아낼 수 있었더라면, 그것은 의심할 여지 없이 자궁에 있기 이전의 존재 상태, 다시 말해 사후세계의 중간 상태인 바르도에서의 삶까지도 밝혀낼 수 있었을 것이다."

그러므로 현재의 정신분석학자들은 인간 존재에 대한 연구에서 프로이트보다 다소 앞서 있다. 그리고 형이상학에 대한 프로이트의 두려움이 신비의 영역으로 들어가는 것을 더이상 막지만 않는다면 그들은 더 많이 앞서게 될 것이다. 칼 융의 그 다음 얘기로도 그것을 충분히 짐작할 수 있다.

"그렇다면 우리는 이렇게 말할 수 있을 것이다. 정신분석학의 도움으로 우리는 《티벳 사자의 서》의 세번째 단계인 시드파 바르도의 영역까지 추적해 들어간 것이 사실이다. 하지만 모든 심리 현상은 주관적이며 개인적인 것이라는 무비판적인 생각 때문에 더이상 나아가지 못하고 어쩔 수 없이 정지해 버렸다. 그렇더라도 이만큼의 진전은 실로 큰 이득을 가져다 주었다. 덕분에 우리는 의식 뒤켠의 세계로 한 걸음이나마 들어갈 수 있게 되었기 때문이다."

어느 시대에나 최고의 깨달음을 얻은 이들은 인간에게는 여러 개의 전생이 존재하며 인간은 계속해서 환생한다고 가르쳤다. 이 심오한 사상이 이제 우리들 자신의 현대 과학에 의해서도 탐구되고 있다는 것은 실로 중요한 의미를 갖는다. 그리고 몇 명의 과학자들은 이미 동양과 서양이 만나는 장소에 도착한 것처럼 여겨진다. 서양 과학이 이제 비로소 눈뜨고 있는 그런 사실들을, 동양의 현자들은 현대 과학이 시작되기 이미 오래 전에 터득하고 있었다.

그러나 현대 과학이 동양 사상을 이해하기 위해서는 칼 융이 잘 지적했듯이 현존하는 생물학적 개념들에 바탕을 둔 것과는 완전히 다른 철학적 준비가 있어야만 한다. 새로운 탐구의 길에서 선구자 역할을 할 그 '이단적인' 현대의 심리학자들은 결국에 가서, 라마 고빈다의 서문에도 있듯이, 동양의 명상법 속에서 그 길을 발견하지 않을 것인가? 나는 적어도 그렇게 믿고 있다. 나의 시각으로는, 인간 정신에 대한 더 심오한 이해는 이 명백히 부적절한 프로이트의 방법, 현재 유행하고 있는 정신분석에 의해서가 아니라 동양의 명상 수행자들이 사용하는 명상법과 전체적인 시각에서의 자기 분석에 의해서만 얻어질 것이다. 붓다 역시 그런 처방을 내렸다. 오직 그것에 의해서만 현대 과학은 동양 사상과 하나가 될 수 있으리라고 나는 믿는다.

그 하나됨이 이루어졌을 때, 《티벳 사자의 서》가 펼쳐 보이는 환생과 윤회의 탁월한 가르침에 반대하는 불합리한 논쟁이나 현명하지 못하고 비과학적인 교회 단체들의 공개적인 험담은 더이상 없게 될 것이다. 또한 그때가 되면 피타고라스와 플라톤과 플로티누스, 그리고 기독교 그노시스 학파와 크리슈나와 붓다만이 이 가르침을 지지하는 것이 아니라 고대 이집트와 그리스, 로마, 그리고 켈트 족의 드루이드 사제들도 거기에 포함될 수 있을 것이다. 그때 비로소 현대인들은 무지의 잠으로부터 깨어날 것이다. 그들은 잘못된 정통성에 오랫동안 최면이 걸려 있었던 것이다. 그들은 이제 열린 눈으로 자신들이 지금까지 무시해 온 동양의 현명한 사람들과 인사하게 될 것이다.

44년 전에 출판된 나의 중요한 첫 작품《켈틱 부족의 정령 신앙》에 나오는 것처럼 환생의 원리는 다윈의 진화론을 과학적으로 더 연장하고 수정하는 의미를 담고 있다. 2,500년도 더 전에 우리의 자랑스런 선조들인 유럽의 드루이드 사제들은 죽음과 탄생의 순환을 뛰어넘는 것만으로도 인간은 완성을 향한 영적이고 정신적인 경지를 얻게 된다고 가르쳤다. 모든 살아 있는 존재들은 진화의 마지막 단계인 그 목적지를 향해 나아가고 있다는 것이다. 그 목적지로부터 현재의 인간은 너무도 멀리 떨어져 있다.

이《티벳 사자의 서》3판은 옥스퍼드 대학의《티벳 선집》제1권으로 출판되게 되었다. 이것을 읽는 모든 사람에게 나는 편집자로서 좋은 기원을 담아 보낸다. 멀리 티벳과 인도 대륙에 살고 있는 사람들뿐만 아니라, 현대 세계에 살고 있는 사람들 모두에게도. 그리고 그들이 이 책에 담긴 충고 한 가지를 언제나 기억하기를 나는 바란다. 인간으로 탄생한 이 소중한 기회를 세상의 무가치한 일들 때문에 낭비하지 말기를. 그리하여 우리가 이 삶으로부터 빈 손으로 떠나지 않게 되기를.

캘리포니아, 샌디에이고에서
1955년 부활절에

❖──── 제2판 서문

삶의 예술과 죽음의 예술

에반스 웬츠

《티벳 사자의 서》의 두번째 판을 펴내면서 나는 새로운 서문을 써 달라는 부탁을 받았다. 세상의 현실적인 생각과 눈에 보이는 것들에 이끌린 채로 살아 가는 사람들을 위해 이 책이 전하고자 하는 근본 메시지가 무엇인가를 설명해 달라는 것이었다.

《티벳 사자의 서》의 메시지는, 죽음의 예술은 삶의 예술만큼 중요하다는 것이다. 죽음의 예술은 삶의 예술을 보완해 주고 완성시켜 준다. 삶의 예술의 결정판이 곧 죽음의 예술이다. 그리고 이 책은, 한 인간의 미래는 어떤 방식으로 죽음을 맞이하는가에 전적으로 달려 있다고 역설한다. 환생의 기술을 설명하는 이 책의 둘째권에서는 바로 그 점을 강조하고 있다.

죽음의 기술은 지중해 주변 나라들에 살았던 고대인들에게 더 잘 알려져 있었던 듯하다. 그들은 그들의 후손인 오늘날의 유럽인과 미국인들보다 더 깊이있게 죽음의 기술을 이해하고 있었다. 고대에는 신비 종교의 입문식에서 반드시 죽음의 의식이 행해지곤 했었다. 그것은 살아 있는 동안에 죽음의 세계를 미리 체험하는 신비 의식이었다. 플라톤 학파의 철학자이며 그 자신도 한 사람의 신비 종교 입문자였던 아풀레이우스가 그 체험을 우리에게 전하고 있다. 아마도 의식체를 육체로부터 분리한 다음에 행한 듯한 이 죽음의 체험에 대해 아풀레이우스는 그의 책 《은유학》 6장에서 이렇게 말하고 있다.

"나는 죽음의 감옥 근처로 끌려갔다. 나는 죽음의 영토에 있는 프로세피나(지옥의 여왕)의 문지방을 넘었다. 나는 모든 원소들을 통해서 다시 태어났으며 이 세상으로 되돌아왔다."

육체로부터 빠져나가는 기술, 또는 이 세상의 차원에서 사후세계의 차원이나 다른 차원으로 의식체를 이동시키는 기술은 아직도 티벳에서 행해지고 있다. 그곳에서는 그것을 '포와'라고 부른다.

아풀레이우스뿐만 아니라 《이집트 사자의 서》에서도 사후세계의 존재와 환생의 원리를 말하고 있다. 또한 많은 신비 세계의 입문자들도 그것을 이야기하고 있다. 아풀레이우스의 죽음 체험과 비슷한 얘기를 하는, 하지만 아풀레이우스보다는 약간 더 신비에 싸인 언어로 그것을 표현하는 다양한 기록들이 오늘날까지도 전해 온다. 그 기록자들 중에서 가장 대표적인 사람으로는 그리스 연극의 창시자 아이스킬로스, 그리스 시인 핀다로스, 피타고라스의 제자 플라톤, 그리스 역사가 플루타르크, 로마의 웅변가이며 정치가인 키케로, 신플라톤 학파의 대표자 플로티노스, 그리고 그의 제자들인 포르퓌리오스와 얌블리코스를 들 수 있을 것이다.

차원 높은 깨달음으로 자신을 인도해 준 신비 세계의 입문식을 찬

양하면서 키케로는 이렇게 썼다.

"우리는 마침내 우리가 살아야만 하는 이유들을 갖게 되었다. 그리고 우리는 삶을 살기 위해 노력할 뿐 아니라 죽음에 대해서도 희망을 간직하게 되었다."

《이집트의 왕과 신들》을 번역한 모렛은 키케로의 그 말을 소개하면서 다음과 같이 말한다.

"이런 감상적인 말은 엘레우시스의 신비 의식에 입문한 자들의 묘비명에서도 발견된다. 거기에는 이렇게 적혀 있다. '보라! 그것은 하늘에 있는 형제들로부터 우리에게로 내려온 완전한 신비이다. 인간에게 죽음은 더이상 하나의 악이 아니라, 하나의 축복이다.'"

엘레우시스의 신비 의식은 아티카의 마을 엘레시우스에서 풍년의 여신 데메테르를 위해 매년 행해지던 제전이었다. 제전은 주로 무언극으로 구성되어 있다, 비밀의 영에게 빌게 하는 내용이다 하는 등 여러 가지 설이 있으나 확실한 것은 알 수 없다. 이 신비 의식에 입문한 자는 비밀을 간직한 채 침묵을 지켜야만 했다.

플루타르크는 그의 책 《영혼의 불멸》에서 말하고 있다.

"군중들은 저쪽 세계의 행복을 믿지 못하고 죽음을 두려워한다. 그들은 자신들의 고통에 매달리고, 육체적 감각의 진흙 구덩이에 떼지어 몰려들고, 어둠 속에서 허둥댄다. 그들은 신비 세계에 입문한 적이 없으며 영혼을 정화시키지 못했기 때문이다."

죽음을 미리 체험하는 이 비밀스런 세계를 통과한 적이 있는 사람들에게는 바르게 죽는 것이 곧 입문식이었다. 입문식은 그들에게 죽음과 환생의 과정을 통제할 수 있는 힘을 가져다 주었다. 중세 시대와 그 다음의 르네상스 시대까지도 유럽은 여전히 죽음에 관한 많은 신비 가르침들을 간직하고 있었다. 이 가르침들은 죽는 법을 아는 것이 얼마나 중요한가를 사람들에게 이해시키고 있었다.

또한 기독교의 많은 초기 교회들, 특히 그리스와 로마, 영국 성공회, 시리아, 아르메니아, 콥트(예수를 믿는 이집트인), 그리고 16세기의 종교개혁 시대부터 시작된 다른 교회들도 기독교 이전에 존재했던 죽음의 기술의 많은 원리들을 자신들의 종교 의식에 포함시키는 지혜를 갖고 있었다. 오늘날도 이들 교회들은 죽음의 세계로 여행을 떠나는 사람들을 돕기 위해 나름대로 노력하고 있다.

그러나 지구 차원에만 묶여 있는 현대 의학은 그것과 많은 대조를 보이고 있다. 현대 의학은 죽어 가는 사람들을 사후세계로 인도하는 단 한 마디의 조언도 갖고 있지 않다. 환자들이 가진 죽음에 대한 막연한 공포, 죽지 않으려는 고통스런 몸부림을 치유해 주기보다는 오히려 어줍잖은 실험 결과들을 갖고서 사후세계의 신빙성에 대해 논쟁을 일삼는다. 그래서 그들은 임종을 맞이하는 환자에게 강력한 약과 주사를 투입해 오히려 그가 의식을 지닌 채 죽음에 직면하는 것을 방해한다.

《티벳 사자의 서》가 가르치듯이, 인간은 분명한 의식을 지닌 채 마음의 평정을 이룬 상태에서 죽음을 맞이해야 한다. 그리고 육체의 고통과 질병을 정신적으로 초월할 수 있는, 바르게 훈련된 지성을 갖고 있어야만 한다. 살아 있는 동안 삶의 기술을 실천하고 죽음에 임해서는 죽음의 기술을 실천한다면 우리는 그러한 지성을 가질 수가 있다.

티벳의 성자 밀라레파는 죽음을 준비할 때 티벳 추바르 지방의 브릴쉐 동굴을 선택했다. 그곳이 죽기에 알맞은 장소였기 때문이다. 그는 또한 외적인 환경뿐 아니라 니르바나로 여행을 떠날 수 있는 내적인 상태도 갖추었다. 마음의 평정이 그것이었다. 적이 그에게 독약을 먹였음에도 불구하고 그는 고통으로 일그러진 육신을 간단히 초월할 수 있다. 그는 노래를 부르며 죽음을 환영했다. 죽음이란 그에게 자연스럽고 필연적인 것이었다. 마지막 가르침과 작별의 훈계를 설한 다음에 밀라레파는 즉흥적으로 그의 영적 스승 마르파를 기리는 아름다운 노래를 불렀다. 그 노래가 아직도 그의 전기 속에 기록되어 있다.

노래 부르기를 마친 밀라레파는 깊고 고요한 사마디(삼매)의 세계로 들어갔으며 그의 육체적인 형상을 버렸다. 이와 같이 밀라레파는 모든 세기의 성자들과 성인들이 그랬듯이 죽음의 승리자가 되어서 현상계를 떠났다.

그러나 현대에는 죽음의 기술이 거의 알려져 있지 않고 아무도 그것을 실천하지 않는다. 오히려 사람들은 죽음을 기피하는 공통된 심리를 갖고 있다. 그것은 《티벳 사자의 서》가 일깨우듯이 좋지 않은 결과만 낳을 뿐이다. 현대 의학은 물질적인 현상에만 치우쳐 있고 죽음의 과정을 연장하려는 데만 모든 노력을 쏟고 있다. 그럼으로써 그들은 죽음의 과정을 방해한다. 임종자는 대개 자신의 집에서 죽는 것조차 허락되지 않으며, 병원에서도 마음의 평정을 간직한 상태로 죽는 것이 불가능하다. 마취제나 진정제 때문에 의식이 마비되고, 의사들은 환자를 가능한 한 1초라도 삶 속에 붙들어 두기 위해 온갖 약으로 자극한다. 이것은 마치 전쟁터에서 총에 맞아 죽는 병사의 상태처럼 매우 바람직하지 못한 죽음의 결과를 가져올 뿐이다. 한 인간의 탄생 과정이 의료사고로 인해 유산될 수 있듯이, 죽음의 세계에 태어나는 과정 역시 자칫하면 정상적인 상태에서 크게 벗어날 수 있다.

인간을 둘러싸고 있는 이런 불행한 환경에도 불구하고 만일 우리가 삶과 죽음에 대한 바른 이해를 갖고 있다면 우리는 이 무한한 우주의 모든 구석을 지배하는 '완전한 법칙'이 존재함을 깨달을 수 있다고 동양의 현자들은 말한다. 이 완전한 법칙을 켈트 족의 드루이드 사제들은 '존재의 순환'이라고 불렀고, 또다른 신비 사상들은 '필연적인 순환', '생과 사의 원'이라고 불렀다. 그 완전한 법칙이 우주 전체를 지배하고 있음을 우리가 깨닫지 못할 이유가 없다. 우리 자신, 그리고 살아 있는 모든 것들뿐만 아니라 태양들, 수많은 세계들도 이 환영의 물질 세계 속으로 들어오고 나감을 반복하고 있다. 그리고 이 순환은 티벳 라마들이 바르도라고 부르는 죽음과 환생 사이의 중간 상태를 중심으로 이루어지고 있다.

다시 말하지만 죽음의 기술을 무시하는 현대 의학은 인간을 대단히 위험한 상황으로 몰아가고 있다. 새로 쓰는 이 서문이 독자들에게 그 위험성을 조금이라도 일깨울 수만 있다면 나는 더 바랄 것이 없다. 그것은 무지의 어둠을 쫓아내도록 우리를 깨우쳐 주는 동양의 스승들의 바람에도 일치하는 일이다. 붓다가 깨달았듯이 세계를 가리고 있는 것이 바로 무지의 어둠이다. 완전한 깨달음에 이른 인류 최고의 안내자들은 한결같이 우리에게 가르쳤다. 무지의 어둠을 걷어낼 수 있는 길은 오직 인간 내면에 있는 지혜의 빛에 의해서라고. 세상에 나오는 모든 존재를 비추는 진정한 빛.

《이집트 사자의 서》는 그 원제목이 《낮으로부터 탄생한 책》이다. 그 책은 이 삶으로부터 나와서 다른 삶으로 탄생하는 이집트인들의 성스런 기술을 다루고 있으며, 파라오 왕조 시대의 이집트어로는 《페르 엠 루》이다. 마찬가지로 《티벳 사자의 서》는 원래 티벳어로는 《바르도 퇴돌》이다. 그것은 '사후세계에서 듣는 것으로 영원한 자유에 이르기'의 뜻이다. 탄생과 죽음의 윤회를 넘어서 니르바나의 해탈로 들어가는 명상법을 의미한다. 죽음에 대한 이 두 권의 책은 각각 독특한 방법으로 죽음의 예술과 새로운 삶으로 나오는 탄생의 예술을 가르친다. 《죽음의 기술》이라는 제목의 책으로 대표되는, 죽음의 기술에 대한 중세 유럽의 문헌들보다 이 두 권의 《사자의 서》는 더 상징적이고 더 신비적인 심오한 방식으로 기록되어 있다.

이 책의 번역자 라마 카지 다와삼둡과, 나의 티벳 탐구를 지도한 위대한 라마승들의 다함없는 바람은, 이 신비 가르침을 통해서 현대인들이 죽음의 기술을 배우고 그리고 삶의 기술도 배우는 것이다. 그것은 편집자인 나의 바람이기도 하다.

고대의 입문자들과 동양의 명상 수행자들처럼 우리는 죽음이라고 불리는 과정을 통해서 인간 차원으로부터 다른 차원으로 즐겁게 의식체의 여행을 떠날 수 있다. 영적 스승들이 선언하듯이, 인간은 영적으로 강해졌을 때 환희 상태에서 죽음을 체험할 수 있다. 그 상태를 우리는 사마디(삼매)라고 부르는 것이다. 죽음의 기술을 알고 있을 때 죽음의 고통은 사라질 것이며 우리는 죽음을 초월하는 승리자가 될 수 있다.

이 서문을 쓰고 있는 동안 이곳 캘리포니아에는 부활절 행사가 한창이다. 고대의 많은 위대한 문명들의 관습과 마찬가지로 오늘 여기에도 산꼭대기마다 기도와 즐거운 노래 소리가 울려퍼지고 있다. 사람들은 새벽에 새로 태어난 태양에게 경배를 올리고 있고, 부활한 잎사귀들은 초록으로 눈이 부시다. 그런가 하면 꽃들의 향기와 봄의 기쁨이 대지를 가득 채우고 있다. 진실로 영원히 순환하는 재생이고 부활이 아닐 수 없다. 죽은 것들이 새로운 삶 속으로 탄생한다. 그리고 잠든 그리스도들이 그들의 무덤으로부터 소생하고 있다. 모든 존재들이 빛과 생명으로 물결치고, 어머니인 이 대지의 가슴 위에서 삶의 영원한 흐름이 이어지고 있다.

바르게 볼 줄 아는 사람은 누구든지 알 수 있을 것이다. 삶과 죽음의 수레바퀴에서 해방되지 못한 사람에게는 죽음은 하나의 필연이며, 우주의 법칙에 지배를 받는 환생의 서곡에 지나지 않는다는 사실을.

캘리포니아, 샌디에이고에서
1948년 부활절에

죽음을 맞이하는 순간의 수행법

불교와 힌두교에서는 죽음의 순간에 갖는 마지막 생각이 그 다음 환생의 성격을 결정짓는다고 믿는다. 인간은 죽음을 맞이할 때 자신의 생각을 올바르게 통제할 수 있어야만 한다고 인도의 현자들은 가르친다. 《티벳 사자의 서》에서도 그것을 역설하고 있다. 만일 죽음을 맞이한 자가 신비 세계의 입문자이거나 영적으로 수행을 쌓은 자라면 그 자신이 직접 자신의 생각을 다스려야 하며, 그렇지 않을 때는 죽음의 과학에 정통한 스승이나 친구나 친척이 그의 생각을 인도해야만 한다.

《바가바드 기타》 8장에서 크리슈나는 제자인 아르주나에게 말한다.
"인간은 육신을 버릴 때 마지막으로 생각하는 것에 따라 다음의 삶을 얻으리라. 그의 생각이 몰두해 있는 그 상태를 그는 얻게 되리라."

우리의 과거의 생각이 우리의 현재를 결정짓는다. 인간은 그가 생각하는 대로 된다. 《법구경》의 서두 부분에서 붓다는 말하고 있다.
"우리의 모든 것은 우리가 생각한 것의 결과이다. 그것은 모두 우리의 생각에서 나온 것이다. 그것은 모두 우리의 생각으로 이루어져 있다."

마찬가지로 히브리 현자들은 《잠언》 23장 7절에서 말한다.
"인간은 저가 마음 속에 생각하는 대로 되느니라."

❖──초판 서문

티벳 현자들의 가르침

에반스 웬츠

이 책에서 나는 가능한 한 내 자신의 생각을 버리고 단순히 한 티벳 현자의 가르침을 받아 적는 역할만을 하고자 노력했다. 나는 그 현자의 문하에 정식으로 입문한 제자였다.

현자는 티벳 스승들의 고차원적인 가르침과 《티벳 사자의 서》의 신비 사상에 대한 그의 해석을 세상에 알릴 수 있도록 기꺼이 허락했다. 그 가르침들은 그가 젊은 시절에 부탄 왕국에서 고행자의 삶을 살면서 스승으로부터 개인적으로 전수받은 것이었다. 현자 자신은 현대 학문에 대해 많은 지식을 갖고 있었으며, 현대인들이 이해할 수 있도록 동양 사상을 재구성하는 데 큰 도움을 주었다.

나는 이 책에서 동양의 신비 사상들과 비슷한 내용을 담고 있는 서양의 문헌들을 자주 인용했다. 내가 그렇게 한 것은 히말라야 고지대와 티벳 인근 지역의 캐시미르, 가르왈, 시킴 등지를 방랑하는 동안 많은 학식있는 철학자들과 성자들을 만났기 때문이다. 그들은 고대로부터 전해져 온 비밀의 가르침과 수행법들을 발견해 갖고 있었다. 그것들 중에 어떤 것은 문자로 기록되어 있기도 하고 어떤 것은 오직 구전으로만 전수되어 온 것이었다. 그런데 놀랍게도 그것들은 동양의 전통적인 가르침들과도 비슷하지만 서양의 여러 신비 사상들과 근본적으로 같은 내용을 담고 있었다. 그 영향이 동양으로부터 서양에 전해진 것인지, 아니면 서양으로부터 동양에 온 것인지 그들은 분명히 알지 못하고 있었다. 그러나 어쨌든 지리적으로 멀리 떨어진 그 두 세계는 분명히 비슷한 신비 사상을 갖고 있었다.

나는 그 신비의 가르침들을 추구하는 데 5년 이상을 바쳤다. 야자 나무가 늘어선 스리랑카의 해변으로부터, 이상한 나라 인도 대륙을 거쳐, 빙하로 뒤덮인 히말라야의 고지대에 이르기까지 나는 수많은 동양의 현자들을 찾아서 돌아다녔다. 때로 나는 도시 속에서도 살았고, 때로는 밀림 속에서도 살았으며, 요가 수행자들과 함께 산 속의 토굴에서 살기도 했다. 때로는 승려들과 함께 사원에서도 살았다. 그리고 때로는 구원을 찾는 군중들 틈에 섞여 먼 순례 여행을 떠나기도 했다. 다른 책들과는 달리 매우 긴 이 책의 해설문과 많은 주석들은 바로 그러한 추구의 결과이다.

그럼에도 불구하고 나는 《티벳 사자의 서》의 편집자 이상의 역할을 한 것이 없다. 이 책의 탄생은 어디까지나 세상을 떠난 현자 라마 카지 다와삼둡의 몫이다. 그는 티벳의 신비 과학이 갖고 있는 위대한 지식과 현대의 과학을 이 시대의 어떤 티벳 학자보다 더 완벽하게 그 자신 속에 결합시키고 있었다.

제자라면 누구나 스승에 대해 그렇겠지만, 나 또한 내 생애의 가장 큰 빚을 그에게 졌다. 거기에 덧붙여 나는 이 기회에 나의 여행길을 도와 준 많은 이들에게 감사드리고 싶다. 그들은 모두 서로 다른 종교에 속한 사람들이다. 멀리 일본과 중국에 사는 사람도 있고, 내가 태어난 미국땅에 사는 사람도 있다. 많은 이들은 스리랑카와 인도에 살고 있고, 몇몇은 티벳에 살고 있다. 또한 이 책이 세상에 나오기까지 도움을 준 수많은 학자들과 모든 사람들에게 이 자리를 빌어 감사를 전한다. 특히 옥스퍼드 대학의 사회인류학 교수 마렛과 인도 법률학 교수 존 우드로프 경에게 감사드린다. 탄트라의 권위자인 우드로프 경은 번역 원고를 세밀히 검토하고 특히 탄트라 명상법에 대해 중요한 조언을 해 주었다. 또한 그는 소중한 해설문을 써 주기까지 했다.

그 밖에도 인도의 아탈 비하리 고쉬, 런던 동양학 학회 회장인 데니슨 로스 경, 런던 인도학회 도서관 관장 F. 토마스 박사도 중요한 비평을 해 주었다. 그리고 내가 여행하는 동안 티벳, 부탄, 시킴의 영국 정부 대변인이었던 켐벨 소령에게 나는 말할 수 없는 도움을 받았다. 나를 라마 카지 다와삼둡에게 소개해 준 다르질링의 경찰서장 사다르 바하두르 씨, 나에게 티벳 문헌들을 빌려 준 캘커타 동양학 학회의 조한 반 마넨 박사에게도 큰 신세를 졌다.

이 책이 세상에 나가 사람들이 '바른 지식'을 얻는 데 큰 도움이 되기를, 믿음과 신분과 수행 방법을 초월해 모든 이들에게 영적으로 소중한 책이 되어 주기를 나는 진심으로 바란다.

옥스퍼드 대학, 예수 단과대학에서
1927년 부활절에

환생의 굴레

인간의 욕망이 바로 그의 운명이다. 왜냐하면 그의 욕망이 바로 그의 의지이기 때문이다. 그리고 그의 의지가 곧 그의 행위이며, 그의 행위가 곧 그가 받게 될 결과이다. 그것이 좋은 것이든 나쁜 것이든.

인간은 그가 집착하는 욕망에 따라 행동한다. 죽은 다음에 그는 그가 한 행위들의 미묘한 인상을 마음에 지니고서 다음 세상으로 간다. 그리고 그의 행위들의 수확을 그곳에서 거둔 다음에 그는 이 행위의 세계로 다시 돌아온다. 이와 같이 욕망을 가진 자는 환생을 계속할 수밖에 없다.

《브리하다라냐카 우파니샤드》

환생으로부터의 자유

분별력이 없는 사람, 마음이 불안정하고 가슴이 순결하지 못한 사람은 결코 목적지에 이르지 못하고 다시 또다시 태어날 것이다. 그러나 분별력을 가진 사람, 마음이 안정되고 가슴이 순결한 사람은 목적지에 도달할 것이며 태어남이 없는 세계에 도달할 것이다.

《카타 우파니샤드》
스와미 프라바난다와 프레데릭 맨체스터의 번역

비밀의 이해

【티벳 死者의 書 해제】

붓다의 기억

과거의 모든 생들이 기억되어 그의 앞을 지나갔다.
이런 장소에서 이러한 이름으로 태어났으며
그 후 금생에 이르기까지 백, 천, 만 생에 걸쳐서
그는 모든 생과 사를 알도다

아슈바고사〔馬鳴〕의 《불소행찬(佛所行讚)》에서
사무엘 빌 번역

❖──── 편집자의 해설

비밀의 책을 열다

에반스 웬츠

"생의 모든 현상은 꿈 같고, 환상 같고, 물거품 같고, 그림자 같고, 반짝이는 이슬 같고, 번갯불 같으니, 그대는 마땅히 그와 같이 명상해야 하리라(一切有爲法 如夢幻泡影 如露亦如電 應作如是觀)."

《금강경》, 붓다의 말씀

히말라야의 작은 왕국 시킴의 강톡에서 이 책 《티벳 사자의 서》의 번역이 진행되는 동안 번역자인 고(故) 라마 카지 다와삼둡은 편집자인 나에게 이 책의 진정한 의미에 대한 많은 해설과 주석을 들려 주었다. 이 해설문은 그것들을 바탕으로 쓴 것이다.

라마 카지 다와삼둡은 자신의 《티벳 사자의 서》 번역을 출판할 때는 반드시 경전의 신비한 부분들과 상징적인 부분들에 대한 자세한 해설을 함께 실어야 한다는 의견을 갖고 있었다. 그래야만 자신의 번역이 의미가 있을 뿐 아니라, 그를 입문시킨 스승의 바람에도 일치한다는 것이었다. 스승은 그를 티벳 불교의 대완성파에 입문시켰으며, 그 종파에서 구전되어 내려오는 비밀의 지혜들을 세상의 언어로 번역

47

해야 한다는 소망을 갖고 계셨다.

이런 뜻에서 라마 카지 다와삼둡은 스승의 해설을 근거로 나에게 《티벳 사자의 서》에 대한 심오한 해설을 남겼으며, 나는 그것을 여기에 기록하게 되었다. 내가 한 일이라곤 현대의 독자들이 이 책을 이해하기 쉽도록 그의 해설을 주제별로 정리하고 차례를 정하고 어떤 경우에는 그가 구술한 내용에 약간의 설명을 덧붙인 것뿐이었다.

라마 카지 다와삼둡은 《티벳 사자의 서》에는 반드시 이 해설문과 같은 안전장치가 필요하다는 생각을 갖고 있었다. 그렇지 않으면 어떤 이유 때문에 불교의 가르침이나 북방불교의 특정 종파에 대해 적대감을 가진 자들이 이 번역본을 잘못 해석하고 나쁘게 이용할 위험성이 크다는 것이었다. 그는 또한 이 해설문이 자칫하면 철학적 절충주의의 산물로 여겨져 비판받을 수도 있다는 것을 깨닫고 있었다. 그럼에도 불구하고 나는 초판 서문에서 고백한 대로, 이 긴 해설문을 쓴 것이나 경전에 수많은 주석을 붙인 의도는 어디까지나 순수하게 《티벳 사자의 서》가 가진 독특한 철학과 가르침을 분명하게 이해시키기 위한 것임을 밝히지 않을 수 없다. 나는 이 경전의 내용에 정통한 자격 있는 입문자들에게서 가르침을 받았으며, 신비 세계에 입문한 스승들만이 이 경전을 해설할 자격을 갖추었음은 두말할 필요가 없을 것이다.

비판하기 좋아하는 사람들은 내가 옮겨 적은 이 해설문이 기독교인의 관점이 아니라 불교인의 관점에서 씌어진 것이라고 말할지 모른다. 기독교인들은 《티벳 사자의 서》의 가르침을 다는 아니더라도 일부분을 믿지 않을지도 모른다는 것이다. 그렇다면 나는 마땅히 변명할 말이 없다. 왜냐하면 나는 왜 이런 방식이 아닌 다른 방식으로 해설문을 써야만 하는지 타당한 이유를 찾을 수 없기 때문이다.

인류학자들은 있는 그대로 사물을 본다. 그리고 아무런 종교적인 편견도 갖지 않은 진정한 비교종교학 연구가라면 미래 세대의 인류가 언젠가는 진리를 발견할 수 있도록 끊임없이 과학적인 자료들을 수집해야만 한다. 그 진리는 모든 사람들이 종교와 종파를 초월해 궁극적인 진리로 인정할 수 있는 것이어야만 한다.

1. 《티벳 사자의 서》의 중요성

죽음, 사후세계, 환생의 과학에 공헌한 가치로 따지면, 원어로 《바르도 퇴돌 *Bardo Thödol*— 사후세계에서 듣는 것으로 영원한 자유에 이르기》라고 부르는 이 《티벳 사자의 서》는 세계의 성전(聖典)들 중에서 그 어떤 것보다 독특하다. 대승불교의 교리를 압축해 놓은 설명서로서도 이 책은 종교적으로, 철학적으로, 역사적으로 더없이 중요하다. 또한 이 경전은 고대 인도의 옥스퍼드 대학이라고 할 만한 나란다 불교대학의 필수과목이었던 요가 철학의 신비 과학(탄트라),에 바탕을 둔 것으로, 현대에 전해지는 동양 서적들 중에서 가장 주목할 만한 문헌이다.

수많은 환영과 세계들이 나타나는 저쪽 세계, 죽음과 탄생의 경계선인 그 세계에 대한 안내서로서 이 책은 《이집트 사자의 서》와 많이 닮았으며, 그 둘 사이에는 틀림없이 어떤 문화적인 교류가 있었음을 확신케 한다. 하지만 우리가 분명히 알 수 있는 것은 이 《티벳 사자의 서》가 신들이 보호하는 나라인 설국(雪國) 티벳에서 오랜 세월 동안 성자들과 은자들에 의해 비밀리에 보존되어 왔다는 사실이다.

2. 상징 기호의 사용

《티벳 사자의 서》의 독특한 점은 죽음과 환생 사이의 중간 상태에서 일어나는 윤회의 전체 과정을 합리적으로 다루고 있다는 것이다. 인간의 삶에 가장 큰 영향을 미치는 근본적인 자연법칙으로 이해되고 있는 카르마〔業〕와 환생에 대한 고대인들의 가르침을 이 경전은 담고 있다. 카르마는 인간이 삶에서 행한 모든 행위들이 축적된 결과를 말한다. 또한 미국의 사상가 에머슨이 '보상'이라고 가르쳤던 인과응보에 대해서도 이 경전은 이야기하고 있다.

그러나 종종 이 가르침은 많은 부분이 신비 과학의 암호로 기록되어 있기 때문에 우리의 합리적인 이성과는 거리가 멀어 보일 수도 있다. 이것에 대해서 와델L. A. Waddell 박사는 꼼꼼한 연구 끝에 이렇게 선언했다.

"티벳의 영적 스승들은 현대인들이 거의 접근할 수 없는 붓다의 가르침의 많은 부분을 해독할 수 있는 열쇠를 갖고 있다."

라마 카지 다와삼둡을 포함해 몇몇 학식있는 티벳 스승들은, 인류 역사의 초창기부터 신비 세계에 입문한 자들 사이에는 공통적으로 사용하는 일종의 국제 비밀 상징 기호들이 있어 왔다고 믿고 있었다. 그 상징 기호들은 티벳, 인도, 중국, 몽고, 일본 등지에서 종교적 동아리들에 의해 아직까지도 은밀히 보존되어 오고 있으며, 그것들이야말로 신비적인 가르침의 의미를 여는 열쇠라는 것이었다.

마찬가지로 서양의 신비학파 사람들은 고대 이집트와 멕시코의 상형문자들이 비밀 언어가 대중화되고 세속화된 결과라고 주장해 왔다. 그들은 또 플라톤이나 다른 그리스 철학자들도 피타고라스의 학설과 오르페우스 민간 신앙과 관련해 가끔 상징 기호를 사용했다고 주장한다. 뿐만 아니라 기독교로 개종하기 전의 고대 켈트 족 성직자들인 드루이드 사제들도 그들의 모든 비밀 가르침을 상징적인 기호를 통해 전달했으며, 예수나 붓다를 비롯한 위대한 스승들이 우화를 사용해 가르침을 편 것도 똑같은 방식이라는 것이다. 그리고 《이솝우화》나 중세 유럽의 신비 연극(그리스도 또는 성인의 기적을 소재로 한 종교극)과 같은 작품을 통해서도 고대 동양의 많은 상징 기호들이 서양의 문학작품 속으로 흘러들어갔음을 알 수 있다고 그들은 말한다.

《이솝우화》와 비교해 우리는 인도의 《판차탄트라》와 《히토파데샤》를 들 수 있다. 《판차탄트라》는 '다섯 편의 이야기'라는 뜻을 지닌 산스크리트 설화집이다. 원문은 사라져 전해지지 않고 원작자나 제작 연대도 확실치 않다. 그러나 6세기경에는 이미 중세 페르시아어인 팔라비어로 번역될 정도였다. 이 설화집은 '친구와의 이별', '친구를 얻음', '갈가마귀와 올빼미의 싸움', '얻은 것을 잃음', '생각 없는 행동'의 다섯 편으로 이루어져 있고, 각 편은 다시 여러 개의 삽화를 담고 있다. 원본으로부터 다수의 이본(異本)이 생겨났는데, 그 중 하나가 벵갈 지방에 전해진 《히토파데샤》이다. 《히토파데샤》는 그 제목이 '유익한 교훈'이란 뜻으로, 처세와 교훈에 중점을 두고 널리 보급되었다. 《이솝우화》가 이 두 권의 문헌에서 영향을 받아 탄생한 작품일 가능성을 우리는 결코 무시할 수 없다.

또한 학자들은 《이솝우화》가 불교의 《자타카〔本生經〕》에 등장하는 동물들과 동물 상징들로부터도 많은 영향을 받았다고 추측한다. 《자타카》는 붓다의 과거 전생들 이야기를 엮은 책으로, 동양에서 전해오는 원시시대의 설화를 바탕으로 씌어진 작품이다.

마찬가지로 중세 기독교의 신비 연극들은 티벳과 그 인접 지역의 불교 국가들에서 사찰의 후원 아래 아직까지 행해지고 있는 신비 연극들에서 발견되는 상징들과 매우 비슷하다. 이것은 동양 문화가 유럽에 흘러들어갔음을 말해 주는 또다른 증거다.

그리고 로마 카톨릭이 붓다를 중세 시대의 성 여호사밧의 성격으로 성인의 반열에 올린 것은 동양적인 것이 어떻게 서양적인 것으로 변화해 갔는가를 보여 주는 또 하나의 보기다. 중세 기독교에 미친 불교의 영향을 가장 잘 말해 주는 이 유명한 사례는 카톨릭 성자인 발라암과 여호사밧(라틴명은 요아삽 또는 요사팟)의 이야기이다. 그 줄거리는 이렇다. 한 왕자가 어떤 인도 왕국의 상속자로 태어났다. 왕자가 탄생하자 나라 안의 예언자들이 왕위 계승자로서의 그의 위대한 미래를 예언했다. 그런데 문득 한 현자가 나타나서, 그 왕자는 위대해지긴 하지만 통치자로서가 아니라 기독교 개종자로서 위대해질 것이라고 말했다. 왕자를 보호하고 또 왕자가 기독교로 개종하는 것을 막기 위해 그의 부친은 그를 왕궁 안에 가뒀다. 어느 날 잠시 왕궁 밖으로 나갔다가 왕자는 절름발이와 장님과 노인을 목격하고는 인생의 어두운 면을 알았다. 그런데 그 나라에 발라암이라는 이름의 수도자가 있었다. 어느 날 이 수도자가 변장을 한 채 왕자 여호사밧을 찾아와 그를 기독교로 개종시켰다. 부친은 귀신 쫓는 마술이나 미녀들을 이용해 왕자를 세속의 삶으로 되돌아오게 하려고 애썼지만 헛수고였다. 성장한 여호사밧은 왕궁을 떠나 수도자 발라암과 함께 광야에서 수행을 했으며, 마침내 성인의 경지에 이르렀다.

이 여호사밧의 이야기가 고타마 붓다의 생애를 각색한 것임은 두말할 필요도 없는 일이다. 이 이야기를 지은 사람은 붓다의 탄생, 유년기, 그리고 출가에 맞춰 이야기의 뼈대를 만들었다. 또 네 장면의 목격, 여러 가지 유혹들, 광야에서의 고행 기간 등 모두가 붓다의 이야기의 한 토막들이다. 또한 '여호사밧Jehoshaphat'이라는 이름 자체가 붓다에게 붙여졌던 이름인 보살(菩薩)이라는 뜻의 '보디사트바Bodhisattva'가 와전된 것이라는 주장은 이미 오래 전에 종교학자 쿤 E.

Khun에 의해서 제시되었다.

또한 한때 많은 인기를 모았던 중세 시대의 작품《죽음의 기술 De Arte Moriendi》은 많은 판본들과 라틴어, 영어, 불어, 그리고 그 밖에 유럽의 여러 언어로 씌어진 이본들이 있는데, 여기에는《티벳 사자의 서》와《이집트 사자의 서》의 바탕을 이루는 죽음과 죽음 이후의 삶에 대한 동양적인 사상이 훨씬 더 많이 섞여 들어가 있다. 이것을 설명하기 위해 우리는 콤퍼 F. M. M. Comper가 훌륭하게 편집해 놓은《죽음의 기술 The Book of the Craft of Dying》에서《티벳 사자의 서》와 일치하는 몇 군데 중요한 부분들을 경전의 주석에 인용해 놓았다.

이 밖에도 신약성경에 미친 불경의 영향을 밝힌 선구자적인 작품들이 몇 권 있다.《불경과 기독교 복음서 Buddhist and Christian Gospel》의 저자 에드먼즈 A. J. Edmunds는 아직 처녀지이지만 가장 유망한 분야 중 하나가 바로 동서양 사상의 닮은꼴에 대한 연구라고 주장한다.

어쨌거나 고대의 위대한 사상 체계든 아니면 하나의 지방 문학이든, 초월적인 가르침을 표현하거나 도덕적인 금언을 전달하고자 할 때 일상적인 언어만 갖고는 적합하지 않다고 여겼던 것이 사실이다. 그 결과 그들은 많은 상징 기호들을 그들의 작품에 끌어들이게 되었다.

어린 양이나 용, 뱀, 제단 위의 비둘기, 그리고 미국 화폐에 그려져 있는 모든 것을 꿰뚫어보는 눈을 에워싸고 있는 삼각형(이것은 프리메이슨 단원들이 흔히 사용하는 상징이기도 하다), 신성한 물고기 상징, 영원히 타오르는 불꽃, 또는 로마 카톨릭의 미사에서 성체를 담는 그릇에 새겨진 떠오르는 태양 상, 건축에 사용되는 상징물들, 교회나 성당의 방위, 십자가, 사제와 주교와 교황이 입는 법복의 색상과 디자인 등은 한때 이교도들이 사용했던 상징 기호들이 현대 기독교에 그대로 살아남아 있음을 말해 주는 명백한 증거들이다.

그러나 이런 기독교화된 상징 기호들의 본래 의미를 해석하는 열쇠들은 은연중에 모두 폐기처분돼 버렸다. 신비 세계에 입문한 경험도 없는 평범한 성직자들이 이단을 가려내는 회의에 모여앉아 초기 기독교의 신비 사상을 이끌었던 그노시스 학파 회원들을 '미쳐 버린 동양의 우상 숭배자'들로 간주하고 이들을 이단으로 처단해 버렸다. 그러나 그노시스 학파의 관점에서 보면 그들이 사용한 여러 가지 상징 기호들은 우상이 아니라 말 그대로 그들의 교리를 상징적으로 표현한 것이었을 뿐이다.

마찬가지로, 상징 기호를 즐겨 사용하는 북방불교는 남방불교로부터 많은 비난을 받아 왔다. 북방불교의 수행자들은 경전에 기록되지 않은 붓다의 비밀 가르침들을 자신들이 보존하고 있다고 주장한다. 비밀의 가르침은 원래 문자로 기록되지 않고 깨달음의 인정을 받은 입문자들에 의해 대대로 전수되는 것이기 때문에, 경전의 내용을 문자 그대로 해석해서는 그 비밀한 가르침을 알 수 없다는 것이다. 뿐만 아니라 북방불교의 주요 경전인《법화경(法華經)》의 가르침은 남방불교의 대표 경전인《팔리 삼장(三藏)》에 기록된 가르침의 내용과 일치하지 않는다. 남방불교 사람들은 이런 주장에 찬성하지 않는다. 그들은 붓다의 가르침은 어디까지나 경전에 기록된 내용 그대로 해석해야 한다고 믿기 때문이다. 붓다는 가르침에 있어서 상징적인 표현을 쓸 필요가 없었으며, 따라서 경전에 기록된 그의 가르침을 굳이 상징적으로 해석할 이유가 없다는 것이 그들의 주장이다.

그러나 팔리 경전 자체에도 많은 우화와 비유적인 표현들이 있음을 남방불교 사람들은 부인할 수 없을 것이다. 티벳 스승들은 그것들 중 일부가 바로 비밀의 가르침을 담고 있는 상징적인 표현이며, 비법 전수에 관한 자신들의 전통을 입증해 주는 증거라고 말한다. 티벳 스승들은 《팔리 삼장》이 남방불교에서 주장하는 것처럼 붓다의 말을 기록한 것이라는 점은 인정한다. 그러나 그들은 《팔리 삼장》에는 요가와 실제 수행에 대한 붓다의 가르침이 많은 부분에 걸쳐 빠져 있음을 지적하고, 그 부분은 현재까지 그들 사이에서 비밀리에 전수되어 내려왔다고 말한다. 정확한 이름이든 아니든 '비밀 불교'라고 불리게 된 이 티벳 스승들의 가르침은 스승으로부터 제자에게로 오직 입으로만 전해져 온 '귀 속에 속삭이는 가르침'에 크게 의존한다. 이런 방식의 가르침은 그들에게 있어서 오랜 세월에 걸쳐 확립된 변함없는 전통이다.

한편 남방불교의 팔리 경전에는, 붓다는 '꼭 쥔 주먹 속에' 비밀리에 가르침을 숨겨 놓지 않았다고 기록되어 있다. 말하자면 오늘날 스승이 자신의 문하(門下)에 입문한 제자를 영적으로 깨닫게 하는 데 필요한 가르침을 숨기지 않듯이, 붓다 역시 승단에 입문한 구성원들에게 굳이 핵심적인 가르침을 숨길 필요가 없었다는 것이다. 그러나 이것은 그런 비밀의 가르침들이 팔리 경전의 모든 곳에, 또는 세속의 대중을 위해 펴낸 불교 경전 모두에 적혀 있다는 것과는 거리가 멀다. 붓다 자신은 자신의 가르침을 기록한 적이 없으며, 그가 죽은 뒤 제자들이 그의 어록을 기록·편집한 것에 지나지 않는다. 이때 제자들이 스승의 가르침 전부를 기록하지는 않았을 것이다. 만일 제자들이 기록해 놓지 않은 또다른 가르침들이 있다면, 그래서 티벳 스승들이 주장하는 대로 승단의 구성원이 아닌 자들에게는 가르친 적이 없는 붓다의 특별한 가르침들이 존재한다면, 의심할 여지 없이 경외서(經外書)의 불교 또는 비밀 불교가 존재하는 것이 된다. 그리고 이 불교는 경전에 의존하는 불교, 다시 말해 대중적인 불교와는 어떤 점에서든 일치하지 않는 부분이 있을 것이다. 또한 이것은 고등 수학과 초급 수학의 관계, 또는 불교 전체를 하나의 피라밋으로 볼 때 위쪽 부분과 아래쪽 부분의 관계로 해석할 수도 있을 것이다.

결론적으로 말해, 티벳 스승들의 주장을 뒷받침해 주는 많은 타당한 증거가 발견되고 있다. 그 주장은 경전에 기록된 불교가 아닌, 입으로 구전되어 온 또다른 불교의 가르침이 존재한다는 것이다. 우리의 《티벳 사자의 서》가 바로 그런 경우이다.

여기서 이 해설문의 목적이 티벳 불교의 관점에서 불교를 소개하는 것임을 남방불교를 믿는 사람들에게 밝혀 두는 것은 어쩌면 불필요한 일인지도 모른다. 티벳 불교의 카규파 종파에서는 이 《티벳 사자의 서》를 신성한 책으로 여기고 있으며 번역자 라마 카지 다와삼둡도 거기에 속한 사람이었다.

남방불교를 믿는 사람들은 《티벳 사자의 서》의 가르침에 전적으로 동의하지 않을지 모른다. 하지만 나는 이 가르침이 본질적인 면에서 불교의 모든 학파와 종파에 공통된 것임을 밝혀내려고 할 것이다. 그리고 설령 그것들이 어떤 부분에서는 나 자신조차 동의하기 어려운 가르침이라 할지라도, 나는 그것들이 무척 흥미로운 것이며 나 자신의 믿음을 다시 한번 점검해 보게 만드는 것임을 얘기하지 않을 수 없다.

3. 《티벳 사자의 서》의 49일의 상징적 의미

우리의 경전으로 돌아가면, 우리는 이 경전이 신성한 숫자 7의 제곱수인 49라는 상징적인 숫자에 기초하고 있음을 알게 된다. 북방불교와 고차원적인 힌두교의 신비 과학에 따르면— 붓다 역시 이 고차원적인 힌두교에는 결코 반대한 적이 없다 — 윤회계(현상계) 안에는 일곱 세계 또는 7등급의 마야(환영)가 있는데, 그것은 일곱 개의 행성으로 이루어져 있다. 그리고 각각의 행성에는 진화의 일곱 단계가 있기 때문에 모두 합해 49개(7×7)의 정거장이 존재한다.

여기서 윤회계란 산스크리트어의 삼사라를 번역한 것으로 우주의 현상계를 뜻하며, 그 반대어는 니르바나(열반)이다. 니르바나는 현상을 초월한 곳에 있다. 또한 마야는 환상과 환영을 뜻한다. 마야는 자연계의 모든 현상을 가리킨다. 힌두교의 고차원적인 의미에서는 그것은 최고신 브라흐마(梵)의 여성 원리(샥티)를 가리키는 것이기도 하다.

인간은 태아의 상태로 있는 열 달 동안, 어머니의 자궁 속에서 아메바에서부터 영장류인 인간에 이르기까지 모든 형태를 거치는 것으로 되어 있다. 마찬가지로 인간은 죽음을 맞이해 사후세계로 들어가면 이 세상으로 다시 환생하기 전에 심령적으로 그것과 비슷한 경험을 한다. 다시 말해 태아 상태일 때는 육체적으로, 사후세계에서는 영적으로, 존재의 49정거장에 해당하는 진화와 퇴화의 과정을 거치는 것이다.

또한 《티벳 사자의 서》의 49일은 일곱 개의 신비의 모음(母音)들이 갖고 있다고 하는 49가지의 능력을 상징하는 것일 수도 있다. 우리의 경전 《티벳 사자의 서》의 상징 기호에 많은 영향을 준 힌두 신화에 따르면, 이 일곱 개의 신성한 모음들은 일곱 개의 신비의 불을 상징하고, 또한 거기서 갈라져 나온 49개의 불 또는 49가지의 형태를 상징한다.

그리고 북방불교의 신비 의식에는 일곱 개의 머리를 가진 불멸의 뱀이 등장한다. 고대 인도에서 유래된 이 뱀의 일곱 개의 머리에는 왕관이 씌워져 있고, 그 왕관들에는 스와스티카 표시(卍)가 새겨져 있다.

연금술 문헌에서는 7이라는 숫자가 사후세계 곧 바르도에서 경험하게 되는 일곱 개의 장소를 대표한다. 이 일곱 개의 장소마다에서 인간 의식체를 구성하고 있는 일곱 겹으로 된 원소가 각각 다르게 표현되어 나타난다. 그리하여 인간은 사후세계에서 49가지의 불, 또는 49가지의 그림을 경험하게 된다는 것이다.

《티벳 사자의 서》의 49일이 갖는 신비적인 의미에 관해서는 러시아 태생의 여인으로 티벳 등지를 여행하고 유럽으로 건너가 신지학(神智學)을 창시한 마담 블라바츠키 H. P. Blavatsky의 저서 《비밀 교리 The Secret Doctrine》를 읽어 볼 필요가 있다. 라마 카지 다와삼둡은 블라바츠키의 작업에 쏟아지는 신랄한 비판에도 불구하고 그녀의 저서들 속에는 그녀가 입문했다고 주장하는 고차원적인 티벳 불교의 가르침에 정통하고 있다는 많은 증거들을 발견할 수 있다고 말했다.

7이라는 숫자는 오랫동안 아리안 족과 다른 민족들 사이에서 신성한 숫자로 여겨져 왔다. 요한계시록에서도 7일은 신성한 것으로 받아들여진다. 자연계에서 7이라는 숫자는 생명의 일정한 주기와 현상을 지배한다. 화학 원소의 주기율이나 소리와 색의 물리학이 그것을 증명한다.

《티벳 사자의 서》는 이처럼 49라는 숫자, 곧 7 곱하기 7에 과학적인 기반을 두고 있다.

4. 다섯 원소들의 상징적 의미

《티벳 사자의 서》에서는 5원소에 대해서도 상징적인 설명을 하고 있으며, 이것 역시 놀랍게도 서양 과학이 가르치는 내용과 많은 부분이 일치한다. 라마 카지 다와삼둡의 설명을 받아 적으면 다음과 같다.

우리 행성의 첫 순환기에서는 한 원소만이 진화했다. 그것은 곧 불이었다. 윤회계(우주)를 지배하는 카르마의 법칙에 따라 그 불안개는 회전 운동을 시작했으며 마침내 불타는 둥근 구체가 되었다. 이 구체는 미분화된 원초적 힘을 갖고 있었다. 다른 원소들은 아직 태아 상태로 머물러 있었다. 생명은 최초로 불이라는 옷을 입고 나타났다. 그리고 만일 이때 인간이 존재하고 있었다고 본다면, 중세의 신비주의에서 말하는 '불도마뱀'들처럼 불의 몸을 입고 화신했다.

두번째 순환기에서는 불 원소가 확실한 형태를 가짐에 따라 거기서 공기 원소가 떨어져 나왔다. 이 공기 원소는 달걀 껍질이 달걀을 싸듯이 태아 상태의 불행성을 에워쌌다. 그리하여 인간을 포함한 모든 생명체들의 몸은 불과 공기의 복합체가 되었다.

세번째 순환기에서는 불행성이 공기 원소에 흠뻑 젖고 부채질당함으로써 불의 성질이 분리되었다. 그 결과 수증기로부터 물 원소가 생겨났다.

네번째 순환기에서는 공기와 물이 그들의 부모인 불의 활동을 중화시켰다. 그리하여 불은 흙 원소를 탄생시켰으며, 흙 원소가 불을 감싸게 되었다. 우리의 행성은 현재 이 네번째 순환기에 속해 있다.

이것과 똑같은 상징적인 가르침이 고대 힌두 신화에 전해진다. 신이 우유의 바다를 휘저었으며, 그곳에서 버터와 같은 딱딱한 땅이 생겨났다는 것이다. 여기서 우유의 바다는 불안개에 해당한다. 그렇게 생겨난 땅 위에 신들이 영양분을 공급했다. 다시 말해 육체를 갖기를 소원한 신들이 이 행성에 화신해 인류의 조상이 되었다.

《티벳 사자의 서》에서는 순서는 다르지만 사후의 처음 4일간 이 네 가지 원소들이 원초적인 형태로 사자(死者) 앞에 나타난다. '완전한 행위의 지혜를 상징하는 초록색 빛의 길'로 설명되는 다섯번째 원소 에테르는 우리의 경전에서 설명하듯이 인간의 의식 속에 있는 지혜의 기능이 아직 완전히 깨어나지 못했기 때문에 나타나지 않는다.

우리의 경전 《티벳 사자의 서》에는 이들 다섯 원소를 상징하는 다섯 명의 명상하는 붓다들이 등장한다. 그 붓다들을 불교에서는 오선정불(五禪定佛)이라고 부른다. 그들은 다음과 같다.

바이로차나(비로자나불)는 에테르, 곧 물질의 집합체를 상징한다. 이것을 불교 용어로 색온(色蘊)이라고 한다.

아모가싯디(불공성취불)는 공기, 곧 의지의 집합체를 상징한다. 이것을 행온(行蘊)이라고 한다.

아미타바(아미타불)는 불, 곧 감정의 집합체를 상징한다. 이것을 상온(想蘊)이라고 한다.

바즈라사트바(금강살타)는 악쇼비아(아촉불)의 반영이며 물, 곧 의식의 집합체를 상징한다. 이것을 식온(識蘊)이라고 한다.

마지막으로 라트나삼바바(보생불)는 흙, 곧 촉각의 집합체를 상징한다. 이것을 수온(受蘊)이라고 한다.

한편 아디붓다 학파의 이론에 따르면 이 다섯 명의 명상하는 붓다들은 모두 아디붓다[本初佛]에게서 나온다. 아디붓다는 제6원소인 마음을 상징한다고 이 학파의 사람들은 말한다. 또한 이 학파에서는 의식의 집합체를 상징하는 바즈라사트바가 아디붓다의 자리를 대신해 그와 동일신으로 등장하기도 한다.

우리의 《티벳 사자의 서》에서 에테르 원소는 바이로차나로 인격화되어 나타난다. 바이로차나는 '모든 것을 눈에 보이는 것으로 만드는 자'이다. 여기서 에테르 원소가 상징하는 것은, 티벳 불교의 개념을 서양 심리학 용어로 바꿔 말하면, 인간의 잠재의식이다. 잠재의식은 표면의식보다 한 단계 높은 초월의식으로, 보통 사람들의 경우에는 아직 개발이 안 된 상태로 남아 있다.

잠재의식은 내면의 지혜가 꽃피어나기 위한 도구이다. 지금의 인간에게는 그것이 어둠 속에 파묻혀 있지만, 제5순환기에 이르면 인류의 활동적인 의식으로 자리잡게 될 것이라고 신비가들은 말한다. 붓다의 가르침에도 암시되어 있듯이 윤회계의 여러 상태에서 경험한 과거의 기억들은 모두 이 잠재의식 속에 보관되어 있다. 제5순환기에 살게 될 미래의 인류는 이 잠재의식이 활동하게 되어 과거의 모든 경험을 기억할 수 있게 될 것이다. 이때 인간은 신앙이나 단순한 믿음 대신에 진정한 앎을 갖게 되고, 고대 그리스의 신비 의식들이 뜻하는 의미대로 자기 자신을 알게 될 것이다. 그들은 윤회계의 삶이 실체가 없다는 것을 깨닫고 윤회계로부터, 모든 원소들로부터 해방될 것이다.

이것이 인간의 정상적인 진화 과정이다. 그러나 시간이 오래 걸리는 정상적인 진화 과정에서 벗어나 지금 이 순간에라도 즉각적으로 영원한 자유를 얻는 것이 인도와 티벳의 모든 명상 학파들이 추구하는 목표이다. 우리의 《티벳 사자의 서》에도 그것이 잘 드러나 있다.

제4순환기에 있는 현재의 인간의 몸 속에는 네 개의 생명체들의 왕국이 있다. 불 원소의 왕국, 공기 원소의 왕국, 물 원소의 왕국, 흙 원소의 왕국이 그것이다. 인간은 이런 수많은 삶들의 집합체 위에 왕으로 군림하고 있는 것이다. 만일 그가 명상가(성자)의 초월의식을 가진 위대한 왕이라면, 헤아릴 수 없이 많은 원소 신하들이 각자 자신들의 진정한 본성을 드러내고 그의 손에 왕권을 상징하는 홀(笏)을 들려 줄 것이다. 이 홀은 물질에 대한 우주적인 지배를 나타내며, 티벳에서는 '도르제'라는 이름의 물건이 그것을 상징한다(p.2 그림 참조). 그때 비로소 그는 진정한 자연계의 왕이 되고, 신의 권리를 가진 통치자, 차크라바르틴(轉輪王), 우주의 황제, 신, 창조주가 된다.

《마누 법전》에는 다음과 같이 적혀 있다.

"확고한 지혜가 말을 통제하고 생각을 통제하고 몸 전체를 통제할 수 있는 자는 삼중제왕(三重帝王)이라고 불릴 만하다. 모든 생명 가진 것들에 대해 삼중의 자기 통제력을 행사해 탐욕과 분노를 완전히 복종시킬 수 있는 자는 그것으로 인해 더없는 평화를 얻게 되리라."

5. 지혜의 가르침

《티벳 사자의 서》는 근본적인 신비 사상을 몇 가지 담고 있다. 그것들은 상징적인 용어와도 관계가 있는데, 번역자 라마 카지 다와삼둡은 그것들을 '지혜의 가르침'이라고 불렀다. 대승불교의 핵심적인 교리인 이것들을 간단히 설명하면 다음과 같다.

공(空)

티벳의 모든 명상 체계에서 공을 깨닫는 것은 최고의 위대한 목적이다. 왜냐하면 이것을 깨닫는 것은 어떤 조건에도 얽매이지 않는 다르마카야라고 불리는 '진리의 몸'을 얻는 것이기 때문이다. 다르마카야를 불교에서는 법신(法身)이라고 한다. 또한 공을 깨닫는 것은 스스로 존재하는 근본 자리를 깨닫는 것이고, 초월적 지혜의 완전한 의식을 획득하는 것이며, 불성(佛性)을 얻는 것이다.

공을 깨닫는 것은 남방불교 20부파의 하나인 테라바다(상좌부) 불교의 목적이기도 하다. 공은 티벳어로 통파닛이고 산스크리트어로는 수냐타, 팔리어로는 수냐타이다.

삼신(三身)

완전한 깨달음을 얻은 존재들은 세 가지의 몸을 갖는데 그 중에서 다르마카야가 최상의 몸이다. 이것은 앞에서 말했듯이 '진리의 몸'이다. 나머지 두 가지는 '완전한 능력의 몸'인 삼보가카야와 '인간으로 화신한 몸'인 니르마나카야이다. 삼보가카야는 보신(報身)으로, 니르마나카야는 화신(化身)으로 번역된다.

다르마카야(법신)는 모든 성질을 초월해 있기 때문에 인간이 가진 어떤 언어로도 그것을 표현하는 것이 불가능하다. 그래서 다만 무한한 대양, 고요하고 물결이 일지 않는 대양으로 상징될 뿐이다. 이 대양에서 생겨나는 안개구름과 무지개는 삼보가카야(보신)를 상징하고, 무지개의 후광으로 둘러싸인 구름이 뭉쳐져 비가 되어 내리는 것은 니르마나카야(화신)를 상징한다.

고쉬Sj. Atal Bihari Ghosh는 여기에 다음과 같은 주석을 덧붙였다.

"다르마Dharma는 '지지하다', '떠받치다'라는 뜻의 동사 어원 드리Dhri에서 파생되었다. 다르마는 개체는 물론이고 우주 전체를 떠받치고 지탱하는 것을 뜻한다. 인간에게 있어서 다르마는 바른 행동을 말한다. 그리고 바른 행동은 진정한 앎에서 나온 결과이다. 고대 힌두교인 바라문교에 따르면 진리는 최고의 신 브라흐마〔梵〕이고 모크샤(해탈)이며 니르바나(열반)이다. 그리고 삼보가는 즐거운 삶이고, 니르마나는 건축의 과정이다. 바라문교의 체계에서는 다르마가 가장 먼저 필요한 것이다. 그 다음이 재산 또는 소유물의 뜻인 아르타인데, 이것은 니르마나에 해당한다. 이것 다음에 삼보가가 있고, 마지막이 모크샤, 곧 해탈이다."

다르마카야는 형태를 갖지 않은 근원적인 지혜를 뜻한다. 모든 오류로부터, 또는 타고난 것이든 우연적인 것이든 모든 장애물로부터 완전히 해방된 진정한 체험을 의미한다. 그 안에는 윤회계와 니르바나를 포함한 우주의 모든 본질이 담겨 있다. 근원을 분석해 들어가면 윤회계와 니르바나의 이 두 세계는 의식의 양 극단 상태처럼 순수 지성의 영역에서는 본디 같은 것이다.

라마 카지 다와삼둡이 번역한 《아디붓다 기원문》이라는 문헌에서는 이것을 다음과 같이 설명하고 있다.

"눈에 보이는 것이든 보이지 않는 것이든, 윤회든 니르바나든 근원적으로는 하나, 곧 수냐타〔空〕이다. 다만 그 길이 둘이고 그 목적지가 둘일 뿐이다. 두 개의 길이란 아비드야(무지)와 비드야(지혜)이고, 두 개의 목적지란 윤회와 니르바나이다. 모든 것들의 근원에 있는 그것은 스스로 존재하며, 무엇에도 의존하지 않고, 순수하며, 마음과 언어를 초월해 있다. 거기에는 윤회라는 말도 니르바나라는 말도 성립되지 않는다."

여기서 수냐타는 다르마카야와 동의어이며, 그것은 모든 관념을 초월해 있다. 그것은 마음으로 아무리 상상해도 알 수 없으며, 니르바나와 윤회 같은 이원론적인 단어로도 그것을 나타낼 수 없다.

다른 말로 설명하면, 다르마카야(직역하면 '진리의 몸')는 어떤 형상도 갖지 않은 꾸며지기 이전의 근원적인 지혜이다. 이것은 아디붓다(본초불)로 상징된다.

삼보가카야(직역하면 '보상을 받은 몸' 또는 '장식으로 꾸며진 몸')는 지혜의 반영, 또는 장식을 갖춘 지혜이며, 이것은 다섯 명의 명상하는 붓다들로 상징된다.

니르마나카야(직역하면 '변화된 몸' 또는 '탈바꿈된 몸')는 실질적이고 구체적인 지혜이며, 이것은 인간 붓다로 구체화되어 나타난다. 고타마 붓다가 니르마나카야의 대표적인 예이다.

대승불교의 위대한 철학자 아슈바고샤(馬鳴, 100~160년경)는 《대승기신론(大乘起信論)》에서 삼신 사상을 이렇게 설명하고 있다.

"모든 여래들은 다르마카야 그 자체이며 최상의 진리이고, 어떤 상황이나 강제적인 행위에도 얽매이지 않는다. 다만 세상 존재들의 보고 듣는 것 등을 통해 얻어지는 것들이 여래의 활동을 다양하게 한다.(謂諸佛如來 唯是法身智相之身 第一義諦 無有世諦境界 離於施作 但隨衆生見聞得益 故說爲用)

이러한 활동(다시 말해 법신)은 두 개의 측면을 갖고 있다. 첫번째 측면은 현상을 분별하는 의식과 관계가 있다. 이 분별식을 통해서 일반 사람들과 성문(聲聞, 깨달은 자의 가르침을 듣고 진리를 깨달은 구도자)들과 산지불(酸支佛, 직접 깨달음을 얻은 구도자)들은 자기 안의 다르마카야를 인식한다. 이 측면을 삼보가카야라고 부른다.(此用有二種 云何爲二 一者依分別事識 凡有二乘心所見者 名爲應身)

그러나 이런 부류의 사람들은 삼보가카야가 그들 자신의 진화하는 의식의 그림자라는 사실을 모르기 때문에 그것이 바깥 어딘가에서 생겨났다고 상상하고, 그래서 그것을 육체적인 형태를 가진 것으로만 생각한다. 그러나 삼보가카야는 (원래는 다르마카야와 같은 것이기 때문에) 제한하거나 측량할 길이 없다.(以不知轉識現故 見從外來 取色分齊 不能盡知故)

다르마카야의 두번째 측면은 업식(業識)과 관계가 있다. 업식을 통해서 모든 인간은, 진리를 찾고자 하는 최초의 의지에서 마침내 붓다의 경지에까지 이르는 동안 다르마카야를 인식한다. 이것을 일러 지복의 몸(삼보가카야)이라고 한다.(二者依於業識 謂諸菩薩從初發意 乃至菩薩究竟地心所見者 名爲報身)

다르마카야는 자신을 여러 가지 몸으로 나타낼 수 있는데, 이는 다르마카야가 모든 육체적 형태의 본질이기 때문이다.(此法身是色體故 能現於色)"

누구에 의해서도 창조됨이 없이 스스로 존재하며, 형태가 없고, 꾸며지지 않은 것이 다르마카야(법신)이다. 그 꾸며지지 않은 것으로부터 나온 꾸며진 것, 모든 완전한 속성이 하나의 몸으로 나타난 것이 삼보가카야(보신)이다. 아발론A. Avalon이 펴낸《탄트라 선집 Tantrik Texts》제7권에 적혀 있듯이, 하늘의 표면에 있는 구름이나 구름의 표면에 있는 무지개처럼 다르마카야 안에 존재하는 모든 지혜롭고 자비로운 속성이 하나의 몸으로 구체화된 것이 바로 삼보가카야이다.

그 '하나의 몸'이 여러 개의 몸으로 분화되어 이 모든 생명 존재들 사이에 나타나는 것을 니르마나카야(화신)라고 한다. 다시 말해 윤회계라고 불리는 이 환영의 세계, 이 현상계, 이 세속의 세계에서 살아가는 모든 존재들 사이에 그것은 화신이 되어 나타난다. 다른 동료 생명체들의 보다 나은 삶을 위해서다. 이렇듯 완전히 깨어 있는 의식을 가지고 이 세계에, 또는 다른 세계에 환생하는 모든 깨달은 존재들을 우리는 니르마나카야라고 부르는 것이다.

탄트라 불교는 아디붓다(본초불)를 사만타바드라(보현보살)라고 부르는데, 이 사만타바드라를 다르마카야와 연결시킨다. 사만타바드라는 처음도 끝도 없으며, 모든 진리의 근원이고, 티벳 불교가 숭배하는 완전한 선(善)의 아버지이다. 아디붓다, 곧 본초불이란 다르마카야를 상징하는 것으로 붓다 상태의 맨 첫 상태를 말한다. 앞에서 말했듯이 이 아디붓다에게서 다섯 명의 명상하는 붓다들이 구체화되어 나온다고 아디붓다 학파에서는 설명한다.

티벳 불교는 이 최고의 붓다의 자리에 바즈라다라(금강지)를 놓는다. 바즈라다라는 도르제(직역하면 '천둥번개'라는 뜻)를 가진 자이고, 금강승 또는 진언승이라 불리는 신비적인 가르침의 신적인 해설자이다. 또한 그 자리에 아미타바(아미타불)를 놓기도 하는데, 이는 무한한 빛의 붓다(무량광불), 무한한 생명의 원천(무량수불)이란 뜻이다.

그 다음 삼보가카야의 자리에는 다섯 명의 명상하는 붓다(오선정불)들과 연꽃의 신들과 평화와 분노의 신들이 위치한다. 이 모든 신들이 사후세계의 중간 상태에서 사자(死者)에게 환영으로 등장할 것이다.

그 다음의 니르마나카야에는 연꽃 위에서 태어난 위대한 스승〔蓮華上生師〕이라는 뜻의 파드마삼바바가 자리잡는다. 그는 티벳에서 최초로《바르도 퇴돌》을 가르쳤으며, 이《티벳 사자의 서》의 가르침을 따르는 모든 구도자들의 위대한 구루(스승)이다.

티벳 불교의 고차원적인 가르침에 입문하지도 못한 사람들이 흔히 북방불교가 아디붓다(본초불)를 최고의 신으로 숭배한다고 주장하는데, 이것은 명백한 잘못이다. 번역자 라마 카지 다와삼둡은 아디붓다뿐 아니라 다르마카야와 관련된 모든 신들을 인격적인 신으로 받아들여서는 안된다고 역설했다. 그 신들은 마치 태양이 지구의 물리적인 생명을 유지시켜 주듯이 모든 세계에 사는 온갖 생명 가진 것들의 신성(神性)을 유지시키고 인간이 윤회계로부터 해방될 수 있도록 해 주는 근원적이고 보편적인 힘, 또는 그 법칙이나 영적인 파장을 인격화한 것에 불과하다는 것이다.

　그는 이렇게 말했다.

　"우리의 눈에 보이는, 현존하는 이 우주의 가없는 파노라마에서 어떤 모양이 나타나고 어떤 소리가 울리고 어떤 빛이 비치고 또는 어떤 것이 의식되든, 그 전부는 삼신(三身)의 발현이며 놀이이다. 삼신은 모든 원인들의 원인인 삼중(三重)의 원리이고 근원적인 삼위일체이다. 모든 것 속에는 영의 본질이 편재해 있는데, 이것이 곧 마음[眞我]이다. 이것은 스스로 존재하는 것이며, 개체를 초월해 있고, 물질을 초월해 있으며, 파괴할 수 없다."

　이와 같이 삼신은 북방불교의 고차원적인 가르침에서 삼위일체와 같은 개념이다. 그러나 남방불교에서 말하는 일반적인 삼위일체는 붓다[佛]와 그의 가르침[法]과 그 가르침을 따르는 공동체[僧]를 가리킨다. 하나는 신비적인 뜻의 삼위일체이고 다른 하나는 일반적인 뜻의 삼위일체라고 볼 수 있다. 이 둘 사이에는 직접적인 상관관계가 있다. 삼신의 교리에 대한 보다 자세하고 폭넓은 이해는 그 가르침에 정식으로 입문한 자들만의 특권이다. 적어도 티벳의 영적 스승들은 그렇게 말하고 있다. 오직 그들만이 그것을 이해하고 깨닫는 적임자라는 것이다.

라마 카지 다와삼둡은 삼신 사상이 붓다 시대로부터, 때로는 인도인 입문자나 때로는 티벳인 입문자들에 의해서 한 번도 중단됨이 없이 오랫동안 전해진 것이라고 여겼다. 그리고 붓다는 단순히 그것을 그 이전의 붓다들로부터 전수받은 재발견자일 뿐이라는 것이었다. 그 이후 그것은 스승에서 스승에게로 구전되어 전해졌을 뿐 문자로는 기록되지 않았다. 다만 최근에 이르러 불교가 쇠퇴하기 시작하고 더이상 그것을 옛날 방식대로 전수할 살아 있는 위대한 스승들을 찾기가 힘들어지고 나서부터 그것은 문자로 기록되었을 뿐이라고 그는 말했다.

따라서 하나의 가르침이 어떤 시대 이전까지는 기록된 것이 발견되지 않는다고 해서 결국 그 이전엔 그것이 존재하지 않았다고 주장하는 서양 학자들의 논리는 크게 잘못된 것이다. 라마 카지 다와삼둡은 그러한 논리에 한 사람의 입문자로서 다만 웃어넘길 뿐이었다.

그리고 삼신 사상이 기독교의 삼위일체 사상에서 유래했다고 주장하는 기독교 옹호론자들의 열띤 노력에 대해서도 그는 전혀 동의하지 않았다. 사실 그는 한때 기독교에 대해 열린 마음을 가진 학생이었다. 그가 젊었을 때 기독교 선교사들은 그의 놀라운 학식과 높은 사회적 지위를 보고, 기독교로 개종시키는 데 특별히 바람직한 인물이라 여기고 그를 꽤나 열심히 쫓아다녔다. 그는 그들의 주장을 자세히 살펴본 뒤 거절했다. 그가 보기에는 그들이 제시한 기독교는 단지 하나의 불완전한 불교에 불과하다는 것이었다. 불교를 인도의 국교로 정한 아쇼카 왕 시대에 불교 포교사들이 소아시아를 거쳐 시리아와 알렉산드리아에까지 이르렀는데, 이들은 유대인들의 비밀 교단인 에세네 학파의 회원들에게 많은 영향을 주었다. 마찬가지로 이 포교사들이 전파한 불교 사상은 어떤 가능한 연결고리를 통해 기독교에도 깊은 영향을 미친 것이 틀림없다. 만일 예수가 역사적으로 실존했던 인물이라면 그 역시 한 사람의 붓다였을 것이라고 라마 카지 다와삼둡은 평가했다. 실제로 신약성경의 예수를 보면 분명히 불교의 진리를 깊이 알고서 산상수훈('마음이 가난한 자에게 복이 있나니'로 시작하는 마태복음 제5장에서 7장까지의 말)을 가르친 것이라고 그는 말했다.

삼신 사상은 높은 데서 낮은 데로, 니르바나의 문지방으로부터 윤회계 속으로 내려오는 위대한 스승들의 도(道)와 관련된 비밀 가르침들을 담고 있다. 한편 낮은 데서 높은 데로, 윤회계로부터 니르바나에 이르는 과정은 다섯 명의 명상하는 붓다로 상징된다. 이들 각자는 신의 보편적인 속성을 인격화한 것이다. 이 다섯 선정불 속에는 완전한 깨달음으로 인도하는 신성한 길이 담겨 있다. 불성으로, 다르마카야 안에서의 하나됨으로, 니르바나로 인도하는 길이 거기에 있다. 그것은 욕망을 버림〔無慾〕으로써 얻어지는 영적인 깨달음이다.

다섯 가지의 지혜(五聖智)

다르마카야는 세상 만 가지 사물에 편재하는 공(空)이며, 어떤 형상도 갖지 않은 진리의 몸이다. 그것을 구성하고 있는 것을 우리는 다르마다투〔法界〕, 곧 진리의 씨앗 또는 진리의 가능성이라고 부른다.

이 진리의 세계는 사후세계의 첫째날에 명상하는 붓다 바이로차나의 눈부신 푸른색 빛으로 나타난다. 바이로차나는 형상을 나타내는 자, 우주 물질계를 무수한 형상으로 눈에 보이게 하는 자이다. 이 진리의 세계는 물질의 집합체(색온)로 상징된다. 이 물질의 집합체로부터 이 세계와 모든 세계에 존재하는 생명체들이 생겨난다. 여기서는 동물적인 우둔함이 지배적인 성격이다. 그리고 마라〔魔軍〕곧 '형상'이라는 환영이 윤회계의 모든 영역에 걸쳐 속박을 만들어 놓는다. 이 속박으로부터의 탈출이 바로 니르바나이다. 인간 속에 있는 동물적인 본성의 우둔함, 형상이라는 환영, 또한 자신이 남과 분리된 하나의 개체라는 무지한 생각 등이 진정한 앎, 신적인 지혜로 승화될 때 그의 의식 속에는 만물에 편재하는 진리 세계의 대지혜, 또는 만물에 편재하는 공에서 반사되는 대지혜가 빛나게 된다.

사후세계의 첫째날에 나타나는 물질의 집합체(색온)가 모든 생명체의 육체를 낳듯이, 둘째날에 나타나는 물 원소는 생명 흐름, 곧 혈액을 낳는다. 이 진리의 세계는 의식의 집합체(식온)로 상징되며, 분노가 그 지배적인 속성이다. 이것이 승화되었을 때 거울 같은 대지혜[大圓鏡智]가 된다. 이 지혜는 명상하는 붓다 바즈라사트바로 인격화되어 표현되는데, 그 이름은 '신의 영웅적인 마음[大心]의 승리자'란 뜻이다.

셋째날의 흙 원소는 인간의 형상과 모든 물질적인 형상들을 이루고 있는 단단한 성분을 낳는다. 이것은 감촉의 집합체(수온)이며, 이기적인 욕망이 그 속성이다. 이것이 신적으로 승화될 때 평등 지혜[平等性智]가 얻어지며, 이 지혜는 라트나삼바바로 인격화되어 표현된다. 라트나삼바바는 보석으로 탄생한 자[寶生佛], 아름답게 하는 자의 뜻이다.

인간과 모든 동물들 속에 있는 동물적인 체온을 낳는 넷째날의 불 원소는 집착, 육체적인 욕망이 그 속성이다. 이것은 감정의 집합체(상온)이다. 이것이 승화되면 모든 것을 분별하는 지혜[妙觀察智]가 얻어지는데, 이는 각각의 사물을 분별해 알면서 만물이 하나임을 아는 지혜이다. 이 지혜를 인격화한 것이 아미타바, 곧 무한한 빛을 가진 자, 빛을 비추는 자이다.

다섯째날의 공기 원소는 생명체의 호흡을 낳는다. 인간에 있어서 이것의 속성은 시기와 질투이다. 이것은 의지의 집합체(행온)이다. 이것이 승화되면 모든 것을 성취하는 지혜[成所作智]가 얻어진다. 이것은 오류 없는 행동과 인내를 주는 지혜이다. 이 지혜를 인격화한 것이 아모가싯디, 곧 신의 능력을 주는 자, 위대한 승리자이다.

앞의 제4장에서도 설명했듯이, 마지막 원소 에테르는 마음 곧 인식하는 주체를 낳는다. 또한 이것은 사후세계의 중간 상태에 머물러 있는 사자의 몸을 낳는다.(그 몸을 '사념체' 또는 '욕망체'라고 부른다.) 하지만 이것은 사자에게는 나타나지 않는다. 왜냐하면 우리의 경전에서 말하는 것처럼 의식체 속의 지혜의 기능, 다시 말해 초월적인 붓다 의식이 일반 사람에게는 아직 개발되지 않았기 때문이다. 이것은 우리의 경전에서도 그렇듯이 바즈라사트바, 거울 같은 지혜, 깨달음의 지혜의 집합체와 관계가 있다. 이때의 바즈라사트바는 아디붓다(본초불) 사만타바드라(보현보살)와 동의어이다. 사만타바드라는 태어남도 없고 형상도 없고 아무런 꾸밈도 갖지 않은 근원적인 다르마카야이며, 이렇듯 종종 다섯 선정불의 대표자인 바이로차나로 인격화된다.

인간이 '신의 몸'을 완성할 때, 그는 변화하지도 않고 변화시킬 수도 없는 바즈라사트바가 된다. 그리고 '신의 언어'를 완성할 때, 신적인 언어의 힘이 따라오며 이것은 아미타바로 상징된다. '신의 생각'을 완성하면 모든 오류에서 벗어난 완전함을 낳으며, 이것은 바이로차나로 상징된다. 완전한 선, 완전한 미의 '신의 속성'을 완성하면 인간 역시 그런 속성을 갖게 되며, 이것은 라트나삼바바로 상징된다. 그리고 인간이 '신의 행위'를 완성할 때 인간은 모든 것을 행할 수 있는 신의 능력을 갖게 되며, 이것은 아모가싯디로 상징된다.

모든 인간들이 태어나면서부터 갖고 있는 이런 신적인 속성들, 또는 신적인 원리들에게 사자는 마치 입문식의 상징적인 절차를 거치듯이 하나씩 안내된다. 자신을 시험하고 자신 안에 있는 신의 속성들이 꽃피어났는가 어떤가를 발견하기 위해서다. 다섯 명의 명상하는 붓다들은 그 신적인 속성들을 인격화한 것으로, 이들 붓다들이 그 자신 속에서 완전히 꽃피어나면 그는 영원한 자유 곧 붓다의 경지로 인도된다.

　부분적으로 꽃피어나면, 보다 행복한 상태로 태어나게 된다. 행복한 상태란 데바 로카 곧 신들의 세계, 아수라 로카 곧 아수라들의 세계, 나라 로카 곧 인간의 세계 등에서 태어나는 것을 말한다.

　다섯째날이 지나면 사후세계에 나타나는 환영들은 점차 신적인 속성이 사라지고 사자는 그 대신에 현란한 환영들의 세계 속으로 점점 깊이 빠져든다. 그리고 고급스런 성질을 가진 빛들은 점차 저급한 성질의 빛들로 퇴색해 간다. 마침내 사후세계의 꿈들이 저절로 희미해지고 그의 마음에 담긴 사념들이 악몽 속의 유령들처럼 출몰할 때 사자는 사후세계의 중간 상태를 지나 인간계나 그 밖의 다른 세계에 다시 태어나게 된다. 그러나 그 세계들 역시 그는 살아 있거나 깨어 있다고 생각하지만 사실은 사후세계와 하나도 다를 바 없는 똑같은 환영의 세계이다. 그리하여 깨달음을 통해서 자신의 속박을 끊을 때까지, 다시 말해 붓다가 선언했듯이 슬픔에게 작별을 고할 때까지 그는 이런 식으로 끝없이 생의 수레바퀴를 돌게 된다.

　지금까지 이 해설문의 제1장에서 5장까지는《티벳 사자의 서》에 깔려 있는 신비적인 가르침들을 간단히 설명했다. 다음의 제6장에서 12장까지는《티벳 사자의 서》에 등장하는 중요한 의식 절차와 심리학, 그리고 그 밖의 가르침들을 설명하고 해석할 것이다. 그리고 마지막 장인 제13장에서 15장까지는 우리의 필사본의 내력,《바르도 퇴돌》경전의 역사, 그 번역과 편집에 대해 설명할 것이다.

　여기에 덧붙여 경전 다음에 실린 부록에는 7장의 보충 설명이 있다. 이 부분은 일반 독자들보다는 더욱 관심이 깊은 구도자들을 위한 것이다. 나는 거기서 해설문과 주석을 읽다가 발견되는 몇 가지 난해한 부분들에 대한 설명을 시도했다.

6. 죽음의 의식

우리의 경전 첫 장에서 설명하고 있듯이 죽음의 징후들이 모두 나타나고 나면 시신을 흰 천으로 덮는다. 그리고 이때 어떤 사람도 시신을 건드리지 않는다. 그것은 죽음의 과정이 방해받지 않도록 하기 위해서다. 죽음의 과정은 육체로부터 의식체를 완전히 분리하는 것으로 끝이 난다. [이때의 의식체를 바르도체(體)라고 하는데, 바르도체란 사후세계의 중간 상태인 바르도에 머물러 있을 때 갖는 몸을 말하며, 중음체 또는 중음신이라고 부르기도 한다. 흔히 그것을 영혼이라고 하지만, 이 책에서는 주로 의식체란 단어를 사용했다.]

대개 의식체를 분리하는 과정은 포와라고 부르는 영적 스승, 곧 '의식체를 빼내는 사람'의 도움이 없을 경우 3일 반 내지는 4일이 걸린다. 그리고 비록 영적 스승이 의식체를 빼내는 데 성공했다 할지라도 사자는 대개 앞에서 말한 기간이 지날 때까지는 자신이 인간의 몸으로부터 분리되었다는 사실을 깨닫지 못한다.

포와는 도착하자마자 사자의 머리맡에 놓인 방석이나 의자에 앉는다. 그는 애통해하는 모든 가족과 친척들을 방에서 내보내고 방문과 창문을 닫는다. 이렇게 하는 것은 올바른 포와 의식을 행하는 데는 절대적으로 침묵이 필요하기 때문이다. 이 의식에는 아미타바의 서쪽 극락 세계로 사자의 영혼을 인도하는 신비한 염불이 포함되며, 이때 사자는 카르마가 허락할 경우 사후의 중간 상태에서 곧바로 탈출해 영원한 자유에 이른다.

사자의 영혼에게 육체를 떠날 것을 지시하고, 살아 있는 친척들과 재물에 대한 집착을 버리게 한 뒤에 스승은 사자의 머리 정수리에 있는 두개골 봉합선을 살핀다. 이곳은 두 개의 머리뼈가 만나는 곳으로

'브라흐마의 구멍'이라고 불린다. 영혼은 바로 이 구멍을 통해서 육신을 빠져나가야만 한다. 스승이 이곳을 살피는 것은 그것을 확인하기 위해서다. 그리고 만일 이때 죽은 자가 대머리가 아니라면 스승은 그 구멍 부위에 있는 머리카락 몇 가닥을 똑바로 잡아당긴다. 만일 사고나 그 밖의 일로 시신이 없다면 포와를 행하는 스승은 깊은 정신집중을 통해 사자의 시신을 떠올리고 그것이 눈앞에 있다고 상상한다. 그리고 나서 사자의 영혼을 부르면서 의식을 행하게 되는데, 이것은 대개 한 시간 가량 걸린다.

한편 치파라고 하는, 점성학에 정통한 영적 스승은 사자가 임종한 시간을 근거로 어떤 사람들이 시신에 접근해 만질 수 있으며, 시신을 처리하는 적절한 방법은 무엇이고, 장례식의 시기와 방식, 그리고 떠난 자를 위해 행해야 할 적합한 의식은 무엇인가를 알아내기 위해 임종 점성(臨終占星)을 뽑는다. 그 다음에 시신을 앉은 자세로 묶는다. 이것은 세계 여러 곳의 고대 무덤이나 묘지에서 발견되는 해골과 미이라들의 자세와 같다. 또한 이것은 태아 자세라고도 불리는데, 이생으로부터 죽음 너머의 생으로 태어남을 상징한다. 그런 자세를 취한 시신은 그 후 사자실(死者室)의 한쪽 구석에 안치된다.

죽음을 통지받은 친척들과 친구들은 사자의 집에 다 같이 모인다. 그들은 시신이 처리될 때까지 거기서 음식을 먹으며 묵는다. 만일 육신으로부터 사자의 의식체(영혼)가 완전히 분리되었는지에 대해 의심스러운 점이 있다면, 임종 후 3일 반 내지 4일까지 시신을 처리하지 않는다. 그리고 조문객들에 대한 접대가 계속되는 한 사자의 영혼에게도 끼니마다 밥과 음료수를 포함한 모든 음식의 일부를 차려 준다. 이 기간은 대체로 최소한 2일 정도이거나 흔히 3일인 경우가 많다. 음식은 그릇에 담아 시신 앞에 놓아 둔다. 그리고 이때 사자의 영혼이 음식으로부터 눈에 보이지 않는 정기(精氣)를 뽑아낸 뒤에는 그 음식을 버린다. 마지막 처분을 위해 시신을 집에서 옮긴 뒤에는 사자의 초상물을 시신이 놓였던 방의 구석에 둔다. 이 초상물 앞에도 바르도의 49일이 끝날 때까지 계속해서 음식을 차려 둔다.

《티벳 사자의 서》를 읽어 주는 것을 포함해서 장례 의식이 사자의 집에서나 죽음의 장소에서 행해지고 있는 동안에 다른 승려들은 사자의 영혼이 아미바타의 서방 극락정토에 도달하는 것을 돕기 위해 밤낮 교대로 염불을 외며 예불을 올린다. 이 예불에는 포와도 참여하는데, 이것을 티벳어로 데와찬키몬람이라고 부른다. 만일 그 집안이 형편이 넉넉하다면 사자가 자주 예불을 드리던 사찰에서 그 사찰의 모든 승려들이 참석한 가운데 이 의식이 행해지기도 한다.

사자에게 《티벳 사자의 서》를 읽어 주는 승려들은 장례식이 끝난 뒤에도 49일간의 바르도 기간이 끝날 때까지 매주 한 번씩 사자의 집으로 돌아간다. 그러나 예불 기간을 줄이기 위해 첫째 주에서 하루를 빼고, 그 다음 주에서는 이틀을 빼고, 이런 식으로 계속해서 하루씩 줄여 나가는 것은 흔히 있는 일이다. 따라서 그들은 6일 뒤, 5일 뒤, 4일 뒤, 3일 뒤, 2일 뒤, 그리고 하루 뒤에 각각 사자의 집에 들러서 《티벳 사자의 서》를 읽어 주는데, 이렇게 해서 대략 3주 만에 읽기를 끝낸다.

첫째날부터 열넷째날까지는 우리의 경전 제1권에서 지시하듯이 〈초에니 바르도〉 편을 읽고 또 읽어 줘야 한다. 열넷째날부터는 〈시드파 바르도〉 편을 읽어 준다. 가난한 집안에서는 이 의식이 열넷째날에 중단될 수도 있다. 그러나 보다 좋은 환경을 지닌 집안에서는 이 의식이 최소한 21일까지 계속되며 때로는 49일간의 전기간 동안 행해지기도 한다. 시킴에서는 일반적으로 21일까지 이 의식을 진행한다. 사자가 큰 부와 지위를 가진 사람일 경우에는 장례식의 첫째날에 백 명이나 되는 승려들이 도울 수도 있다. 하지만 가난한 사람의 장례에는 한두 명의 승려만이 참여하게 될 것이다. 열넷째날이 지나면 가난한 자든 부유한 자든 다 같이, 읽는 것을 마치기 위해 대개 한 사람의 승려만이 남는다.

사자의 초상물은 그가 생전에 입던 옷을 의자나 나무토막 같은 것에 입혀서 만든다. 그리고 이때 사자의 얼굴이 있어야 할 곳에는 창쿠라고 하는 인쇄된 종이를 끼워넣는다. 여기에 그 일반적인 견본을 소개한다.

이 창쿠에서 중앙의 인물은 다리가 묶인 사자를 나타낸다. 사자는 지금 합장의 자세를 취하고 있으며, '다섯 가지 탁월한 심미적인 물건들'의 상징물에 에워싸여 있다.

1) 거울(왼쪽의 세 가지 물건들에서 첫번째이며 번호 1이 적혀 있다)은 모든 현상이나 감각들을 반영하는 몸과 시각의 상징이다.

2) 소라 나팔(2번)과 거문고(3번)는 소리의 상징이다.

3) 꽃병(4번)은 향기의 상징이다.

4) 카톨릭 교회의 성찬에서 사용되는 것과 같은 그릇 안에 담긴 신성한 떡(5번)이다. 이것은 음식의 정기(精氣), 영양분과 맛의 상징이다.

5) 중앙의 인물이 걸친 비단옷과 위에 드리워진 제왕의 천개(天蓋, 차양)는 의복과 장식품, 그리고 촉각의 상징이다.

이런 종이 도형을 머리와 얼굴 부분에 끼워넣는다. 그리고 그 앞에 사자의 영혼에게 바치는 음식을 계속해서 놓아 둔다. 또한 승려는 이 초상물을 사자로 상상하고 그에게 《티벳 사자의 서》를 읽어 준다.

나일 강 유역에서 3년 동안 고대의 장례 의식에 관해 연구한 뒤 나는 새롭게 티벳 연구를 시작했다. 티벳의 장례 의식은 대부분 불교 이전부터 전해져 온 것이었다. 그런데 거기에 대한 지식을 얻자마자 나는 오늘날 티벳과 시킴 지방에서 사용되는 사자의 초상물이 고대 이

사자의 초상(창쿠)
1. 거울 2. 소라 나팔 3. 거문고 4. 꽃병 5. 성스러운 떡

집트의 장례식에서 사용됐던 '오시리스(또는 죽은 자)의 조각상'이라고 불리는 사자의 초상물과 너무나 비슷하다는 사실을 발견했다. 그것은 그 둘이 틀림없이 공통된 근원을 갖고 있음을 암시하는 것이었다. 나아가 초상물의 얼굴 부분에 대신 놓이는 창쿠는 이집트의 장례식에서 카Ka, 곧 죽은 자의 영혼을 위해 만든 조각상과 일치한다. 이 조각상들은 단지 머리 부분만을 완벽하게 만든 것으로, 미이라의 머리를 복제하거나 대신하는 두상(頭像)들이다. 이것들은 카가 휴식할 몸을 찾고 있을 때, 다시 말해 우리의 경전에서처럼 의식체가 육신을 대신하는 버팀목을 찾고 있을 때 도움을 주기 위한 것들이다. 또한 오시리스의 조각상에게 이집트의 고대 사제들이 그들의 《사자의 서》를 읽어 주었듯이, 티벳의 승려들은 사자의 초상물에게 오늘날 《티벳 사자의 서》를 읽어 준다. 그리고 이들 문헌들은 둘 다 죽음 너머의 세계로 가는 여행자를 위한 안내서인 것이다.

  더 설명하자면, 이집트의 장례 의식의 앞부분은 사자에게 모든 감각 기능을 가진 카 곧 유체(幽體)로 소생하는 마법의 힘을 주기 위한 것이다. 따라서 이 장례 의식은 '눈과 입을 열고' 신체의 다른 모든 부분의 기능을 회복시키는 과정으로 이루어져 있다. 마찬가지로 티벳 스승들의 목적은 그 출발부터가 임종 직후 뒤따르게 되는 실신 상태로부터 사자를 깨어나게 해 완전한 의식을 되찾게 하는 데 있고, 낯선 저승의 환경에 그를 적응하게 만드는 데 있다. 이것은 사자가 대부분의 사람들처럼 아직 깨달음에 이르지 못한 상태이며, 곧바로 영원한 자유에 이르는 것이 불가능하다는 전제 아래 행해진다.

  티벳의 장례 의식이 초상물과 창쿠를 사용하는 부분에 있어서만큼은 적어도 불교 이전부터, 어쩌면 훨씬 오래 전인 고대로부터 오늘날까지 전해진 것이라는 의견을 우리는 갖고 있다. 와델 박사는 그런 우리의 의견을 확인해 주듯이 다음과 같이 기록하고 있다.

"이것은 본질적으로 티벳 토착 종교인 뵌Bön 종교의 의식이다(뵌 종교는 불교가 전래되기 이전에 티벳에 널리 퍼져 있던 토착 종교로 형이상학적인 면에서 도교와 비슷하다). 구루 파드마삼바바의 생애를 기록한 문헌에도 그것이 뵌 종교에 의해 행해진 것으로 적혀 있다. 기록에는 그것이 티벳 불교의 창시자격인 구루 파드마삼바바의 기분을 상하게 한 것으로 적혀 있다."

창쿠(초상화) 자체에 대해 와델 박사는 앞에 소개한 초상화의 경우처럼 거기에 적힌 문장을 해석해 준다.

"세상을 떠나는 자 나 아무개는 나를 인도하는 영적 스승과, 관대함과 분노의 모든 신들에게 귀의하며 절하노니, 위대한 자비의 신〔大悲主〕께서는 전생의 부정과 쌓인 죄업을 소멸하시고 다른 좋은 세상에 태어나도록 인도하소서!"

여기서 '아무개'의 자리에는 죽은 사람의 이름을 써 넣는다. 그리고 '관대함의 신들'은 우리의 경전에선 '평화의 신들'로 번역되었다. 와델 박사의 설명에 따르면 100명의 뛰어난 신들 중에서 42신은 관대하고, 58신은 분노의 성격을 갖고 있다. 또한 와델 박사는 '위대한 자비의 신'에 대해, 중국 토착민들의 신으로 오늘날 관세음보살과 동일한 인물이라고 설명한다.

우리의 초상화에서처럼 창쿠 중앙 인물의 왼쪽 어깨 곁에는 윤회계의 여섯 세계를 가리키는 상징 문자가 새겨져 있다. 다른 초상화에서는 중앙의 아래쪽에 새겨져 있기도 한다. 이것들을 풀이하면 아래와 같다.

S — 수라sura 또는 천신. 천상계를 가리킨다.
A — 아수라asura 또는 거인신(巨人神). 아수라계를 가리킨다.
Na — 나라nara 또는 인간. 인간계를 가리킨다.
Tri — 트리산trisan 또는 사나운 짐승. 축생계를 가리킨다.

Pre — 프레타preta 또는 불행한 귀신. 아귀계(餓鬼界)를 가리킨다.

Hung — 지옥. 지옥계를 가리킨다. 이것은 '떨어진'을 뜻하는 후누hunu에서 유래했다.

장례 의식의 마지막에 창쿠 곧 초상화는 격식을 갖춰 버터 등잔의 불꽃에 태운다. 이것은 사자의 영혼에게 마지막 작별을 고하는 것이다. 불꽃의 색깔과 불꽃이 흔들리는 방식에 따라서 사자가 겪게 되는 사후세계의 운명이 결정된다.

불에 태운 창쿠의 재는 접시에 담아서 찰흙과 섞은 뒤 사차라고 부르는 작은 탑들을 만든다. 이것은 대개 성스러운 문자나 상징적인 장식품 모양을 새긴 탑의 모형들이다. 이것들 중 하나는 사자가 생전에 살던 집의 제단 위에 보관하고, 나머지는 마을의 네거리나 아니면 산꼭대기의 우묵한 곳에 안치한다. 대개 바위의 돌출부 아래 놓거나 동굴이 있으면 그 안에 놓는다.

종이를 태움과 동시에 초상물의 나머지도 분해해서 옷은 승려들이 가져간다. 승려들은 옷을 가지고 가서 첫번째로 그 옷을 사려는 사람에게 판다. 그 수입을 그들의 수고비로 대신한다. 죽은 지 1년이 지난 뒤에는 사자를 위한 향응이 베풀어진다. 이때는 병을 치료하는 붓다들, 곧 약사불(藥師佛)에 대한 예불을 올린다.

카시우스 페레이라Cassius A. Pereira는 이렇게 설명한다.

"스리랑카에서는 고인에 대한 향응이 일주일, 한 달, 그리고 사후 일년 뒤 승려들이 모인 자리에서 행해진다. 이 향응은 고인의 이름으로 베풀어지고, 그 공덕은 고인에게 돌아간다. 이렇게 함으로써 고인이 고귀한 탄생을 얻도록 돕는 것이다."

그 후에야 사자의 미망인은 다시 결혼하는 자유를 얻게 된다.

티벳의 장례 의식 그 자체에는 여러 가지 흥미로운 점이 있다. 의식을 집행하는 승려는 시신을 집으로부터 옮겨 나갈 때 시신에게 '영광의 목도리'를 선사한다. 그리고 사자를 고인(故人)이라 칭하면서 그에게 제공되는 음식을 마음껏 먹으라고 당부한다. 또한 그가 이미 죽었다는 사실을 일깨우고 귀신이 되어 나타나 그 장소를 떠돌거나 살아 있는 가족들을 괴롭히면 안될 것이라고 경고한다. 그리고 끝으로 이렇게 말한다.

"그대는 그대의 영적 스승의 이름을 기억하고, 그의 도움으로 올바른 흰색 빛의 길을 택하라. 이쪽으로 따라오라."

이때부터 장례 행렬을 인도하면서 승려는 긴 목도리의 한쪽 끝을 잡는다. 목도리의 반대편 끝은 시신에게 매여 있다. 그리고 승려는 작은 손북과 사람의 넓적다리뼈로 만든 나팔 소리에 맞춰 기도문을 읽기 시작한다. 손북에는 느슨하게 매달린 매듭 끈이 붙어 있어 승려가 그것을 손으로 빙빙 돌리면서 치면 소리가 나도록 되어 있다. 승려들이 많을 때는 중심이 되는 승려가 다른 승려들보다 앞서 가면서 요령을 흔들고 다른 승려들은 염불과 음악으로 돕는다. 이것은 프랑스의 브리타니 사제가 브리타니 농민의 장례 행렬에서 행하는 것과 같다. 이때 어떤 승려는 틈틈이 소라 나팔을 불고, 다른 이는 놋쇠 바라(심벌즈)를 두들기고, 또다른 이는 작은 북을 빙빙 돌리거나 넓적다리뼈 나팔을 불기도 한다.

이 모든 의식을 중심적으로 진행하는 승려는 이따금 시신을 돌아보면서 그 영혼에게 육신과 동행할 것을 청한다. 또한 행렬이 올바른 방향으로 향하고 있는가 확인한다. 운구자들이 마침내 조문객들이 모여 있는 곳에 이르면 누군가 음식물을 내온다. 음식물의 일부는 사자를 위해 화장용 장작불에 던지고, 일부는 승려들과 조문객들에게 대접한다. 이 모든 것이 끝난 뒤에 마지막으로 가족과 친지들이 고인의 죽음을 슬퍼하며 곡을 하고 애통해한다.

사자의 영혼을 이렇게 승려들이 인도하는 것은 세속인만을 위한 것이다. 왜냐하면 티벳 승려들의 영혼은 이미 《티벳 사자의 서》의 공부를 마쳤으므로 올바른 길을 알고 있어서 안내가 필요없기 때문이다.

티벳에는 시신을 처리하는 모든 종교적 방법이 알려져 있다. 그러나 화장을 하기 위한 연료가 부족하기 때문에 시신을 산꼭대기나 큰 납작바위 위로 가져가 조각을 낸다. 이것은 다분히 페르시아와 봄베이의 파르시이 교도들의 풍습에 영향을 받은 것이다. 파르시이 교도들은 회교도의 박해를 피해 8세기경 인도로 도피한 페르시아 계통의 조로아스터교 일파의 사람들이다. 오늘날에는 주로 봄베이 근처에 모여 살고 있다.

만일 고인이 귀족이고 그의 가족이 화장용 장작을 충분히 마련할 수 있다면 시신은 화장된다. 어떤 먼 지방에는 매장(埋葬)의 풍습도 있다. 하지만 천연두처럼 전염성이 강하고 위험한 질병으로 사망했을 때는 모든 지방에서 매장 방법을 택한다. 그렇지 않을 경우에는 티벳인들은 일반적으로 매장을 싫어한다. 왜냐하면 그들은 시신이 매장되면 사자의 영혼이 그것을 보고 거기에 다시 들어가려 한다고 믿기 때문이다. 그 시도가 성공한다면 시체에는 악령이 깃들게 된다는 것이다. 화장이나 기타 방법으로 시신의 물질적 원소들을 재빨리 분해시켜 버리면 악령이 깃들 수가 없다.

때로는 힌두교에서처럼 시신을 강물이나 호수 같은 곳에 던지기도 한다. 최고의 정신적 지도자 달라이 라마와 타시 라마, 그리고 매우 위대한 사람이나 성자의 경우에는 방부처리 보존이 행해진다. 이때는 시신을 고대 이집트에서 미이라를 만들던 과정과 비슷하게 소금 상자 안에 안치해 둔다. 그 기간은 소금이 시신의 모든 습기를 흡수할 때까지의 대략 석 달 정도이다. 그 다음에 시신을 잘 처리한 뒤 백단향과 향료와 약품을 찧어서 섞어 넣은 시멘트와 같은 진흙으로 덮어씌

운다. 이것이 시신에 달라붙고 굳어져, 눈이나 뺨이나 위(胃)처럼 움푹 들어가거나 줄어들었던 신체의 모든 부분이 원래의 크기로 다시 채워져서 이집트의 것과 아주 닮은 미이라가 만들어진다. 그리하여 마침내 완전히 마르게 되면 황금 물감으로 몸 전체를 칠해 티벳의 웨스트민스터 사원에 해당하는 곳에 하나의 불상처럼 모셔 둔다. 웨스트민스터 사원은 알다시피 영국 런던에 있는 고딕식 교회로 국왕의 대관식이 여기서 거행되며, 국왕과 명사들의 무덤이 있는 곳이다. 영국인은 여기에 매장되는 것을 최대의 영예로 여긴다.

타시 라마가 있는 티벳의 시가체에는 이와 같은 장례식 사원이 다섯 개가 있다. 이중으로 된 지붕에 황금으로 빛나는 이 사원들은 중국의 궁궐이나 황제의 사당을 닮았다. 크기와 장식에 있어 서로 다르며, 그곳에 안치된 미이라의 부와 지위에 따라서 어떤 것은 황금으로 새겨넣고 어떤 것은 은으로 새겨넣었다. 이것은 일본인 에카이 가와구치가 1909년에 쓴 《티벳에서의 3년 *Three Years in Tibet*》에 잘 설명되어 있다. 사원에 이렇게 안치된 미이라 앞에는 기도가 올려지고, 향이 태워지고, 정성껏 의식이 행해지는데, 이것은 중국이나 일본의 조상 숭배와 같다.

북방불교에서 시신을 처리하는 네 가지 방법은 힌두교의 여러 가지 성전(聖典)에서 언급하고 있는 것들과 일치한다. 인간의 몸은 물〔水〕, 불〔火〕, 공기〔風〕, 흙〔地〕의 네 가지 원소로 구성되어 있기 때문에 가능하면 빨리 이러한 원소들로 되돌아가야 한다는 것이다. 화장은 그중에서도 가장 최선의 방법으로 여겨진다. 매장은 기독교와 마찬가지로 시신을 흙의 원소로 되돌리는 것이고, 수장은 물의 원소로 되돌리는 것이며, 풍장은 공기의 원소로 되돌리는 것이다. 풍장의 경우 시신을 먹는 큰 새들은 공기의 거주자로 인정된다. 그리고 화장은 시신을 불의 원소로 되돌리는 것이다.

티벳에서 풍장(조장)을 행할 때는, 독수리의 일종인 큰 새들이 시신의 살점을 뜯어먹는다. 그리고 남은 뼈조차 장례식이 치러지는 산의 작은 바위 구멍에 넣고 망치로 부순 다음 그것을 밀가루에 섞어 반죽을 만든다. 이 반죽 덩어리들은 다시 독수리들에게 던져진다. 따라서 티벳의 풍장은 죽은 자의 뼈를 공기 속에 풍화할 때까지 내버려 두는 파르시이 교도들보다 한층 더 철저하다. 한편 이런 의식을 행하는 인부들은 특수한 계급에 속하며, 불결한 사람들로 취급받는다. 그래서 티벳인들은 대개 이들과 접촉하기를 꺼린다.
　티벳의 장례식에서는 일반적으로 관이나 기타 시신을 담는 용기를 사용하지 않는다. 시신은 대개 버들가지와 같은 가벼운 재료로 만들어 두 개의 장대에 고정시킨 들것 위에다 눕힌다. 물론 들것에는 천이나 담요를 깔고 시신 위에도 깨끗한 흰 천을 덮는다. 그리고 두 사람의 상여꾼이 앞뒤에서 장대 끝을 어깨에 멘다. 그러나 시킴에서는 앞에서 설명한 것처럼 태아 자세로, 다시 말해 앉은 자세로 시신이 운구된다.
　시킴이나 티벳이나 다 같이, 모든 장례 의식은 점성가의 지시에 따라 엄격히 행해진다. 그는 임종 점성으로 점을 쳐서 누가 시신을 만지고 다뤄야 하며, 누가 운구를 해야 하고, 시신 처리는 어떻게 해야 하는가를 지시한다. 점성가는 또 어떤 부류의 귀신이 이 죽음을 일으켰는지 선언한다. 왜냐하면 민중 신앙에서는 죽음이 절로 오는 게 아니라 무수한 죽음의 귀신들 가운데 하나가 훼방을 놓았기 때문에 오는 것이라고 믿기 때문이다. 유럽의 켈트 족들도 그렇게 믿었다. 점성가는 또한 사자의 집으로부터 죽음의 귀신을 추방하는 데 필요한 의식이 무엇이며, 사자의 영혼의 평안을 위해 읽어 줘야 할 특별한 경문이 무엇이고, 사자가 훌륭한 환생을 할 수 있도록 보장해 주는 예방 조치와, 그가 환생할 고장과 가문에 대해 알려 준다.

시킴에서는 화장용 장작불을 쌓기 위해 평평하게 고른 땅바닥 위에 밀가루로 극락정토, 곧 붉은색 서방 극락세계를 상징하는 신비 도형 만다라를 그린다. 이 만다라는 몇 개의 칸으로 나뉘는데, 장작을 쌓을 가운데 공간은 명상하는 붓다 아미타바(무한한 빛의 신)에게 바쳐진다. 화장이 시작되면 의식을 집행하는 라마는 화장용 장작을 아미타불의 만다라로 상상하고 불꽃은 아미타바로 상상한다. 아미타바는 우리의 경전에서 불의 원소를 인격화한 것이다. 그런 다음 이번에는 장작더미 위에 놓인 시신 자체를 아미타바의 만다라로 상상하고, 그 심장을 아미타바가 거주하는 곳으로 상상한다.

불길이 커지면 향기 나는 기름과 향료와 백단향과 막대기로 된 향들을 거기에 희생물로 던진다. 이것은 힌두교의 호마 의식, 곧 불에 대한 희생 의식과 같다. 마침내 화장이 끝나면 승려들과 조문객들은 떠난 자의 영혼이 그 불에 의해, 다시 말해 무한한 빛 아미타바에 의해 카르마의 모든 어둠에서 깨끗이 씻어졌다고 상상한다.

이상은 시킴의 화장터에서 사자를 위해 행해지는 아름다운 의식에 깔린 신비주의를 간단히 소개한 것이다.

시신 처리 방식은 다를지라도 티벳 전역이나 티벳의 영향을 받은 모든 지역에서 이것과 똑같은 상징적인 의식이 지방과 종파에 따라 약간씩 다른 형태로 행해지고 있다.

7. 사후세계 또는 바르도

바르도Bardo는 글자 그대로 '사이Bar'와 '둘do'을 뜻한다. 두 상태 사이, 다시 말해 죽음과 환생 사이가 바르도이다. 따라서 바르도는 중간 상태, 과도기 상태이다. 라마 카지 다와삼둡은 어떤 경우에 그것을 불확정 상태로 번역하기도 했다. 그것은 또한 밝음과 어둠 중간의 상태로 번역할 수도 있다.

죽음을 맞이한 순간부터 3일 반이나 때로는 4일 동안, 대부분의 경우 의식체는 자신이 육체로부터 분리되었다는 사실을 알지 못한 채 기절 상태 또는 수면 상태에 빠지는 것으로 알려져 있다. 이 기간이 첫번째 바르도이며 그것을 치카이 바르도Hchikhahi Bardo, 곧 '죽음의 순간의 바르도'라고 부른다. 이때 최초의 투명한 빛이 사자 앞에 나타난다. 그 빛은 모든 존재의 근원으로부터 밝아 오는 순수한 빛이다. 그러나 사자는 그것을 인식하지 못하고, 다시 말해 그 빛이 상징하는 마음 본래의 초월적인 상태에 머물러 있지 못하고, 자신의 카르마 때문에 그것을 흐릿하게 인식한다.

첫번째 바르도가 끝났을 때 자신에게 죽음이 일어났다는 사실을 깨달은 사자는 두번째 바르도를 경험하기 시작한다. 이것을 초에니 바르도Chösnyid Bardo, 곧 '존재의 근원을 체험하는 바르도'라고 부른다. 이 상태는 곧이어 세번째 바르도의 상태로 흘러들어간다. 그것이 시드파 바르도Sridpahi Bardo, 곧 '환생의 길을 찾는 바르도'이다. 이 바르도는 의식체가 인간계나 다른 세계, 또는 천상의 극락세계에 환생함으로써 막을 내린다.

이 해설의 제3장에서 이미 설명했듯이 하나의 바르도로부터 다음의 바르도로 넘어가는 것은 탄생의 과정과 비슷하다. 다시 말해 의식체는 기절 상태(실신 상태)에 빠졌다가 깨어나면서 다음의 바르도로 넘어가며 또다시 기절 상태에 빠진다. 세번째 바르도가 끝날 때까지 이것이 계속된다.

두번째 바르도에서 그가 기절 상태에서 깨어날 때, 그의 앞에는 상징적인 환영들이 하나씩 나타나기 시작한다. 그가 이 세상에서 육체를 갖고 있을 때 행한 행위들이 카르마의 환영들로 출몰하는 것이다.

그가 생각한 것과 행동한 것들이 객관적인 영상이 되어 그곳에 나타난다. 생전에 그의 의식 속에 그림을 그리며 나타났던 생각들, 뿌리를 내리고 성장하고 꽃피고 열매맺었던 그 생각들이 이제 장엄하고 거대한 파노라마가 되어 등장하는 것이다.

높은 학식을 갖춘 어떤 스승들, 특히 노랑모자파〔黃帽派〕라고 불리는 게룩파 종파에 속한 영적 스승들은 초에니 바르도에서 나타나는 110명의 중요한 신들의 환영은 오직 탄트라 불교를 공부해 어느 정도 영적으로 진화한 구도자들에게만 나타나는 것이라고 믿는다. 일반인들이 죽었을 때는 〈시드파 바르도〉 편에서 설명된 환영들만 보게 된다는 것이다.

두번째 바르도에서 사자는 자신이 죽었음에도 불구하고 여전히 살과 뼈가 있는 육체를 갖고 있다는 착각에 빠질 가능성이 크다. 이런 착각을 불교 용어로 미망(迷妄)이라고 한다. 그러나 자신이 실제로는 그런 몸을 갖고 있지 않다는 것을 깨닫는 순간, 사자는 육체를 소유하려는 강렬한 욕망을 갖기 시작한다. 그리하여 그는 몸을 찾게 되고, 환생의 길을 찾는 세번째 바르도에 들어가게 된다. 그리고 마침내 그는 자신의 카르마가 선호하는 결정에 따라 이 세상이나 다른 어떤 세상에 환생을 하고, 그것으로써 사후세계는 끝이 난다.

일반인들에게는 이것이 정상적인 과정이다. 그러나 명상 수행을 하고 위대한 지식과 깨달음을 지닌 매우 드문 사람들은 바르도의 처음 며칠 동안 한층 영적인 단계들을 경험한다. 높은 깨달음을 얻은 명상 수행자들은 바르도 상태를 거치지 않고 곧바로 대평화의 니르바나로 들어가거나, 아니면 육신을 버리자마자 곧바로 이 세상에 환생한다. 그리고 이 모든 과정에서 그는 줄곧 깨어 있는 의식 상태를 유지한다. 인간은 생각하는 대로 된다. 그것은 이 세상에서나 저 세상에서나 마찬가지다. 생각이 곧 현상이고, 선하든 악하든 생각이 모든 행위의 모태이다. 그리고 누구나 뿌린 대로 거두게 될 것이다.

매우 예외적인 악행자는 지옥에 떨어질 수도 있지만 일반인들의 경우는 자신의 부도덕한 행위들에 대해 속죄하고 다시 인간 존재로 환생한다. 사자가 얼마 동안 사후세계의 중간 상태에 머물러 있는가는 각자의 카르마에 달려 있다. 그러나 49일이라는 상징적인 기간 안에 이 중간 상태로부터 탈출해 환생에 성공하지 못한 사자는 계속해서 모든 카르마의 환영에 시달려야만 한다. 경우에 따라 그 환영은 즐거운 것일 수도 있고 고통스런 것일 수도 있지만 다음 과정으로 나아가는 것이 불가능해진다. 사후에 니르바나의 경지를 성취하는 깨달음은 힘들더라도, 일반인들이 불성을 깨달을 수 있는 유일한 희망은 다시 인간 존재로 태어나는 것이다. 왜냐하면 인간 세계가 아닌 다른 세계에 태어난다면 마지막 목적지에 이르는 데 그만큼 시간이 더 걸리기 때문이다.

8. 바르도 환영의 심리학

《티벳 사자의 서》에 등장하는 각각의 신들은 분명한 심리학적 의미를 갖고 있다. 하지만 그것을 이해하기 위해서는 이미 앞에서 말했듯이 사후의 중간 상태에서 사자에게 나타나는 환영들은 실제로 존재하는 환영들이 아니라 사자의 마음 속에 담긴 생각들이 투영된 것에 불과하다는 사실을 명심해야 한다. 바꿔 말하면 그것들은 사후세계의 꿈속에서 사자가 가진 심리적인 충동들이 인격화되어 나타나는 형상들인 것이다.

먼저 평화의 신들은 사자의 가슴에 담긴 인간의 고귀한 감정이 인격화되어 나타나는 형상들이다. 그것들이 맨 먼저 나타나는 것은 가슴에서 나오는 충동이 머리에서 나오는 충동보다 앞서기 때문이다. 이것들은 방금 인간 세계와 관계가 단절된 사자에게 평화적인 측면에서 영향을 주고 통제하기 위해 나타난다. 사자는 친구와 친척들을 뒤에 남겨 둔 채, 원하던 일을 끝내지도 못하고 욕망을 성취하지도 못한 상태에서 떠났다. 그리고 대개의 경우 영적 깨달음을 위해 인간 육체를 되찾으려는 강렬한 바람을 품게 된다. 그는 이미 자기에게 주어졌던 그 기회를 놓쳐 버렸던 것이다.

그러나 그 모든 심리적 충동과 바람들보다도 카르마가 전적으로 우선한다. 그는 무엇보다도 자신이 쌓은 카르마의 지배를 받는 것이다. 그리고 만일 카르마 때문에 그가 첫번째 단계들에서 영원한 자유에 이를 수 있는 운명이 아니라면, 그는 그 다음 단계들로 떨어져 방황하게 되는데 여기서는 가슴의 충동이 머리의 충동에게 자리를 양보한다.

평화의 신들이 사자의 감정이 인격화된 것인데 반해 분노의 신들은 이성이 인격화된 모습이다. 이것들은 사자의 머리로부터 나온다. 가슴에서 일어나는 충동이 머리의 이성으로 탈바꿈하듯이, 분노의 신들은 평화의 신들이 탈바꿈한 모습이다.

가슴에서 나오는 고귀한 충동들이 물러나고 이성이 활동함에 따라 사자는 자신이 처한 상태를 더욱 더 깨닫기 시작한다. 그리고 자신이 사용하기 시작한 바르도체(體)의 초자연적인 능력들을 가지고 어떻게 하면 이런저런 존재 상태를 가질 수 있을까 궁리하게 된다. 바르도체는 공간을 자유롭게 이동할 수 있고 두꺼운 벽 같은 것도 쉽게 통과한다. 사자는 이 바르도체를 이용하고 싶어한다. 그것은 인간 세계에 갓 태어난 어린아이가 인간계의 지각 능력들을 활용하기 시작하는 것과 아주 비슷하다. 그러나 카르마가 여전히 그를 지배하고 있으며 그는 카르마의 한계 속에 묶여 있다. 인간계에서도 젊었을 때는 감정적 충동이 가장 활발하다가 대개 노년에 이르러서는 이성이 그것들을 대신하듯이, 바르도라고 불리는 사후세계에서도 앞의 경험들이 뒤의 경험들보다 한층 행복하다.

다른 관점에서 보면 사후세계에 나타나는 중요한 신들은 그들 자체가 인간이 가진 신적인 힘들의 표현이다. 이 힘들과 사자는 뗄 수 없는 관계를 맺고 있다. 왜냐하면 하나의 소우주인 그를 통해서 선하든 악하든 모든 충동들과 힘들이 관통하기 때문이다.

먼저 완전한 선〔全善者〕 사만타바드라(보현보살)는 인간 내부에 있는 존재의 근원 그 자체, 태어남도 없고 형태도 없는 다르마카야(법신)의 밝고 투명한 근원의 빛을 상징한다.

바이로차나(비로자나불)는 모든 현상을 일으키는 자, 모든 원인들의 원인이다. 우주의 아버지로서 바이로차나는 만물의 씨앗이며 정액이다. 그의 여성 원리인 '무한한 공간의 어머니(천공모신)'는 우주의 자궁으로, 그 안에 그 씨앗이 떨어져 세상의 여러 체계들로 진화한다.

바즈라사트바(금강살타)는 불변성을 상징한다. 라트나삼바바(보생불)는 우주의 온갖 아름다움의 근원인 아름답게 하는 자이다. 아미타바(아미타불)는 헤아릴 수 없이 깊은 자비와 거룩한 사랑 곧 그리스도이다. 아모가싯디(불공성취불)는 인간 내부에 깃든 전능한 힘 곧 무한한 힘의 인격화이다.

그리고 작은 천신, 신인(神人), 다키니(요정), 여신, 락샤사(나찰), 악마, 귀신, 그 밖의 모든 환영들은 카르마의 형태로 축적된 인간의 생각, 욕망, 고차원적이고 저차원적인 충동들, 인간적이고 동물적이고 초인적인 충동들과 관계가 있다. 사자의 의식을 구성하고 있는 생각의 씨앗들로부터 그것들의 모습이 결정된다.

《티벳 사자의 서》에서 매우 분명히 거듭해서 강조하고 있듯이, 이런 신들이나 영적 존재들은 어떤 개별적인 실체를 지닌 존재들이 결코 아니다. 인간 존재도 이 점에는 다르지 않다. 인간은 자신이 하나의 '나'로서 존재하고 있다고 믿지만 사실은 그런 생각은 환영에 불과하다.

《티벳 사자의 서》는 말한다.

"그대가 이 환영들이 그대 자신의 생각에서 나온 그림자들임을 아는 것만으로도 더 바랄 나위가 없다."

그 신들은 단지 사자의 의식 속에 담긴 내용물이 여러 가지 환영으로 시각화된 것에 불과하다. 꿈으로 짜인 공허한 무(無)에 지나지 않는 것이다.

사자가 이 사실을 완전히 깨달으면 그는 존재의 근원으로 자신을 해방시킬 수 있다. 따라서 《바르도 퇴돌》은 그 제목이 암시하듯이 듣고 봄으로써 영원한 자유에 이르는 위대한 가르침이다.

죽은 사람은 환영들로 이루어진 장엄한 영화 화면을 지켜보는 유일한 관객이 된다. 이 화면들은 그의 의식 속에 있던 생각의 씨앗들이 꽃피어난 것이다. 그는 마치 어린아이가 놀라움에 질린 눈으로 화면에 나타난 활동사진을 지켜보듯이, 자신이 보고 있는 것이 실제로는 존재하지 않는 것이라는 사실을 깨닫지 못한 채 눈앞에 출몰하는 광경들을 지켜본다. 명상 수행에 정통한 사람이 아니라면 그 사실을 깨닫기란 거의 불가능하다.

처음에 사자는 행복하고 영광스런 환영들을 보고 경외심을 갖는다. 이 환영들은 사자가 갖고 있는 고상하고 성스러운 바람과 충동들로부터 생겨난 것이다. 하지만 얼마 후 그것들은 그가 가진 저급하고 동물적인 성격들로부터 생겨난 공포스런 환영들로 바뀐다. 이때 사자는 두려움에 떤다. 따라서 그는 그것들로부터 달아나고 싶어한다. 그러나 아뿔싸! 경전에서 설명하듯이 그것들은 그 자신과 분리된 것이 아니므로 그가 어느 곳으로 도망친다 해도 그것들은 끝없이 따라온다.

사후세계의 중간 상태에 있는 모든 사자들이 똑같은 현상을 경험한다고 생각할 필요는 없다. 살아 있는 모든 사람들이 현실에서나 꿈에서나 다 같은 경험을 하는 게 아니듯이 사후세계에서도 마찬가지다. 《티벳 사자의 서》는 사후에 겪게 되는 온갖 경험들 가운데 단지 대표적이고 의미 있는 경험만을 기록하고 있을 뿐이다. 또한 파드마삼바바의 빨강모자파〔紅帽派〕를 따르는 일반적인 신자가 사후세계를 맞이했을 경우에 그의 의식 속에 담긴 내용이 어떤 환영으로 나타날 것인가를 자세히 설명한 것일 뿐이다.

인간은 가르침을 받은 그대로 믿을 따름이다. 생각이 곧 현상이다. 생각이 어린아이의 마음 속에 씨앗처럼 심어지면 그것이 아이의 정신적인 내용을 완전히 지배한다. 믿음이라는 비옥한 땅에 생각의 씨앗을 심어 놓으면 그 생각이 건전한 것이든 불건전한 것이든, 또는 순전히 미신적인 것이든 합리적인 진실이든, 그것은 뿌리를 내리고 꽃을 피워 그 사람의 정신을 채운다.

따라서 다른 종파의 불교인이나, 힌두교인, 회교인, 또는 기독교인의 경우에는 사후 중간 상태의 경험이 이 책에서 설명하고 있는 것과 어느 정도 다를 것이다. 꿈을 꿀 때도 그렇듯이, 불교인이나 힌두교인의 생각은 불교나 힌두교의 신전에 놓인 신들의 모습만을 창조하기 때문이다. 회교인이나 기독교인의 경우도 마찬가지다. 회교인은 회교에서 말하는 형태의 극락을, 기독교인은 기독교적인 천국을, 또는 아메리카 인디언이라면 인디언들의 천국인 '행복한 사냥터'의 환영을 볼 것이다. 또한 물질주의자인 경우에는 육신을 갖고 있는 동안 꿈꾸던 대로 부정적이고 공허하고 신들이 존재하지 않는 사후세계를 경험할 것이다.

합리적으로 말한다면 각 사람의 사후 경험은 《티벳 사자의 서》의 가르침이 암시하듯이 전적으로 그 사람 자신의 정신적(심령적) 내용에 달려 있다. 다시 말해 앞에서도 설명했듯이 사후의 상태는 꿈의 상태와 비슷하다. 어떤 꿈을 꾸는가 하는 것은 꿈꾸는 자의 정신이 어떤 내용을 담고 있는가에 달려 있다. 이 심리학은 독실한 기독교인들이 꿈 속이나 입신(入神) 상태에서, 또는 사후세계에서 새 예루살렘의 보좌에 앉아 계신 하나님 아버지와 그 곁에 앉은 아들 예수, 그리고 그 밖에 성경에 기록된 온갖 장면과 동정녀 마리아, 성인들, 대천사, 연옥과 지옥의 환영들을 보게 되는 이유를 과학적으로 설명해 준다. 기독교 성자들과 선지자들의 증언이 그것을 입증해 주고 있다.

바꿔 말하면 《티벳 사자의 서》는 인간의 심리적 경험과 생리적 경험 측면에서 충분히 증명이 가능하다. 그리고 이 경전은 사후 상태의 문제를 순수하게 정신물리학적인 문제로 취급하고 있다. 따라서 그것은 대단히 과학적이다. 사자가 바르도 상태에서 보는 것은 전적으로 그 사람 자신의 마음의 내용물이 투영되어 나오는 것이라고 《티벳 사자의 서》는 거듭 강조하고 있다. 신들이나 악마들, 천당이나 지옥의 영상들은 모두 사자의 의식체를 구성하는 카르마의 사념들로부터 생겨난 것에 불과하다는 것이다. 그런 사념 자체가 없다면 그 영상들도 나타나지 않는다. 의식체란 다만 존재하려는 의지, 살려는 의지, 믿음을 가지려는 의지로부터 생겨난 일시적인 산물일 뿐이다.

사후세계의 환영들은 사자가 어떤 사념을 투영시키는가에 따라 나날이 그 형태가 바뀌어 간다. 이것은 사념들을 몰아가는 카르마의 힘이 스스로 바닥날 때까지 계속된다. 다시 말해, 눈치 빠른 독자라면 이미 알았겠지만, 생전의 습관에서 생겨난 생각들은 정신이라는 레코드판에 기록되어 있고, 영화 필름에 담겨 있는 것이다. 이 영화 필름이 다 돌아가면 사후의 상태는 막을 내리고, 그 '꿈꾸는 자'는 어떤 자궁으로 뛰어들어가 다시금 인간 세계의 일들을 경험하기 시작한다.

기독교의 성경이나 회교의 코란은 선지자나 신자들이 목격했다고

《티벳 사자의 서》에 등장하는 이들 동물 머리 신들은 대부분 뵌이라 불리는 불교 이전의 티벳 토착 종교로부터 전해진 것이다. 따라서 그 역사가 매우 오래된 것으로 볼 수 있다. 《이집트 사자의 서》에 등장하는 것들과 마찬가지로 그것은 많든 적든 동물 숭배를 하는 토템 사상의 영향을 받은 것이다. 또한 이 동물 머리 신들은 윤회계의 모든 존재들, 곧 인간과 동물과 신적인 존재들이 갖고 있는 특정한 속성, 욕망, 성질 등을 상징하기 위한 것이다. 고대 이집트의 신비 의식이나 현재까지 남아 있는 티벳의 신비 의식에서도 그것을 찾아볼 수 있다. 이 의식들에서는 가면을 쓴 사제들이 그 동물 머리 신들을 대신한다. 이것은 우리의 경전 《티벳 사자의 서》에서도 똑같은 예를 찾아볼 수 있다. 경전의 열둘째날에서 그것이 자세히 설명되고 있다.

죽은 자가 많은 악행을 저질러 벌을 받아야 할 경우에 이집트 경전에서는 어떤 괴물처럼 생긴 존재가 그를 집어삼키려고 기다리고 있다. 반면에 티벳 경전에서는 악마〔神將〕들이 그 악행자를 죄업 소멸의 지옥계로 데려가려고 기다린다.

그리고 이집트의 신 토트는 흔히 사자의 일생이 적혀 있는 '기록판'을 갖고 등장하는데, 이것은 다르마 라자가 갖고 있는 '카르마 거울'과 일치한다. 어떤 필사본에서는 다르마 라자 대신에 배심원들인 여러 신들 중 한 사람이 이 카르마 거울〔業鏡〕을 들고 있는 것으로 설명되기도 한다.

뿐만 아니라 이 두 가지 《사자의 서》에서 사자는 맨 처음 심판관 앞에 섰을 때 자신이 어떤 악행도 저지르지 않았음을 탄원한다. 이집트의 심판관 오시리스 앞에서는 이러한 탄원이 어느 정도 받아들여지는 듯하다. 오늘날 전해지는 모든 필사본이 그렇게 전하고 있다. 그러나 티벳의 심판관 다르마 라자 앞에서는 그것이 카르마 거울의 시험 결과에 달려 있다. 이것은 선사시대에 존재했던 원본에 힌두교와 불에 달려 있다. 다시 말해 앞에서도 설명했듯이 사후의 상태는 꿈의 상태와 비슷하다. 어떤 꿈을 꾸는가 하는 것은 꿈꾸는 자의 정신이 어떤 내용을 담고 있는가에 달려 있다. 이 심리학은 독실한 기독교인들이 꿈 속이나 입신(入神) 상태에서, 또는 사후세계에서 새 예루살렘의 보좌에 앉아 계신 하나님 아버지와 그 곁에 앉은 아들 예수, 그리고 그 밖에 성경에 기록된 온갖 장면과 동정녀 마리아, 성인들, 대천사, 연옥과 지옥의 환영들을 보게 되는 이유를 과학적으로 설명해 준다. 기독교 성자들과 선지자들의 증언이 그것을 입증해 주고 있다.

바꿔 말하면 《티벳 사자의 서》는 인간의 심리적 경험과 생리적 경험 측면에서 충분히 증명이 가능하다. 그리고 이 경전은 사후 상태의 문제를 순수하게 정신물리학적인 문제로 취급하고 있다. 따라서 그것은 대단히 과학적이다. 사자가 바르도 상태에서 보는 것은 전적으로 그 사람 자신의 마음의 내용물이 투영되어 나오는 것이라고 《티벳 사자의 서》는 거듭 강조하고 있다. 신들이나 악마들, 천당이나 지옥의 영상들은 모두 사자의 의식체를 구성하는 카르마의 사념들로부터 생겨난 것에 불과하다는 것이다. 그런 사념 자체가 없다면 그 영상들도 나타나지 않는다. 의식체란 다만 존재하려는 의지, 살려는 의지, 믿음을 가지려는 의지로부터 생겨난 일시적인 산물일 뿐이다.

사후세계의 환영들은 사자가 어떤 사념을 투영시키는가에 따라 나날이 그 형태가 바뀌어 간다. 이것은 사념들을 몰아가는 카르마의 힘이 스스로 바닥날 때까지 계속된다. 다시 말해, 눈치 빠른 독자라면 이미 알았겠지만, 생전의 습관에서 생겨난 생각들은 정신이라는 레코드판에 기록되어 있고, 영화 필름에 담겨 있는 것이다. 이 영화 필름이 다 돌아가면 사후의 상태는 막을 내리고, 그 '꿈꾸는 자'는 어떤 자궁으로 뛰어들어가 다시금 인간 세계의 일들을 경험하기 시작한다.

기독교의 성경이나 회교의 코란은 선지자나 신자들이 목격했다고 하는 영적 환영들을 많이 기록하고 있지만, 결국 분석해 보면 그것들은 실재하는 것이 아니다. 기록자들은 이 점을 전혀 고려하지 않은 듯하다. 그러나 《티벳 사자의 서》는 그 가르침에 있어 너무나 철저하기 때문에 모든 환영은, 그것이 무엇이든지 어떤 예외도 없이, 순전한 허상에 불과하다는 인상을 독자의 의식 속에 강하게 심어 준다. 신이든 악마든 영적 존재들이든, 극락이든 고통의 장소든 또는 죄업 소멸의 장소든 사후세계에서 경험하는 모든 것, 또는 사후세계와 비슷한 상태에서 경험하는 모든 것은 현상계의 경험에서 비롯된 환영들이라는 것이다.

《티벳 사자의 서》의 가르침의 주된 목적은 사자가, 곧 '꿈꾸는 자'가 현상계에 환영으로 존재하는 모든 극락과 천국과 지옥과 연옥 등의 세계들을 넘어 초월적인 상태의 니르바나로 들어가게 하려는 데 있다. 그리하여 윤회계의 모든 환영과 카르마의 어둠〔無明〕으로부터 인간을 벗어나게 하기 위함이다. 이렇듯 이 책은 순수하게 불교적인 책이며, 종교적인 책이든 세속적인 책이든 세상의 어떤 비불교적인 책들과도 다르다.

9. 사후의 심판

우리의 경전 《티벳 사자의 서》에서 그려 보이고 있는 심판 장면과 《이집트 사자의 서》에서 묘사하는 심판 장면은 본질적인 면에서 너무도 비슷하기 때문에 우리는 그것들이 같은 배경에서 나온 것일지도 모른다는 강한 인상을 받게 된다. 하지만 여기에 대해서는 이미 말했듯이 현재로선 확인할 뾰족한 길이 없다.

《티벳 사자의 서》에 등장하는 죽음의 대왕 다르마 라자는 죽은 자에 대한 심판관이다. 법왕(法王)으로 번역되기도 하는 다르마 라자는 티벳어로는 신제 초기얄이라 하고 상좌부 불교에서는 염라대왕이라 부른다. 따라서 다르마 라자는 그리스 신화에 나오는 저승의 신 플루토에 해당한다. 《이집트 사자의 서》에서는 그 역할을 오시리스 신이 맡고 있다.

또한 두 《사자의 서》에는 다 같이 상징적인 저울이 등장한다. 다르마 라자 앞에 있는 저울의 한쪽 접시에는 검은 조약돌들이 올려져 있고 다른쪽 접시에는 흰 조약돌들이 올려져 있다. 이것은 사자가 생전에 행한 악행과 선행을 상징한다. 마찬가지로 오시리스 앞에 있는 저울에는 사자의 심장과 깃털이 양쪽 접시 위에 올려져 서로 달아지는데, 심장은 사자가 생전에 한 행위 또는 양심을 상징하고 깃털은 진리와 정의를 나타낸다. 깃털 대신에 진리를 상징하는 진리의 여신상이 올려질 때도 있다.

《이집트 사자의 서》에서 사자는 자신의 심장을 향해 이렇게 말한다. "나의 심장이여, 그대 스스로 나에게 불리한 증언을 하지 말라. 신들의 모임 앞에서 나의 적이 되지 말라. 위대한 신 아멘라의 면전에서 나에게 불리하게 저울추가 내려가는 일이 없도록 하라."(아멘라는 태양신으로, 이는 원서에 'Amenta'로 되어 있으나 'Amenra'의 오자로 보인다. Amenra에서 Amen은 '숨겨진 자'를, Ra는 '태양'을 뜻하는데, 고대 이집트의 태양신을 가리키는 말이다.)

이집트 경전의 심판 장면에서는 원숭이 머리를 한 지혜의 신 토트가 저울의 눈금을 감시한다. 따오기 머리를 할 경우도 있지만 원숭이 머리가 더 자주 등장한다. 마찬가지로 티벳 경전의 심판 장면에서도 꼬리원숭이 머리를 가진 신제가 그 일을 감시한다. 그리고 양쪽 다 심판 장면을 지켜보는 배심원들이 있는데, 이들은 똑같이 더러는 동물의 머리를 가졌고 더러는 사람의 얼굴을 가졌다.

《티벳 사자의 서》에 등장하는 이들 동물 머리 신들은 대부분 뵌이라 불리는 불교 이전의 티벳 토착 종교로부터 전해진 것이다. 따라서 그 역사가 매우 오래된 것으로 볼 수 있다. 《이집트 사자의 서》에 등장하는 것들과 마찬가지로 그것은 많든 적든 동물 숭배를 하는 토템 사상의 영향을 받은 것이다. 또한 이 동물 머리 신들은 윤회계의 모든 존재들, 곧 인간과 동물과 신적인 존재들이 갖고 있는 특정한 속성, 욕망, 성질 등을 상징하기 위한 것이다. 고대 이집트의 신비 의식이나 현재까지 남아 있는 티벳의 신비 의식에서도 그것을 찾아볼 수 있다. 이 의식들에서는 가면을 쓴 사제들이 그 동물 머리 신들을 대신한다. 이것은 우리의 경전 《티벳 사자의 서》에서도 똑같은 예를 찾아볼 수 있다. 경전의 열둘째날에서 그것이 자세히 설명되고 있다.

죽은 자가 많은 악행을 저질러 벌을 받아야 할 경우에 이집트 경전에서는 어떤 괴물처럼 생긴 존재가 그를 집어삼키려고 기다리고 있다. 반면에 티벳 경전에서는 악마[神將]들이 그 악행자를 죄업 소멸의 지옥계로 데려가려고 기다린다.

그리고 이집트의 신 토트는 흔히 사자의 일생이 적혀 있는 '기록판'을 갖고 등장하는데, 이것은 다르마 라자가 갖고 있는 '카르마 거울'과 일치한다. 어떤 필사본에서는 다르마 라자 대신에 배심원들인 여러 신들 중 한 사람이 이 카르마 거울[業鏡]을 들고 있는 것으로 설명되기도 한다.

뿐만 아니라 이 두 가지 《사자의 서》에서 사자는 맨 처음 심판관 앞에 섰을 때 자신이 어떤 악행도 저지르지 않았음을 탄원한다. 이집트의 심판관 오시리스 앞에서는 이러한 탄원이 어느 정도 받아들여지는 듯하다. 오늘날 전해지는 모든 필사본이 그렇게 전하고 있다. 그러나 티벳의 심판관 다르마 라자 앞에서는 그것이 카르마 거울의 시험 결과에 달려 있다. 이것은 선사시대에 존재했던 원본에 힌두교와 불교적인 색채가 나중에 덧보태진 결과가 아닌가 여겨진다. 물론 원본이라는 것은 아직 가설로만 존재하는 것이지만, 그것으로부터 《이집트 사자의 서》와 《티벳 사자의 서》가 탄생했다고 한다면 이집트의 것이 티벳의 것보다 훨씬 더 원본에 가깝다고 할 수 있다.

플라톤도 《국가론》 제10권에서 저승 세계로 여행을 떠난 에르의 모험담을 기록하고 있는데 이것과 매우 비슷한 심판 장면을 그려 보이고 있다. 플라톤의 설명에 따르면 거기에는 심판관들이 있고 심판 당하는 영혼들마다 카르마의 기록판이 등장한다. 또한 두 개의 길이 나타나는데, 하나는 선한 자를 위한 천국으로 안내하는 길이고 다른 하나는 악한 자를 위한 지옥으로 안내하는 길이다. 그리고 벌받은 영혼들을 징벌의 장소로 데려가려고 기다리는 악마들이 있다. 이것은 《티벳 사자의 서》의 경우와 아주 비슷하다.

여기서 보다 진지한 연구자는 이 책의 부록 제7장을 참고하기 바란다. 거기서는 《죽음을 맞이하는 자의 탄식 *The Lamentation of the Dying Creature*》이라는 제목의 중세 시대의 진귀한 문헌에 담겨 있는, 기독교식으로 각색된 사후 심판 장면을 다루기 때문이다.

오늘날 기독교가 전하는 연옥(煉獄)과 영혼 정화에 대한 지식은 원래 이교도였던 아일랜드의 성 패트릭이 갖고 있던 연옥 사상에서 나온 것이다. 성 패트릭은 기원후 5세기 전반기의 인물로 아일랜드의 수호성인이다. 또한 저승 세계에 대한 켈트 족들의 모든 지식과 환생 전설들은 그들이 본디부터 갖고 있던 정령 신앙과 관련된 것이었다.

아일랜드의 록 더그 섬에는 그 옛날 이교도들이 신비 입문 장소로 사용했던 동굴이 있다. 이 동굴은 오늘날 성 패트릭의 연옥이라는 이름으로 카톨릭의 유명한 성지 순례지가 되었다. 이 동굴을 중심으로 한 연옥에 대한 지식이 훗날 카톨릭 교회의 연옥에 관한 사상을 낳았을 가능성이 크다. 나는 내가 쓴 《켈트 지방의 정령 신앙 *Fairy-Faith in Celtic Countries*》이라는 책의 제10장에서 그 가능성을 제시한 바 있다. 그러나 록 더그 섬에 있던 그 원래의 동굴은 영국 정부의 지시에 따라 이른바 이교도의 미신을 타파한다는 명목으로 파괴되었다.

전세계에 걸쳐 인류의 모든 성스러운 경전들에는 이것들과 비슷한 하계(下界)의 신들에 대한 지식이 기록되어 있다. 셈 족들은 천국과 지옥, 심판과 부활에 대한 사상을 갖고 있었다. 그리고 현재 기독교에서 말하는 부활은 기독교가 탄생하기 훨씬 이전에 살았던 사람들과 유태인들이 갖고 있던 환생 사상이 기독교식으로 변질된 것이라고 할 수 있다. 이 모든 증거들과 플라톤의 기록들을 종합해 볼 때 사후의 심판과 저승 세계의 구조, 환생에 대한 믿음 등은 아주 오래 전부터, 다시 말해 오늘날 남아 있는 바빌론과 이집트의 가장 오래된 기록들보다 훨씬 오래 전인 아주 옛날부터 인류의 보편적인 신앙이었음을 알 수 있다.

나아가 아직도 남부 유럽의 여러 지방에는 입문과 숭배의 장소로 쓰였던 지하동굴들이 고대 유적지의 형태로 남아 있다. 이곳들은 주로 태양신 미트라에게 바쳐진 장소들이었으며, 아일랜드에 있던 원래의 연옥 동굴과 매우 비슷하다. 켈트 지방의 다른 지하 입문 장소들인 아일랜드의 뉴 그랜지와 브리타니의 가브리니스도 마찬가지다. 이곳들은 선사시대부터 인류에게 공통적으로 저승 세계와 저승에 사는 주민들에 대한 종교적인 믿음이 존재해 왔음을 잘 말해 준다.

이 책에 소개된 티벳 심판 장면의 그림(p.360)은 1919년 시킴의 강톡에서 그 당시 거기에 머물고 있던 티벳 화가 라리파 펨파 텐둡라가 사원의 전통에 따라 한 치의 어긋남도 없이 정확하게 베껴낸 것이다. 그림의 원본으로 삼았던 초기의 심판 장면 그림들 중 하나는 시킴에 있는 타시딩 사원의 벽화에 그려진 만다라 그림들 가운데 포함된 것이었다. 이 벽화는 가장 최근까지도 보존되어 왔었다. 이것에 관해 와델 박사는 이렇게 설명하고 있다.

"심판은 모든 면에서 공명정대한 신제 초기얄 또는 죽음의 법왕이자 염라대왕인 힌두교의 신 다르마 라자에 의해 내려진다. 이 심판관은 거울을 하나 갖고 있는데, 그 거울에는 죽은 자의 영혼이 적나라하게 비쳐진다. 심판관의 하인 신제는 죽은 자가 생전에 행한 선행과 악행을 정확하게 저울질한다. 이때 선행은 흰 조약돌로 얹혀지고 악행은 검은 조약돌로 얹혀진다."

한편 와델 박사는 이 만다라 그림이 흔히 점성술의 십이궁도(十二宮圖) 그림으로 잘못 알려진, 인도에 있는 아잔타 17번 석굴의 베란다에 그려진 만다라 그림을 모방한 것이라는 사실을 밝혀냈다. 그렇다면 이것은 사후의 심판 장면이 아주 오랜 역사를 갖고 있다는 것을 말해 주며, 우리의 경전 《티벳 사자의 서》에 나오는 것도 그 중 하나임을 알 수 있다.

북방불교의 여러 경전이나 외경(外經)들에도 이것과 근원이 같은 사후 심판 장면이 수없이 묘사되고 있다. 남방불교의 팔리 경전에서도 우리는 그것들을 찾아볼 수 있는데, 예를 들면 《앙굿타라 아함경》의 데바두타 바가 품(品)과 《중아함경》의 데바두타 수탐 품이 그것이다. 《중아함경》에 기록된 내용을 간추리면 다음과 같다.

지존자 붓다가 기원정사에 머물고 있을 때 거기 참석한 승려들에게 인간이 사후에 겪게 되는 상태에 대해 설했다. 두 개의 집이 있고, 집에는 각각 여섯 개의 문이 있다. 붓다는 마치 그 두 집 사이에 앉아 있는 시력이 뛰어난 사람처럼, 문으로 나가고 들어오는 모든 이를 지켜볼 수 있었다. 한쪽 집은 바르도 곧 육체를 떠난 상태를 상징하고, 다른쪽 집은 육체를 지닌 상태를 상징한다. 열두 개의 문 가운데 여섯 개는 육도 세계의 입구를, 나머지 여섯 개는 출구를 상징한다. 육도 세계란 일체 중생이 선악을 지음으로써 반드시 이르게 되는 여섯 가지의 세계를 말한다. 곧 지옥, 아귀, 축생, 수라, 인간, 천상계가 그 것이다.

우리가 지은 카르마가 어떻게 우리 자신을 다스리게 되는지를 설명한 다음에 붓다는 악행자가 죽음의 대왕 앞에 끌려가는 장면을 묘사한다. 죽음의 대왕은 자신이 세상에 내려보낸 죽음의 다섯 사신(使臣)에 대해 악행자에게 묻는다.

그 다섯 사신이란 다음과 같다.

첫번째 사신은 누워 있는 갓 태어난 아기이다. 이 사신이 세상에 전하는 메시지는 모든 존재들뿐 아니라 갓 태어난 아이에게도 늙음과 죽음이 불가피하다는 사실이다.

두번째 사신은 늙은이의 모습으로 변장하고 찾아온다. 그의 나이는 80, 90, 100살이 되었고, 몸은 쇠약하여 허리는 휘어진 지붕의 서까래처럼 굽었으며, 지팡이에 간신히 의지한 채 걸을 때마다 비틀거린다. 청춘은 까마득히 사라지고, 이빨은 부서지고, 머리카락은 희어져 거의 다 빠졌으며, 이마에는 주름살 투성이다. 이 사신의 사명은 그 어린아이가 자라고 성숙하고 늙어 마침내 죽음의 희생자가 되고 만다는 사실을 알리는 데 있다.

죽음의 대왕이 세상에 내려보낸 세번째 사신은 질병에 걸린 모습을 하고 있다. 그는 보호자의 도움 없이는 일어나거나 누울 수조차 없어서 자신의 똥오줌 위에 뒹군다. 그의 사명은 죽음과 마찬가지로 질병도 누구에게나 찾아옴을 알리는 데 있다.

네번째 사신은 아주 끔찍한 벌을 받고 있는 도둑이다. 그의 사명은 이 세상에서 악행을 저질러 당하는 형벌은 사후에 카르마로 겪게 될 형벌에 비하면 아무것도 아님을 알리는 데 있다.

다섯번째 사신은 불어터지고 변색되어 썩은 냄새가 나는 시체로, 이는 앞의 사신들과 마찬가지로 죽음의 필연성과 육신의 썩어없어짐을 강조하기 위한 사명을 지니고 있다.

염라대왕은 자기 앞에 끌려온 사자에게 자신이 보낸 다섯 사신들을 만난 적이 있는가를 묻는다. 그럴 때마다 사자는 '아니오.'라고 대답한다. 그러자 염라대왕은 이들 사신들이 누구이며, 그들이 일깨우는 메시지가 무엇인가를 설명한다. 그제서야 사자는 지난 날을 기억하고, 자기가 그 사신들의 메시지에 따라 선업을 쌓지 않고 대신에 죽음의 필연성을 망각한 채 악행을 저질렀음을 고백하게 된다. 이에 따라 염라대왕은 사자에게 선행을 행하지 않은 죄로 마땅히 카르마에 따른 결과를 받아야 한다고 심판을 선언한다. 그리하여 지옥의 성난 불길이 그 가련한 영혼을 집어삼키고, 그는 죄업을 씻는 다섯 종류의 벌을 받게 된다. 그 형벌의 고통은 이루 말할 수가 없지만 《티벳 사자의 서》에서 분명히 밝히듯이 그 고통 속에서도 그는 죽을 수조차 없다.

《앙굿타라 아함경》에는 세 명의 사신만 등장한다. 늙은이, 질병에 걸린 남자와 여자, 그리고 시체가 그것이다. 이들을 설명한 다음에 붓다는 가르침을 이렇게 끝맺는다.

"만일 하늘에서 보낸 사신들의 경고를 받았음에도 불구하고 여전히 종교에 무관심하다면, 그는 천한 신분으로 다시 태어나 오랫동안 고통을 겪으리라. 만일 하늘에서 보낸 사신들의 경고를 가슴 깊이 새긴다면, 그 덕있는 자는 신성한 가르침에 귀의하기를 소홀하지 않으리라. 그는 집착이 얼마나 위험한 것인가를 깨닫고, 집착이야말로 생과 사의 원인이라는 사실을 알게 되리라. 그리하여 그는 이생에서 두려움으로부터 해방되고 욕정과 죄악을 떠난 행복한 경지에 도달함으로써 존재의 모든 불행을 내던지게 되리라."

10. 환생 사상

환생에는 두 가지 해석 방법이 가능하다. 특히 우리의 경전에 나타난 환생 사상에 대해서는 그 둘 다를 생각하지 않으면 안된다. 첫째는 문자에 따른 일반적인 해석이다. 이것은 흔히 문자적 해석이라고도 하는데, '겉으로 드러난 가르침'만을 해석하는 방법이란 뜻이다. 둘째는 문자에 담긴 상징과 '속에 감춰진 가르침'을 해석하는 방법이다. 우리는 이것을 상징적 해석이라고 한다.

경전의 권위나 맹목적인 신앙이 아니라 참다운 지혜를 강조하는 소수의 입문자들은 두번째의 해석 방법을 옳은 것으로 친다. 티벳에 있어서 이러한 소수 입문자는 주로 학식을 갖춘 영적 스승들이다. 그들은 붓다가 설명한 전생을 기억하는 방법들을 성공적으로 터득했으며, 아울러 죽음과 환생의 과정에서 실제로 무슨 일이 일어나는가를 미리 내다볼 수 있는 명상 능력을 갖췄다고 한다. 책이나 성직자들의 권위를 단순히 믿기보다는 이와 같이 진정한 앎을 구하는 수행자에게 붓다는 다음과 같이 가르쳤다.

"만일 어떤 사람이 흘러간 날들의 무수히 많은 과거생을 기억해 내고자 원한다면, 다시 말해 자신의 첫번째 생, 두번째 생, 세번째 생, 네번째 생, 다섯번째 생, 열번째 생, 스무번째 생, 서른번째 생, 마흔번째 생, 쉰번째 생, 백번째 생, 천번째 생, 또는 십만번째 생, 아니 우주 소멸의 시간만큼 무수한 생들과 우주 재생의 기간만큼 무수한 생들을, 소멸과 재생 둘 다의 기간을 합친 것만큼 무수한 생들을 기억하기를 원한다면, 그리하여 '그 장소에서 내 이름은 이러했고, 내 가족은 이러했으며, 내 신분계급은 이러했고, 내 생계는 이러했다. 내 고통과 편안함의 경험은 이러했고, 내 수명은 이러했다. 그리고 거기를 떠나 나는 다른 장소에서 또다른 몸을 얻었다. 그때 내 이름은 이러했고, 내 가족과 신분과 생계는 이러했으며, 내 고통과 편안함의 경험은 이러했다. 또한 내 수명은 이러했다. 그리고 거기서 떠나 나는 또다시 이곳에 태어났다. 이렇듯 나는 흘러간 날들에 내가 잠시 머물렀던 무수한 생들을 기억할 수 있다.'라고 말할 수 있게 되기를 원한다면, 이와 같은 자기 집중의 상태에서 마음을 어떤 목적에 붙들어맬 때 그 목적은 이뤄지리라.

만일 그가 인간의 시력을 초월한 순수한 천인의 시력〔天眼〕으로, 한 존재 상태에서 다른 존재 상태로 끝없이 몸을 바꿔 가며 태어나는 중생들을 바라볼 수 있기를 원한다면, 다시 말해 자신들이 지은 카르마에 따라서 비천하거나 고귀하게, 또는 보기 좋거나 흉하게, 또는 행복하거나 불행하게 형태를 바꿔 가며 태어나는 중생들을 바라볼 수 있기를 원한다면, 이와 같은 자기 집중의 상태에서 마음을 어떤 목적에 붙들어맬 때 그 목적은 이뤄지리라."(《앙굿타라 아함경》의 로나팔라 바가 품)

또한 《앙굿타라 아함경》의 브라흐마나 바가 품에서도 이것과 마찬가지로 인간의 잠재의식 속에 담겨 있는 내용물을 기억해 내는 요가 수행법을 설명하고 있다. 잠재의식의 세계는 붓다의 심리학에서뿐 아니라 이제는 현대 과학에서도 '숨겨져 있는 모든 것들의 거처'임이 증명되었다. 붓다는 브라흐마나 바가 품에서 이렇게 덧붙여 말하고 있다.

"이와 같이 그는 자신의 전생들의 다양한 모습과 형태들을 기억해 내리라. 이것이 그의 진정한 앎의 첫번째 단계이다. 전생들에 관한 그의 무지는 사라지고 앎이 생겨난다. 어둠은 떠나가고 빛이 도착한다. 이는 자신의 욕망을 그 자리에서 내던져 버리고 명상하는 삶을 살아온 자에게 당연히 얻어지는 결과이다."

이것과 비슷한 문장이 《중아함경》의 칸다라카 숫탄타 품과 포탈리야 숫탄타 품에도 들어 있다. 5세기 중엽 인도의 학승 붓다고사〔佛音〕는 그의 책 《청정도론(淸淨道論)》에서 잠재의식의 세계로부터 전생의 기억들을 끄집어 내는 요가 수행법에 대해 더 자세히 설명하고 있다.

붓다고사의 시대에는 그런 수행법이 가능했으리라고 전해지지만, 우리가 아는 바로는 오늘날 남방불교에는 그 수행법을 성공적으로 실천한 명상 수행자가 없다. 오직 북방불교에서만 힌두교에서처럼 이런 명상 수행법이 현재까지도 실제로 적용 가능한 과학으로 받아들여지고 있다. 이것은 견문이 넓은 티벳인이나 인도인들로부터의 믿을 만한 증언을 통해 확인할 수 있다. 그 명상 수행을 통해 현대의 많은 성자들이 탄생할 수 있었으며, 그들 가운데 몇 사람은 완전한 성자, 또는 아라한(阿羅漢)으로 일컬어지기에 부족함이 없는 것이다.

무엇이 환생에 대한 올바른 해석이고 그릇된 해석인가 하는 문제는 결코 환생에 대한 믿음을 간직해 온 동양인들에게만 해당되는 문제가 아니다. 우리는 그 문제가 아직까지도 매우 논란의 여지가 있는 문제임을 솔직히 인정할 필요가 있다. 따라서 이 장에서 우리는 양쪽의 해석을 조심스럽게 다뤄 나가야 할 것이다. 그리고 진지한 연구자에게 도움을 주기 위해 가능하다면 《티벳 사자의 서》에 깔린 가장 근본적인 환생 사상이 무엇인가를 밝혀 낼 필요가 있다. 그것을 위해서는 무엇보다도 현대 과학의 발견들로부터 도움을 받는 것이 필요할 것이다.

본 편집자가 발견한 사실에 따르면, 상징적 해석을 주장하는 입문자들은 한결같이 《앙굿타라 아함경》의 칼라마 숫타 품에 실린 붓다의 명령을 추종하고 있음을 알 수 있다. 거기서 붓다는 어떤 가르침이라도 실제로 시험해 봐서 사실임이 증명될 때까지는 비록 그것이 '경전에 기록된 것'일지라도 참다운 가르침으로 받아들이지 말라고 명령하고 있다. 요가에 관한 힌두교 경전에도 같은 내용이 실려 있다. 그들은 어떤 경전이든지, 팔리어든 산스크리트어든 티벳어든 또는 그 밖의 어떤 언어로 된 경전이든지 가르침상으로 완전무결한 것은 없다고 주장한다.

경전의 가르침을 문자 그대로 받아들이는 일반적 해석은 환생에 대해 이렇게 풀이한다. 인간의 의식체 또는 인간의 생명 흐름life-flux은 한때는 사람의 몸을 가졌다가 바로 다음에는 동물의 몸을 가질 수 있으며, 또 그런 경우가 아주 흔하다는 것이다. 사람으로 태어났다가 다음에는 얼마든지 동물로 태어날 수도 있다는 것이다. 이런 해석은 경전 인용을 즐겨하는 사람들에게 잘 어울린다. 그래서 이것은 힌두교와 마찬가지로 북방불교와 남방불교 모두에서 논쟁의 여지가 없는 사실로 폭넓게 받아들여지고 있다.

이들의 믿음은 문자로 기록된 것에 권위를 부여하려는 태도에 바탕을 두고 있다. 또한 경전 기록이 문자 그대로 완전무결하다고 여기는, 그러나 명상 수행에는 통달하지 못한 성직자와 구루(스승)들의 실증되지 않은 이론을 바탕으로 한 것이다. 아무튼 이것은 오늘날 가장 인정받는 정통적인 해석이다.

《티벳 사자의 서》를 글자 그대로 읽을 때는 이 일반적인 해석 방법에 아무런 문제가 없다. 그러나 상징적 해석의 경우는 다르다. 상징적 해석은 힌두교와 불교를 포함한 다양한 종교 학자들의 권위에 바탕을 둔 것으로, 편집자는 그들로부터 많은 가르침을 받았다.

상징적 해석에 따르면, 인간이라는 형태(인간 속에 깃든 신성이 아니라)는 동물 세계로부터 직접 물려받은 유산이다. 그것은 가장 낮은 차원의 생명 형태들로부터 진화해 온 것이다. 이 진화를 이끈 것은 끊임없이 변화하고 성장하는 속성을 지닌 '생명 흐름'이다. 생명 흐름은 의식의 씨앗이고 나아가 생명력의 씨앗이라고 할 수 있다. 각각의 생명체 속에 담긴 본질적인 것, 정신적인 것이 바로 생명 흐름이다. 따라서 생명 흐름은 모든 생명체들을 그 본질에 있어서 서로 연결해 주고 있다. 이렇듯 생명 흐름이야말로 진화의 원리이자 연속성의 원리이다. 이 원리가 있기 때문에 각각의 생명체는 자기 자신의 본성을 알고 이해하는 능력을 갖게 되는 것이다. 이 원리의 최종적인 목적은 깨달음에 있다.

그리고 동물이나 식물의 종자 속에는, 심지어 인간의 씨앗인 정자 속에도 눈에는 보이지 않지만 각각의 동물과 식물, 그리고 인간의 형태가 숨어 있다. 그 형태가 바깥으로 탄생해 나왔을 때 우리는 그 형태를 보게 된다. 영혼의 씨앗이라고 할 수 있는 생명 흐름도 이와 마찬가지다. 그것은 눈에 보이지 않지만 이미 하나의 형태를 그 속에 간직하고 있다. 따라서 진화를 거듭해 마침내 인간의 형태를 갖게 된 한 생명 흐름이 갑자기 엉뚱한 다른 형태를 취하는 일은 불가능하다. 그것은 이 세상에서든 바르도에서든 또는 윤회계의 어느 세계나 영역에서든 불가능한 일이다. 이것이 생명계를 지배하는 자연의 법칙이며, 그것은 거기에 더불어 작용하는 카르마의 법칙과 마찬가지로 절대불변의 법칙이다.

그러므로 어떤 사람의 영혼이 개나 새나 곤충이나 벌레의 몸 속으로 흘러들어가는 것은, 말하자면 미국 미시간 호수의 물을 아일랜드의 킬라르니 호수가 있는 저지대로 이동시키거나, 또는 힌두인들이 말하듯이 인도양의 물을 갠지스 강의 바닥으로 옮기는 것처럼 불가능한 일이다.

잘 자란 꽃이나 사과나 채소나 밀 또는 가축에게 생기는 일시적인 퇴화는 경작이나 사육을 소홀히 했을 때 생기는 일이다. 적어도 현재의 과학적인 눈으로 바라볼 때 꽃식물이 사과나 옥수수로 퇴화되거나 또는 어떤 종류의 가축이 다른 종류로 바뀌거나 문명인이 미개한 야만인 또는 인간 이하의 동물로 퇴화하는 일은 없다. 생명 흐름을 지배하는 법칙에 대한 상징적 해석은 고대 희랍이나 이집트 신비가들의 가르침과 일치한다. 그들은 '아래에서처럼 위에서도 그러하다'고 가르쳤다. 눈에 보이는 세계와 보이지 않는 세계 둘 다에는 언제나 공명정대하고 흔들림 없는 조화로운 카르마의 법칙이 존재한다는 것이다.

여기서 상징적 해석을 주장하는 동양인들은 하나의 결론을 내린다. 그들은 진화나 퇴화는 각 개체에 의해서 이 윤회계 안에서 선택되는 것이라고 주장한다. 그것들은 결코 각 개체의 의사와 상관없이 일어나는 객관적인 현상이 아니라는 것이다. 그리고 존재계의 각 저택에 사는 영혼들은 아주 단계적으로만 그 집의 문지방을 넘어 다른 집으로 건너갈 수 있다. 갑자기 동물에서 인간으로, 또는 인간에서 동물로 건너뛰는 일은 절대로 없는 것이다.

진화나 퇴화는 둘 다 시간 속에서 일어나는 과정이다. 불안개가 고체의 행성으로 변하는 데는 수백억 년이 걸렸다. 한 사람의 깨달은 자가 탄생하기 위해서는 수천, 수만 번 동안 육체를 갖고 태어나야만 했다. 그것도 아주 드문 결과이다. 그리고 동물계에서 최상의 존재인 인간은 그의 죄가 아무리 극악한 것일지라도 단번에 가장 저급한 동물이 되는 일은 없다.

수세기 동안 퇴화를 거듭하면 현재 인간의 모습을 하고 있는 영혼(생명 흐름)은 인간으로 존재하는 것을 중단하게 된다. 인간을 구성하는 요소들이 활동 부족으로 움츠러들거나 속으로 숨어 버리기 때문이다. 이는 신체 기관을 오랫동안 사용하지 않으면 그 기능과 활동이 사라지는 것과 같다. 이렇게 되면 그 생명 흐름은 더이상 인간이 아니며 잠재적으로만 인간일 뿐이다. 마치 개나 말이나 코끼리가 인간의 잠재성을 갖고 있는 것과 마찬가지다. 이때 그 생명 흐름은 동물의 세계로 떨어질 수 있으며 또한 이런 경우 대개 떨어지고 만다. 거기서 그것은 새롭게 출발해 인간의 단계로 올라서거나 동물의 세계보다 더 낮은 곳으로 계속 퇴화하게 된다.

번역자인 고 라마 카지 다와삼둡은 다음과 같은 보충 설명을 남겼다. "바르도에서의 49일간은 진화나 퇴화의 수세기 동안의 기간을 상징한다. 진리를 깨달을 수 있는 지자(知者)는 결코 존재의 낮은 단계로 떨어지지 않는다. 인간이 축생으로 윤회한다는 사상은 인간의 의식 그 자체가 축생이 된다는 것이 아니라 인간 의식을 구성하는 요소 중에서 저차원적이고 동물적인 부분만이 그렇게 된다는 뜻이다. 왜냐하면 지자 그 자체는 태어나는 것도 환생하는 것도 아니기 때문이다. 그는 단지 '지켜보는 자'에 불과하다.

《티벳 사자의 서》에서 죽은 자는 의식의 점차 낮은 상태들로 한 단계씩 내려가는 것으로 설명되고 있다. 아래로 향하는 각 단계마다 죽은 자는 먼저 기절 상태에 빠져 무의식에 떨어진다. 그런데 인간의 의식을 구성하는 요소들에는 고차원적인 부분도 있고 저차원적인 부분도 있다. 영적으로 더 깨달은 부분도 있고 아직 어둠 속에서 헤매는 부분도 있다. 죽은 자가 바르도의 낮은 차원으로 내려가서 잠시 기절 상태에 빠져 있는 동안 생전에 그의 의식을 구성하던 여러 요소들 중에서 저차원적인 부분만이 분리되어 남게 된다. 이 부분을 그의 의식체 전체로 여겨서는 안될 것이다. 왜냐하면 그것은 단지 사라져 가는, 그가 갖고 있던 인간 의식의 흐릿한 그림자에 불과하기 때문이다. 인간이 동물의 몸으로 환생한다는 것은 아마도 이런 어떤 것을 말하는 것이리라."

번역자로부터 나온 이 이론은 무척 흥미로운 것이다. 왜냐하면 그는 자신도 모르는 사이에 이집트 사제들이 비밀리에 주장하던 것과 똑같은 내용을 말한 것이기 때문이다. 물론 그는 이집트 사제들의 그런 주장을 전혀 알지 못하고 있었다. 그리스의 역사가 헤로도투스가 그 내용을 기록에 남겼는데, 헤로도투스는 실제로 나일 강 삼각주에 있던 고대 도시 헬리오폴리스의 성직 대학에서 이집트 사제들의 제자가 된 적이 있었다. 헤로도투스와 고대 희랍의 다른 학자들, 그리고 로마인들이 남긴 기록을 종합해 볼 때 우리는 다음과 같은 결론에 이를 수 있다.

인간의 영혼은 사후의 상태에서 3천 년 동안 머물러 있는 것으로 믿어진다. 한편 그 육신은 죽음의 순간에 분해되어 그 구성 요소들은 동물이나 식물의 몸을 구성한다. 이 원소들은 그렇게 한 종류에서 다른 종류로 3천 년 동안 계속해서 윤회하게 된다. 이 기간이 끝나면 그 영혼은 이전의 죽음의 순간에 자신의 몸을 구성하고 있던 그 물질 원소들을 다시 한데 모아, 마치 새가 자신의 둥지를 틀듯이 습관적으로 그것들로부터 새로운 몸을 만들고 인간 존재로 그 안에 환생하게 된다.

고대 역사가나 철학자들과 마찬가지로 헤로도투스는 고대 신비의 비밀스런 가르침이나 고귀한 가르침을 문자상으로 누설하기를 거부하며 다음과 같이 말했다.

"이 호수에서 이집트인들은 밤에 그의 모험적인 일을 행했다. 그들은 그것을 신비 연극이라 불렀다. 이 문제에 관해서 비록 그 내용을 자세히 알고 있을지라도 나는 (한 사람의 입문자로서) 굳게 침묵을 지켜야 한다. 마찬가지로 그리스인들이 테스모포리아라고 부르는 데메테르 신의 신비 연극에 관해서도 나는 (한 사람의 입문자로서) 상세히 알고 있지만 불경스럽지 않은 것을(곧 합당한 것을) 제외하고는 결코 말하지 않겠다."

헤로도투스가 말하는 호수는 이집트 사이스 사원의 성역 안에 있었다. 그리고 '그의 모험적인 일'이란 오시리스 신의 탄생, 삶, 죽음, 그리고 환생에 관계된 상징적인 연극 행위를 말하는 것이다. 헤로도투스는 오시리스 신에 대해 '그의 이름을 함부로 발설하는 것을 나는 불경스럽게 여긴다'고 기록하고 있다.

그리고 데메테르 신은 그리스 신화에 나오는 대지, 결혼, 사회질서, 오곡의 여신으로 그 숭배 제전이 행해진 중심지는 그리스의 엘레우시스였다. 이 비밀 종교의 기원을 알려 주는 가장 유명한 신화는 다음과 같다.

여신 데메테르의 딸 페르세포네가 들로 꽃을 따러 갔다가 명부(冥府)의 왕 하데스에게 유괴되었다. 딸을 찾아다니다 엘레우시스에 이른 여신은 그곳 왕궁에서 왕자의 유모가 되었다. 여신은 밤마다 왕자를 신의 불꽃〔神火〕으로 태워서 지상의 부정을 없애고 신성(神性)을 주려고 했다. 그러나 여왕이 이것을 들여다본 까닭에 여신의 노여움을 사게 되고 아이는 결국 신성을 얻지 못하고 말았다.

엘레시우스 주민들은 여신을 숭배하는 신전을 세우고 제사를 올렸다. 그러나 여신은 딸을 잃은 슬픔에 잠겨 세월을 보냈다. 그리하여 여신이 주관하는 오곡이 자라지 못하고 초목이 시들었다. 마침내 여러 신들이 모여 의논한 결과 제우스 신의 명령으로 페르세포네는 1년 반 동안을 지상에서 어머니와 함께 살도록 되었다. 그러자 다시 땅 위에는 열매가 맺히기 시작했다.

딸은 페르세포네라 하지만 숭배의 대상으로서는 코레 Core라는 이름이 사용된다. 코레는 '소녀' 또는 '딸'이란 뜻이다. 데메테르의 '데'는 '땅' 아니면 '곡식'의 뜻으로 생각되지만 아직 확실하지 않다. 그러나 '메테르'는 '어머니'라는 뜻이다. 딸은 죽음의 나라인 지하로 갔다가 다시 지상으로 나타난다. 이것이 생명의 부활을 상징하기 때문에 엘레시우스 제전에서는 밤의 비밀 의식을 거행해서 이 의식에 참석한 사람들에게 내세의 안전과 생명을 보장했다.

상징적인 연극 행위로 이루어진 이러한 신비 의식은 오직 입문자나 입문에 적합한 신참자들에게만 공개되었다. 고고학이나 다른 연구들을 통해 그 사실이 밝혀졌다. 이때 상연되는 내용은 죽음과 부활(환생)에 관련된 비밀스런 가르침들이며, 어느 의식에서나 그 내용이 비슷했다. 그리고 인간의 영혼이 동물의 몸 속으로 윤회한다는 가르침이 가끔 등장하긴 해도, 그것은 일반인들이 생각하는 것처럼 글자 그대로의 뜻이 아니라 플라톤의 《국가론》에서처럼 다만 상징적인 의미로 사용되었을 뿐이다.

헤로도투스는 마지막 문장에서 지옥으로 떨어졌다가 람프시니투스 왕의 인간 세계로 되돌아온 한 영혼에 대해 상징적인 설명을 하고 있다. 그를 축하하여 이집트 사제들은 일종의 환생 축제를 제정하기에 이르렀다. 이것과 똑같은 내용으로 지금까지 알려진 것 중에서 가장 오래된 기록은 고대 인도의 경전 《리그 베다》에 나와 있다. 바라문 계급의 소년 나치케타스는 염라 왕국에 있는 죽음의 왕 염라대왕에게 갔다가 인간계로 되돌아온다. 헤로도투스가 말하고 있는 소년은 바로 리그 베다에 나오는 이 소년과 동일한 인물로 여겨진다.

고대의 입문자들은 저승 전설의 초기 원형이라고 할 수 있는 이 소년의 전설을 환생에 대한 비밀스런 가르침으로 해석했다. 그 증거는 역시 고대 인도의 경전인 《카타 우파니샤드》에서 찾아볼 수 있다. 거기서 나치케타스의 이야기는 탄생과 삶과 죽음에 대한 베단타 학파의 최상의 가르침을 전달하는 도구로 쓰이고 있다. 이를테면 그 이야기는 상징적인 문자로 만들어진 수레와 같은 것이다.

옛날 자바 섬의 14세기 문헌에서도 이것과 매우 닮은 저승 전설이 기록되어 있다. 그 문헌에서 비로자나는 약사 쿤자라카르나에게 '염라 왕국에 가서 모든 악인들에게 무엇이 준비되어 있는지' 알아보고 오라고 지시하고 있다. 이 이야기에 특별히 관심이 끌리는 것은 그것이 그리스와 로마의 저술가들이 기록한 것과 아주 비슷한 내용을 담고 있기 때문이다. 다시 말해 카르마의 오점으로부터 완전히 자유로워져 인간의 몸으로 다시 환생하려면 그 이전에 식물이나 동물, 그리고 불완전한 인간으로 1,000년 동안 윤회해야 한다는 것이다. 이 문헌은 또 염라왕국으로부터 푸르나비자야가 인간 생활로 돌아온 사건을 이야기하고 있다.

아무튼 헤로도투스가 말한 그 환생 이론은 약간의 차이가 있긴 해도 《티벳 사자의 서》에 담긴 환생 사상을 상징적으로 해석하는 데 많은 도움이 된다.

더 나아가 고차원적인 불교나 힌두교의 세계로 들어가면 이 해석을 지지하는 사람들은 다음과 같이 주장한다. 인간의 육체가 죽음의 순간에 마지막으로 분해되기 이전에도 이미 그 신체를 구성하는 원자들은 끊임없이 윤회를 겪는다는 것이다. 육체가 인간의 의식을 담고 있는 동안 그 육체의 세포들은 7년마다 완전히 새롭게 바뀌는 것으로 여겨지고 있다. 인간 육체를 구성하는 요소들이 이렇듯 여러 물질계의 영역을 돌면서 끊임없이 윤회하는 동안에도 그 속에 담긴 의식체는 그 짧은 한 생애 기간에는 변함없이 인간으로 남아 있다. 마찬가지로 더 오랜 진화의 한 주기 동안에도, 다시 말해 모든 윤회계 진화의 마지막 목적지인 니르바나의 영원한 자유에 이를 때까지도 그것은 대개 인간으로 남아 있다는 것이다.

이것은 이렇게 설명될 수 있을 것이다. 인간계든 동식물계든 그 속에 담긴 물질은 고체, 액체, 기체의 다양한 형태로 끊임없이 윤회한다. 그러나 본질에 있어서 인간인 것과 동식물인 것은 변하지 않는다. 그것은 닮은 것끼리 서로 끌어당긴다는 자연의 법칙과, 모든 힘은 언제나 가장 저항이 적은 쪽을 택한다는 자연 법칙에 따른 것이다. 복잡한 인간 의식을 이루고 있는 고도로 진화된 정신의 내용물들은 하루 아침에 분해될 수 있는 것이 아니다. 그것들이 퇴화하고 완전히 분해되어 다른 형태로 윤회하려면 그만큼의 긴 시간이 필요하다.

《마누 법전》은 정통 힌두교인이면 누구나 그 권위를 인정하는 인도 최고의 문헌이다. 이 문헌을 읽어 보면 상징적 해석이 옳다는 것을 알 수 있다.

마누는 먼저 이렇게 기본법을 만들었다.

"몸[身]과 말[口]과 마음[意]으로부터 생기는 행위[業]는 선이나 악의 결과를 낳는다. 행위에 따라 인간은 여러 신분이 정해지는데 최상, 중간, 최하 계급이 그것이다. 인간은 마음으로 짓는 선하거나 악한 정신적인 행위와, 입으로 짓는 말의 행위, 그리고 몸으로 짓는 신체적인 행위 모두에 대해서 과보를 받는다."

다음으로 마누는 인간이 왜 단순한 존재가 아니고 복잡한 존재인가를 설파하고 있다.

"몸에 움직이는 힘을 주는 실체를 현자들은 크세트라즈나 곧 '인식하는 자', 또는 지바트만 곧 '생명의 영'이라 부른다. 그리고 그것으로부터 움직이는 기능을 끌어내는 몸을 부타트만 곧 '원소들의 복합체'라고 부른다.

몸의 내부에는 또다른 정신적인 실체가 있는데 그것을 마하트 곧 '위대한 영혼'이라 부른다. 모든 피조물들이 몸을 갖고 탄생하는 순간 그 속에 그것이 존재하게 된다. 그리고 그것으로부터 모든 생명체들에게 즐거움과 고통을 느끼는 능력이 전달된다.

이 '생명의 영'과 '이성적인 영혼'은 다섯 원소들과 밀접하게 결합되어 있기는 하지만, 그 둘은 모든 높고 낮은 존재들에 깃들어 있는 지고한 정신 또는 신성(神性)과 연결되어 있다."

그 다음의 문장에서 마누는 동물의 몸 속으로 윤회할 수 있는 것은 이 '생명의 영' 또는 '동물적 영혼'일 뿐이고 '이성적 영혼' 또는 '초동물적인 원리'는 아니라는 사실을 분명히 암시하고 있다.

"생명의 영이 감각적(동물적 또는 야수적) 쾌락에 애착을 가지면 반드시 불행을 가져온다. 거기서 생겨난 죄악의 과보를 다 받고 마침내 그 오점을 씻어냈을 때만이 생명의 영은 다시금 그 두 가지 빛나는 실체인 '이성적인 영혼'과 '신성한 정신'에 접근하게 된다.

이 두 실체는 서로 밀접하게 연결되어 그 감각적(또는 동물적) 영혼이 행하는 덕과 악을 끊임없이 검사한다. 어떤 것을 행하느냐에 따라 그것은 현재 세계 또는 미래 세계에서 즐거움과 고통을 얻는다.

만일 생명의 영이 악을 적게 행하고 주로 덕을 행했다면, 그것은 순수한 원소 입자들로 이루어진 몸을 지닌 채 천상계에서 기쁨을 누리게 된다.

그러나 만일 생명의 영이 주로 악에 탐닉하고 덕에는 거의 관심을 갖지 않았다면, 그것은 순수한 원소들을 지니지 못하고 훨씬 조잡한 감각 신경의 몸을 지닌 채 염라대왕이 선고하게 될 고통을 맞이하게 된다.

염라대왕의 선고에 따라 고통을 견뎌낸 뒤 오점이 거의 씻기면, 그것(생명의 영)은 자연의 질서에 따라 다시금 순수한 다섯 원소들에 이르게 된다."

마누는 상징적인 측면 또는 이성적인 측면에서 환생의 과학을 한층 더 해설한 뒤 다음과 같은 결론을 맺고 있다.

"이와 같이 거룩한 속죄(贖罪)에 대해 아무것도 알지 못하는 가장 천한 인간은 감각적(동물적 또는 야수적) 욕망에 빠져 자신의 의무를 소홀히 함으로써, 그 생명의 영이 가장 천한 몸을 받아 태어나게 된다.

생명의 영이 이 세상에서 어떤 몸을 받게 되는가에 대해서, 그리고 어떤 죄가 그 원인이 되는가에 대해서 이제부터 말할지니 차례로 폭넓게 들으라."

이 부분에서부터 마누는 그의 법전(法典)이 말하고자 하는 본래의 주제에서 벗어나 바라문 계급의 사람이 특별히 신성불가침하다는 교리를 합법화하기 위해 노력하고 있다. 그는 바라문을 살해하는 죄가 중대함을 맨 먼저 말하고 나서, 다음으로 술을 마시는 성직자의 죄를 말하고, 그리고 성직자의 황금을 훔치는 죄를 들었다.

이런 모든 경우에 있어, 그 나머지 이야기들도 마찬가지지만, 그 속에 담긴 뜻은 앞에서 살펴본 것처럼 인간을 구성하고 있는 두 개의 고차원적인 요소, 곧 '이성적 영혼'과 '신성'으로부터 분리된 '생명의 영' 또는 '동물적 영혼'은 동물의 몸으로 태어나는 벌을 받는다는 것이다.

"바라문을 죽인 자(곧 바라문을 죽인 자의 '생명의 영' 또는 비이성적인 동물의 영혼)는 그 죄의 정도에 따라서 개나 멧돼지, 당나귀, 낙타, 소, 염소, 양, 사슴, 새, 찬달라나 또는 푸카사의 몸 안으로 들어가야 한다."

그리고 다른 범죄들도 마찬가지다.

여기서 우리는 흥미롭게도 원인과 결과의 일치를 엿볼 수 있다. 마누 법전의 다른 곳에서도 그것이 발견된다.

"만일 어떤 사람이 귀중품을 훔쳤다면 그는 매우 천한 계급으로 여겨지는 금세공하는 부족으로 태어나거나, 아니면 헤마카라스 곧 '금 만들기'라는 이름을 가진 새로 태어날 것이다. 만일 어떤 사람이 타작하지 않은 곡식을 훔쳤다면 그는 쥐로 태어날 것이고, 노란색이 섞인 금속을 훔쳤다면 같은 색깔이 섞인 거위로 태어날 것이며, 물을 훔쳤다면 플라바 곧 잠수부로 태어날 것이다. 만일 그가 살코기를 훔쳤다면 독수리로 태어날 것이고, 기름을 훔쳤다면 블라따 곧 기름 먹는 딱정벌레로 태어날 것이며, 향수를 훔치면 사향쥐로 태어날 것이다."

마누의 이런 이야기가 무슨 의도에서 나온 것인가를 잘 알고 있는 상징적 해석론자들은 마누 법전의 내용을 문자 그대로 해석하는 것을 인정하지 않는다. 바라문들은 그들 자신들의 계급의 이익을 위해 일반인들에게 윤회와 카르마의 교리를 가르치기 때문이다.

이미 설명했듯이 고도로 진화된 인간 의식을 구성하고 있는 내용물들이 완전히 분해되고 다른 형태로 윤회하려면 그만큼의 시간이 필요하다. 문자에 의존하는 일반적 해석론자들은 《티벳 사자의 서》에 나오는 것과 같은 환생 교리를 문자 그대로 받아들여서 믿지만, 상징적 해석론자들은 인간의 생명 흐름 곧 의식체가 인간의 몸을 벗어난 뒤 49일 안에 동물의 몸으로 환생할 수 있다고 믿는 것은 대단히 비과학적이라고 여긴다.

《티벳 사자의 서》에 나오는 환생에 대한 이야기들은 어디까지나 상징적 해석의 관점에서 이해되어야 한다. 이것을 뒷받침하기 위해서 다양한 출처에서 수많은 비교 사례를 들 수 있지만, 널리 권위를 인정받고 있다는 점에서 플라톤의 《국가론》 제10권에 들어 있는 이야기가 무엇보다도 적절한 예가 될 것이다. 플라톤은 여기서 몇몇 그리스 영웅들이 시드파 바르도에서 다음의 환생을 위해 그들의 몸을 선택한다는 내용을 기록하고 있다.

《국가론》에 기록된 바르도 전설은 고대 로마의 팜필리아 태생으로 아르메니우스의 아들이었던 에르에 관한 이야기다. 플라톤이 들려 주는 이야기에 따르면 에르는 전쟁터에서 죽고 나서 열흘이 지난 뒤에도 다른 시신들은 이미 부패했는데도 그의 몸은 부패하지 않고 남아 있었으므로 매장하기 위해서 집으로 옮겨졌다. 12일째 되는 날, 그는 화장용 장작더미 위에 누워 있다가 갑자기 소생해서 저승에서 그가 본 것을 사람들에게 들려 주었다.

에르의 말에 따르면, 그의 영혼이 육신을 떠났을 때 그는 많은 무리들과 함께 여행했다는 것이다. 그들은 어떤 신비한 장소에 도착했다. 거기에는 땅 속으로 두 개의 구멍이 나 있었다. 그들이 다 같이 그곳으로 가까이 다가가 보니, 그 구멍들의 반대편 하늘 위에도 두 개의 다른 구멍이 나 있었다. 그리고 그 중간 공간에는 재판관들이 앉아 있었다.

재판관들은 정직한 사람들에게 심판을 내린 뒤 오른쪽 하늘의 길로 올라가도록 지시했으며, 마찬가지로 부정한 사람들에게는 왼쪽 낮은 길로 내려가라는 심판이 떨어졌다. 부정한 사람들은 그들의 행위를 상징하는 표시들이 등에 부착되어 있었다.

플라톤이 묘사하는 저승의 심판은 우리의 경전 《티벳 사자의 서》에 나오는 심판 장면과 매우 비슷하다. 플라톤은 이렇게 설명한 뒤 시드파 바르도에서 환생을 준비하는 그리스 영웅들의 영혼에 대해 계속해서 묘사한다.

에르가 말하기를, 그 광경은 무척 흥미로웠으며 슬프고 우습고 낯설었다. 왜냐하면 그 영혼들이 선택한 것은 대부분 그들 자신의 지난번 인생 경험에서 나온 것이었기 때문이다. 거기서 에르는 과거에 오르페우스였다가 백조의 삶을 선택한 영혼을 보았다. 그는 자기를 죽인 여성들에게 원한을 갖고 있었으므로 여자로 태어나는 것을 증오했다. 에르는 또한 나이팅게일(지빠귀과의 작은 철새)의 생을 선택한 타미라스의 영혼을 보았다. 반면에 백조 같은 새들과 다른 음악가들은 남성으로 태어나기를 원했다.

스무번째 차례로 등장한 영혼은 사자(獅子)의 삶을 살기를 선택했다. 그는 텔라몬의 아들인 아이아스의 영혼이었다. 아이아스는 트로이 전쟁 때 그리스의 영웅이 되어 개선했으나 아킬레스의 갑옷을 오디세우스가 받자 분개해 자살했다. 그는 갑옷에 대한 그 심판이 부정으로 얼룩진 것임을 회상하고 다시는 인간이 되지 않으려고 했다. 그 다음은 아가멤논이었는데, 그는 독수리의 삶을 선택했다. 왜냐하면 트로이

전쟁 때 그리스 군의 총지휘관이었던 그 역시 아이아스처럼 자신이 받은 고통 때문에 인간을 미워했기 때문이다.

가운데쯤에 아탈란타의 차례가 왔다. 그녀는 다음 생에도 달리기 선수로서 큰 명성을 얻고픈 유혹을 떨쳐 버릴 수 없었다. 아탈란타는 그리스 신화에 나오는 걸음이 매우 빠른 미녀였다. 그녀와 달리기 경주를 해 지는 구혼자는 모두 죽임을 당했다. 그러나 어떤 남자가 아프로디테 여신한테서 얻은 황금사과 세 개를 경주중에 떨어뜨려 놓았으므로 그녀는 그것을 줍는 바람에 경기에 진 적이 있었다.

그녀 다음에는 파로페우스의 아들인 에페이우스의 영혼이 뒤따랐으며, 그는 예술에 뛰어난 여성의 삶을 선택했다. 그리고 거의 마지막에 이르러 등장한 광대 테르시테스의 영혼은 원숭이의 몸을 선택했다.

아직 오디세우스의 영혼이 남아 있었는데, 그의 차례는 우연히도 이들 모두 가운데서 맨 마지막이었다. 오디세우스는 트로이 전쟁에 참가한 지혜와 용기를 갖춘 그리스 장군이었다. 플라톤은 이렇게 기록하고 있다.

"오디세우스는 자신이 참여했던 대전쟁을 회상하고는 야망의 덧없는 꿈에서 깨어났다. 그리고 그는 다음 생에는 아무 걱정 근심이 없는 평범한 인간의 삶을 선택하기 위해 한참 동안 고심했다. 그런 삶을 찾아내는 데는 약간 어려움이 따랐다. 앞차례에 등장했던 다른 사람들 모두가 그런 형태의 삶에 대해선 관심을 갖지 않았기 때문에 그것은 한쪽에 버려져 있었다. 마침내 평범한 인간의 삶을 발견한 오디세우스는 자신의 차례가 맨 마지막이 아니라 맨 처음이었다 하더라도 그 삶을 선택했을 것이라고 말하면서 기쁘게 그것을 택했다. 나는 여기서 인간들만이 동물의 몸을 받은 것이 아님을 지적해야만 하겠다. 온순한 동물들과 야생적인 동물들 역시 그것에 해당하는 인간의 몸을 받았다. 선한 동물은 문명인으로 태어나고 악한 동물은 미개인으로 태어났다."

 만일 겉으로 드러난 의미만을 읽는다면 환생 과정에 대한 플라톤의 이 설명을 《티벳 사자의 서》처럼 문자 그대로 받아들일 수 있을 것이다. 그러나 그리스 신비 의식의 입문자였던 플라톤이 헤로도투스처럼 그들의 신비한 가르침을 공개적으로 이야기하지 않고, 다만 비유적인 어법이나 일반인들이 오해하도록 일부러 애매한 어법을 써서 이야기했으리라는 것은 충분히 상상이 가는 일이다. 그 문장을 자세히 살펴보면 그의 진정한 의도는 정말로 인간이 동물로 환생하거나 또는 동물이 인간으로 환생하는 일을 말하고자 함이 아님을 알 수 있다.

 진정한 의미는 오디세우스의 선택에 관한 부분에서 찾아진다. 오디세우스의 선택은 맨 마지막이었다. 앞 차례에 등장한 다른 영웅들은 저마다 자신들의 운명을 선택하는 데 있어 '아무 걱정 근심이 없는 평범한 인간의 삶'에 그다지 관심을 갖지 않았다. 하지만 오디세우스는 이 삶을 최선의 것으로 선택하고 있다.

 오디세우스보다 앞줄에 선 그리스인들이 저마다 선택한 삶의 종류를 생각해 보면, 우리는 그것이 선택자의 인물 성격을 상징적으로 나타낸 것임을 알게 된다.

 오르페우스 신비 의식의 창시자였던 오르페우스는 그리스 신화에 나오는 아폴로와 칼리오페의 아들로 트라키아의 시인이며 음악가였다. 그가 타는 하프는 너무나도 오묘해 금수초목까지도 매혹되었다고 한다. 아내 에우리디케가 죽자 황천에 내려가 음악으로 명부의 신 플루토를 감동시켜 '뒤돌아보지 않겠다'는 약속으로 아내를 데려가게 됐으나, 마지막 순간에 약속을 깨뜨려 뜻을 이루지 못했다. 이와 같이 오르페우스는 시가와 음악의 신 아폴로에 의해 인간을 가르치도록 내려보내진 신성한 교사였으며, 그리스인들에 의해 시인과 가인들 가운데 가장 탁월한 실력자이며 가장 훌륭한 하프 연주자로 숭배되었다.

이런 그가 '백조의 생'을 선택한 것은 지극히 당연한 일이다. 왜냐하면 백조는 오랜 옛날부터 노래와 음악을 상징하기 때문이다. 따라서 플라톤의 비유적인 표현을 정확히 해석하면 오르페우스가 위대한 시인과 음악가로 환생했음을 말하고 있다는 것을 알 수 있고, 또 그것이 자연스런 일이다. 문자적인 해석론자들은 오르페우스 같은 존재가 실제로 백조로 태어난다는 것을 믿을지 모르지만 상징적인 해석론자들은 그것을 인정할 수 없다.

마찬가지로 고대 트라키아 지방의 음유시인으로 하프 연주와 노래로 유명한 타미라스는 감미롭게 노래부르는 나이팅게일의 생을 선택하고 있다. 이것 역시 하나의 상징인 것이다.

아킬레스 다음으로 그리스인들 중에서 가장 용감한 자였던 호머의 영웅 아이아스가 사자의 생을 선택한 것 역시 매우 적절하다. 사자는 짐승들의 왕이고 아득한 옛날부터 용기와 지존무상을 상징하기 때문이다. 이것은 거의 모든 종족과 민족들에서 인정되는 사실이다.

다음에 등장한 아가멤논은 독수리의 생을 택하고 있다. 그는 올림푸스 산의 신들 가운데 주신(主神)이었던 제우스처럼 그리스 영웅들 가운데 우두머리격이었다. 그는 한 사람의 신으로 숭배되고 제우스의 화신으로 여겨졌다. 따라서 그에게는 제우스의 상징인 독수리가 선정된 것이다.

인간들 가운데서 가장 발이 빠르며 많은 구혼자들과의 경주로 유명한 아탈란타가 훌륭한 육상 선수로 환생하는 것은 지극히 당연한 일이다. 그러나 그녀의 경우에 플라톤은 상징을 쓰지 않는다. 에페이우스에게도 상징을 쓰지 않는다. 에페이우스는 트로이를 공략할 때 나무말〔木馬〕을 만들어 그의 솜씨를 자랑했지만, 그는 후에 속담이 될 정도로 겁이 많았다. 따라서 그는 '예술에 뛰어난 여성'이 되었다.

광대 테르시테스에게 플라톤은 원숭이의 몸을 입히고 있는데, 여기에 대해선 더이상 설명할 필요가 없을 것이다.

또한 영웅들이 여자로 태어나기를 싫어한다는 표현은 순전히 비유적인 표현법으로 보인다. 그것은 아마도 동물 상징들에 대한 문학적 표현을 정당화하기 위해 사용되었을 것이다. '온순한 동물들과 야생적인 동물들 역시 그것에 해당하는 인간의 몸을 받았다. 선한 동물은 문명인으로 태어나고 악한 동물은 미개인으로 태어났다.'와 '반면에 백조 같은 새들과 다른 음악가들은 남성으로 태어나기를 원했다.'라는 문장이 그것을 말해 주고 있다.

영웅들이 아니더라도 에르가 첫번째로 목격한 평범한 영혼의 경우에도 플라톤은 그를 동물로 환생하도록 배정하지 않는다. 플라톤이 말한 환생을 문자 그대로 해석한다고 해도, 그 영혼은 오르페우스나 아가멤논처럼 신의 화신도 아니고 아이아스와 같은 영웅도 아니며 동물적 성격으로 어두워진 마음을 갖고 있지만 결코 동물의 몸을 선택받지 않는다. 플라톤은 이 경우에도 동물 상징을 쓰지 않고 있다.

"첫번째 영혼이 앞으로 나왔다. 그는 그 자리에서 가장 포학한 폭군의 생을 선택했다. 그의 마음은 어리석음과 육체적인 욕망으로 어두워져 있었으므로, 그는 자신이 선택하기 전에 전체 일을 생각할 여유조차 없었다. 그가 저지를 악행 중에는 자신의 자녀들을 살해하는 일이 포함돼 있었지만 그는 그런 자신의 운명을 깨닫지 못했다. 그는 하늘에서 내려온 영혼 가운데 한 사람이며 또한 지난 생에서 질서있는 나라에서 살았지만, 이제 그의 덕은 다만 습관에 불과할 뿐 그는 어떤 인생 철학도 갖고 있지 않았다."

그리고 마치《티벳 사자의 서》에서 깨달음의 길을 따르는 수행자에게 올바른 지혜의 필요성을 강조하듯이, 플라톤은 다음과 같이 가르친다.

"왜냐하면 만일 어떤 사람이 이 세상에 도착할 때 언제나 순수한 철학에 자신을 먼저 바치고 운명을 적절하게 선택한다면 그는 에르가 보고하듯이 그곳에서도 행복을 누릴 것이며 다른 생의 여행을 마치고 다시 그곳으로 돌아갔을 때도 거칠고 음산한 대신 부드럽고 아름다우리라."

플라톤과 그리스 신비 연극에서처럼 핀다르, 엠페도클레스, 피타고라스, 소크라테스 등도 상징과 비유의 방법으로 환생의 교리를 가르쳤다.

남이탈리아의 옛 도시 시바리스의 유적지 근처에서 발굴된 장례용 황금판에는 다음과 같은 문장이 새겨져 있다.

"이리하여 나는 고통과 불행에 시달리던 순환(윤회)으로부터 벗어났도다."

이 글이 새겨진 무덤은 이탈리아의 시실리 섬에 있다. 이미 알려진 오르페우스의 가르침과 마찬가지로 이것은 순전히 불교적이고 힌두교적이다. 그리고 이 글은 고대 그리스에서 환생 교리가 적어도 신비 의식에 입문한 교양있는 그리스인들 사이에는 널리 전파된 것이었음을 말해 준다.

플라톤이 사용한 것과 비슷한 상징적 표현은 불경의 기록자들에 의해서도 사용되었다. 이를테면 붓다 자신의 탄생에 관한 북방불교의 설명이 그렇다. 이 기록은 인도 캘커타의 동인도회사에 있는 티벳판 《비나야 피타카〔律藏〕》 곧 《둘와 *Dulva*》의 사본에 들어 있다. 이것은 티벳 불교의 카규파의 가장 믿을 만하고 가장 오래된 경전으로 보인다.

"이때 미래의 붓다는 도솔천에 계셨다. 그는 내려갈 때가 가까웠음을 깨닫고 다섯 가지의 예비 조사를 하셨다. 그것은 첫째 자신이 태어날 적당한 가문이요, 둘째 태어날 나라요, 셋째 태어날 시간이요, 넷째 종족이요, 다섯째는 태어날 여인이었다. 마하야마 부인이 적합한 어머니로 결정되자 그는 자정에 코끼리의 모습으로 그녀의 자궁 안으로 들어갔다. 그때 왕비는 네 가지 꿈을 꾸었다. 첫째로 여섯 어금니를 가진 흰 코끼리가 자신의 자궁 안으로 들어오는 것을 그녀는 보았다. 둘째로 그녀는 위에 있는 하늘로 이동했다. 셋째로 그녀는 큰 바위산에 올라갔다. 넷째로 무수한 무리들이 그녀 앞에 경배했다."

예언자 아시타는 왕비가 서른두 가지 위대한 인물의 표시를 지닌 사내아이를 낳으리라고 예언했다. 그 표시들이란 황금색의 몸, 편편한 발바닥, 길고 넓은 혀, 두 눈썹 사이에 있는 흰 털 등과 같은 것이었다.

"만일 그가 세속에 머물면 그는 세상에서 가장 뛰어난 왕이 될 것입니다. 그러나 만일 그가 머리와 수염을 깎고 오렌지색 승복을 걸치고 왕궁을 떠나 세속을 버린다면 그는 타다가타〔如來〕, 아라한, 완전히 깨달은 붓다〔無上正等覺者〕가 될 것입니다."

또한 남방불교의 《자타카〔本生經〕》에서는 붓다가 전생에 무수히 많은 생을 동식물의 형태로 태어났었다고 설한다. 《자타카》는 붓다를 중심으로 생겨난 민담, 민간신앙, 널리 알려진 신화 등 붓다의 전생과 관련된 이야기들을 모은 것이다. 상좌부 불교의 학자들은 《자타카》가 붓다의 시대에 만들어진 작품이며 거기 기록된 산문을 제외한 운문은 붓다 자신의 말씀이라고 믿고 있다.

상좌부 불교는 인도 소승불교의 한 파로 대중부에 대립된다. 북방불교에서 전하는 얘기에 따르면 붓다가 입멸한 후 100여 년경에 학승 대천(大天)이 다섯 가지의 새로운 학설을 내세워 전통적 불교에 반대했는데, 이때 이를 인정하던 파가 대중부가 되었고 부인하던 파가 상좌부가 되었다고 한다. 한편 이 글에서 상좌부파는 주로 남방불교를 가리킨다.

《자타카》란 원래 특별한 형식과 내용을 갖춘 오랜 불교 문학의 한 장르이다. 본생담(本生譚) 또는 본생설화(本生說話)라는 뜻에서 알 수 있듯이 이것은 붓다가 이 세상에 태어나기 이전의 전생에 대한 이야기이다.

이는 마치 6세기 영국의 전설적인 왕인 아더 왕이 죽자 그 후 3백 년에 걸쳐 그에 대한 전설이 생겨난 것과 비슷하다. 상징적 해석론자들은 설령 아득히 먼 진화의 초기에 붓다가 동식물로 태어났었다는 것을 인정한다고 할지라도, 이번 세상의 주기에 일어났다고 하는 그 전생담들은 어디까지나 상징적 의미로 해석해야 한다고 주장한다. 그러나 정통적인 상좌부 불교학자들은 이 모든 사실을 글자 그대로 믿는다.

상징적 해석론자들은 《자타카》가 원래 일반인들을 위해 씌어진 세속적인 내용이라고 여긴다. 반면에 남방불교도들은 《자타카》에 있는 운문이 《팔리 삼장》의 《숫타 피타카〔經藏〕》에서 가장 초월적인 부분으로 일반인들보다는 차원 높은 수행자들의 공부를 위한 가르침이라고 주장한다.

어떤 경우든 《자타카》의 내용을 문자 그대로 해석하는 것은 붓다 탄생에 관한 《둘와》의 설명보다는 더 그럴듯한 것으로 보인다. 게다가 팔리어 경전들에도 똑같은 동물 상징 곧 여섯 어금니의 흰 코끼리가 등장하는 비슷한 내용이 있다. 따라서 우리는 북방불교와 남방불교 모두에 공통된, 목적이 분명한 상징 기호의 사용을 볼 수 있다. 문자적 해석론자들조차도 그 내용을 상징적인 의미로 해설할 수밖에 없을 것이다.

일반인들이 갖고 있는 생각과 해석이 근본적으로 《자타카》의 내용을 구성했듯이, 《티벳 사자의 서》 역시 그런 것의 영향을 받았을지도 모른다. 모든 경전들은 아주 오랜 옛날에 그 원본이 탄생해서는 긴 세월에 걸쳐 주변의 다른 자료들을 덧붙여 나감으로써 점차 구체화되는 것이 일반적인 과정이다. 마찬가지로 죽음과 환생의 경전인 《티벳 사자의 서》도 오늘날 팔리어, 산스크리트어, 티벳어로 기록된 거의 모든 경전들처럼 처음에는 기록되지 않고 존재했던 것으로 보이며, 알 수 없는 수세기 동안 내용상의 많은 발전을 거친 것으로 여겨진다. 따라서 마침내 그것이 완성되어 문자로 기록될 때쯤에는 원래의 순수성이 다소 퇴색할 수밖에 없다.

《티벳 사자의 서》는 그 자체의 성격이나 종교적 쓰임새 때문에 세속인들의 생각과 이해에 따라 그 내용이 영향받기 쉬웠다. 그리고 우리는 그것이 그럴 수밖에 없었다고 보는데, 그것은 이 경전이 두 가지 해석법을 조화시키려는 불가능한 시도를 했기 때문이다. 그럼에도 불구하고 그것이 갖고 있는 본래의 상징적 의미를 찾아내는 일은 그다지 어려운 것이 아니다.

이를테면 북방불교가 즐겨 사용하는 상징 기호에 따라 《티벳 사자의 서》가 설명하고 있는 다섯 명의 명상하는 붓다〔五禪定佛〕들의 동물좌를 살펴보자.

사자좌는 바이로차나(비로자나)와 관련되고, 코끼리좌는 바즈라사트바(금강살타), 말좌는 라트나삼바바(보생여래), 공작좌는 아미타바(아미타불), 금시조좌는 아모가싯디(불공성취불)와 관련되어 있다.

이 동물 상징들을 해석해 보면 그것들이 각 신들의 특수한 성격을 시적으로 표현하고 있음을 알 수 있다. 다시 말해 사자는 용기와 지존무상의 힘을 상징하고, 코끼리는 변치 않음을 상징하고, 말은 총명함과 모양이 수려함을 상징하며, 공작새는 아름다움과 변화의 능력을 상징한다. 그리고 금시조는 위대함과 모든 원소들을 지배하는 능력을 상징한다. 공작새가 미와 변화의 능력을 상징하는 것은 독을 먹고 나서 그것을 깃털의 아름다움으로 변화시키는 능력을 지녔다고 믿어지기 때문이다.

그리고 각각의 신들은 다르마카야(법신)의 여러 가지 속성들과 다르마카야에서 나오는 깨달음의 초월적인 힘을 상징한다. 수행자는 그 힘에 의지해 붓다의 경지로 인도될 수 있다.

〈시드파 바르도〉 편에 나오는 동물들을 상징적 의미로 해석하는 것은 그다지 어려운 일이 아니다. 《둘와》에 실린 붓다의 탄생 설화도 그렇고, 플라톤이 의도적으로 기록한 듯한 일종의 시드파 바르도에서의 일화도 마찬가지다. 우리는 이런 상징적인 해석을 뒷받침하는 불교의 환생 사상들을 충분히 갖고 있으며, 이것들 모두가 그 상징적인 해석이 잘 알려져 있는 것들이다.

티벳 불교에 대한 권위있는 학자로 널리 알려진 와델 박사는 《시킴의 라마교 Lamaism in Sikhim》에서 시킴의 타시딩 수도원에 있던 〈시파이 코르와〉 곧 〈윤회도〉라는 제목의 유명한 벽화가 상징하는 것에 대해 다음과 같이 말한다(이 벽화는 최근에 파괴되었다).

"이 그림은 티벳의 스승들이 우리를 위해 보존한 가장 순수한 불교의 상징이다. 그리고 이것으로 인해 나는 지금까지 설명되지 않고 점성술의 12궁도 그림으로만 알려진, 아잔타 석굴 제17번 베란다 그림의 한 조각을 되찾을 수 있게 되었다. 이 그림은 상징적이고 구체적인 형태를 써서 세 가지 근원적인 죄와 윤회의 원인을 표현하고 있다. 사람들의 마음에 그것들을 생생하게 기억시켜서 피하도록 하기 위해서다. 또한 여러 가지 모습으로 표현된 갖가지 죄악과 징벌받은 자들의 고통은 악행자에게 겁을 주기 위한 것이다."

여기서 세 가지 근원적인 죄악은 돼지, 수탉, 뱀으로 묘사된다. 그리고 그것들이 상징하는 의미에 대해 와델은 이렇게 설명한다.

"돼지는 우둔함[痴]을 상징하고, 수탉은 동물적 욕망 또는 정욕[貪]을 상징하고, 뱀은 분노[嗔]를 상징한다."

그 다음으로 열두 가지 인연에 대한 것이 상징적으로 설명되는데,

여기서는 세번째〔識〕만이 동물 상징이고 나머지는 인간과 비유적 상징들이다. 여기서 동물 상징으로 사용되고 있는 것은 과일을 먹고 있는 원숭이이다. 이것은 선악과의 지식〔分別智〕을 상징하는 것으로, 뚜렷한 철학 없이 방황하는 방탕아처럼 온갖 과일 곧 감각적 경험을 맛보고 나서 의식(意識)을 낳는 것을 말한다.

따라서 《티벳 사자의 서》의 둘째권에 나오는 동물의 형태들과 환경들, 다시 말해 인간의 의식체가 이 세상에 다시 환생할 때 들어가게 될 동물의 형태들과 환경들을 설명하면 다음과 같다.

1) 개의 형태는 (〈윤회도〉에서 수탉이 나타내듯이) 지나친 정욕과 쾌락을 상징한다. 이것은 《요가 바쉬쉬타 Yoga Vashishtha》에 나오는 다음 구절과 비교해 봄직하다.

"만일 욕망과 분노를 버리지 않으면 경전에 능통한 현명한 학승들일지라도 자칼(여우와 이리의 중간)로 여겨질 것이다."

개는 또한 일반적인 티벳 민간전승에서 질투를 상징한다. 그리고 개집이라는 환경은 쾌락의 상태에 안주하거나 그 속에서 살아 가는 것을 상징한다.

2) 돼지는 (역시 〈윤회도〉에서처럼) 욕심에 찬 우둔함을 상징한다. 뿐만 아니라 이기주의와 불결함을 상징한다. 돼지우리라는 환경은 이러한 성격들로 가득한 세속적인 삶을 상징한다.

3) 개미는 (서양의 여러 나라들에서 그렇듯이) 근면을 상징하고 세상의 물질에 대한 소유욕을 상징한다. 그리고 개미집이라는 환경은 그러한 근면과 물질욕이 지배하는 삶을 상징한다.

4) 곤충 또는 구더기는 세속적인 성격 또는 비굴한 성격을 상징한다. 그리고 그것들이 사는 구멍은 그런 성격들에 지배되는 상태를 상징한다.

5) 마찬가지로 경전에서 언급된 송아지, 새끼 염소, 새끼 양, 말,

새들도 그러한 동물들의 속성과 연결된 인간의 속성들을 상징한다. 거의 모든 인간들이 이 속성들과 관련되어 있으며 동물 신화에서 널리 묘사되고 있다. 《이솝 우화집》은 이런 동물 신화를 바탕으로 만들어진 작품이다.

성경 구약에 나오는 선지자 에스겔의 환영과 신약에 나오는 요한계시록은 이와 비슷한 동물 상징이 성경에까지 영향을 미치고 있음을 보여 주는 예이다. 또한 우리가 생각컨대, 불교와 힌두교의 문자적 해석론자들도 상징 사용이라는 관점에서 그들 자신의 경전을 다시 읽는다면 상징적 해석론에 대해 반대하는 마음이 다소 누그러지리라고 본다.

따라서 우리의 경전이 오랜 구전을 거치는 동안 다소 덧칠이 되고 또한 이들 상징들이 뜻하는 환생 사상의 숨은 의미가 많이 와전되긴 했지만, 그럼에도 〈시드파 바르도〉 편에 나오는 동물 상징들은 다음과 같이 이해되어야 옳다. 인간의 의식체가 영원한 자유에 이르지 못하면 자신이 지은 카르마에 따라, 각종 동물들로 상징되는 정신적 특성이나 성격을 지닌 채 인간의 형태로 계속 윤회를 하게 된다는 것이다. 이것이 인류 대부분을 지배하는 정상적인 카르마의 조건이다. 그러나 예외적이거나 비정상적인 카르마의 퇴화 조건 아래서는 오랜 세월을 통해 서서히 인간의 속성을 잃어가 마침내 동물의 세계로 떨어질 수도 있을 것이다.

번역자 라마 카지 다와삼둡이 말했듯이 우리가 인간 세계로 시선을 돌리기만 하면 피에 굶주린 호랑이 인간이나 탐욕에 찬 돼지 인간, 속임수가 많은 여우 인간, 도둑질하고 흉내내는 원숭이 인간, 굽실거리는 벌레 인간, 부지런하고 흔히 인색한 개미 인간, 때로 아름답다고 공언하지만 단명하고 덧없는 나비 인간, 굳센 황소 인간, 또 겁없는 사자 인간 등을 얼마든지 찾아볼 수 있다. 하지만 인간은 그 카르마가 아무리 동물 같다고 할지라도 나쁜 카르마에서 벗어나는 데 있어 어떤 동물이나 벌레보다도 유리하다. 불교와 힌두교에 널리 퍼져 있는 믿음들, 이를테면 살인자는 반드시 포식하는 야수로 환생한다거나, 호색가는 돼지나 개로 태어난다거나, 구두쇠는 개미로 환생한다고 하는 무지한 민간신앙은 다른 일반적인 신앙들과 마찬가지로 틀린 추측과 오해에서 생겨난 것이다. 그 틀린 추측과 오해의 어떤 것들은 동양의 경전들 속에 슬쩍 끼어들기까지 했다. 그리고 인간은 이 세상에 몸을 받고 태어나 여러 조건들에 처할 수 있는데, 성자가 있는가 하면 죄인이 있고, 제왕이 있는가 하면 거지가 있으며, 문명인이 있는가 하면 비천한 야만인의 삶을 사는 사람도 있다. 인간이 처하게 되는 이런 조건들에 대한 지나치게 좁은 시각도 그런 무지한 신앙을 낳는 데 한몫을 했다.

경전의 구전 과정에서 생겨난 약간의 각색 때문에 혼란이 오긴 했지만 우리의 경전 《티벳 사자의 서》에 담긴 환생 사상의 고차원적인 의미는 다음과 같이 간추릴 수 있다.

사람이 죽어 육신을 떠나면 다시 태어나기 전까지 49일 동안 바르도(中陰)라고 불리는 중간 상태에 머물게 된다. 이때 그 의식체는 생전에 그를 지배하던 저차원적이고 거친 욕망 쪽으로 달려가려는 카르마의 속성을 드러내 보일 수 있다. 그러나 더 강한 힘을 가진 '바른 지식'의 수련을 쌓으면 그 의식체의 한 부분이 붓다의 경지를 성취할 수 있다. 그렇게 되면 사자는 자신의 저차원적인 동물적 성질에서 투영되어 나오는 공포의 유령들에 사로잡히는 대신, 죽음과 환생 사이의 그 중간 상태를 지나 바르도가 아닌 즐거운 세계(극락)에 가게 된다.

만일 그 진화된 영혼이 영적으로 특히 높은 경지에 이르렀다면, 다시 말해 그가 위대한 성자라면 그는 바르도 상태를 거치지 않고 곧바로 지고한 극락 세계에 들게 되고, '카르마의 주관자'의 섭리에 따라 인간 세계에 다시 태어날 수도 있다. 그는 아직 윤회계에 속한 존재이긴 하지만 측량할 수 없을 정도로 진화된 존재라고 티벳 스승들은 그를 묘사한다. '만법의 주재자'의 섭리에 따라 이렇게 지상으로 돌아온 그 존재는 인류를 도우려는 자비심 때문에 환생하는 것이다. 그는 위대한 스승으로, 신의 사명을 가진 자로, 그리고 니르마나카야〔化身〕로 내려오는 것이다.

그러나 대개의 환생은 차원이 낮고 평범하게, 사자가 그 과정을 의식하지도 못하는 상태에서 이루어진다. 그것을 겪는 자의 깨달음이 부족하기 때문이다. 고등 수학을 알지 못하는 어린아이가 빛의 속도를 계산할 수 없듯이, 동물적인 사람이 성스런 사람의 환생을 지배하는 고차원적인 법칙에 도움을 받을 수는 없다. 대신에 그는 '망각의 강물'을 들이켜며 자궁의 문 안으로 들어가, 바르도라고 불리는 욕망 세계로부터 다시 인간 세계로 환생한다.

그러나 이런 저차원적인 환생일지라도, 인간과 동물 모두가 공통적으로 동물적 속성을 갖고 있기는 하지만, 그 의식체가 갖고 있는 순수한 인간적인 요소 때문에 동물의 환생과는 다르다. 동물들에게도 이 인간적인 요소가 깃들여 있긴 하지만 그것은 활동을 하지 못하고 다만 잠들어 있을 뿐인 것이다. 아무리 저차원적인 인간일지라도 그를 구성하고 있는 인간적인 요소가 활동하지 않고 잠들어 버리려면, 거꾸로 동물의 의식체 속에 잠들어 있는 인간적 요소가 완전히 깨어나는 데 걸리는 진화의 기간만큼의 똑같은 긴 시간이 필요하다.

환생 사상의 이런 고차원적이고 상징적인 의미를 이해하지 못했기 때문에 동물이 곧바로 인간으로 환생하고 인간이 곧바로 동물로 환생한다는 비합리적인 신앙이 생겨난 것이다. 그런 잘못된 믿음들이 불교와 힌두교 경전 거의 모두에서 두루 발견되고 있다.

현대 인류학의 아버지인 고(故) 타일러 E. B. Tylor는 자료들을 세밀히 조사한 뒤 환생의 고차원적인 의미가 보다 합리적이라고 선언했다. 그는 다음과 같이 말했다.

"따라서 윤회에 대한 원래의 개념은 인간의 영혼이 새로운 인간의 몸으로 환생한다는 단순하고 합리적인 것이었다. 짐승은 인간의 여러 속성들을 표현하기 위한 상징물들이다. 사자, 곰, 여우, 올빼미, 앵무새, 독사, 벌레 등과 같은 이름을 인간에게 하나의 별명으로 붙여 보라. 그러면 한 인간의 지배적인 속성을 한 단어로 압축해 표현할 수 있게 될 것이다."

이것이 옳은 해석이라는 것은 드루이드 사제들의 가르침에서도 확인된다. 드루이드 사제는 켈트 족이 신봉하던, 기독교로 개종하기 이전 유럽 종교의 사제로 인도의 학식있는 바라문 성직자에 해당한다.

1911년에 나온《켈트 지방의 정령 신앙》에서 나는 드루이드 사제들이 갖고 있던 환생 사상이 그 본질에 있어서 서양의 심리학과 일치한다고 주장했다. 다시 말해 잠재의식은 모든 과거 기억의 창고이고, 이 기억들은 한 번의 생애에 제한된 것이 아니며, 또한 이들 기억의 기록들은 다시 꺼내어질 수 있다는 것이다. 따라서 드루이드 사제들의 환생 사상은 과학적으로 입증 가능한 사실에 바탕을 둔 것이었다. 1911년 이후, 잠재의식과 정신분석 영역에서 서양 심리학의 전반적인 흐름은 이런 나의 견해를 확인하는 쪽으로 흘러갔다.

내가《켈트 지방의 정령 신앙》을 쓸 당시 나는 헉슬리 T. H. Huxley가 인간 윤회설이 일반적인 생리학과 생물학의 현상을 설명하는 데에도 최상의 이론이라고 주장한 사실을 알지 못했었다. 위대한 생물학자 헉슬리의 증언은 이미 앞에서 인용한 현대 인류학의 선구자 타일러의 주장과도 일치한다. 동양의 신비 과학이 주장하는 환생 사상의 심오하고 상징적인 의미가 어느덧 우리들 자신의 현대 과학의 관점에서도 인정을 받고 있는 것이다. 따라서 여기에 이 장의 결론으로 헉슬리의 말을 옮겨적는다.

"매일의 경험을 통해 우리는 '유전(遺傳)'이라는 이름으로 분류되는 사실들과 친숙해져 있다. 우리 각자는 자기 부모나 먼 친척의 특성을 분명히 지니고 있다. 특히 어떤 방식으로 행동하려는 경향들의 집합을 우리는 흔히 '성격'이라고 부르는데, 이것은 대개 직계 조상이나 주변 친척들의 오랜 계보를 통해 추적할 수 있다. 따라서 우리는 인간의 도덕적 본질이며 지적 본질이라고 할 수 있는 이런 '성격'이 하나의 육체로부터 다른 육체로 넘겨지는 것이 분명하며, 세대에서 세대로 윤회하는 것이 사실이라고 말할 수 있다.

갓 태어난 어린아이에게는 그 집안의 성격이 잠재해 있으며, 그의 자아는 그런 잠재하고 있는 것들의 덩어리에 불과하다. 매우 일찍부터 그것들은 활동을 시작한다. 그래서 어린 시절부터 어른이 될 때까지 우둔함이나 영리함, 나약함이나 강함, 사악함이나 정직함 등이 드러나는 것이다. 그리고 도중에 다른 성격이 합쳐져서 달라진 성격은 별다른 일이 없는 한 새로운 몸으로 환생할 때 그대로 전해진다. 인도의 철학자들은 이렇게 정의되는 성격을 '카르마'라고 부른다.

진화론에서 보면 하나의 종자는 어떤 특정한 종(種)의 형태에 따라서만 발전하는 경향이 있다. 이를테면 강낭콩 씨앗은 파세올루스 불가리스(강낭콩의 학명)의 모든 속성을 지닌 식물로만 성장한다. 이것이 바로 그 씨앗의 '카르마'이다.

그것은 조상의 계보에 영향을 미쳤던 모든 조건들의 최후 결과이며 최후 유전자이다. 여기서 조상의 계보란 수백만 년 전, 생명이 지구상에 처음 나타난 아득한 과거의 시간대까지 거슬러 올라간다.

라이스 데이비즈Rhys-Davids 교수가 말하듯이 아네모네는 아네모네이지 참나무가 아니며, 오직 아네모네의 한 종류일 뿐이다. 왜냐하면 그것은 무수한 과거생으로부터 끝없이 이어져 온 카르마의 결과이기 때문이다."

미국의 유명한 심리학자인 고(故) 윌리엄 제임스William James는 독자적으로 헉슬리와 똑같은 결론에 이르렀다. 일반적인 기독교나 학자들이 주장하는 유신론을 그 자신은 받아들일 수 없다고 설명하고 나서 그는 말했다.

"나는 불교에 관해 무지하므로 나의 일반적인 관점만을 말할 수밖에 없지만, 어쨌든 나는 카르마에 대한 불교 교리를 이해하고 있으며 원칙적으로 그것에 동의한다."

11. 우주론

우리의 경전에 끊임없이 등장하는 우주론, 특히 환생 사상과 관련해 티벳의 학식있는 스승들이 이해하고 있는 불교적 우주론은 매우 넓고 복잡한 주제다. 여기서 그것을 자세히 살펴보려면 방대한 양의 가르침들을 문자적 의미와 상징적 의미의 양쪽 모두에서 해석하지 않으면 안될 것이다. 그 가르침들은 어느 정도 힌두교 바라문들의 사상에서 나온 것인데, 그것에 따르면 이 윤회계(우주) 속에는 수많은 종류의 존재 상태가 있다. 이 세상과 같은 어떤 천체도 있고, 여러 가지 천당과 극락이 있으며, 지옥이라 불리는 무수한 연옥 상태도 있다.

우리는 그 우주론을 기독교 학자의 지나친 편견에 의해서가 아니라 동양의 입문자의 관점에서 읽어내려가야 할 것이다. 그렇게만 한다면 우주의 구조에 관한 힌두교와 불교의 가르침은 고대로부터 전해져 온 광범위한 천문학 지식을 우리에게 전해 줄 것이다. 거기에는 천체들의 운동과 구조에 관한 것도 있고, 각 세계들의 생김새와 서로의 작용에 관한 이론도 있다. 어떤 것은 서양 과학이 편애하는 것처럼 단단하고 눈에 보이는 세계이며, 또 어떤 것은 4차원 공간이라고 할 수 있는 눈에 보이지 않는 에테르〔精氣〕의 세계이기도 하다.

상징적으로 설명하자면, 수미산(須彌山)이 모든 세계들을 지탱하는 우주의 중심축이다. 이 산은 힌두교와 불교의 우주론에서 세계의 중심에 우뚝 솟아 있는 산으로, 그 둘레에는 일곱 겹의 황금산〔七金山〕들이 에워싸고 있고 이 산들 사이에는 일곱 겹의 바다〔香水海〕가 에워싸고 있으며, 그 바깥에 우리의 우주가 놓여 있다. 우리는 그것을 서양의 천문학에서 말하는 중심 태양처럼 우주의 중력 중심으로 이해할 수도 있을 것이다. 동심원의 일곱 겹 바다들과 그 사이에 있는 일곱 겹 산들의 바깥에는 대륙들〔四大洲〕이 있다.

열다섯 겹의 양파를 예로 들면 티벳 불교의 이 우주론을 설명하기가 쉬울 것이다. 양파의 속알맹이는 수미산에 해당한다. 그리고 거기에 열다섯 겹의 양파껍질이 붙어 있다. 수미산 아래로는 다양한 지옥들이 있고, 위로는 신들의 천상 세계가 수미산에 의해 지탱되고 있다. 여기에는 인드라〔帝釋天〕 신이 다스리는 33천과 같은 다소 쾌락적인 하늘도 있고, 마라〔魔軍〕의 지배를 받는 하늘에서부터 덜 쾌락적인 브라흐마 하늘〔梵天〕까지 여러 등급이 있다.

이 모든 하늘 세계의 꼭대기에는 구경처(究竟處)라고 부르는 최후의 천계가 있다. 티벳어로는 그것을 옥민이라고 한다. 우주의 마지막 지대인 옥민은 니르바나로 들어가는 현관이며, 세속에서 탈세속으로 건너가는 과도기 상태이다. 따라서 그곳은 '만법의 지존자'가 다스리는 곳이다. '만법의 지존자'는 사만타바드라(보현보살)를 말하며, 티벳어로는 쿤투장포이다. 그것은 또한 티벳 불교에서 말하는 '니르바나의 인격체'이다.

인드라의 천계에는 여덟 명의 여성 신들이 그들 자신의 하늘 세계를 갖고 존재하며, 이들 모두가 우리의 경전에 등장하고 있다. 그들은 초기 힌두교에서 나온 여성 신들로 산스크리트어로 마트리라고 부른다.

수미산 위에 이렇게 많은 하늘 세계들이 있지만, 수미산 그 자체 안에도 네 개의 세계들이 차례로 있다. 이 중에 아래쪽 세 개의 세계들에는 여러 계층의 마귀들이 살고 있다. 하늘 세계들의 바로 아래에 있는 네번째 세계에는 불결한 영혼들 곧 아수라들이 살고 있다. 이들은 기독교의 타락한 천사들처럼 자만심 때문에 하늘 세계들로부터 추방된 영혼들이다. 이들은 반역자로서 위에 있는 신들과 끊임없이 전쟁을 일삼다가 죽어 간다.

양파의 맨 안쪽에 있는 껍질은 수미산을 에워싼 바다에 해당한다. 그 바깥에 둘러싸인 다음 껍질은 황금산에 해당한다. 그리고 그 다음 껍질은 또다른 바다이다. 이렇듯 맨 마지막에 있는 열다섯번째 껍질까지 동심원을 그리며 바다 다음에는 산이 나타나고 그 다음에는 또다시 바다가 나타난다. 열다섯번째 껍질은 '짠물바다'이며, 이 바다에는 대륙들과 그 위성 대륙들이 떠 있다. 그리고 양파의 바깥을 싸고 있는 겉껍질은 하나의 우주를 감싸는 철벽(鐵壁) 곧 철위산(鐵圍山)에 해당한다.

이러한 우주 저 너머에는 또다른 우주가 있으며 이 우주들은 끝이 없다. 티벳 불교에서 말하는 우주에 대한 개념을 하나의 천체로 보고, 무한한 우주라는 개념을 우주를 형성하는 무수한 천체들로 여긴다면 우리는 북방 불교와 힌두교의 우주관을 현대 과학의 우주관과 더 깊이 연결지을 수 있을 것이다. 아무튼 거대한 우주 계란과 같은 각각의 우주는 해와 달과 별빛을 차단하는 철벽의 껍질 안에 갇혀 있다. 이 철벽의 껍질(철위산)은 하나의 우주와 다른 우주를 분리시키는 영원한 어둠을 상징한다. 모든 우주들은 똑같이 자연법의 지배를 받는다. 이 자연법과 카르마는 흔히 동의어로 취급된다. 왜냐하면 불교의 관점에서 보면, 카르마의 법칙이 모든 현상을 완벽하게 설명해 주고 또한 스스로 증명 가능하기 때문에 굳이 지고한 창조주의 존재를 확인하거나 거부할 과학적 필요성이 없는 것이다.

각각의 우주는 우리가 살고 있는 이 우주와 마찬가지로 푸른 공기(에테르)로 짜인 '날실과 씨실' 위에 얹혀 있다. 이것을 티벳 불교에서는 십자 형태로 엇갈린 두 개의 도르제〔金剛〕로 표현한다(p.258 그림 참조). 그 위에는 바깥 바다의 물〔水域〕이 올려져 있다. 각각의 바다는 공기(에테르)의 층을 상징하고, 바다들 사이에 있는 각각의 산들은 굳어진 공기(에테르), 다시 말해 물질을 상징한다. 보다 신비주의의 관점에서 보면 바다들은 섬세한 것을, 산들은 거친 것을 뜻하며 하나는 다른 하나와 대립 관계에 있다.

성경의 창세기에 나오는 7일과 같이, 티벳 불교에서 말하는 우주에 대한 숫자들은 문자 그대로의 뜻보다는 은유적이거나 상징적인 것일 때가 더 많다. 그들의 우주설에 따르면 수미산은 중앙의 바다 위로 8만 유순(由旬)만큼 솟아 있고 바다 밑으로 또한 8만 유순만큼 뻗어 있다고 한다. 유순은 고대 인도의 거리 단위로 1유순은 40리에 해당한다. (원서에는 '마일'로 되어 있는데 실은 '유순'이다.) 그리고 중앙의 바다는 깊이가 8만 유순이고 폭이 8만 유순이다. 그것을 둘러싼 첫번째 황금산은 높이와 폭과 깊이가 수미산의 꼭 절반에 해당하며, 그 다음의 바다는 이에 따라 넓이가 4만 유순이고 깊이도 4만 유순이다. 이런 식으로 그 다음의 바다와 황금산들은 점점 높이와 폭과 깊이가 줄어들어 각각 2만 유순, 1만 유순, 5천 유순, 2,500유순, 1,250유순, 625유순이다. 그리하여 마침내 우리는 맨 바깥쪽 바다 공간에 있는 대륙들에 이른다.

이 대륙들 가운데 네 개의 중심 대륙들〔四大洲〕은 각각 네 방향에 자리잡고 있다. 이 대륙들에 대해서는 우리의 《티벳 사자의 서》 둘째권에서 설명하고 있다. 이 중심 대륙들의 양 옆에는 각각 작은 위성 대륙들이 있다. 따라서 대륙들의 전체 숫자는 12개인데, 이것도 7의 숫자와 마찬가지로 우주론에 등장하는 하나의 상징적인 수이다.

동쪽에 있는 대륙〔東勝身洲〕은 수미산 동쪽의 황금산과 철위산 사이 짠물바다에 있는 대륙이다. 이 땅의 사람들은 몸이 매우 훌륭하므로 승신주(勝身洲)라고 부른다. 그들의 수명은 250세이다. 이 동쪽 대륙은 티벳어로 뤼파 곧 '거대한 몸집'으로 불린다. 이 대륙을 상징하는 형태는 초승달 모양이다. 따라서 흰색이 이 대륙의 색이고, 그곳 주민들은 초승달 모양의 얼굴을 하고 있다. 그들은 마음의 평정과 덕을 지니고 있다. 이 대륙의 지름은 9천 유순이다.

남쪽에 있는 대륙〔南閻浮提〕은 수미산 남쪽의 황금산과 철위산 사이 짠물바다에 있는 대륙이다. 염부나무가 번창한 나라라는 뜻에서 남염부제라고 부르며 우리가 사는 이 지구별을 가리킨다. 염부제 또는 남섬부주(南贍部洲)라고도 한다. 이 남쪽 대륙은 티벳어로 잠부링이라고 한다. '잠부'는 물에 떨어지는 잠부나무〔閻浮樹〕의 열매를 묘사한 의성어인 듯이 보인다. 번역자가 그렇게 주장했다. 그리고 '링'은 '장소' 또는 '지역'의 뜻이다. 따라서 '잠부링'이란 이름은 잠부 나무의 열매가 물 속으로 떨어지고 있는 대륙 또는 지역을 뜻한다. 이 대륙을 상징하는 형태는 양의 어깨뼈, 곧 역삼각형 또는 약간 서양배〔梨〕 모양과 같으며, 주민들의 얼굴 형태도 그와 비슷하다. 이 대륙에 지정된 색은 푸른색이다. 부유함과 풍요로움이 이 대륙에 있으며, 선과 악도 마찬가지로 많다. 네 개의 대륙 가운데 가장 작은 곳으로 지름이 7천 유순밖에 되지 않는다.

서쪽 대륙〔四牛貨洲〕은 수미산 서쪽의 황금산과 철위산 사이의 바다에 있는 대륙이다. 이 대륙에는 소가 많아 금전처럼 쓴다고 해 '우화주'라는 이름이 붙었다. 이 대륙은 티벳어로 바롱최드라고 하는데 문자 그대로의 뜻은 암소＋황소＋행동이다(산스크리트어로는 '소의 재산'을 뜻하는 고다나이다). 이 대륙은 태양처럼 생겼고, 색깔은 붉은색이다. 이곳 주민들의 얼굴 모양은 해와 같이 둥글다. 주민들은 힘이 매우 세며, 대륙의 이름이 암시하듯이 소를 먹는 데 탐닉한다고 한다. 대륙의 지름은 8천 유순이다.

북쪽 대륙〔北俱盧洲〕은 북울단월 또는 북승처(北勝處)라고도 하며, 수미산 북쪽의 황금산과 철위산 사이의 짠물바다에 있는 대륙이다. 사람의 수명은 1천 세이고 다른 대륙들보다 즐거움이 많다고 한다. 티벳어로는 다미냔 또는 가미냔인데 '북쪽의 쿠루(종족)'를 뜻하는 산스크리트어 우타라 쿠루와 같은 의미다. 대륙의 형태는 정사각형이고 초록색이다. 주민들은 그것에 상응하는 얼굴 곧 말〔馬〕머리와 같은 네모꼴의 얼굴을 지니고 있다. 이곳에 자라는 나무들이 그들에게 음식 등 모든 필요한 것들을 제공해 준다. 그리고 쿠루는 죽으면 나무의 정령이 되어 숲에 자주 나타난다. 이곳은 네 개의 대륙 가운데 가장 큰 곳으로 지름이 1만 유순이다.

각각의 위성 대륙들은 그것이 속해 있는 대륙과 비슷하고, 크기는 절반이다. 이를테면 우리의 세계(잠부링) 왼쪽에 있는 위성 대륙은 가얍링이라고 부르며, 나찰(羅刹) 곧 식인귀(食人鬼)들의 세계이다. 티벳 불교의 위대한 스승 파드마삼바바는 나찰들에게 선행과 구원을 베풀기 위해 거기에 가서 왕이 되었다고 한다.

티벳 불교의 우주론 밑바탕에는, 연구에서 밝혀지겠지만, 정교한 상징성이 깔려 있다. 예를 들어 수미산에 대한 와델 박사의 설명을 보면 다음과 같다.

"그곳의 동쪽 면은 은으로 되어 있고, 남쪽 면은 청옥으로 되어 있고, 서쪽 면은 홍옥으로 되어 있으며, 북쪽 면은 황금으로 되어 있다."

이것은 성경의 요한계시록에 있는 상징들과 매우 비슷한 것으로, 고대 상징들이 사용된 한 예를 보여 준다. 힌두교와 불교의 우주론에 관련된 모든 상징을 완벽하게 설명하는 것은 여기서는 불가능한 일이다. 그러한 설명의 열쇠는 인도와 티벳의 신비 과학에 정통한 학자들이 갖고 있다는 말로 이 장을 맺는다. 그들의 말을 한마디 인용한다면, 동양의 신비 과학에 비하면 우리의 서양 과학은 정신과 물질 분야에서 다만 지식의 사원의 문지방에 서 있을 뿐이다.

12. 《티벳 사자의 서》에 담긴 가르침들

 이 해설의 마지막 장(章)들에 이르기 전에, 이제 우리는 《티벳 사자의 서》가 담고 있는 중요한 가르침들을 다음과 같이 간추릴 수 있을 것이다.
 1) 윤회계의 모든 존재들이 처한 상황과 장소와 조건들, 그리고 인간계와 천상계와 지옥계들은 모두 전적으로 현상에 의존한다. 다시 말해 단지 현상(나타난 것)에 불과하다.
 2) 모든 현상은 윤회하는 마음에게만 나타나는 것일 뿐 실제로는 덧없는(영원하지 않은) 것이고, 환영이고, 실체가 없는 것이고, 존재하지 않는 것이다.
 3) 천신들이나 악마들이나 신령들이나 중생들과 같은 존재들은 사실 어떤 곳에도 없다. 이 모두는 원인에 의존한 현상일 뿐이다.
 4) 이 원인이란 육체적인 감각과 변하기 쉬운 윤회의 삶을 추구하는 욕망이다.
 5) 이 원인이 완전한 깨달음(대지혜)으로 극복되지 않는 한 죽음은 태어남을 뒤쫓고 태어남은 죽음을 뒤쫓아, 현명한 소크라테스까지도

믿었듯이 그것은 끝이 없다.

6) 사후세계는 그 조건만 다를 뿐 인간 세상에서 만들어진 현상들의 연속이다. 이 두 세계는 똑같이 카르마 법칙의 지배를 받는다.

7) 죽음과 환생 사이의 중간 상태(바르도)에서 어떤 일이 일어나는가 하는 것은 이 생에서 어떤 행위들을 했는가에 따라 결정된다.

8) 심리학적으로 말하자면, 그것은 꿈의 연장이다. 일종의 4차원 공간이라고도 할 수 있는 그곳에서, 꿈꾸는 자의 생각에 담긴 내용들이 곧바로 환영으로 나타난다. 그런 영상들이 그곳에는 가득 차 있다. 만일 좋은 카르마를 지녔다면 행복하고 천국 같을 것이고, 나쁜 카르마라면 비참하고 지옥 같은 환영들일 것이다.

9) 완전한 깨달음을 성취하지 않으면 카르마 법칙에 따라 천상계나 지옥계로부터 또는 바르도 세계로부터 곧바로 인간 세계에 환생하는 것은 피할 수 없는 일이다.

10) 완전한 깨달음은 윤회계가 또는 존재 그 자체가 하나의 환영이며 실재하지 않는 허상임을 깨닫는 데서 얻어진다.

11) 이런 깨달음은 인간 세계에서도 가능하고, 인간 세계에서 맞이하는 임종의 중요한 순간에서도 가능하며, 사후세계의 전과정 곧 바르도 상태에서나, 아니면 인간계가 아닌 어떤 다른 세계들에서도 가능하다.

12) 명상 수행, 다시 말해 '바른 지식'에 이르기 위해 마음을 집중할 수 있도록 사념을 조절하는 수행은 필수적이다.

13) 이 명상 수행은 스승 또는 교사의 가르침을 받을 때 가장 효과적이다.

14) 이번 세계의 주기에 인류에게 알려진 가장 위대한 스승은 고타마 붓다이다.

15) 그의 가르침은 그만의 독창적인 것이 아니다. 구원을 얻기 위

해, 죽음과 환생의 순환으로부터 벗어나기 위해, 윤회의 대양을 건너 니르바나에 이르기 위해 아득한 세월 이전부터 수많은 붓다들이 인간 세계에 폈던 것과 똑같은 가르침이다.

16) 아직 환영의 그물에서 완전히 벗어나지는 못했지만, 이 세계나 다른 세계들에 존재하는 영적으로 더 많은 깨달음에 이른 보디사트바(보살)들이나 스승들은 자신들보다 뒤처져 도(道)의 길을 걸어오는 제자들에게 거룩한 축복과 능력을 베풀 수 있다.

17) 모든 존재의 궁극적인 목적은 윤회계로부터의 해방이며, 그것만이 유일한 목적이 될 수 있다.

18) 이 해방은 니르바나(모든 고통과 번뇌가 끊어진 경지)를 실현하는 데서 얻어진다.

19) 니르바나는 극락과 천상계와 지옥계와 그 밖의 모든 세계들을 초월한 경지이며, 윤회에서 벗어나 있다.

20) 그것(니르바나)은 온갖 슬픔의 소멸이다.

21) 그것은 존재의 근원이다.

니르바나의 경지를 체득한 고타마 붓다는 그의 제자들에게 이렇게 설했다.

"제자들이여, 흙[地], 물[水], 불[火], 바람[風]이 없는 세계가 있다. 그곳은 끝없는 공간도 아니요, 끝없는 생각도 아니요, 무(無)도 아니요, 생각과 생각 아님[想非想]도 아니다. 그곳은 이 세계도 아니요, 저 세계도 아니다. 그곳은 오는 것도 없고[不來] 가는 것도 없고[不去] 머무름도 없으며[不停], 죽음도 없고 태어남도 없다. 그곳은 슬픔의 끝이니라.

어떤 상[對象]에 달라붙으면 떨어짐이 있지만, 대상에 집착하지 않으면 떨어짐이 없다. 떨어짐이 없는 곳에 휴식이 있고, 휴식이 있는 곳에 욕망이 없다. 욕망이 없으면 가고 옴이 없고, 가고 옴이 없으면 죽음과 태어남이 없다. 죽음과 태어남이 없으면 이 세상과 저 세상 또는 그 사이(바르도)가 없나니, 이때 모든 슬픔은 끝나느니라.

　제자들이여, 변화하지 않고 태어나지 않고 만들어지지 않고 형상을 갖지 않은 세계가 있느니라. 만일 이런 불변, 불생, 부조(不造), 무형의 세계가 없다면, 변화하고 태어나고 만들어지고 형상 가진 세계로부터 벗어날 방법이 없느니라. 그러나 불변, 불생, 부조, 무형의 세계가 있기 때문에, 변화하고 태어나고 만들어지고 형상을 가진 세계로부터의 벗어남이 있느니라."(팔리어 경전 《우다나 *Udana*〔自說〕》 8장)

13. 필사본에 대해

　우리의 《티벳 사자의 서》 필사본은 인도 서벵갈 주의 한 도시 다르질링에 있는 부티아 바스티 사원에 속한 빨강모자파〔紅帽派〕 카규파 종(宗)의 젊은 라마승으로부터 1919년 초 편집자인 본인에게 전해진 것이다. 이 필사본은 그의 집안에서 대대로 전해온 것이라고 그 라마승은 말했다. 이 사본은 그림(삽화)으로 설명을 하고 있다는 점에서 번역자나 편집자가 본 다른 판본들과는 차이가 있는 것이었다. 그림은 경전의 각 지면 위에 채색되어 있었다. 우리가 본 것으로 이와 비슷한 다른 티벳어 필사본들은 모두 별도의 종이나 무명천에 그림을 그려 필사본에 풀로 덧붙인 것이었다.

　이 사본은 처음 받았을 때 매우 낡고 해진 상태였다. 지금은 사본의 각 지면들을 손질해, 그것과 같은 종류의 티벳 종이로 만든 보호막 안에 끼워넣었다. 다행히도 그림이 그려진 모든 지면들은 비록 색깔은 바랬지만 보존 상태가 매우 좋았다. 그림이 없는 지면 중에서 한

장, 즉 111번째 장이 사라졌지만, 이 지면은 다른 목판본에 있는 문장을 그대로 복사해 대체했다. 그 목판본은 캘커타에 있는 아시아 학회의 사무장 조한 반 마넨Johan Van Manen이 소장한 것이었다. 반 마넨은 티벳학 학자로 널리 알려져 있다. 우리는 이 목판본의 내용과 우리가 가진 필사본의 내용을 대조하면서 한 줄씩 번역을 해 나갔다. 모든 중요한 내용, 그리고 전체적으로 글자 하나하나에 있어서 우리의 필사본과 반 마넨의 목판본은 일치했다. 산스크리트어에서 따온 신들의 고유명사는 두 판본에서 철자가 약간씩 달랐고, 두 책에서 모두 몇 군데의 오자(誤字)가 있었다. 우리의 필사본은 비교적 근래에 만들어진 그 목판본보다 훨씬 오래된 것이며, 그 이전의 다른 필사본으로부터 베껴 쓴 것으로 보인다.

필사본 자체에는 연대가 적혀 있지 않지만 번역자 라마 카지 다와삼둡은 그것이 150년 내지 200년 전부터 전해 온 것이라고 추정했다. 이 필사본은 종교 의식용으로 무척 많이 사용되었다. 다시 말해 죽은 자의 시신 앞에서 수없이 읽혔다. 따라서 낡고 닳은 상태만으로 그 연대를 측정하기는 어렵다.

이 필사본은 티벳인이나 히말라야 사람들이 원고를 쓸 때 사용하는 일반적인 종이 위에 훌륭한 필체로 씌어져 있다. 이런 종이는 다아 또는 월계수라고 알려진 나무의 껍질을 원료로 만든다. 다아는 월계수의 일종으로, 어떤 종류는 자줏빛의 흰색 꽃이 피고 어떤 종류는 노란빛의 흰색 꽃이 핀다. 종이는 대개 사원에서 라마승들이 만든다. 다아의 껍질은 매우 질기기 때문에 시킴 사람들은 그것을 밧줄로 사용한다.

필사본을 이루고 있는 각 지면은 전부 137매이다. 각각의 지면은 가로 24.1센티미터, 세로 8.4센티미터의 크기다. 한 장은 좌우 두 페이지로 이루어져 있다. 맨 앞장과 그 다음 장의 절반을 제외하면 나머지 각각의 지면에서 경문이 실제로 차지하는 크기는 평균 가로 20.9센티미터, 세로 5.9센티미터이다. 대부분의 지면들은 다섯 줄의 문장으로 되어 있지만 더러는 네 줄로 된 것도 있다. 맨 앞 장의 제목 페이지(한 페이지는 지면의 한쪽을 말함)에 있는 글은 가로 17.7센티미터, 세로 2.5센티미터의 공간에 두 줄이 들어 있다. 그 지면의 두번째 페이지와 두번째 지면의 첫번째 페이지에는 세 줄로 된 경배의 글이 가로 11.4센티미터와 세로 5.9센티미터 크기에 적혀 있고, 제목 페이지와 마찬가지로 검은 바탕 위에 지금은 많이 바랬지만 금(金)으로 새겨져 있다.

그림이 들어 있는 지면은 모두 열네 장이다. 각각의 그림은 경문의 중앙에 그려져 있으며, 그것들은 다음과 같다.

지면 18 — 바이로차나(비로자나불)가 그의 샤티(여성 배우자, 우주의 여성 원리)인 '무한한 공간의 어머니'(천공모신)를 껴안은 채 사자보좌 위에 앉아 있고, 첫째날의 신들이 그를 수행하고 있다.

지면 20 — 바즈라사트바(금강살타)가 그의 샤티인 마마키 모신을 껴안은 채, 둘째날의 네 명의 수행신들에게 둘러싸여 있다.

지면 23 — 라트나삼바바(보생여래)가 그의 샤티인 상갸 찬마(佛眼母神, 붓다의 눈을 한 여신)를 껴안은 채, 셋째날의 네 명의 수행신들에게 둘러싸여 있다.

지면 26 — 아미타바(아미타불)가 그의 샤티인 괴까르모(白衣母神, 흰 옷의 여신)를 껴안은 채, 넷째날의 네 명의 수행신들에게 둘러싸여 있다.

지면 31 — 아모가싯디(불공성취불)가 그의 샤티인 신앙심 깊은 될마(救世女主, 산스크리트어로는 타라)를 껴안은 채, 다섯째날의 네 명의 수행신들에게 둘러싸여 있다.

지면 35 — 여섯째날에 나타나는 신들로 합쳐져 있는 만달라 그림이다.

지면 44—일곱째날의 열 명의 '지식을 가진 신들'의 만달라 그림이다.

지면 55—여덟째날의 헤루카 붓다(불호금강)와 그 샥티이다.

지면 57—아홉째날의 바즈라 헤루카(호금강)와 그 샥티이다.

지면 58—열째날의 라트나 헤루카(보금강)와 그 샥티이다.

지면 59—열하루째날의 파드마 헤루카(연화금강)와 그 샥티이다.

지면 61—열둘째날의 카르마 헤루카(업금강)와 그 샥티이다.

지면 64—열셋째날의 분노의 신들인 여덟 케리마와 여덟 다멘마이다. 그리고 열넷째날의 네 명의 여신 문지기들이다.

지면 67—열넷째날의 동물 머리 신들의 만달라이다.

각각의 신들은 색채, 위치, 자세, 무드라(손발의 동작), 상징 등에 있어서 경전의 설명과 일치하도록 그려져 있다.

필사본의 이 그림들은 모두 첫째권의 〈초에니 바르도〉편에 들어 있다. 우리는 경전을 번역하면서 풍부한 주석을 달았는데, 이 주석에다 원문에 나오는 신들의 이름을 적어 놓았고 대부분의 경우처럼 산스크리트어 이름이 있을 때는 그것도 함께 기록했다.

우리는 다른 필사본들과 우리의 필사본을 대조하지 않았다. 왜냐하면 어떤 필사본도 입수할 수 없었기 때문이다. 이런 필사본들이 티벳에는 분명히 많이 있겠지만, 기준이 되는 통일된 경전을 만드는 데는 수년간의 세심한 노력이 필요할 것이다. 이는 미래의 학자들에게 남겨진 과제이다.

우리의 필사본과 내용을 대조해 본 유일한 책은 반 마넨의 목판본이었다. 이 목판본은 아마 20년이나 30년 이상은 안 됐을 것이다. 번역자 라마 카지 다와삼둡은 자신이 아는 한 《티벳 사자의 서》의 목판본들이 시킴이나 다르질링에서 나타나기 시작한 것은 다소 최근의 일이라고 말했다. 물론 티벳에서는 그것이 훨씬 더 오랜 역사를 갖고 있다. 목판 인쇄술은 이미 수세기 전에 중국에서 발명되어, 유럽에서 인쇄술이 시작되기 훨씬 오래 전에 티벳에 전해졌다.

이 목판본들은 대개 《티벳 사자의 서》에 실린 독립된 논문들로 이루어져 있다. 이런 목판본들 가운데 하나를 1919년 티벳의 갼체에서, 당시 티벳과 부탄과 시킴의 영국 정부 대표였던 캠벨 소령이 구입해 나에게 주었다. 한편 우리의 필사본은 부록편에서 이 목판본에는 없는 더 많은 내용을 포함하고 있다. 목판본 자체는 최근의 것이지만, 그 목판 자체는 매우 오래된 것일지도 모른다. 그것이 얼마나 오래됐는지는 우리로선 확인할 길이 없다.

라마 카지 다와삼둡의 의견에 따르면, 티벳 불교의 각 종파들은 그들 각자의 《티벳 사자의 서》 판본을 갖고 있으며 그것들은 세세한 부분에서는 약간 차이가 있더라도 본질적인 내용에서는 우리의 필사본과 같은 것이다. 우리의 필사본은 노랑모자파(黃帽波)로 알려진 게룩파 종(宗)에서 사용된 것이다. 이 게룩파 종은 빨강모자파로 알려진 닝마파 종의 창시자인 파드마삼바바와 관련시켜 볼 때 가장 개혁된 종파이다. 뿐만 아니라 빨강모자파에서 사용하는 고유한 신들의 이름이 삭제돼 있다.

캠벨 소령은 강톡의 관저에서 1919년 7월 12일자로 《티벳 사자의 서》의 다양한 판본에 대해 다음과 같은 글을 써서 보냈다.

"노랑모자파에는 여섯 종의 판본이 있고, 빨강모자파에는 일곱 종, 카규파에는 다섯 종의 판본이 있습니다."

《티벳 사자의 서》는 초기의 빨강모자파 시절에 탄생한 경전이며, 티벳에 탄트라 불교를 소개한 대스승 파드마삼바바 자신이 직접 지은 것이라고 전해진다. 우리가 번역본으로 사용한 필사본은 이 원래의 경전의 내용과 별 차이가 없는 것으로 보인다. 또한 그 원래의 경전은 우리의 필사본을 근거로 분석해 볼 때 아마도 그 핵심적인 내용에 있어서는 불교 이전 시대부터 전해 온 것일 가능성이 크다.

다른 데서도 밝혔듯이, 우리의 필사본은 한 권의 책으로 엮어져 있다. 하지만 그 내용은 첫째권과 둘째권의 두 부분으로 나누어져 있고, 13매 분량의 바르도 기도문이 부록으로 책 뒤에 달려 있다. 목판본은 두 권의 책으로 되어 있고 기도문 부록이 없다. 그러나 목판본의 첫 권 끝에는 《티벳 사자의 서》의 출처에 대한 매우 중요한 설명이 들어 있다. 이것은 우리의 필사본에는 들어 있지 않은 것이다. 다음 장에서 그것을 번역해 싣는다.

14. 《티벳 사자의 서》의 출처

목판본과 그 밖의 티벳 자료들을 통해 볼 때 《티벳 사자의 서》는 서기 8세기 파드마삼바바의 시대로부터 유래된 것임을, 아니 좀더 정확히 말하자면 그 시대에 처음으로 기록된 것임을 알 수 있다. 그러니까 파드마삼바바가 직접 지은 것이라기보다는 고대로부터 구전되어 내려오던 내용을 그가 최초로 기록한 것이라고 말할 수 있다. 이 경전은 그 후 줄곧 숨겨져 있다가 세상에 알려질 때가 되었을 때 릭진 카르마 링파Rigs-hdzin Kar-ma Gling-pa에 의해 빛을 보게 되었다. 목판본의 설명은 다음과 같다.

"이 경전은 릭진 카르마 링파가 세르단 강의 기슭에 있는 감포다르 산으로부터 가져온 것이다."

강의 이름 세르단은 티벳어로 '황금을 지닌' 또는 '황금의'라는 뜻이다. 여기 나오는 릭진은 인명이고, 카르마 링파는 '카르마 지방'을 뜻하는 티벳의 지명이다. 라마 카지 다와삼둡은 '릭스Rigs'가 '릭Rig'

을 잘못 쓴 것이라고 지적했다. 왜냐하면 만일 '릭스'가 올바른 표기라면 릭진이라는 이름은 '계급 소유자Rigs+hZin'를 뜻하게 되기 때문이라는 것이다. 그러나 '릭'을 쓰게 되면 그 이름은 '지식 소유자 Rig+hdzin'가 되며, 이것이 원래 의도했던 의미라는 것이 라마 카지 다와삼둡이 갖고 있던 《티벳 사자의 서》 필사본의 한 부분에서 확인되었다. 그 필사본에서 릭진 카르마 링파는 테르퇸의 한 사람으로 불린다. 테르퇸은 '보물을 끄집어내는 자'라는 뜻이다. 따라서 《티벳 사자의 서》는 잃어버렸던 티벳 경전들 가운데 하나로, 티벳 불교의 창시자 파드마삼바바의 화신 또는 환생으로 여겨지는 테르퇸들 중의 한 사람인 카르마 링파의 릭진이 다시 발견한 것이다.

'릭진'은 원래 산스크리트어의 비드야 다라를 번역한 것으로, 이것 역시 인도의 판디트(학자)처럼 학식있는 사람을 가리킬 때 쓰는 말이다. 또한 초자연적인 존재들이 속하는 계급을 가리키기도 한다.

티벳 불교를 우리는 흔히 탄트라 불교(밀교)라고 하는데, 이것이 깊이 뿌리를 내리게 된 것은 서기 8세기였다. 이보다 1세기 앞서 송첸감포 왕 시절에 두 가지 경로를 통해 티벳에 불교가 흘러들어왔다. (송첸감포는 최초로 티벳을 통일한 위대한 왕이며 서기 650년에 죽었다.) 하나는 붓다의 조상들이 사는 나라인 네팔을 통해서였다. 네팔 왕족의 딸과 티벳 국왕(감포 왕)이 결혼을 한 것이다. 그리고 다른 하나는 중국을 통해서 들어왔다. 641년에 감포 왕이 또다시 중국 황제의 공주와 결혼을 했기 때문이다. 송첸감포 왕은 티벳의 전통 신앙인 뵌 신앙 속에서 성장했지만, 환생에 대한 원시적 교리를 담고 있는 뵌 신앙은 그로 하여금 불교에 쉽게 접근할 수 있게 했다. 그는 불교 신자인 두 왕비의 영향을 받아 불교를 받아들이고, 그것을 국교로 삼았다.

그러나 1세기 후 그의 강력한 후계자 티송데첸 왕이 통치할 때까지는 티벳에서 불교는 별로 발전이 없었다. 티송데첸은 서기 740년에서 786년까지 재위했다. 파드마삼바바를 티벳에 오도록 초청한 사람은 바로 티송데첸 왕이었다. 그 당시 이 유명한 스승은 인도 나란다 불교대학의 교수였는데, 신비 과학의 지식에 통달한 사람으로 널리까지 그 이름이 알려져 있었다. 그는 우디야나 또는 스와트 출신이었다. 이 지방은 오늘날 아프가니스탄의 영토이다. 티벳인들에게는 그가 파드마삼바바라는 이름 대신에 구루 린포체라는 이름으로 더 잘 알려져 있다. 그것은 '소중한 스승'이라는 뜻이다.

이 위대한 스승은 국왕의 초청을 놀랍게 여기고 곧장 그 초청을 받아들여, 네팔을 통과해 747년 티벳의 삼예 지방에 도착했다. 그 지방의 악귀들을 쫓아내기 위해 국왕이 그를 초빙한 곳이 바로 삼예였다. 왜냐하면 국왕이 거기에 사원을 세우려고 했는데, 사원의 벽을 세우면 곧장 지진이 일어나 무너지는 바람에 불교를 반대하는 악귀들의 소행으로 여겨졌기 때문이다. 그 위대한 스승이 악귀들을 몰아내자, 매우 놀랍게도 그 지방의 지진이 모두 그쳤다. 그 후 그는 국왕의 사원이 완성될 때까지 직접 감독하고, 그곳에 티벳 불교의 라마승들을 위한 최초의 공동체(승단)를 749년에 세웠다.

파드마삼바바는 그 당시 티벳에 머물러 있는 동안, 그리고 그 후 여러 차례의 방문 기간 동안, 많은 탄트라 경전들을 인도의 산스크리트 원본으로부터 티벳어로 번역하게 했다. 그것들 중 일부는 아직까지 티벳 사원들에 보관되어 왔다. 그는 번역을 마친 다음 그것들을 적절한 신비 의식을 행한 뒤 은밀한 여러 장소에 감추게 했다.

그는 또한 자신의 몇몇 제자들에게 점성술에 정해진 대로 적당한 시대에 환생하는 요가 능력을 심어 주었다. 이것은 숨겨 둔 책과 보물들을 찾아내고, 경전에 설명된 의식들을 올바로 행하는 데 필요한 물건들을 찾아내게 하기 위함이었다. 이런 주장이 일반적으로 받아들

여겨 오고 있지만, 다른 구전되는 이야기에 따르면 테르퇸들은 위대한 스승 파드마삼바바 자신의 다양한 화신들로 여겨야 한다는 것이다. 대충 셈하더라도 수세기에 걸쳐 이런 테르퇸들이 이미 찾아낸 목판본 경전들은 약 65권에 달하는 백과사전 분량이며, 각 권은 평균 400장의 보통 크기의 지면으로 이루어져 있다.

이렇게 재발견된 외경(外經)들 가운데 하나인 우리의 경전《티벳 사자의 서》는 따라서 티벳 불교 초기에, 또는 파드마삼바바의 시대나 그 바로 뒤에 엮어진 것으로 여겨진다. 번역이 됐다고 하지 않고 엮어졌다고 말하는 것은, 내용을 살펴본 결과 이 경전은 미지의 어떤 산스크리트어 원본으로부터 직접 번역됐다기보다는 티벳에서 편집된 것임을 알 수 있기 때문이다. 이 책은 오늘날 티벳 전역에서 장례 의식용으로 널리 사용되고 있으며, 여러 가지 판본으로 각각의 종파에서 받아들여지고 있다. 이런 사실은 이 책이 불과 몇 세대에 걸친 산물이 아님을 증명해 준다. 경전 자체가 오래된 것이라는 증거일 뿐 아니라, 그 내용이 불교 이전 또는 부분적으로 뵌 신앙에 뿌리를 두고 있음을 확인해 주는 사실들이다. 또한 테르퇸에 관한 주장이 완전히 터무니없는 것이 아님을 일깨워 준다.

우리는 테르퇸에 관한 이야기를 서양인들이 어떻게 비판하는가를 잘 알고 있다. 그렇다고 그 비판이 전적으로 틀렸다고 생각할 정도로 건전한 이성이 결여된 것은 아니다. 따라서 테르퇸 문제에 대해 우리가 취할 수 있는 유일한 태도는 최종적인 판단을 내릴 만큼 충분한 자료가 모일 때까지 열린 마음을 갖는 데 있다. 설령 테르퇸에 관한 주장이 틀렸다 할지라도, 《티벳 사자의 서》가 오늘날 티벳에서 성전(聖典)으로 인정되고 오랜 세월 동안 라마승들이 죽은 자를 위해 독송하는 데 사용해 왔다는 사실에는 변함이 없다. 다만 그것이 선사시대부터 전해져 온 내용을 편집한 것이라는 이론은 수정될 수 있을 것이다.

파드마삼바바 자신은 어떤 인물이었을까? 그가 많은 티벳 경전을 제작하는 데 공헌했다는 의심할 여지 없는 사실은 제쳐 놓더라도, 우리는 그가 인도의 여덟 스승들에게서 배웠다는 것을 현재 라마승들 사이에서 구전되는 이야기를 통해 들었다. 그 여덟 스승들은 탄트라의 여덟 가지 중심 사상을 대표한다.

라마 카지 다와삼둡이 갖고 있는 목판본에는, 신화적인 요소가 상당히 섞여 있긴 하지만, 이 위대한 스승의 내력이 기록되어 있다. 제목은 《우겐 파드마 사파바 탕뒤파 Orgyan-Padmas-mzad-pahi-bkah-thang-bsdud-pa》이고, 뜻은 '우겐 파드마(또는 우겐의 연꽃 태생 파드마삼바바)가 행한 간추린 유언'이다. 이 문헌은 모두 열일곱 매의 지면으로만 되어 있다. 제16장에 해당하는 열두번째의 지면에는 《티벳 사자의 서》의 출처에 대한 전통적인 주장을 확인해 주는 다음과 같은 문장이 적혀 있다.

"보라! 제16장은 종교의 지도자인 여덟 링파를 보여 주는데 이는 다음과 같다.

위대한 보디사트바들의 여덟 화신은 이러하다.

    중앙에는 우겐 링파,
    동쪽에는 도르제 링파,
    남쪽에는 린첸 링파,
    서쪽에는 파드마 링파,
    북쪽에는 카르마 링파,
    그리고 삼텐 링파와 닌다 링과
    식포 링(또는 테르닥 링)이다.
    이들 위대한 여덟 데르퇸들이 오리라.
    그들은 오직 나 자신의 화신들이니라."

여기서 파드마삼바바는 테르퇸들, 다시 말해 숨겨 놓은 책들을 '끄집어내는 자들'이 자신의 화신임을 선언하고 있다. 이 설명에 따르면, 우리의 경전《티벳 사자의 서》를 재발견한 테르퇸은 다섯번째 카르마 링파이며 이것은 목판본《티벳 사자의 서》의 내용과도 일치한다. 그것은 '카르마 지방'이라는 장소에서 얻어진 이름으로 티벳의 북쪽 지역에 있다. 이 테르퇸은 티벳 역사에서 널리 알려진 인물이지만, 우리는 그가 생존했던 정확한 연대를 확인할 길이 없었다. 앞에서 인용한 목판본에서는 그의 이름을 '지식 소유자'라는 뜻의 '릭진'으로 부르고 있는데, 이것은 그가 종교에 헌신한 자, 또는 라마승이었음을 말해 준다. 양쪽 기록에서 똑같이 그에게 붙여 준 이름 '카르마 링파'는 티벳 북부의 캄 지방에 있는 초기 티벳 불교의 고대 사원 이름이기도 하다.

그렇다면《티벳 사자의 서》의 불확실한 출처와 역사를 대하는 가장 좋은 태도는 어떤 것일까? 우리의 의견으로는, 비판적인 구도자의 자세가 필요하다는 것이다. 시간의 흐름이 갖는 인류학적 의미를 우리는 인정해야만 한다. 고대의 가르침이 처음에는 구전돼 내려오다가 한 차례 결집된 뒤에도 필연적으로 각색과 덧칠의 과정을 거쳤을 것이다. 《이집트 사자의 서》로 널리 알려진 이집트판 바르도 퇴돌의 경우처럼,《티벳 사자의 서》는 헤아릴 수 없이 많은 세대에 걸친, 사후세계에 대한 믿음의 기록이다. 그것을 문자로 기록한 어느 필경사가 그 저자가 될 수 없고, 한 세대가 그것의 창시자가 될 수 없다. 설령 경전으로서의 그것의 역사가 완전히 밝혀진다 하더라도, 그것은 단지 그것의 편집과 기록에 대한 역사일 뿐이다. 그리고 이러한 편집과 기록이 비교적 최근에 이루어졌는가, 아니면 파드마삼바바의 시대나 또는 그 이전에 이루어졌는가 하는 질문은 경전 내용이 고대의 가르침에 뿌리를 두고 있다는 사실에는 근본적으로 영향을 미치지 못한다.

비록 우리의 경전이 본질에 있어서 매우 과학적이라고 하더라도 모든 세세한 부분들에 있어서까지 정확한 것이라고 생각하는 것은 무리이리라. 왜냐하면 상당히 덧칠된 부분이 경전 안에 분명히 들어 있기 때문이다. 그러나 전체적인 내용 면에서 우리의 경전은 지금까지 많은 종교 연구가들에게 미지의 것으로 남아 있던 소중한 진리를 전해 준다. 이것은 아직 초기 단계에 있는 심령 연구 단체의 심령과학을 훨씬 능가하는 것이다. 따라서 그것은 이제 종교와 믿음을 초월해 인류의 모든 경전으로부터 지혜를 모으고자 열망하는 사람, 특히 어둠의 시대에서 벗어나 새로운 뉴 에이지 시대의 다가옴에 눈뜨는 현대의 구도자들에게 주목을 받을 것이다.

15. 번역과 편집

이 경전의 번역이 시킴의 강톡에서 행해지는 동안 편집자인 나는 줄곧 작업에 참여했지만, 최고의 경의는 번역자인 고(故) 라마 카지 다와삼둡에게 돌아가는 게 마땅하다. 이 작업에 있어서 나의 역할은, 나를 자신의 살아 있는 영어 사전이라고 한 라마 자신의 말에 잘 압축되어 있다. 본 편집자는 그 이상의 역할을 할 수 없었다. 왜냐하면 나는 티벳어에 관한 지식이 거의 없었기 때문이다.

번역자와 편집자 두 사람의 목적은 티벳어와 영어의 언어 구조가 허락하는 한 경전 본래의 의미에 가장 가깝게 번역하는 데 있었다. 때때로 번역자는 전문적인 용어에 담긴 진정한 의미를 끌어내기 위해 엄격한 직역에서 벗어나기도 했다.

티벳의 탄트라 문헌들, 특히 《티벳 사자의 서》와 같은 책은 번역하기가 무척 어렵다. 또한 문장들이 대부분 압축되어 있고 간결하기 때문에 때로는 몇 마디의 낱말이나 문장을 끼워넣는 게 필요했다.

해가 바뀌고 세월이 흐르면 우리의 번역도 수정이 불가피하리라. 그것은 성경의 초기 번역에서 그러했듯이 얼마든지 가능한 일이다. 이 경전처럼 그 진정한 의미가 매우 심오하고 상징적인 언어로 씌어진 책을 낱말만 좇아가며 번역하는 것은 마치 산스크리트어로 된 인도 고대의 《베다》 경전을 현대어로 번역하려는 것처럼 잘못되고 말 것이다. 특히 서양 사상과 기독교적인 사고방식으로 무장한 현대의 학자들이 그것을 시도한다는 것은 더없이 어려운 일이다. 티벳인이라 해도, 만일 그가 승려가 아니고 라마 카지 다와삼둡처럼 탄트라 불교에 정통하지 않다면, 《티벳 사자의 서》는 그에게 있어 거의 봉인된 책에 불과할 것이다.

감히 말하건대, 나는 《티벳 사자의 서》를 번역하는 데 있어 라마 카지 다와삼둡보다 더 뛰어난 학자가 이 시대에 다시 태어나기는 어려울 것이라고 생각한다. 그의 심오한 종교적 수행도 그렇거니와 구루 파드마삼바바가 창시한 대완성 종파의 차원 높은 가르침에 대한 그의 뜨거운 신심을 따라갈 자가 없다. 그는 위대한 수행자 마르파와 밀라레파가 세운 반(半)개혁 종파인 카규파 종의 입문자였다. 또한 그는 부탄에서 그의 스승으로부터 배운 신비 과학에 대한 실제 지식과, 그리고 영어와 티벳어 양쪽에 걸친 놀라운 언어 실력을 갖고 있었다.

이 책의 독자는 그에게 크나큰 감사의 빚을 지고 있다. 왜냐하면 그는 여태까지 굳게 잠겨 있던 티벳 문헌과 북방불교의 보물창고를 부분적으로나마 활짝 열었기 때문이다. 여러 달 동안 그와 함께 지낸 그의 가까운 제자로서 나는 이 자리를 빌어 그에게 정식으로 존경과 감사의 마음을 적는 바이다. 제자라면 누구나 스승에게 빚진 자가 아니겠는가.

번역 작업은 1919년 말에 끝이 났고, 번역자 자신이 교정을 봤다. 그 당시 그는 시킴(시킴은 이전에 티벳의 일부였다)에 있는 강톡 부근의 마하라자 부티아 기숙학교의 교장이었다. 주로 훌륭한 티벳 가문의 시킴 소년들을 가르치기 위한 학교였다. 그러나 이제 그는 세상을 떠났고, 책의 출판에 이르러 그가 원했던 인쇄본을 교정할 수 없음은 우리에게 안타까운 일이다.

음역(音譯)에 관해 언어학자들은 어떤 경우 정확하지 못하다는 정당한 반박을 할 수 있을 것이다. 그러나 본 편집자는 옛날 방식에 따라 보다 단순한 음역을 선택하고 싶었기에, 몇 가지 명백한 오류를 제외하고는 번역자가 나에게 발음해 준 대로 바꾸지 않고 그대로 실었다. 일반 독자들에게는 옛날의 표기 방식이 훨씬 읽기 쉬울 것이다.

책의 성격이 특별한 만큼, 나는 논란의 대상이 되고 있는 문제들에 대한 나의 해설이 모두에게 인정을 받으리라고 기대하지 않는다. 또한 모든 오류로부터 벗어났기를 바랄 수도 없다. 그러나 이 작업의 선구자적 성격을 인정하는 비평가들이라면 번역자뿐 아니라 편집자인 본인에게도 마땅히 너그러운 마음을 가져 주리라고 믿는다.

번역자의 남다른 생애에 대한 간단한 설명은 이 책을 읽는 모든 독자에게 흥미로울 것이다. 라마 카지 다와삼둡Lama Kazi Dawa-Samdup은 1868년 6월에 태어났다. 존칭어 '카지'는 그가 시킴에 정착한 티벳 태생의 지주(地主) 가문 출신으로 높은 사회적 지위를 지녔음을 말해 준다.

1887년 12월에서 1893년 10월까지 그는 영국 정부의 통역관으로 부탄의 북사두아르에 머물렀다. 청년 시절의 그의 학식은 인도에 있던 영국 정부 관리자들에게 이미 인정받은 뒤였다. 나중에 그는 티벳 정부의 통역관으로도 활약했다. 그가 맨 처음 그의 스승을 만난 곳은 북사두아르였다. 그의 스승은 그곳에서 사람들에게 '롭온 참파 노르부 Slob-dpon-mtshams-pa-Norbu'로 알려져 있었는데, '은둔의 스승 노르부'라는 뜻이었다. 그는 폭넓은 지식의 소유자로 엄격한 고행 생활을 하는 사람이었다. 훗날 이 스승으로부터 라마 카지 다와삼둡은 비법을 전수받았다.

라마 카지 다와삼둡은 그 당시 수련 제자로서 세속을 완전히 포기하고 출가하기 위한 온갖 필요한 준비를 했었다고 한때 나에게 고백했었다. 그러나 노인이었던 그의 부친이 그를 집으로 불러 맏아들로서의 의무를 행하고 가문을 잇기 위해 결혼할 것을 요청했다. 아들은 선택의 자유가 없었다. 그는 결혼을 했고 두 아들과 한 명의 딸을 두었다.

1906년 시킴의 마하라자(국왕)는 그를 강톡 학교의 교장으로 임명했다. 여기서 1919년 초에 나는 그를 처음 만났다. 다르질링의 경찰서장이며 유명한 티벳 불교학자인 사르다르 바하두르Sardar Bahadur 씨가 소개장을 써 준 덕분이었다.

1년쯤 지나 1920년, 우리의 공동작업이 마무리된 뒤 이 라마는 캘커타 대학교의 티벳어 강사로 임명되었다. 그러나 매우 안타깝게도, 히말라야 고산지대에 거주하는 사람들에게 흔히 일어나듯이, 그는 캘커타의 열대 기후로 말미암아 건강을 완전히 잃고 1922년 3월 22일 세상을 떠났다.

그의 풍부한 학식을 말해 주는 것으로, 1919년 캘커타 대학교에서 발간한 그의 《영어-티벳어 사전》이 있고, 1919년 런던에서 탄트라 경전 선집 제2권으로 존 우드로프 경(필명 아더 아발론Arthur Avalon)에 의해 출판된 《스리 차크라 삼바라Shrichakrasambhara》가 있다. 이 책은 티벳 원전과 영역본으로 되어 있다. 이것과 함께 캘커타 아시아 학회에서 펴낸 몇 권의 소책자들 외에도 그는 지금까지 출판되지 않은 많은 번역서들을 남겼다. 모두가 티벳 원전에서 번역한 중요한 내용들이다. 그 중 일부는 본 편집자에게 남아 있고, 나머지는 데니슨 로스 경Sir E. Denison Ross과 캠벨 소령이 갖고 있다.

티벳의 위대한 스승들의 가르침을 따랐으며 세상 사람들에게《티벳 사자의 서》의 번역을 유산으로 남겨 준 라마 카지 다와삼둡에게 이 한 권의 책을 바친다.

그대 마음의 다르마카야〔法身〕를
그대는 보게 되리라.
그것을 보면 그대는
모든 것을 보게 되리라.
끝없는 통찰력과
생(生)과 사(死)의 윤회와
대자유의 경지를.

티벳의 성자 밀라레파, 《제친 카붐》 제12장
라마 카지 다와삼둡 번역

❖──심리학자의 해설

우나 살루스―대자유에 이르는 길

칼 구스타프 융

심리학적 해설을 쓰기 전에 나는 이 책 자체에 대해 몇 가지 말하고자 한다. 원제목이 《바르도 퇴돌》인 이 《티벳 사자의 서》는 한 마디로 죽음에 대한 지침서이다. 또한 《이집트 사자의 서》처럼 이 책은 죽음과 환생 사이의 중간 상태에 머물러 있는 사자(死者)를 위한 안내서이기도 하다. 그 중간 상태를 티벳에서는 '바르도'라고 부르며 그 기간은 49일이라고 전해진다.

이 책은 세 부분으로 나누어져 있다. 제1부는 치카이 바르도이다. 여기서는 죽음의 순간에 일어나는 정신적인 현상을 설명하고 있다. 제2부는 초에니 바르도이며, 사후에 곧바로 일어나는 꿈의 상태와 이른바 카르마의 환영들을 다루고 있다. 제3부 시드파 바르도는 환생을 갈구하는 사자의 본능과 환생 직전에 일어나는 사건들을 그려 보인다.

무엇보다 이 책의 독특한 점은 죽음의 실제 과정이 일어나는 동안에 깊은 통찰력과 깨달음으로 대자유를 얻을 수 있다는 것을 역설하고 있다는 점이다. 그리고 얼마 지나면 마침내 환생으로 인도하는 환영들이 나타나기 시작한다. 깨달음의 빛은 점점 희미하고 조잡해지며, 환영들은 더욱더 공포스러운 것으로 변한다. 이러한 추락은 의식체가 점점 육체적인 환생에 가까워짐에 따라 영원한 자유의 진리로부터는 멀어짐을 말해 준다.

《바르도 퇴돌》의 목적은 사자에게 그가 목격하는 환영의 성격을 이해시키고, 잇달아 그를 현혹하는 망상들로부터 벗어나 그의 주의력을 영원한 자유의 길에 붙들어 두는 데에 있다. 그래서 티벳에서는 사람이 죽으면 라마승들이 이《바르도 퇴돌》을 사자 앞에서 소리내어 읽어 준다.

《바르도 퇴돌》을 번역한 라마 카지 다와삼둡과 에반스 웬츠에게 나 자신이 큰 빚을 졌음을 고백하지 않을 수 없다. 그 빚을 더는 길은 독자들의 이해를 돕기 위해 이 경전에 담긴 거대한 사상과 주제들을 심리학자의 입장에서 해설하는 것이라고 나는 생각했다. 또한 나는 이 책을 열린 눈으로 읽고 편견 없이 자신들의 마음에 새기는 사람들은 큰 공부가 되리라고 확신한다.

편집자 에반스 웬츠 박사는《바르도 퇴돌》을 번역하면서《티벳 사자의 서》라고 제목을 붙였다. 그것은 더할 수 없이 적절한 제목이다. 이 책이 1927년에 처음으로 출판되었을 때 영어권의 나라들에서 큰 화제를 일으켰다. 내용 자체가 불교에 관심 있는 학자들뿐 아니라, 삶에 대한 지식을 넓히고자 하는 일반인에게도 특별한 매력을 가진 것이기 때문이다. 무엇보다도 인간 정신의 비밀에 대한 깊은 통찰력을 이 책은 간직하고 있는 것이다.

《티벳 사자의 서》는 초판이 나온 이래 지금까지 수년 동안 언제나 내 손에서 떠나지 않았다. 나는 이 책에서 새로운 생각과 발견을 위한 많은 영감을 얻었을 뿐만 아니라, 수많은 근본적인 통찰력을 얻었음을 고백하지 않을 수 없다. 언제나 너무 많이 말하게 하거나 아니면 할 말이 별로 없게 만드는 《이집트 사자의 서》와는 달리 《티벳 사자의 서》는 원시적인 야만인이나 신들의 세계가 아닌 인간 존재를 향해 말을 걸어 오는 지성적인 철학이다. 그 철학에는 불교 심리학의 핵심이 담겨 있다. 이 점에서 이 책은 어떤 것과도 비교할 수 없는 탁월한 책이다.

이 책에서는 사자에게 나타나는 분노의 신들뿐만 아니라 평화의 신들조차 인간 정신의 투영에 지나지 않는다고 역설한다. 이런 주장에 대해 지성을 가진 현대인이라면 쉽게 동의할 것이다. 그들이 보기에도 그것은 너무도 명백한 사실이기 때문에 굳이 설명할 필요조차 없을 것이다.

그러나 그 신들이 생각의 투영물이라는 것은 쉽게 동의할 수 있을지 몰라도, 동시에 그것들이 실제로 존재하는 것이기도 하다는 점을 설명하는 데는 현대인들은 매우 어려움을 느낄 것이다. 《티벳 사자의 서》는 바로 그렇게 하고 있다. 이 책의 핵심을 이루는 어떤 부분에서는 무지한 현대인들과 마찬가지로 지성을 가진 현대인들조차도 어리둥절해질 수밖에 없다. 드러내 놓고 말하지는 않지만 《티벳 사자의 서》의 특징은, 그 속에 담긴 모든 형이상학적인 주장들이 이율배반적인 성격을 갖고 있다는 것이다. 그리고 인간의 의식에는 다양한 수준이 있으며, 그 수준마다 질적인 차이가 있고, 그 차이에 따라 그 존재 상태가 결정된다는 것이다.

이 특별한 책을 관통하며 흐르는 논리는 속좁은 현대인들처럼 '이것 아니면 저것'이 아니라 '이것이면서 동시에 저것'인 대범한 자세이다.

이런 논리는 현대 철학자에게는 엉터리로 보일지도 모른다. 왜냐하면 현대인들은 모호하지 않고 분명한 것을 편애하기 때문이다. 그 결과 한 철학자는 '신이 존재한다'는 입장을 고수하는 반면에 다른 철학자는 '신은 존재하지 않는다'는 반대의 입장에 똑같이 매달리는 것이다. 이들 적대적인 형제들이 다음과 같은 《티벳 사자의 서》의 주장을 어떻게 받아들일 수 있을 것인가?

"그대 마음의 텅 빈 충만[空]이 곧 불성(佛性)임을 인식하고, 그리고 동시에 그것이 그대 자신의 생각임을 안다면 그대는 성스런 붓다의 경지에 머물게 될 것이다."

내가 보기에 이런 믿음은 우리의 현대 철학과 신학에서는 그다지 환영받지 못할 것이다. 《티벳 사자의 서》는 가장 차원 높은 심리학이라고 할 수 있다. 반면에 우리는 어떤가. 우리의 철학과 신학이란 아직도 중세시대적인, 심리학 이전의 단계에 머물러 있다. 단지 주장을 하고, 설명을 하고, 방어하고, 비평하고, 논쟁하는 게 고작일 뿐 그것들을 가능케 하는 그 '마음' 자체에 대해서는 토론의 대상에서 제외시킨다. 그것이 모두의 은밀한 합의 사항인 것이다.

그러나 철학이든 종교든 모든 형이상학적인 주장들은 '인간의 정신이 하는 말'이고, 따라서 심리학이다. 다시 말해 인간이 하는 모든 주장은 그의 마음의 표현이다. 어떤 사람들은 그것이 전혀 새로울 게 없는, 너무도 명백한 진리가 아니냐고 할지도 모른다. 아니면 또 한편에서는 형이상학적인 '진리'를 모독하는 도저히 용납할 수 없는 발언이라고 항의할 것이다.

현대인은 '심리학'이라는 단어를 들을 때마다 '단지 심리적인 현상에 관한 것'이라는 뜻으로만 받아들인다. 그들에게 있어서 '영혼soul'이란 실로 하찮고, 무가치하고, 개인적이고, 주관적이며, 덤으로 주어진 어떤 것이다. 그래서 그들은 영혼이라는 단어를 기피하고 그 대신

'정신mind'이라는 단어를 즐겨 쓴다. 그리고 동시에 매우 주관적인 발언들까지 '정신'에서 나온, 다시 말해 '보편적인 정신', 심지어 다급한 경우에는 절대적인 정신에서 나온 것이라고까지 가장하기를 좋아한다. 이런 다소 우스꽝스러운 가장은 어쩌면 영혼을 축소시킨 자신들의 후회스런 행위에 대한 보상 심리일지도 모른다. 아나톨 프랑스는 현대 세계에 널리 통용되는 진리를 말한 적이 있다. 그는 자신의 저서 《펭귄 섬 L'île des Pingouins》에서 카테린 달렉상드리로 하여금 하나님에게 이렇게 간청하게 한다.

"저들에게 영혼을 주소서, 하지만 작은 것을!Donnez leur une âme, mais une petite!"

인간의 영혼 속에는 신(神)이 내재해 있다. 그 신은 바로 창조의 힘이다. 이 힘을 통해서 영혼은 생각들을 창조한다. 그리고 그 생각들에 의해서 영혼들은 서로 차이를 갖게 된다. 결국 생각은 모든 존재를 결정하는 조건일 뿐 아니라 동시에 그 존재 자체이기도 하다.

《티벳 사자의 서》는 바로 이 위대한 심리학적 진리로부터 시작한다. 이 책은 장례 의식에 관한 문헌이 아니라, 바르도 상태에서 일어나는 다양한 현상들로 사자를 인도하는 안내서이며 죽은 자를 위한 가르침이다. 이 책에는 사후에서 환생까지 49일 동안의 상태에 대한 설명이 적혀 있다.

동양에서는 영혼이 일회적인 삶을 사는 것이 아니라 계속해서 윤회한다는 것을 자명한 사실로 받아들인다. 물론 윤회설에 대해서는 많은 논란이 있다. 하지만 우리가 그것에 대해 잠시라도 문제 삼지 않는다면, 우리는 《티벳 사자의 서》의 독자로서 큰 어려움 없이 사자의 입장에 우리 자신을 둘 수 있을 것이다. 그리고 앞의 인용문에서 이미 어느 정도 윤곽이 드러났지만, 첫 장에 적힌 가르침에 주의 깊게 귀를 기울일 수 있을 것이다. 그러면 경전의 다음 말이 건방지지 않은 정중한 말투로 들릴 것이다.

"아, 고귀하게 태어난 아무개여! 들으라. 이제 그대는 순수한 존재의 근원에서 비치는 투명한 빛을 경험하고 있다. 그것을 깨달으라.

아, 고귀하게 태어난 자여! 그대의 현재의 마음이 곧 존재의 근원이며 완전한 선이다. 그것은 본래 텅 빈 것이고, 모습도 없고 색깔도 없는 것이다.

그대 자신의 마음이 곧 참된 의식이며 완전한 선을 지닌 붓다이다. 그것은 텅 빈 것이지만 아무것도 없는 텅 빔이 아니라 아무런 걸림이 없고, 스스로 빛나며, 기쁨과 행복으로 가득한 텅 빔이다."

이것을 깨닫는 것이 다르마카야(법신)의 상태이며 완전한 깨달음이다. 이것을 우리의 언어로 설명하면, 모든 생각들을 창조해 내는 근원에는 참된 의식이 있으며, 그것은 눈에 보이지도 않고 만질 수도 없는 것이다. 텅 빔〔空〕은 모든 생각과 모든 설명을 초월한 경지이다. 하지만 그것은 낱낱의 사물들로 모습을 나타낼 만큼 생명력으로 충만한 것이며, 그 텅 빈 충만이 인간의 영혼 속에는 깃들여 있다.

경전은 이어진다.

"그대 자신의 마음이 바로 영원히 변치 않는 빛 아미타바이다. 그대의 마음은 본래 텅 빈 것이고 스스로 빛나며, 저 큰 빛의 몸으로부터 떨어질 수 없다. 그것은 태어남도 없고 죽음도 없는 것이다."

영혼은, 곧 여기서 말하는 그대 자신의 마음은, 확실히 작은 것이 아니라 눈부신 빛으로 가득한 하나님 자신이다. 서양인들의 관점에서 보면 이런 주장은 지극히 신성모독적인 발언이고, 그것까지는 아니더라도 매우 위험한 발언임에 틀림없다. 반면에 어떤 서양인들은 이런 주장을 무분별하게 받아들여 과장된 신지학(神智學, 학문적 지식이 아니라 직관에 의해 신과 신비적인 하나됨을 이루어 그 본질을 깨달으려는 종교적 경향)을 만들어 버린다.

어쨌거나 우리는 이런 가르침들에 대해 언제나 그릇된 태도를 갖고 있다. 어떤 것이 우리 앞에 있을 때 우리는 늘 그것을 현실에 이용하려고 하고 무엇인가에 써먹으려고 한다. 이것이 우리가 걸핏하면 저지르는 오류이다. 만일 우리가 그런 충동을 자제할 정도로 우리 자신을 충분히 다스릴 수 있다면, 우리는 아마 이와 같은 가르침들로부터 중요한 교훈을 얻는 데 성공할 것이고, 아니면 적어도 《티벳 사자의 서》의 위대성을 감상할 수 있게 될 것이다.

《티벳 사자의 서》는 죽은 사람에게 최고의 궁극적인 진리를 설명해 준다. 그 진리란, 신들조차도 우리들 자신의 영혼에서 비치는 빛이고 우리들 영혼에서 투영된 모습이라는 것이다. 동양인에게는 그렇다고 해서 태양이 빛을 잃지는 않는다. 하지만 기독교인은 마치 자신의 하나님을 빼앗겨 버린 듯한 기분이 들 것이다. 그러나 그렇지 않다. 그의 영혼이 곧 하나님의 빛이고, 하나님이 곧 그의 영혼이다. 동양의 이런 역설을 불행한 안젤루스 실레시우스도 잘 이해하고 있었다. 그는 오늘날의 관점에서 봐도 심리학적으로 시대를 훨씬 앞선 인물이었다. (안젤루스 실레시우스Angelus Silesius는 17세기 유럽의 신비주의 시인으로 많은 종교적인 박해를 받았다. 그는 하나님을 바닥 없는 바닥, 존재의 궁극적인 모습, 살아 있는 모든 것들을 다스리는 불변의 법칙 등으로 묘사했으며, 하나님은 인간의 가슴 속 깊은 곳에 비쳐져 있다고 말했다. 302편의 시가 실린 시집 《천사의 방랑》을 남겼다.)

《티벳 사자의 서》는 사자에게 분명하게 밝혀 준다. 영혼(다시 말해 인간의 마음)이 모든 것의 근원 자리임을. 이는 매우 사려 깊은 일이다. 왜냐하면 그것은 삶이 우리에게 분명히 해 주지 않는 하나의 문제이기 때문이다. 우리는 항상 우리를 밀쳐대고 억누르는 수많은 것들에 둘러싸여 있기 때문에 우리에게 '주어진' 이 모든 것들이 과연 누구에 의해서 '주어진' 것인지 궁금해할 시간적 여유가 없다.

사자는 바로 이 '주어진' 것들의 세계로부터 자신을 해방시켜야 하며, 《티벳 사자의 서》의 목적도 이런 자유의 길로 그를 인도하기 위한 것이다. 우리가 만일 우리 자신을 사자의 입장에 둔다면 우리는 《티벳 사자의 서》로부터 결코 적지 않은 보상을 얻게 될 것이다. 왜냐하면 이 책은 그 첫 문장부터 모든 '주어진' 것들의 '주는 자'가 바로 우리 자신 안에 있다는 사실을 깨우쳐 주기 때문이다. 우리가 모든 것을 창조해 낸 장본인이고, 모든 결정을 내린 주인공이라는 것이다.

우리가 그 사실을 깨닫는 것은 더없이 중요하고 필요한 일이다. 하지만 우리는 가장 작은 것에서부터 가장 큰 것에 이르기까지 온갖 증거가 널려 있음에도 불구하고 그 진리를 잘 알지 못한다. 마치 그런 앎은 존재의 목적을 확실히 이해하고자 하는 명상가들만의 몫으로만 여긴다. 아니면 맨디아교도들의 구세주처럼 스스로 생의 영지자 manda d'hajie라고 칭하는 구세주를 신봉하는, 기질적으로 영지학적인 사람들에게만 어울리는 주제로 치부해 버린다. 〔맨디아교도는 메소포타미아 남부에 현존하는 고대 그노시스 학파의 사람들이다. 그노시스는 영지학파라고 번역하는데, '영지(靈智)'는 신이나 그리스도에 대한 지식을 말하며, 지적이고 논리적인 지식이 아니라 신비적이고 직관적으로 신을 체험했을 때의 상태를 말한다. 기독교의 진리를 영지로서 이해하려는 학파를 영지학파, 곧 그노시스 학파라고 한다.〕

어쩌면 우리들 대부분의 경우에, 세상을 자신의 마음이 창조했다고 보는 것은 결코 쉬운 일이 아닐 것이다. 그러기 위해선 무엇보다도 관점의 대전환이 필요하며, 여기에는 많은 희생이 뒤따르기 때문이다.

사실 내가 모든 것들을 일어나게 했다고 믿는 것보다는, 모든 것들이 내 뜻과는 상관없이 나에게 일어나는 것으로 보는 것이 더 직접적이고 더 확신이 가는 일이다. 인간이 가진 동물적 본능은 환경의 창조자로서 자신을 보기를 거부하게 만든다.

그래서 신비 세계의 입문식에서는 늘 관점의 대전환을 시도하는 상징적인 죽음을 거친다. 실제로《티벳 사자의 서》는 사자에게 생전에 스승으로부터 받은 가르침과 입문식 체험을 기억하라고 지시한다. 산 자의 입문식이 초월 세계로 들어가기 위한 준비이듯이《티벳 사자의 서》는 바르도의 삶으로 들어가는 죽은 자의 입문식이기 때문이다. 이집트의 제전이나 엘레우시니아 등 고대 문명의 모든 신비 제전들도 바로 이것과 관련된 것이었다. 〔엘레우시니아는 고대 그리스의 엘레우시스에서 행해지던 여신 데메테르의 제전(祭典)으로 2년마다 거행된 신비 연극이었다.〕

그러나 여기서 우리가 한 가지 알아야 할 것은, 산 자의 입문식에 있어서 초월이란 죽음 너머의 세계가 아니라, 사고와 관점의 대전환을 뜻한다는 것이다. 다시 말해 그것은 마음의 초월이고, 기독교 용어를 빌리자면 죄악과 세속의 속박으로부터 구원받는 것을 말한다. 구원이란 과거의 무의식과 어둠(무지)의 상태로부터 벗어나 깨달음과 자유의 상태로 인도되는 것이며, '주어진' 모든 것으로부터 초월하고 승리하는 것이다.

이렇듯《티벳 사자의 서》는 영혼이 태어나면서부터 잃어 버렸던 신성(神性)을 되찾게 해 주는 하나의 입문 과정이다. 이것에 대해선 편집자 에반스 웬츠도 동의한다.

동양의 종교적 문헌들의 특징은 언제나 가장 중요한 대목부터 그 가르침이 시작된다는 점이다. 동양의 경전들은 궁극적인 진리, 가장 고차원적인 생의 원리로부터 막바로 시작한다. 반면에 우리 서양에서는 가장 고차원적인 얘기는 항상 맨 마지막에 오기 마련이다. 그 대표적인 경우가 아풀레이우스이다. (아풀레이우스는 2세기경 로마의 철학자·풍자가로《아모르와 프시케》의 우화적 이야기로 유명하다.) 그의 이야기에서 루키우스는 맨 마지막에 가서야 비로소 헬리오스(태양신)로 숭배된다. 한편《티벳 사자의 서》에서는 그 입문식이 가장 높은 차원으로부터 시작해 점점 낮은 차원으로 내려가서는 결국에는 자궁에서 환생하는 것으로 막을 내린다.

서양에서 오늘날까지 행해지는 유일한 입문 과정을 든다면, 정신과 의사들이 치료 목적으로 활용하고 있는 무의식 분석이다. 의식의 밑바닥 층들을 이렇게 분석하는 것은 소크라테스적 의미로 보면 지적인 산파술에 해당된다. 아직 바깥으로 태어나지는 않았지만 씨앗의 형태로 잠자고 있는 의식의 내용물들을 끄집어내기 때문이다.

원래 이 심리 요법은 프로이트의 정신분석에서 시작된 것으로, 주로 성적인 환상과 관계된 것을 다룬다. 이것은《티벳 사자의 서》에서 마지막 가장 낮은 단계인 시드파 바르도 차원에 해당한다. 여기서 사자는 치카이 바르도와 초에니 바르도의 가르침으로부터 도움을 받지 못하고 점점 낮은 차원으로 떨어져서는 성적 환상에 사로잡힌다. 그리고 남녀가 성교하는 환영에 끌려간다. 그리하여 결국 그는 자궁 속에 붙잡혔다가 다시 지상에 태어난다. 그리고 이때 당연히 예측할 수 있듯이 외디푸스 컴플렉스가 작용한다. 만일 그의 카르마가 남자로 태어날 운명이라면 그는 어머니가 될 사람과 사랑에 빠질 것이고 아버지를 싫어하고 미워할 것이다. 반대로 딸로 태어날 사람은 아버지가 될 사람에게 크게 끌리고 어머니에게는 거부감을 갖는다.

이 부분은 프로이트의 학설과 대단히 닮은 점이 있다. 서양인은 시드파 바르도의 이 부분을 무의식 분석을 통해서 체험한다. 다만 그것이《티벳 사자의 서》와는 반대 방향이라는 점이 다르다. 프로이트의 무의식 분석은 아래 차원으로부터 시작하는 데 반해《티벳 사자의 서》의 바르도 체험은 위의 차원으로부터 아래 차원으로 내려오면서 진행된다.

무의식 분석을 받는 사람은 유아기 때 가졌던 성적 환상의 세계를 지나 자궁 속의 시절까지 거꾸로 여행한다. 정신분석학에서는 인간의 가장 큰 정신적 외상(外傷)은 다름아닌 출생 경험 그 자체라고 말하고 있다. (정신적 외상이란 히스테리 따위를 일으키는 불쾌한 경험이나 충격을 말한다.)

나아가 정신분석학자들은 인간이 자궁 속에 있을 때의 기억까지 추적해 들어가는 데 성공했다고 주장한다. 그러나 여기서 서양 심리학은 불행히도 한계에 부딪치고 만다. 나는 '불행히도'라고 말했는데, 거기에는 그럴 만한 이유가 있다.

프로이트 학파의 정신분석은 그런 이른바 자궁내 경험들을 훨씬 더 이전까지 추적해 들어갈 수도 있었는데 정작 그렇게 하지 못하고 거기서 멈춰 버렸기 때문이다. 다시 말해 인간이 자궁 속에 들어오기 전 상태에 대해선 더이상 추적을 시도하지 않은 것이다. 만일 이 과감한 작업에 성공했더라면 그들은 틀림없이 시드파 바르도를 넘어서 적어도 초에니 바르도의 낮은 차원까지는 거슬러 올라갈 수 있었을 것이다.

물론 우리가 가진 현재의 생물학적 개념만 갖고는 이런 모험에 성공할 수 없는 것이 사실이다. 그것이 성공하려면 현재의 과학적인 가설에 바탕을 둔 것이 아닌 완전히 다른 종류의 철학적 준비가 필요할 것이다.

어쨌거나 그 여행이 멈추지 않고 계속됐더라면, 그리하여 자궁 너머의 세계에도 의식체가 존재한다는 어떤 흔적을 찾아낼 수만 있었더라면, 그것은 의심할 여지 없이 인간이 자궁에 들어오기 이전의 존재 상태, 다시 말해 사후세계의 중간 기간인 바르도에서의 경험까지도 틀림없이 밝혀낼 수 있었을 것이다.

하지만 정신분석가들은 순전히 추측에 의존해서 자궁내 경험을 추적하는 것말고는 그 너머로는 거슬러 올라간 적이 없다. 게다가 그 유명한 '출생의 정신적 외상'은 더이상 설명이 필요없는 하나의 명백한 진리로 굳어져 버렸다. 출생시에 정신적으로 받은 충격이 무의식의 거의 전부를 지배하고 있다는 것이다. 이것은 인생이란 하나의 질병이며, 그 결과가 항상 치명적이기 때문에 불행한 예측밖에 할 수 없다고 하는 논리와 같은 것이다.

프로이트의 정신분석은 그 본질에 있어서 《티벳 사자의 서》의 가장 낮은 단계인 시드파 바르도의 경험을 결코 넘어서지 못한다. 다시 말해 성적인 환상들과, 불안이나 그 밖의 감정적인 상태를 불러일으키는 모순된 성격에서 벗어나지 못하는 것이다.

그렇더라도 프로이트의 학설은 탄트라 불교의 시드파 바르도에 해당하는 인간 의식의 영역을 아래에서부터, 즉 동물적 본능의 영역으로부터 연구한, 서양에서 행해진 최초의 시도였다. 프로이트는 형이상학에 대해 두려움을 갖고 있었기 때문에 신비의 영역 안으로는 파고들지 않았다. 그리고 그 두려움은 충분히 이해할 만한 것이었다.

여기에 덧붙여 둘 것은, 시드파 바르도의 상태는 카르마의 사나운 바람으로 특징지어질 수 있다는 것이다. 이 사나운 바람은 사자가 자궁의 문으로 들어갈 때까지 계속해서 몰아간다. 바꿔 말하면 시드파 바르도 상태는 되돌아가는 것을 허락하지 않는다. 아래쪽으로 향한, 곧 동물적 본능의 세계와 육체적 환생을 향한 강렬한 욕망 때문에 초에니 상태로 되돌아가는 문이 닫혀 있다. 본능의 힘 때문에 내려오는 문만 열려 있을 뿐 거꾸로 올라가는 문은 닫혀 있는 것이다. 이것은 대단히 중요한 사실이다. 다시 말해 단순히 생물학적 가설만 갖고 무의식의 세계를 통과하려는 사람은 '본능'이라는 장애물에 부딪쳐 더이상 나아갈 수가 없다. 그는 계속해서 물질계 안으로 끌려나오고 말 것이다.

그러므로 프로이트의 이론은 사실상 무의식에 대한 부정적인 평가를 내리는 것말고는 어떤 결론에도 이를 수 없다. 더 높은 차원으로 추적해 들어가는 문이 닫혀 있기 때문이다. 프로이트의 관점에서는 무의식은 '무의식에 불과한 것'일 뿐이다. 인간 의식에 대한 이런 식의 견해야말로 현대인들의 전형적인 태도라는 것을 우리는 인정해야만 한다. 다만 프로이트는 그 어떤 현대인보다도 더욱 솔직하고 가차없이 그것을 표현했을 뿐이고, 밑바닥에서는 다들 똑같은 생각을 갖고 있는 것이다. 이런 관점에서 그들이 말하는 '정신'이라는 것이 무엇을 의미하는지, 우리는 다만 그들의 주장이 설득력이 있기를 바랄 수밖에 없다. 그러나 유감스럽게 막스 셸러조차도 이 '정신'의 능력은 아무리 좋게 말해도 의심스러운 것이라고 적고 있다.

그렇다면 우리는 이렇게 말할 수 있을 것이다. 정신분석학의 도움으로 우리는 《티벳 사자의 서》의 시드파 바르도의 영역까지 추구해 들어간 것이 사실이다. 하지만 모든 심리 현상은 주관적이며 개인적인 것이라는 무비판적인 생각 때문에 더이상 나아가지 못하고 어쩔 수 없이 정지해 버렸다. 그렇더라도 이만큼의 진전은 실로 큰 이득을 가져다 주었다. 덕분에 우리는 의식 뒤켠의 세계로 한 걸음이나마 더 들어갈 수 있게 됐기 때문이다.

이런 지식은 우리가 《티벳 사자의 서》를 어떻게 읽어야 할 것인가에 대해 하나의 힌트를 준다. 우리는 그것을 거꾸로 읽어야 하는 것이다. 만일 우리가 정신분석학의 도움으로 시드파 바르도의 심리학적 특성을 어느 정도 이해하는 데 성공했다면, 우리의 다음 과제는 그 이전 단계인 초에니 바르도에 대해서 무엇을 할 수 있는가 알아보는 일이다.

초에니 바르도 상태는 카르마의 환영으로 이루어진 상태이다. 다시 말해 삶을 버리고 떠난 사자의 정신에 담긴 내용물로부터 생겨난 환영들이 사자를 지배하는 상태다.

　동양 사상에 따르면 카르마는 정신이 유전됨을 의미한다. 물론 그것이 성립하려면 우리가 윤회한다는 가설이 전제돼야 한다. 윤회설은 결국 영혼이 일회적인 생이 아니라 무수한 생을 산다는 믿음이다. 우리의 과학적 지식이나 이성은 이런 믿음을 받아들일 준비가 되어 있지 않다. 너무나 많은 '만일'과 '그러나' 등이 방해하기 때문이다. 무엇보다도 우리는 영혼이 사후에 계속해서 존재할 가능성에 대해 아는 것이 너무나 적다. 그래서 도대체 그 문제에 있어 어떤 사람이 어떤 것을 증명할 수 있는가 짐작조차 할 수 없다. 게다가 우리는 인식론의 입장에서 이런 증명은 마치 하나님을 증명하는 것과 마찬가지로 불가능한 것임을 잘 알고 있다. 그러므로 우리가 카르마를 단지 정신이 유전하는 것이라는 뜻으로 매우 폭넓게 이해한다면 그나마 그 개념을 받아들일 수 있을 것이다.

　정신의 유전은 실제로 존재한다. 이를테면 질병에 걸리기 쉬운 성향이나, 성격의 특성, 특수한 재능 등의 정신적 유전은 있기 마련이다. 설령 자연과학에서 그것들을 물질적인 측면, 즉 세포 속에 있는 세포핵의 구조 등으로 해석한다 해도 그것이 어쨌든 정신적인 현상인 것에는 변함이 없다. 그것들은 정신적인 것을 통해 스스로를 표현하는 생명 현상인 것이다. 마치 물질 차원에서 스스로를 표현하는 다른 유전적 특성들과 다르지 않다.

　이들 유전된 정신적 요소들 가운데는 가족이나 종족에만 국한되지 않는 특수한 차원의 것들이 있다. 바로 마음의 보편적인 성향이다. 이것을 우리는 플라톤이 말하는 보편적인 꼴(이데아)과 같은 것으로 이해할 수 있을 것이다. 이 보편적인 꼴에 따라 마음은 그 안에 담긴 내용물들을 짜 나간다. 그것을 우리는 논리학에서 말하는 '보편적인 테두리category'로 이해할 수도 있을 것이다. 보편적인 테두리란 언제 어디서나 존재하는 이성의 기본적인 공통 원리를 말한다. 다만 우리가 여기서 다루는 '꼴'의 경우는 인간의 이성이 아니라 인간의 상상과 관계가 있다는 점이 다를 뿐이다.

인간의 상상에서 나오는 것들은 언제나 시각적인 형태를 갖기 마련이다. 더구나 그것들은 판에 박힌 typical 형태를 갖는 습관이 있다. 이것이 내가 성 아우구스티누스를 따라 그것들을 원형 archetype이라고 부르는 이유이다.

비교종교학과 신화학(神話學)은 그런 원형들의 풍부한 보물창고이고, 꿈의 분석과 정신병 심리학도 마찬가지다. 우리는 지구 도처에서 놀라울 정도로 비슷한 상상력의 형태들을 발견한다. 그리고 그것들이 표현하고자 하는 의미까지도 비슷하다. 그래서 사람들은 곧잘 문화의 대이동설을 무모할 정도로 주장하곤 한다.

그러나 문화의 대이동설보다는 차라리 모든 시대와 모든 장소에 걸쳐 인간이 근본적으로 비슷한 상상력을 갖고 있다고 생각하는 편이 훨씬 자연스럽다. 사실 원형을 이루는 상상력들은 아무런 직접 전달이 없이도 언제 어느 곳에서나 자연발생적으로 생겨난다. 눈에 보이지 않는 정신을 구성하는 근본 요소들은 눈에 보이는 육체를 구성하고 있는 요소들보다 한층 더 일정한 형태를 갖고 있다. 이것은 전혀 놀라운 일이 아니다. 말하자면 원형들은 인간의 이성에서 나오는 것이 아니라 이성 이전의 인간의 영혼에 속한 기관과도 같은 것이다. 그것들은 영원히 유전되는 하나의 틀과 같다. 그 틀 속에는 처음에는 어떤 특정한 내용물도 담겨 있지 않다. 내용물은 개인의 삶의 과정에서만 나타나며, 이때 개인의 경험은 정확히 이 형태들 속에서 이루어진다.

만일 비슷한 원형들이 어느 지역에나 존재하고 있는 것이 아니라면 《티벳 사자의 서》의 거의 모든 구석에서 분명한 사실로 말하고 있는,

'죽은 자가 자신이 죽었음을 모른다는 사실'을 어떻게 설명할 수 있을 것인가? 그런 단언이 유럽이나 미대륙의 음산하고 설익은 심령술 문헌에서도 똑같이 등장하고 있지 않은가. 또한 우리는 그런 주장을 스웨덴보리한테서도 발견하는데, 그렇다고 해서 그의 저서에 담긴 내용이 모든 마을과 촌락의 영매들에게 전파되었단 말인가? 그것은 전혀 불가능한 일이다. 〔스웨덴보리는 스웨덴의 신비가로 언어학, 수학, 자연과학을 배웠으나 후에 포기하고 영적 생활에 들어갔다. 그는 신비적인 영계의 존재를 믿었으며, 그 자신이 여러 영과 대화하고, 천계(天界)와 지계(地界)에 대한 자세한 설명을 했다.〕 또한 스웨덴보리와 《티벳 사자의 서》가 서로 영향을 주고받았다는 것도 전혀 생각할 수 없는 일이다.

인간은 죽어서도 지상의 삶을 계속하고 있다고 믿으며 자신이 육신을 떠난 영혼이라는 사실을 알지 못한다는 것은 인류의 원초적이고 보편적인 개념이다. 그래서 인간은 유령을 목격할 때마다 금방 이 원초적인 개념으로 돌아가곤 한다. 세계 어디서나 유령들이 공통된 특징을 지니고 있다는 사실 또한 주목할 만하다. 나는 증명이 불가능한 심령술사들의 이런저런 가설들을 잘 알고 있지만 그것들을 나 자신의 것으로 만들고 싶지는 않다. 다만 나는 인류 전체에 하나의 공통된 정신의 틀이 존재하며 그 틀은 유전을 한다는 것, 그리고 그 틀이 인간의 모든 경험에 형태와 방향을 줄 수밖에 없다는 가설에 만족하고자 한다.

신체의 기관들이 단지 무감각하고 수동적인 물질의 덩어리가 아니라 중대한 위기에 대처해 나가는 역동적이고 기능적인 복합체이듯이, 정신 속에 담긴 원형들 역시 놀라울 만큼 인간의 정신생활을 결정하는 역동적이고 본능적인 복합체이다. 바로 이런 이유에서 나는 그것들을 무의식의 '우성 인자'라고도 부른다. 이 보편적이고 역동적인 원형들로 이루어진 무의식의 정신층을 나는 집단무의식이라고 이름붙였다.

내가 아는 한, 탄생 이전이나 자궁 이전의 개인적인 기억들이 유전되는 경우는 없다. 그러나 의심할 여지 없이 유전되는 원형들은 있다. 그것들은 처음에는 개인적인 경험을 지니고 있지 않기 때문에 아무런 내용물이 없다. 오직 삶을 통해서 개인적인 경험들이 진행될 때만 그것들은 모습을 드러낸다. 우리가 보았듯이 시드파 바르도(환생을 찾는 바르도)에서의 심리 상태는 태어나기를 원하고 생을 살기를 원하는 욕망으로 이루어져 있다. 따라서 이 상태는 어디까지나 '나'라는 것을 끝까지 고집하며, '나'를 초월하는 경험을 엄격히 막아 버린다. 물론 사자가 이 세상에 다시 태어나는 것을 단호히 거부할 경우에는 사정이 달라진다. 《티벳 사자의 서》의 가르침에 따르면 사자가 '흐린 빛'을 따라가려는 자신의 욕망에 굴복하지 않는다면, 그는 어떤 바르도 상태에서든 사면의 수미산을 뛰어넘어 다르마카야(존재의 근원)에 이르는 것이 가능하다. 사자가 자신의 머리가 내리는 지시들을 필사적으로 거부하고, 자신의 머리가 신성한 것으로 여기는 '나'〔小我〕의 우월성을 과감히 포기해야만 한다는 것을 뜻한다. 또한 이것은 구체적으로 정신의 객관적인 힘에 완전히 항복하는 것이다. 일종의 상징적인 죽음인 것이다. 시드파 바르도에서 사자의 심판에 해당하는 것이 이것이다. 그것은 생각과 이성과 도덕에 의해 지배되는 모든 삶이 막을 내리는 것을 뜻하며, 《티벳 사자의 서》가 카르마의 환영이라고 부르는 것에 자진해서 항복하는 것이다.

카르마의 환영은 지극히 비이성적인 성질을 가진 환영의 세계에 대한 믿음으로부터 생겨난다. 그것은 우리의 이성적 판단으로부터 생기는 것도 아니고 이성적 판단에 일치하지도 않는다. 그것은 어디까지나 상상의 산물이다. 상상을 제약하는 자물쇠가 풀어져 버린 것이다.

그것은 순전히 꿈이고 환상이며, 선한 마음을 가진 사람이면 누구든지 당장에 우리에게 조심하라고 소리칠 것이다. 그리고 사실 이런 종류의 환상과 정신이상자의 환각이 어떤 차이가 있는지 처음에는 분간하기 어렵다. 종종 한 꺼풀만 정신의 아래 차원으로 내려가기만 해도 이런 환영의 세계로 단숨에 미끄러져 들어가 버린다. 이 순간의 두려움과 어둠은 시드파 바르도의 첫부분에서 설명하고 있는 경험들과 똑같다. 하지만 이 바르도의 내용물들 또한 원형들을 드러낸다. 카르마의 영상들이 그것으로, 그것들은 처음에는 공포스런 모습으로 나타난다. 초에니 바르도 상태는 의도적으로 일으키는 정신이상 상태와 비슷하다.

우리는 흔히 요가 수행의 위험성, 특히 악평이 나 있는 쿤달리니 요가의 위험성에 대해 읽고 듣는다. 의도적으로 일으키는 그 정신이상 상태는 심리 상태가 불안한 사람들의 경우는 쉽게 진짜 정신이상으로 발전할 수 있는 것으로, 사실 무척 신중히 다룰 필요가 있다. 이것들은 실제로 매우 위험하며 판에 박힌 우리들 현대인의 방식으로 함부로 다뤄져서는 안된다. 그것은 운명에 간섭하는 것이며 인간 존재의 밑뿌리를 곧장 치는 것일 수도 있다. 그럴 경우 정상적인 사람은 꿈도 꾸지 못한 고통의 봇물을 풀어 놓는 것이 된다. 이 고통들은 초에니 상태에서 겪는 지옥 같은 괴로움에 해당하는 것으로, 경전에서는 다음과 같이 묘사하고 있다.

"그때 죽음의 대왕은 그대의 목에 밧줄을 묶어 그대를 끌고 갈 것이다. 그는 그대의 머리를 자르고, 그대의 심장을 찢고, 그대의 내장을 끄집어내고, 그대의 뇌수를 핥고, 그대의 피를 마시고, 그대의 살을 먹고, 그리고 그대의 뼈를 씹어 먹으리라. 그러나 그대는 죽을 수 없으리라. 그대의 몸이 산산이 잘려질지라도, 그것은 다시금 살아날 것이다. 거듭되는 난도질은 말할 수 없는 고통과 괴로움을 줄 것이다."

　이런 고통들은 그것이 얼마나 위험한 상태인가를 잘 표현하고 있다. 그것은 바르도체(體)의 완전한 붕괴이다. 바르도체는 사후 상태에서 사자의 의식체를 에워싸고 있는 일종의 유체(幽體)이다. 온몸을 산산이 찢어 버리는 이런 환영이 심리학에서는 정신분열증으로 나타난다. 모든 정신적 질병에 가장 공통적으로 일어나는 이 증상은 정신의 아래 차원으로 한 꺼풀만 내려가도 쉽게 경험할 수 있다. 그것은 의식의 정상적인 통제 기능이 무너져서 무의식의 '우성 인자'들이 마음껏 놀이를 펼치기 때문에 일어나는 일이다.

　그렇다면 시드파 상태에서 초에니 상태로 거슬러 올라가는 것은 표면의식의 마음에게는 대단히 위험한 일이다. 그것은 안정된 자아(작은 나)를 희생시키는 일이고, 환영들이 난동을 부리는 것 같은 더없이 불안정한 세계에 자신을 내맡기는 일이다. 프로이트는 자아를 설명하면서 '불안의 진정한 자리'라는 신조어를 만들었는데, 그것은 실로 깊은 통찰력에서 나온 더없이 정확한 표현이었다. 자신을 희생시키는 것에 대한 두려움은 모든 자아 속에 깊숙이 숨어 있으며, 그 두려움은 아슬아슬하게 통제된 무의식의 힘들이 언제 제멋대로 폭발해 버릴지 모른다는 두려움이다. 자신의 자아(개체성)를 움켜쥐려고 노력하는 사람은 누구라도 이 위험한 길을 비켜 갈 수가 없다. 왜냐하면 두려움의 대상이 되는 그것 역시 전체 자아에 속하는 것이기 때문이다. 전체 자아란 정신의 '우성 인자'들이 지배하는 동물계나 잡신들의 세계를 말한다. 인간의 자아는 원래 굉장한 노력을 들여 이들 세계로부터 탈출했다. 자신이 생각하는 어느 정도의 자유를 위해서였다. 그러나 완전히 탈출한 것은 아니고 단지 부분적으로만 탈출했을 뿐이다.

　그 탈출은 분명 매우 필요하고 영웅적인 행동이었다. 하지만 탈출이 결코 궁극적인 것은 아니다. 그것은 다만 하나의 '나'를 창조한 것일 뿐이다. 이 '나'는 스스로를 충족시키기 위해 '대상'과 만나야만 한다. 세상이 바로 그 대상이다. 얼핏 보기에 그것은 세상으로 보이지만, 사실 바로 그 목적을 위해 마음이 투영해 낸 대상들에 불과하다. 이곳에서 우리는 힘든 일들을 찾아 발견하고, 이곳에서 우리의 적을 찾아 발견하고, 또한 이곳에서 우리에게 귀중하고 소중한 것을 찾아 발견한다. 그리고 모든 악과 모든 선이 저 바깥의 세계에서, 다시 말해 눈에 보이는 대상들 속에서 발견된다는 것은 하나의 위안을 준다. 그 바깥 세계에서 우리는 그것들을 정복하고 응징하고 파괴하고 때로는 즐길 수도 있다.

그러나 자연 자체는 이런 천진난만한 낙원 상태가 영원히 계속되는 것을 허락하지 않는다. 모든 '나'는 유한한 것이며 죽음이 곧 눈앞에 닥쳐온다. 이 세상은, 그리고 그 속에서 경험하는 것들은 모두 하나의 상징이며 우리들 자신의 반영이라고 본 사람들이 역사 속에는 언제나 있어 왔고 또한 현재에도 있다. 티벳 불교의 가르침에 따르면 초에니 상태가 진정한 의미를 갖는 것은 바로 이 심오한 통찰력으로부터다. 그 때문에 초에니 바르도는 '존재의 근원을 체험하는 바르도'라는 뜻을 갖고 있다.

초에니 상태에서 체험하는 존재의 근원이란 그 바르도의 마지막 장에서 가르치듯이 마음의 근원이다. 마음 속에 담긴 사념과 환상들이 실제 모습을 갖고 나타나며, 카르마에 의해 생겨난 무서운 꿈이 무의식 속의 '우성 인자'들에 지배를 받아 마음껏 놀이를 펼친다. 우리가 만일 경전을 뒤에서부터 읽는다면, 맨 처음 나타나는 것은 온갖 공포의 대명사인, 모든 것을 파괴하는 죽음의 대왕이다. 그는 28명의 '신과 같은 장수〔神將〕'들과 사악한 여신들과 58명의 '피를 마시는' 여신들을 거느리고 있다. 온갖 공포스런 성격과 괴물 같은 모습이 뒤범

벽된 악마적 속성에도 불구하고 그들 사이에는 어떤 질서가 엿보인다. 남자 신들과 여자 신들은 네 방향에 정렬하고, 각 방향마다 서로 다른 신비의 색채들로 구분된다. 그 색채들은 점차 분명해져서 모든 신들이 십자 형태의 네 가지 색채를 가진 만다라 또는 원을 이루고 있음을 알 수 있다. 그 색깔들은 지혜의 네 가지 측면을 상징한다.

1) 흰색—'거울 같은 지혜의 빛'의 길〔大圓鏡智〕
2) 노란색—'평등 지혜의 빛'의 길〔平等性智〕
3) 붉은색—'사물을 분별하는 지혜의 빛'의 길〔妙觀察智〕
4) 초록색—'모든 것을 성취하는 지혜의 빛'의 길〔成所作智〕

만일 사자가 높은 차원의 통찰력을 갖고 있다면 그는 이 모든 마음의 형상들이 사실은 자기 자신으로부터 나온다는 것을 알고, 또한 그의 앞에 나타나는 지혜의 네 가지 빛의 길들이 사실은 자신의 정신에서 나오는 빛임을 안다. 여기서 우리는 티벳 불교의 만다라에 담긴 심리학과 곧바로 만나게 되는데, 이것에 대해서는 리하르트 빌헬름 Richard Wilhelm이 엮은 도교 경전《황금꽃의 비밀〔太乙金華宗旨〕》에서 나는 이미 논한 바 있다.

경전을 계속 거꾸로 읽어 올라가면서 초에니 바르도를 여행하다 보면 드디어 우리는 네 명의 위대한 자(사대존자)들의 환영과 만나게 된다. 이들은 초록색의 아모가싯디(불공성취불), 붉은색의 아미타바(아미타불), 노란색의 라트나삼바바(보생불) 그리고 흰색의 바즈라사트바(금강살타)이다.

마지막으로 우리는 붓다의 몸인 다르마 다투(법계)의 눈부신 푸른색 빛과 만나게 되며, 이 빛은 만달라 중앙에 위치한 바이로차나(비로자나)의 심장으로부터 방사된다.

이 마지막 영상과 함께 카르마의 환영들은 모두 끝나고, 의식체는 온갖 형상과 대상에 대한 모든 집착을 버리고 영원한 태초의 상태인

다르마카야로 돌아간다. 그리하여 계속해서 거꾸로 읽어 올라가면 우리는 마침내 죽음의 순간에 나타나는 치카이 바르도에 이른다.

주의 깊은 독자라면 이 몇 가지 힌트를 통해 《티벳 사자의 서》의 심리학에 대해 웬만큼 눈치챘을 것이라고 나는 믿는다. 이 책은 진리 세계로의 입문 과정을 거꾸로 설명하고 있다. 이것은 영혼이 다시 육체로 내려오는 과정을 준비해 주기 위한 것이다. 물론 그것은 기독교의 내세론을 믿는 사람들의 기대에는 어긋나는 일일 것이다. 이성과 합리성을 자랑하는 현실적인 마음을 가진 현대인들에게는 《티벳 사자의 서》를 뒷부분부터 거꾸로 읽어 올라가면서 그것을 동양적인 입문 경험으로 여기라고 권하고 싶다. 물론 본인이 원한다면 초에니 바르도에 등장하는 신들을 기독교의 신들로 바꿔서 읽는 것도 자유다.

어쨌든 내가 여기서 설명한 일련의 사건들은 현대인들이 무의식의 '입문 과정'을 겪을 때, 다시 말해 무의식 분석을 받을 때 경험하는 사건들과 밀접한 관계가 있다. 분석을 받을 때 일어나는 무의식의 탈바꿈은 자연히 종교적인 입문식들과 비슷하다. 그렇지만 종교적 입문식들은 자연스런 진행 과정과는 원칙적으로 다르다. 그들은 자연스런 전개 과정을 앞질러 전통에 따라 신중히 고른 일련의 상징물들로 그 과정을 대신해 버린다. 우리는 이런 경우를 이그나티우스 로욜라의 《영성 훈련 Exercitia》에서나 불교와 탄트라의 요가 명상에서 찾아볼 수 있다. (이그나티우스 로욜라 Ignatius Loyola는 스페인의 카톨릭 성직자로 1534년에 예수회를 창설하고 종교 개혁 운동에 반대하는 중심 세력으로 활동했다.)

여기서 나는 독자의 이해를 돕기 위해 순서를 뒤집어 거꾸로 설명했지만 《티벳 사자의 서》의 본래의 의도는 그것이 아니다. 또한 심리학적으로 이 책을 이용하는 것도 본래의 의도와는 거리가 멀다. 그러나 너그러운 티벳 스승들은 아마도 이런 무례를 용서하리라. 이 비범한 책의 진정한 목적은, 비록 20세기의 지식 있는 현대인들에게는 매우 생소하게 여겨지겠지만, 사후세계의 중간 상태를 여행하는 사자를 깨달음으로 인도하려는 데 있다. 백인들 세계에서는 세상을 떠나는 영혼을 위해 무엇인가를 하는 유일한 장소는 카톨릭 교회뿐이다. 세상을 긍정하며 낙관하는 개신교 진영에서는 다만 영매(靈媒) 역할을 하는 약간의 '구원 집단'을 찾아볼 수 있지만 그들의 주된 관심은 사자에게 자신이 죽었다는 사실을 깨닫게 하는 데 있는 경우가 많다.

그러나 일반적으로 말하면, 우리 서양에는《티벳 사자의 서》에 비교할 만한 문헌이 일반 대중이나 평범한 학자들은 접근할 수 없는 어떤 비밀 책자를 제외하고는 아무것도 없다. 전통에 따르면 에반스 웬츠가 그의 서문에서 밝혔듯이《티벳 사자의 서》역시 숨겨진 비밀 경전들 가운데 하나였던 것으로 여겨진다. 이처럼 이 책은 죽음 너머까지 영혼을 치료하는 독특하고 새로운 장을 펼쳐 보이고 있다.

사자에 대한 이런 종교 의식은 영혼이 일회적 생을 사는 것이 아니라 무수한 생을 윤회한다는 믿음에 근거하고 있지만, 죽은 자를 위해 무엇인가를 해야만 한다는 산 자의 심리적인 필요성과도 관계가 있다. 가장 문명화된 사람들조차도 친척이나 친구의 죽음에 부딪치면 자신도 모르게 그런 마음을 갖기 마련이다. 그렇기 때문에 문명인이든 아니든 우리는 아직도 죽은 자를 위해 온갖 방식의 제사 의식을 행하고 있는 것이다. 레닌이 미이라로 처리되어 이집트의 파라오처럼 호화로운 전당에 참배 대상으로 안치돼 있다고 해서 그의 추종자들이 그의 육신의 부활을 믿었기 때문에 그렇게 한 것이 아니라는 사실을 우리는 잘 알고 있다. 그것은 어디까지나 살아 있는 자들의 심리적 필요성에서 나온 것이다.

하지만 우리 서양인들이 사자의 죽음길 여행을 위해서 하는 준비라고는 고작해야 카톨릭 교회에서 영혼을 위해 올리는 미사가 전부다.

그것을 제외하면 매우 초보적이고 차원 낮은 것들밖에 없다. 이것은 우리가 영혼의 불멸성을 스스로 믿지 못하기 때문이 아니라, 앞에서 말한 심리적 필요성이 존재하지 않는 것처럼 잘난 체하기 때문이다. 우리는 마치 그럴 필요가 없는 것처럼 행동하며, 나아가 사후의 삶을 믿지 못하기 때문에 거기에 대해 아무것도 하지 않으려고 한다. 반면에 한층 단순한 마음을 가진 사람들은 자신의 감정을 따른다. 그래서 이탈리아 같은 곳에서는 기괴한 아름다움을 갖춘 장례 기념물을 세우기도 한다. 영혼을 위해 드리는 카톨릭의 미사는 그런 기념물들보다는 훨씬 높은 수준에 속한다. 왜냐하면 그것은 분명히 사자의 심령을 위로하기 위해 행해지며, 단순히 애도의 감정을 채우기 위한 것만이 아니기 때문이다.

그러나 사자를 위해 행해지는 가장 차원 높은 정신적 노력은 《티벳 사자의 서》의 가르침에서 확실하게 찾을 수 있다. 그 가르침들은 더없이 자세해서 사자가 처한 상황 변화에 따라 완벽하게 적용할 수 있다. 따라서 진지한 독자들이라면 이 지혜로운 고대의 영적 스승들이 4차원의 세계를 다 들여다본 다음에 생의 위대한 비밀을 우리 앞에 펼쳐 보인 것이 아닐까 하고 스스로 묻게 될 것이다.

설령 그 진리가 줄곧 실망스럽게 느껴지는 사람이 있다 해도, 그는 적어도 바르도의 체험에 대해서만큼은 인정하고 싶어질 것이다. 어쨌거나 우리가 종교적 상상력을 발휘해 한껏 숭고하고 장엄한 그림을 그려 갖고 있는 사후세계에 대해 《티벳 사자의 서》는 섬뜩한 색채로 칠해진 그림을 우리 앞에 들이민다. 그리고 그 그림은 점점 낮은 차원으로 떨어지는 공포스런 꿈의 상태를 묘사하고 있다. 다른 것은 제쳐 놓더라도 이 점만큼은 더없이 독창적이다. 사후세계에서 가장 높은 차원의 체험은 바르도의 맨 마지막 순간에 오는 것이 아니라 최초의 순간, 곧 죽음의 순간에 찾아온다. 그 다음부터는 점점 깊어지는 환영과 어둠 속으로의 추락이 있을 뿐이고, 마침내는 새로운 육체로 환생을 하기에 이른다.

영적 체험의 클라이막스는 생이 끝나는 순간에 다가온다. 따라서 인간의 삶은 가장 높은 차원의 완성을 위한 하나의 수레라고 할 수 있다. 사자로 하여금 어떤 대상에도 집착하지 않고 텅 빈 충만〔空〕의 영원한 빛 속에 살며, 생과 사의 온갖 환영으로부터 벗어나 윤회의 수레바퀴의 중심축에서 휴식할 수 있게 하는 것—그런 위대한 카르마를 가능케 하는 것이 바로 인간의 삶이다. 바르도 체험은 사자에게 영원한 보상이나 징벌을 가져다 주는 게 아니라 다만 새로운 육체의 삶으로 끌고 내려갈 뿐이다. 이 새로운 삶은 그가 궁극적 목적에 한 걸음 더 다가갈 수 있도록 해 줄 것이다. 그러나 이것은 그가 지상의 삶에 대해 최선을 다하고 힘들게 노력할 때 비로소 얻어지는 최후의 열매다. 《티벳 사자의 서》의 이런 시각은 고상할 뿐 아니라 또한 대담하고 영웅적이다.

사후세계의 중간 상태인 바르도에서는 시간이 지날수록 점점 낮은 차원으로 떨어져 내리게 된다는 이 시각은 서양의 영적 문헌들에서도 찾아볼 수 있다. 하지만 그것들은 이른바 영계로부터 오는 통신이 너무 상투적이고 어리석은 내용 일색이어서 늘 사람을 넌덜머리나게 할 뿐이다. 과학자들은 이런 책들에 적힌 내용들이 사실은 교령회(交靈會)에 참석한 사람들과 영매들의 무의식 세계로부터 나온 것이라고 해석하기를 주저하지 않는다. 또한 그들은 이런 해석을 《티벳 사자의 서》에 묘사된 사후세계의 내용에까지 적용하려고 든다. 사실 이 책 전체가 인간이 가진 무의식의 원형들로부터 창조된 것임은 부정할 수 없는 사실이다. 그것들은 물질적이든 영적이든 실체를 가진 것들이 아니다. 하나의 정신 현상일 뿐이고 정신적 체험의 자료일 뿐이다. 이 점에서는 우리 서양인들의 이성적 판단이 꽤 정확하다. 그러나 어떤 것이 주관적으로 존재하든 객관적으로 존재하든 그것이 존재한다는 사실에는 변함이 없다. 《티벳 사자의 서》는 바로 그 사실을 말하고 있는 것이다. 이 책에 등장하는 다섯 명의 명상하는 붓다〔五禪定佛〕는 그 자체가 인간의 의식 속에 담긴 자료이기 때문이다. 사자가 깨달아야만 하는 것이 바로 그것이다. 물론 그는 살아 있을 때 이미 그 사실을 깨달았어야만 한다. 모든 자료는 사실 그 자신의 정신에서 나온다는 사실을 말이다. 신들과 영들의 세계는 사실 내 안에 있는 '집단무의식'에 지나지 않는다. 이 문장을 뒤집어 읽으면 다음과 같다.

"집단무의식이 곧 신들과 영들의 세계이다. 거기에는 어떤 지적인 곡예도 필요하지 않다. 다만 인간의 전생애, 어쩌면 완성을 향해 한 걸음씩 다가가는 무수히 많은 생들이 있을 뿐이다."

내가 '완전함을 향해 다가간다'고 하지 않고 '완성을 향해 다가간다'고 말한 것에 주목하기 바란다. 완전함을 자랑해 마지않는 사람들은 전혀 다른 종류의 발견을 할 것이기 때문이다.

《티벳 사자의 서》는 그것에 대해서 어떤 해설을 쓰더라도 '닫힌' 책으로 시작해 '닫힌' 책으로 남는다. 왜냐하면 그것은 다만 영적인 이해력을 가진 사람에게만 열리는 책이기 때문이다. 그런 이해력은 누구의 경우든 결코 타고나는 것이 아니라 특별한 명상 수행과 특별한 체험을 통해서만 얻어지는 것이다. 어떤 점에서 보나 이런 '쓸모없는' 책들이 세상에 존재한다는 것은 더없이 좋은 일이다. 어차피 이런 책들은 현대 문명의 의미와 목적과 쓸모에 더이상 매달리지 않는 '별난 사람들'을 위한 것일 테니까.

* 칼 구스타프 융(1875~1961)의 뛰어난 제자들 가운데 한 사람인 미국 로스앤젤레스의 심리학자 제임스 키르쉬 James Kirsch는 이 해설문에 대해 다음과 같은 중요한 도움말을 주었다. 그는 스위스 취리히에서 칼 융과 함께 이 〈심리학적 해설〉을 토론하고 그것을 영

어로 번역하는 일을 거들기도 했다. 칼 융의 해설을 읽는 독자들을 위해 그것을 여기에 옮겨 적는다.

"이 책은 원래 서양의 독자에게 소개하기 위해 출판된 것이며, 따라서 중요한 동양적 체험과 개념을 서양의 언어로 표현하려고 시도하고 있다. 그것은 실로 어려운 작업인데, 칼 융은 이 〈심리학적 해설〉에서 그것에 도움을 주고자 노력했다. 그러므로 어떤 경우에는 동양인들의 관점에서 보면 잘못된 것일지라도 서양인들의 의식에 익숙한 용어를 선택할 수밖에 없었다.

그 대표적인 경우가 '영혼soul'이라는 단어다. 불교 신앙에 따르면 영혼은 덧없는 것이고, 하나의 환영이며, 따라서 실체가 없는 것이다. 이 〈심리학적 해설〉의 독일어 원문에서는 '젤레Seele'라는 단어를 썼다. 영어로 번역할 때 이것은 대개 '소울soul'로 번역하지만 사실 '소울'과는 동의어가 아니다. '젤레Seele'는 독일의 전통에서 생겨난 오래된 단어이다. 마이스터 에크하르트와 같은 탁월한 독일 신비주의자들과 괴테와 같은 위대한 독일 시인들이 궁극적인 실체를 의미할 때 그 단어를 썼다. 그 궁극적인 실체는 여성적인 측면, 또는 여성 원리로 상징된다.

여기서 칼 융은 집단 정신으로서의 '정신Psyche'과 관련해 그 낱말을 시적으로 사용하고 있다. 이것은 심리학 용어에서 만물의 틀과 모태가 되는 집단무의식을 뜻한다. 그것은 만물의 자궁이며, 심지어 다르마카야(법신)의 자궁이기도 하다. 그것은 다르마카야 그 자체이다.

따라서 독자들은 이 해설문을 읽을 때 '영혼'에 대한 자신들의 생각을 잠시 덮어 두고, 칼 융이 그 낱말을 고른 속뜻을 열린 마음으로 받아들여 주기 바란다. 그는 동양의 바닷가와 서양의 바닷가를 연결하는 하나의 다리를 세우고자 한 것이며, 대자유 곧 우나 살루스Una Salus로 향하는 데는 여러 갈래의 길이 있음을 말하고자 한 것이다."

버리고 떠남

덧없는 삶에의 유혹으로부터 벗어나라. 자만심으로부터,
무지로부터, 어리석음의 광기로부터.
속박을 끊으라. 그때 비로소 그대는
모든 괴로움으로부터 완전히 자유로우리라.
생과 사의 사슬을 끊으라.
어리석은 삶으로 빠져드는 이치를 알고
그것을 끊어 버리라.
그때 비로소 그대는 이 지상의 삶에 대한
욕망으로부터 자유롭게 되어
고요하고 평온하게 그대의 길을 걸어가리라.

《초기 불전》 1권 55장
라이스 데이비스 번역

❖──해설

죽음의 과학이 발견한 삶의 비밀

라마 아나가리카 고빈다

　죽어 보지 않은 사람은 누구도 죽음에 대해 얘기할 수 없다고 할지 모른다. 그리고 사실 객관적으로 보기에 누구도 죽음의 세계로부터 돌아온 적이 없으니, 죽음이 무엇인지 또는 사후에 어떤 일이 일어나는지 누가 어떻게 알까.

　티벳 사람들은 이렇게 대답하리라.

　"한 사람도, 사실은 살아 있는 어떤 존재도, 죽음의 세계로부터 돌아오지 않은 자는 없다. 사실 우리들 모두는 이번 생에 태어나기 전에 무수히 많은 죽음들을 겪었다. 그리고 우리가 태어남이라고 부르는 것은 단지 죽음의 반대편에 불과하다. 그것은 동전의 양면 가운데 한 면과 같고, 방안에서는 출구라 부르고 바깥에선 입구라고 부르는 방문과 같다."

　오히려 모두가 지난번 생의 죽음을 기억하지 못하는 게 더 이상한 일이다. 이 기억상실 때문에 대부분의 사람들은 자신이 이미 수많은 죽음을 체험했었다는 사실을 믿지 않는다. 그러나 사람들은 자신이 태어난 순간을 기억하지 못하지만 자신들이 태어났다는 사실을 의심하지는 않는다. 그들은 인간의 기억이 대개 아주 작은 부분만 활동할 뿐이며, 우리의 표면의식이 기억하지 못하는 과거의 모든 경험과 인상들은 잠재의식 속에 기록되고 보존되어 있다는 사실을 잊고 있다.

　명상이나 요가 수행을 통해 잠재의식을 표면의식의 영역으로 끌어내는 사람들이 있다. 이들은 그렇게 해서 잠재의식 속에 숨겨진 무한한 기억의 보물창고를 열 수 있다. 그 안에는 전생들의 기록뿐만 아니라 우리 종족의 과거, 인류의 과거, 그리고 인간이 되기 이전에 살았던 온갖 형태의 삶의 기록들까지 보관되어 있다.

　만일 자연의 어떤 장난으로 인해 잠재의식의 문들이 갑자기 활짝 열린다면, 준비가 안 된 사람들은 그것에 압도당해 산산이 부서져 버릴 것이다. 그러므로 잠재의식의 문들은 오직 신비 세계의 입문자들에게만 열려 있으며 일반인들에게는 신비와 상징의 베일 뒤에 감춰져 있다.

　이런 이유 때문에 사람들이 죽음이라고 부르는 삶과 환생의 중간 상태에서 영원한 자유에 이르는 길을 보장하는 티벳 경전 《바르도 퇴돌》은 상징적인 언어로 씌어져 있다. 이 책은 일곱 겹의 침묵으로 봉인되어 있다. 그 이유는 그 지식이 비입문자들에게 금지된 것이기 때문이 아니라, 혹시 그 지식이 잘못 이해되어 그것을 받아들일 준비가 안 된 사람들을 그릇 인도하고 피해를 줄지도 모르기 때문이다.

　그러나 침묵의 봉인들을 뜯을 때가 이제 왔다. 왜냐하면 인류는 지금 물질 세계의 정복으로 만족할 것인가, 아니면 이기적인 욕망을 극복하고 스스로 만든 한계를 초월해 영적 세계를 얻기 위해 노력할 것인가 하는 전환점에 와 있기 때문이다.

티벳 전통에 따르면 《바르도 퇴돌》은 위대한 스승 파드마삼바바의 저서 가운데 하나로, 미래 세상을 위해 은밀히 감춰져 있다가 때가 되었을 때 비로소 세상에 드러나게끔 된 책이다. 이런 사실이야 어찌됐든, 기원후 9세기 초 랑다르마에 의해 불교가 박해를 받았을 때 티벳 초기 불교의 무수한 경전들이 소실의 방지를 위해 바위 속이나 동굴 속 기타 장소들에 감춰졌던 것은 사실이다. 그 당시 불교 교단의 모든 성직자들과 후원자들은 살해됐거나 티벳 바깥으로 추방당했기 때문에, 이렇게 감춰진 대부분의 경전들은 그 장소에 오랫동안 그대로 남게 되었다. 그 가운데 많은 경전들이 후세에 발견되었는데, 사람들은 이를 테르마라고 부르기 시작했다. 이 이름은 티벳어 테르gTer에서 유래한 것으로, 보물창고를 뜻하는 말이었다. 그리고 이런 영적 보고를 발견해 그 가르침을 세상에 전파한 사람들을 테르퇸이라고 했다. 그것은 보물을 찾아낸 자를 뜻했다.

서양의 어떤 비평가들은 이 경전들이 고대의 가르침이라는 위장 아래 자신들의 사상을 전하려고 했던 사람들이 위조한 것이라고 말한다. 그런 시각보다 나는 오히려 테르퇸들에 의한 전통으로 보는 것이 훨씬 더 합리적으로 보인다. 이 해석은 주로 티벳 불교의 오래된 종파인 닝마파 종이나 카규파 종에서 전해지는 것이므로 더욱 믿을 만하다.

한편 서양의 그런 비평가들은 티벳의 일반인들과 영적 스승들에게 뿌리깊게 자리잡고 있는, 영적 전통의 신성함에 대한 깊은 존경심과 종교적 성실성을 과소평가하고 있는 것이다. 티벳 사람들은 거룩한 경전에서 글자 하나나 낱말 하나라도 더하거나 빼는 것을 오늘날까지도 가장 큰 죄로 여기고 있다. 따라서 매우 불경한 사람들조차도 그런 일을 범하지 않으려 했다.

  게다가 그런 비평가들은 경전을 위조해 펴내는 것이 얼마나 어려운 일인가를 간과하고 있다. 왜냐하면 그렇게 하려면 티벳에서도 알려지지 않은 언어학과 역사에 관한 전문적이고 비판적인 지식뿐만 아니라, 위조 경전을 펴낼 만큼 탁월한 경지에 오른 인물이 필요하기 때문이다. 만일 티벳에 그런 천재가 있었다면 그는 굳이 위작(僞作)이라는 속임수에 의존할 필요가 없었을 것이다. 왜냐하면 자신의 이름을 분명히 밝힌 채 쓰고 가르쳤던 많은 천재적인 스승들처럼 그 역시 자신의 발로 일어설 수 있었을 것이기 때문이다. 그리고 테르마들에 포함된 것과 같은 심오한 사상과 고귀한 이상을 창조해 세상에 소개할 수 있을 정도의 현자가 동포들을 속이고 자신을 비하하지는 않았을 것이다. 또한 의심이 가는 책들이 몇 개의 낱권이 아니라 백여 권(전통에 따르면 108권)에 달하며, 전체 수만 장에 달하는 분량임을 생각할 때 자의로 그것들을 위조했다는 설은 가능성이 없을 뿐더러 턱없이 무모한 주장이다.

  불교 이전의 티벳 종교, 다시 말해 뵌포들의 신앙(뵌 종교)이 《바르도 퇴돌》에 미친 영향을 살필 때 꼭 염두에 두어야 할 사실이 있다. 그것은 파드마삼바바의 저서라고 하는 모든 테르마들에서 뵌포(뵌교를 믿는 신자)들이 그에게 귀의했음을 확실한 어조로 밝히고 있다는 것이다. 파드마삼바바는 사실 뵌포들을 반대하고 물리친 사람이었다. 그러므로 이들 재발견된 경전들이 뵌 신앙의 교리들을 전파하는 것으로는 볼 수 없다.

  파드마삼바바는 티벳의 일부 지방신들을 수호신의 역할을 하도록 불교 신앙에 끌어들였다. 그렇다고 해서 뵌포들에게 불교의 자리를 한 치라도 양보한 게 아니라 정통 불교 교리에 완전히 일치하는 범위에서 그렇게 했던 것이다. 이런 점에서는 다른 불교 국가들에서도 땅과 공간의 신들을 항상 진리의 수호신들로 대우하고 달랬다. 그래서 아래와 같은 팔리어 문장을 스리랑카, 미얀마, 태국, 캄보디아 등지의 남방불교의 신도들은 지금도 정기적 예불 의식 때 한결같이 염송하고 있다.

"위대한 힘을 지닌 하늘과 땅의 모든 존재들, 천신과 용신들은 이 예불의 공덕으로 거룩한 진리를 영원토록 수호하기를!"

불교와 뵌교 사이의 문화적인 영향은 사상의 상호 교환이라기보다는 일방적인 영향의 성격이 더 강하다. 독자적인 문헌을 갖지 못했던 뵌교 신자들은 불교의 개념과 상징들을 대부분 받아들여 문외한은 거의 분간할 수 없을 정도로 불교와 비슷한 문헌과 불상들을 만들었기 때문이다.

불교의 계율이 티벳에서 방종하게 되도록 부추기고 학문과 도덕의 기준이 타락하도록 한 것은 뵌교의 영향 때문이라는 완전히 자의적인 주장이 있다. 그러나 누구든지 티벳에 현존하는 뵌교 사원에서 잠시라도 머물러 본다면, 금욕의 계율과 종단의 계율이 대부분의 불교 사원보다 더욱 엄격함을 알게 되고, 티벳 불교의 중요한 경전들에 해당하는 경전들이 뵌교에도 있음을 알고는 놀라게 되리라. 그들은 자신들의 《반야심경》, 13부의 윤회도로 표현된 자신들의 《프라티야사무파다》, 탄트라, 만트라를 갖고 있다. 또한 그들의 신들은 불교의 다양한 붓다들과 보디사트바들, 천신들, 다르마팔라(진리의 수호자)들과 어느 정도 일치한다.

티벳 불교의 옛 종파들(구 밀교)은 지방신들에 대해 관대했지만 뵌교의 힘을 깨뜨리는 데 성공했다. 그러나 역설적이게도 가장 혁신적이고 가장 강한 개혁 종파(신 밀교)인 게룩파 종은 뵌교의 핵심 제도인 '신탁(神託)을 받는 사원' 제도를 노랑모자파(게룩파 종)의 모든 중요한 사원들에 다시 도입했다. 이 신탁 사원들에서 간구와 기원을 받는 신들은 모두 뵌교에서 온 신들이다. 그 이전에 세워진 불교 종파들, 특히 카규파 종에는 이런 신탁 사원이 없다. 이것은 일반적으로 믿고 있는 것과는 반대로 오히려 구 종파들이 혁신적이고 엄격한 승단 계율을 가졌던 게룩파 종보다 뵌교의 영향을 적게 받았음을 말해 준다. 따지고 보면 게룩파 종의 한층 엄격한 승단 계율도 사실은 앞에서 말한 뵌교의 청교도주의에 더욱 가깝다.

그러므로 어떤 것이 뵌 신앙의 영향을 받은 것이고 어떤 것이 받지 않은 것인지에 대해서 짐작으로 말하는 일반적인 주장들을 우리는 경계할 필요가 있다. 특히 이러한 점은 불교가 티벳에 들어오기 이전에 뵌교의 가르침의 내용이 무엇이었는지 알지 못하기 때문에 더욱 그렇다. 하지만 그 당시의 뵌교가 정령 신앙을 바탕으로 하고 있었고, 인간이나 자연의 영적인 힘을 주로 두려움을 일으키는 공포의 측면에서 숭배했으며, 사자(死者)의 명복과 인도를 위한 의식이 행해졌다는 것은 사실로 인정해도 좋을 것이다. 이런 종교 의식들은 거의 대부분의 초기 문명에서 공통적으로 발견되는 것이다. 이 정령 신앙은 불교의 거의 모든 경전에도 나타나는데, 그것에 따르면 모든 숲과 나무와 지방은 그 나름의 특정한 신들(정령들)을 갖고 있다. 붓다가 지상이나 천상에 사는 신들이나 영적인 존재들과 매우 자연스럽게 대화하는 장면이 경전에는 자주 나타난다. 불교의 형이상학적 기초가 되고 있는 이런 정령 신앙의 배경을 지적이고 현대화된 불교는 한 마디로 부인할 것이다. 그들은 불교의 이성적 측면만을 강조해 똑같이 심오한 내용을 지닌 신화적인 요소들은 배제하려고 하기 때문이다.

불교에서 말하는 우주는 구석구석 철저히 살아 있다. 거기에는 생명이 없는 물질주의나 단순한 기계주의가 끼어들 틈이 없다. 나아가 진정한 불교인들은 어떤 한 가지 형태의 존재만을 고집하거나 실체의 한 측면만을 주장하지 않는다. 그들은 이 우주 속에 어떤 형태든지 존재할 가능성에 늘 깨어 있다. 만일 우리가 붓다가 깨달음을 이루던 날 밤 그의 둘레를 에워싼 공포의 유령들(마군)에 관한 이야기를 기억한다면, 죽음에 임해서나 또는 명상할 때 보이는 환영에서, 잠재의식의 심연(지옥)으로부터 나타나는 동물 머리 신들에 대해 구태여 뵌교의 영향을 찾을 필요가 없으리라. 티벳 전통과 마찬가지로 인도에도 분노의 신들이나 동물 형상의 악마들, 그리고 악마의 형상을 지닌 신들이 흔히 등장한다. 장례 의식과 관련된 일반적인 관습 부분에서는 뵌교의 흔적을 상당히 찾아낼 수 있을지 몰라도 《바르도 퇴돌》의 핵심 사상과 심오한 상징 체계는 어디까지나 순수하게 불교적이라고 말할 수 있다.

티벳인들은 자신들의 경전이 어떤 오류나 불교가 아닌 사상의 개입에 물들지 않고 법통의 정확성과 신뢰성을 지킬 수 있도록 하기 위해 스스로 상당한 노력을 기울였다. 초기의 티벳 번역자(역경사)들과 다르마(진리)의 선구자들은 산스크리트 경전의 번역을 위한 규칙과 거기에 필요한 티벳 용어들을 제정해 놓기까지 했다. 그 뒤로 새로운 용어를 만드는 것이 번역자들에게 엄격히 금지되었다. 그리고 새 용어를 만드는 일이 불가피해졌을 때는, 궁중에 속한 '축복받은 자의 가르침의 법정'이라고 불리는 특수한 법정에 자신들의 작업을 보고하도록 지시가 내려졌다. 탄트라 문헌의 번역은 왕의 승인 없이는 할 수가 없었다. 이런 법령은 티송데첸 왕(AD 817~836)에 의해서 내려졌다. 그 후 티벳의 모든 역경사들은 이 규칙을 지켰다.

목판 인쇄술이 등장한 다음부터 그것과 비슷한 법령이 경전 번역 작업뿐 아니라 모든 종교 문헌에 적용되었다. 그리하여 최고의 영적 권위자들로 구성된 기관의 허락 없이는 어떤 종교적인 책도 출판할 수 없게 되었다. 그들은 자격을 갖춘 교열자와 학자들을 시켜 책들을 심사하게 했다. 이것은 부당한 오역과 각색을 막기 위한 것이었다. 그렇다고 이 제도가 공식적으로 인정받은 다양한 학파와 학자들의 여러 가지 해석들까지 방해한 것은 아니었다. 이 제도의 주된 목적은 자격 없는 필경사들과 역경사들의 무지나 부주의로 말미암아 확립된 법통이 퇴보하는 것을 막는 데 있었다.

이런 이유 때문에 권위있는 목판본들은 가장 믿을 만한 전통적 경전들로 인정받았다. 한편 필사본들은 흔히 맞춤법이나 그 밖의 필경사의 실수에서 비롯된 잘못이 눈에 띈다. 그것들은 대개 경전의 언어나 고어에 대한 지식의 부족에서 생겨난 것이었다. 그렇더라도 이 필사본들은 충분한 가치가 있다. 특히 필사본이 널리 통용되는 목판본보다 훨씬 이전에 나온 것이거나 아니면 수세기를 통해서 스승에서 제자에게로만 전수된 은밀한 법통을 담고 있는 경우는 더욱 그렇다.

내가 이런 설명을 하는 것은 목판본과 필사본의 차이점을 독자들에게 말하려는 것일 뿐이지, 필사본에 기초해서《바르도 퇴돌》을 번역한 라마 카지 다와삼둡의 작업을 의심하려는 것이 아니다. 다만 나는 불교적 전통의 어떤 중요한 점들을 밝히고자 하는 것이다. 그것은 역사학적 관점뿐만 아니라 영적 관점에서도 우리를 깊은 이해에 이르게 하기 때문이다.

사실 이 책이 일반 독자들에게 관심의 대상이 되는 것은 영적인 관점에서다. 만일《바르도 퇴돌》이 단순히 민담에 근거한 것이거나, 죽음이나 가설적인 사후세계에 관한 종교적 사색에 지나지 않는다면, 그것은 단지 인류학자나 종교학자들에게나 관심 있을 것이다. 그러나《바르도 퇴돌》은 그보다 훨씬 더 가치있는 것이다. 그것은 인간의 마음 속 가장 깊은 곳에 이르는 열쇠이며, 신비 세계의 입문자들을 위한 안내서이고, 영적 자유의 길을 추구하는 이들의 길잡이다.

오늘날도 티벳에서는《바르도 퇴돌》이 일과의 기도서로 널리 사용되고 장례식 때 사자를 향해 읽힌다. 따라서 그것을《티벳 사자의 서》라고 번역한 것은 매우 타당한 일이다. 그러나 《바르도 퇴돌》은 본래 임종에 처한 사람이나 사자를 위한 안내서일 뿐 아니라 산 자를 위한 지침서다. 바로 여기에 《티벳 사자의 서》를 더 많은 일반 독자들에게 소개하는 근본 이유가 있다.

불교 이전부터의 오랜 전통에 영향을 받아 많은 일반적 관습과 신앙들이 첨가되긴 했지만, 《바르도 퇴돌》에 담긴 심오한 가르침은 살아 있을 때 그것을 수행하고 깨달은 사람들에게만 가치가 있다.

여기 오해를 불러일으키는 두 가지 사실이 있다. 그 하나는 《바르도 퇴돌》이 임종자나 사자에게만 읽어 주는 경전처럼 보이는 것이고, 또 하나는 제목이 '듣는 것으로 영원한 자유에 이르기'라는 표현을 담고 있다는 점이다. 그 때문에 영원한 자유를 위해서는 죽어 가는 사람이나 또는 이제 막 죽은 사람 앞에서 《바르도 퇴돌》을 읽거나 암송하는 것으로 충분하다는 믿음이 생기게 되었다.

이런 오해는, 진리의 길에 입문한 자는 영적으로 거듭나기 전에 먼저 죽음의 경험을 하는 것이 가장 오래되고 일반적인 수행법 가운데 하나라는 사실을 알지 못하는 사람들 사이에서 흔히 일어나기 쉽다. 입문자는 새로운 영적 삶에 들어서기 전에, 상징적으로(정신적으로) 자신의 과거와 자신의 낡은 에고〔我相〕에 대해 죽어야만 한다.

《바르도 퇴돌》이 사자나 임종자에게 설해지는 형식을 갖고 있는 것은 다음의 세 가지 이유 때문이다.

1) 이 가르침의 진정한 수행자는 자기 삶의 매순간을 최후의 순간으로 여겨야 한다.

2) 이 가르침의 수행자가 실제로 죽음을 맞이할 때, 주위 사람들은 반드시 그에게 입문식 체험과 구루의 말씀(또는 만트라)을 상기시켜야만 한다. 특히 그 결정적 순간에 임종자의 마음이 흐트러져 있다면 더욱 그렇게 해야만 한다.

3) 죽음을 맞이하는 자의 곁에 있는 산 자들은 사후의 새로운 첫 단계에 접어드는 임종자를 사랑하는 마음과 도움을 주려는 생각으로 감싸 줘야 한다. 그에게 정신적인 절망감을 불러일으켜 삶에 대한 애착심을 갖게 해서는 안된다.

이와 같이 《바르도 퇴돌》의 하나의 역할은 사자를 돕는 것보다, 죽음에 대해 올바른 자세를 갖도록 뒤에 남아 있는 사람들을 돕는 데 있다. 불교 믿음에 따르면 사자는 어쨌든 그 자신의 카르마의 길에서 벗어나지 않을 것이다.

《바르도 퇴돌》의 가르침을 실제로 적용하기 위해서는 사후의 어떤 순간에 어떻게 행동해야 하는가를 기억하는 것이 무엇보다 중요하다. 그러나 그것들을 기억하기 위해서는 살아 있을 때 정신적으로 준비해야만 한다. 다시 말해 사후의 존재 상태와 죽음에 결정적으로 영향을 미치는 능력들을 살아 있을 때 이미 터득해 놓지 않으면 안된다. 죽음의 결정적 순간이 닥쳐왔을 때, 무의식에 빠지지 않고 즉각적으로 올바르게 대처하려면 그만큼의 수행이 필요한 것이다.

이러한 가르침은 《바르도 퇴돌》의 〈여섯 바르도의 서시(序詩)〉 편에 분명하게 밝혀져 있다(p.466~470 참조).

"아아, 꾸물거리는 자여! 죽음이 다가옴을 생각하지 않고,
이 생의 헛된 일들에 자신을 바치는 자여!
그대는 미래에 대비할 줄 모르는구나, 위대한 기회를 낭비하면서.
그대의 목적은 참으로 잘못되었다, 이 생에서 빈손으로 돌아간다면.
그대에게 진정으로 필요한 것은 거룩한 진리이니
그대는 지금 이 순간 거룩한 진리에 헌신하지 않겠는가?"

불교 철학에 익숙한 사람이면 누구나 생과 사가 단 한 번만 일어나는 현상이 아님을 알고 있다. 그것들은 무수히 반복된다. 매순간 우리 안에 있는 어떤 것은 죽고 어떤 것은 태어난다. 그러므로 다양한 바

르도들은 삶의 다양한 의식의 상태를 나타낸다.

　인간 세상에서의 깨어 있는 의식 상태, 다시 말해 정상적인 의식 상태는 티벳어로 키에나 바르도이고, 꿈 속의 의식 상태는 미람 바르도이다. 깊은 명상 상태인 초월 의식 상태는 삼탄 바르도이며, 죽음을 경험하는 순간의 의식 상태는 치카이 바르도, 존재의 본래 모습을 체험하는 의식 상태는 초에니 바르도, 환생을 찾는 의식 상태는 시드파 바르도이다.

　이 모든 의식 상태는 〈여섯 바르도의 서시〉 편에서 잘 설명되고 있다. 이 서시 부분은 다른 기원문들과 함께 《바르도 퇴돌》의 핵심 부분을 이루고 있다. 이것들을 중심으로 산문 부분이 해설 역할을 맡고 있는 것이다. 따라서 이 책은 우리의 삶 자체와 관련이 있으며, 단순히 죽은 자만을 위한 책이 아님을 알 수 있다. 후대에 와서 《바르도 퇴돌》이 주로 죽은 자만을 위한 책으로 격하되었던 것이다.

　《바르도 퇴돌》은 생의 마지막이 다가옴을 아는 사람들이나 죽음이 임박한 사람들뿐 아니라, 아직도 남은 생이 많은 사람들과 처음으로 생의 진정한 의미를 깨달으려는 사람들이 읽어야 할 책이다.

　붓다의 가르침에 따르면 인간으로 태어나는 것은 하나의 지고한 특권이다. 왜냐하면 《능가경(楞伽經)》에서 말하듯이 자신의 노력을 통해 마음의 근본 자리로 돌아감으로써 영원한 자유의 소중한 기회를 얻을 수 있기 때문이다.

　따라서 〈여섯 바르도의 서시〉는 이렇게 시작된다.

　"아아, 삶의 바르도가 나에게 밝아 온다.

　이제 생을 허비할 시간이 없구나.

　나는 게으름을 버려야만 한다.

　듣고, 생각하며, 명상하는 길을

　다만 흔들림 없이 걷게 되기를!

그리하여 한번 인간의 귀한 몸을 얻은 뒤에는
헛되이 방황하며 시간을 낭비하지 말기를!"

(라마 카지 다와삼둡은 여기서 '삶의 바르도'를 '태어남의 장소 바르도'라고 번역했다. 목판본에는 '키에나skyes-nas'라고 적혀 있는데 그의 필사본에는 아마 '키에나skyes-gnas'로 되어 있을 것이다. 전자는 글자 그대로 번역하면 '태어났음'이다. 즉 인생이라고 부르는 상태로 태어났음을 뜻한다. 후자는 자궁, 다시 말해 태어남의 장소gnas를 말한다. 그러나 태어남의 장소는 환생 바르도를 다룬 맨마지막의 여섯번째 시와 관계가 있는 것이다. 따라서 이 첫번째 시에서는 그 의미일 리가 없다. 그렇게 되면 여섯 종류가 아니라 다섯 종류의 바르도가 되기 때문이다.)

듣고, 사색하고, 명상하는 것은 제자 수업의 세 가지 단계다. 여기서 듣기에 해당하는 티벳어 퇴thos는 퇴돌thos-grol에서도 알 수 있듯이 단순한 청각적 듣기인 낸퇴nyan-thos와 구별된다. 그것에 해당하는 산스크리트어는 쉬라바카〔聲聞〕이다. 쉬라바카는 제자 특히 붓다의 개인적인 제자를 가리키는 것으로, 붓다의 가르침을 우연히 듣게 된 사람을 가리키는 것은 아니다. 다시 말해 그 가르침을 받아 가슴 속에 지니고 자기 것으로 소화해내는 사람을 가리키는 말이다. 따라서 여기서 듣기란 마음을 다해 듣는 것, 신실한 믿음을 갖고 듣는 것을 뜻한다. 이것은 제자 수업의 첫번째 단계를 의미한다. 두번째 단계는 이런 직관적인 태도가 이성을 통한 이해〔知見〕로 변화하는 과정이다. 그리고 세번째 단계는 제자의 직관적 감성과 지적 이해가 직접적인 체험을 통해서 살아 있는 실체로 탈바꿈하는 과정이다. 그렇게 할 때 지적인 확신은 영적인 확실성으로 성장하며, 아는 자〔能知〕와 앎의 대상〔所知〕이 하나가 된다.

이것이 《바르도 퇴돌》의 가르침이 보장하는 가장 차원 높은 영적 상태다. 이 가르침을 통해 입문자는 죽음의 세계를 지배하게 되고, 죽음이 하나의 환영임을 이해하며, 죽음의 공포로부터 벗어나게 된다. 죽음의 착각은 자신의 일시적이고 무상한 형상과 자신을 동일시하는 데서 생겨난다. 자신의 신체, 감정, 정신을 자기 자신이라고 여기는 데서 그것이 찾아온다. 이런 동일시로부터 '나'라고 하는 분리된 개체〔我相〕가 존재한다는 그릇된 관념과, 그것을 잃을까 하는 두려움이 일어나게 된다.

그러나 만일 입문자가 《바르도 퇴돌》에서 지시하는 대로, 내면에 있는 영원자, 진리, 불멸하는 불성(佛性)의 빛과 자기가 하나임을 깨닫는다면, 죽음의 공포는 솟아오르는 태양 앞에 구름이 걷히듯 사라지게 된다. 이 생을 떠날 때 그는 무엇을 보고, 듣고, 느끼든지 다만 그것은 자기의 표면의식과 잠재의식 속에 있는 정신적 내용물들이 투영된 것임을 안다. 그리하여 마음이 만들어낸 어떤 환영도 그에게는 힘을 발휘하지 못하게 된다. 왜냐하면 그는 그것들이 어디서 나오는 것인가를 알고 그것을 인식하기 때문이다.

바르도 상태에서 나타나는 환영들은 사자가 몸담고 살았던 종교와 문화적 전통에 따라서 달라지지만, 그 밑바닥에 깔린 근원은 모든 인류에게 동일하다. 따라서 《바르도 퇴돌》에서 제시된 심오한 심리학은 인간 정신에 대한 이해와 그것을 초월하는 길에 대한 우리의 지식에 중요한 공헌을 한다. 《바르도 퇴돌》은 '죽음의 과학'이라는 이름 아래 삶의 비밀을 드러낸다. 여기에 이 책의 영적인 가치와 심오한 매력이 숨어 있다.

《바르도 퇴돌》은 번역하고 해설함에 있어서 어학적인 지식보다 더 중요한 무엇을 필요로 하는 책이다. 이 전통의 배경에 대한 철저한 지식과, 그리고 그 전통 안에서 자랐든지 아니면 뛰어난 구루(스승)로부터 그 전통을 배웠든지간에 직접적인 종교적 체험이 뒷받침되어야 한다. 옛날에는 단지 언어의 지식만으로는 진정한 의미의 번역가로 인정되지 않았다. 어떤 사람도 전통적이고 권위있는 해설자(구루)의 발아래서 수년 동안 공부하지 않았으면 경전의 번역을 시도하지 않았다. 하물며 자기가 믿지 않는 가르침이 담긴 책을 번역하는 데 스스로 자격이 있다고 여긴 사람은 아무도 없었다.

　불행히도 오늘날 우리의 태도는 그것과는 많이 달라졌다. 학자는 자신이 해설하려고 하는 가르침을 더욱 적게 신봉할수록 학문적으로 한층 더 유능한 사람으로 여겨지고 있기 때문이다. 그러나 적어도 티벳학에 있어서는 그 결과가 불행해지는 것은 불을 보듯 뻔한 일이다. 그런 학자들이 자만심을 갖고 접근했다가 도중에 수없이 무너져 버렸기 때문이다. 그들의 작업에는 아무런 의미도 찾아볼 수 없었다.

　라마 카지 다와삼둡과 에반스 웬츠 박사는 고대 로차바(티벳에서는 성스런 경전을 번역하는 사람을 로차바라고 불렀다)들의 방법을 처음으로 재수립한 사람들이었다. 그들은 참다운 헌신과 겸허한 정신으로 그 일에 착수했다. 수많은 세대의 입문자들을 거쳐서 마침내 그들의 손에 전해진 거룩한 보물로 여기고 그들은 경전의 번역에 임했던 것이다. 그들은 가장 작은 부분까지도 최고의 존경심으로 그 보물을 다뤘다. 동시에 그들은 그들의 번역이 최종적이거나 완벽한 것으로 여긴 것이 아니라 마치 성경의 선구적 번역자들과 마찬가지로, 티벳 경전들에 대한 우리의 이해가 넓어짐에 따라 더욱 깊고 완전한 번역서가 나오기 위한 하나의 출발점으로 여겼던 것이다.

　이런 태도는 영적인 이해와 참된 학자 정신의 시금석이 될 뿐 아니라 독자로 하여금 성스러운 땅〔聖地〕을 밟고 있다는 느낌을 갖게 한다. 이 점이 《티벳 사자의 서》뿐만 아니라 옥스퍼드 대학의 《티벳 선집》과 같은 책들에서 전세계의 진지한 독자들이 받는 깊은 인상에 대한 설명이 될 것이다. 이런 책들이 크게 성공한 것은 믿음을 갖게 하는 그러한 성실성과 목적의 진지함 때문이다. 세상 사람들은 참으로 이 두 헌신적인 학자들에게 큰 감사의 빚을 진 것이다.

삽바다남 담마다남 지나티
(최상의 선물은 진리의 선물이로다.)

─《법구경》 24장 21절

* 라마 아나가리카 고빈다 Lama Anagarika Govinda는 1898년 독일에서 태어나 1985년 미국 캘리포니아에서 세상을 떠났다. 그는 티벳 불교의 가장 뛰어난 학자이자 해설자로 주목을 받았고, 자신의 영적 구도기 《흰 구름의 길 The Way of the White Clouds》을 1970년에 펴냈다. 그는 독일에서 종교와 철학을 공부했으며, 나폴리 대학을 다녔고, 팔리어와 산스크리트어를 전공했다. 마침내 스리랑카로 간 그는 그곳에서 여러 해 동안 공부하고 가르쳤다. 그는 스물한 살 때 최초로 비교종교학의 관점에서 붓다에 대한 책을 썼다. 그는 다르질링에서 열린 학자들의 회의에 참석키 위해 히말라야의 눈고장을 향해 떠났다가 티벳의 산과 영적인 생활에 매료되었다. 그는 스리랑카의 '아열대의 파라다이스'를 떠나 히말라야에 정착하기로 순간적인 결정을 내렸다. 그 후 그는 티벳에서 20년을 학자와 승려의 신분으로 지내면서 티벳 불교를 체험하고 수많은 스승들 밑에서 공부했다. 그 다음에 그는 인도인 아내와 함께 히말라야 근처의 한 사원에서 지냈으며, 80세가 넘어서는 미국 서부 밀 벨리 근처에 있는 알란 와츠의 배 위에서 생활하기도 했다. 세상을 떠날 때까지는 캘리포니아 마린 카운티의 한 선원(禪院)에서 지냈다. 그는 티벳 불교에 대한 주옥 같은 저서들을 많이 남겼다.

승 리

내가 조그마한 토굴에 들어가 앉아 있는 동안
마음이 흔들리기 시작했다.
"아아, 나는 바르지 못한 길을 걷고 있다.
나는 욕망의 힘에 이끌려 다녔다!"라고.
나의 생은 얼마 남지 않았다.
늙음과 병으로 몸이 허물어져 간다.
이 육신이 쓰러지기 전까지
내게는 게으름 피울 시간이 없다.
인간을 구성하는 다섯 원소들의 일어나고 스러짐을
있는 그대로 관찰하고
나는 마음의 깨달음을 얻어 벌떡 일어섰다.
붓다의 가르침이 내 안에서 모두 실현되었다.

《초기 불전》 1권 43장, 밋타칼리 비구니의 말
라이스 데이비스 번역

❖──── 해설

환생과 윤회의 비밀

존 우드로프

"선(善)을 추구하라. 그대가 위험에 처하기 전에. 고통이 그대를 지배하기 전에. 그리고 그대의 마음이 예리함을 잃기 전에."

《쿨라르나바 탄트라》 1장 27절

죽음에 대한 생각은 두 가지 의문을 갖게 한다. 첫째는 자신의 의지에 따라 죽는 것을 제외하고, 어떻게 하면 죽음을 피할 수 있을까 하는 것이다. 하타 요가(주로 신체 동작으로 이루어진 요가)에서는 육체 속에 있는 현재의 생을 연장하는 요가 방법을 다루고 있는데, 그것 역시 죽음을 피하는 것이 목적이다. 물론 그것은 현대인들이 생각하는 것처럼 인생에 매달리는 것과는 다르며, 생명의 특수한 형태를 수행의 도구로 삼기 위한 것이다.

에반스 웬츠 박사는 일반적인 티벳 신앙에 따르면 어떤 죽음도 자연적인 죽음이 아니라고 우리에게 들려 준다. 다는 아닐지라도 대부분의 원시 민족들은 그런 믿음을 갖고 있었다. 마찬가지로 생리학에서도 인간이 순수하게 늙어서 죽는 죽음이 있을까 하고 질문을 던진다. 다시 말해 사고를 당하거나 병에 걸리지 않고 순전히 늙음으로써 인간이 죽을 수 있겠는가 하는 것이다.

그러나 《티벳 사자의 서》는 육체의 삶을 초월한 언어로 '고귀하게 태어난 자'에게 말한다. 죽음은 모두에게 찾아오는 것이라고. 따라서 인간 모두는 이 지상의 삶에 집착하지 말아야 하며, 생과 사의 윤회계 속에서 방황하는 일을 이제 그만 멈춰야 한다고 이 책은 말한다. 그리고 육체가 소멸되는 것에 따른 두려움을 이겨낼 수 있도록 거룩한 신들에게 도움을 청해, 마침내 자기 내면의 완전한 불성(佛性)을 획득해야 한다고 역설한다.

두번째로 갖게 되는 의문은 죽음을 어떻게 맞이해야 할까 하는 것이다. 우리가 지금 관심을 갖는 것은 바로 이 '죽음의 기술'에 대한 문제다. 죽음의 테크닉은 죽음을 좋은 미래로 들어가는 하나의 문으로 만들어 준다. 또한 만일 그것에 실패할 경우에는, 곧 윤회계의 방황으로부터 해방(니르바나)을 얻지 못했을 경우에는 다시 인간 육체로 들어가는 입구가 되게 해 준다. 이렇듯 '죽음의 기술'은 죽음을 또 다른 가능성의 세계로 만들어 준다.

우리가 이제부터 읽어 나가게 될 《티벳 사자의 서》는 경전 부분과 해설문 양쪽에서 더없이 독특하다. 이 책은 사후에 곧바로 시작되어 환생으로 끝나는 기간, 이른바 사후세계의 중간 상태를 다루고 있다. 인간이 이 중간 상태에 머무는 기간은 상황에 따라 길어질 수도 있고 짧아질 수도 있다고 믿어진다.

불교의 관점에 따르면 삶은 일련의 의식 상태로 이루어져 있다. 이 의식 상태들은 하나에서 그 다음으로 연속해서 이어진다. 첫번째 의식 상태는 탄생의 순간에 갖는 의식이고, 마지막은 죽음의 순간에 갖는 의식이다. 그리고 이 마지막 의식 상태는 다시 첫번째 의식 상태로 이어지는데, 그 중간의 상태를 우리는 바르도라고 한다. 바르도는 '중간 상태〔中陰〕'라는 뜻이다. 바로 이 중간 상태에서 '낡은' 존재는 버려지고 '새로운' 존재로의 탈바꿈이 일어난다.

이 중간 상태는 세 단계로 구분된다. 이 책에서 단계적으로 설명하고 있듯이 그것들은 치카이 바르도, 초에니 바르도, 시드파 바르도라고 부른다. 치카이 바르도는 '죽음(임종)의 순간의 바르도'이고, 초에니 바르도는 '존재의 근원을 체험하게 되는 바르도'이며, 마지막 시드파 바르도는 다시 육체의 삶으로 돌아가는 '환생의 길을 찾는 바르도'이다.

티벳 전역에 다양한 필사본과 목판본들이 흩어져 있는 이 《티벳 사자의 서》는 에반스 웬츠가 설명했듯이 카(죽은 자의 혼령)를 위한 죽음의 안내서인 《이집트 사자의 서》나, 《죽음의 기법》로 대표되는 죽음의 기법을 다룬 중세 시대의 문헌들과 같은 분야에 속하는 책이다. 또한 여기에는 《지하 세계로 내려가기 The Descent into Hades》이라고 부르는 오르페우스교(윤회와 인과응보 등을 믿는 고대 그리스의 신비 종교)의 예배문도 포함될 수 있을 것이다. 죽음을 맞이한 자를 위한 안내서는 이 밖에도 많이 있다. 힌두교 경전 《가루다 푸라나》의 〈프레타칸다〉편도 그것에 속하고, 스웨덴보리의 《지하 세계 여행기 De Coelo et de Inferno》, 루스카의 《지옥 De Inferno》, 그리고 내세론에 입각해서 쓴 고대와 현대의 몇 편의 작품들이 있다.

《가루다 푸라나》는 임종에 대비하는 절차, 임종의 순간, 장례 의식 등을 다루면서 한편으로는 화장되어 없어져 버린 육체 대신에 죽은 자를 위해 새로운 육체를 만들어 주는 기법을 다루고 있다. 이 기법을 프레타 쉬라다 의식이라고 하는데, 프레타는 죽은 자의 영혼을 뜻한다. 이 책에서는 또한 사후의 심판과 그 다음에 사자가 겪게 되는 여러 상태들, 그리고 마침내 이어지는 환생 등을 다루고 있다.

이 책에 담긴 경전 부분과 에반스 웬츠의 해설문은 이른바 《탄트라》라고 부르는 티벳 대승불교의 관점에서 죽음의 과학을 설명한 더없이 가치있는 글이다. 주제에 있어서도 특별하지만, 종교 의식을 통해서 그 종교의 철학과 심리학을 이해할 수 있다는 관점에서도 매우 환영받을 만한 책이다.

《티벳 사자의 서》는 세 가지 특징을 갖고 있다. 첫번째는 이 책이 '죽음의 기술'에 관한 작품이라는 점이다. 죽음은 삶과 마찬가지로 하나의 기술이고 예술이다. 그 둘은 따로 존재하는 것이 아니라 하나로 봐야 옳을 것이다. 인도 북동부 벵갈 지방의 격언에는 이런 것이 있다.

"자파(신의 이름을 부름)와 타파스(고행)가 무슨 소용이 있는가. 죽는 방법을 알지 못한다면?"

두번째 특징은 이 책이 인간의 마지막 순간을 위한 영적 치료 교과서이고, 죽음의 세계를 통과해 다른 세계로 가려는 인간 영혼을 정화하고 가르치고 위로하고 강한 정신력을 갖게 하는 하나의 정신요법이라는 것이다.

세번째는 사후세계의 중간 상태에 있는 동안에 사자가 겪게 되는 체험을 묘사하고 거기에 대해서 가르치는 책이라는 점이다. 저승으로 여행길을 떠나는 자의 지도책과 같은 것이다.

우리는 한편에서는 환생에 대해 듣고, 다른 한편에서는 부활에 대해 듣는다. 이것이 세계의 4대 종교인 불교, 힌두교, 기독교, 이슬람교의 두드러진 차이점이다. 정통 기독교는 고대에 매우 폭넓게 퍼져 있던 윤회와 환생에 대한 믿음을 거부하고 단 하나의 우주만을 인정한다. 그들에게 있어서 이 하나뿐인 우주는 처음이자 마지막이다. 그리고 그들은 두 개의 삶만을 인정하는데, 하나는 지금의 육체를 가진 삶이고, 다른 하나는 나중에 부활한 육체를 갖고 살아 가는 삶이다.

간단하게 말하면, 윤회는 동일한 영혼의 재생을 의미하는 반면에 부활은 동일한 육체의 재생까지 의미한다. 그리고 윤회설은 무수히 반복되는 삶을 이야기하는 반면에 부활론은 인간의 삶을 단 두 종류로 한정하고, 첫번째 삶(현재의 삶)이 두번째의 삶(미래의 삶)의 성격을 영원히 결정짓는다고 말한다.

기독교 부활론은 '나무가 쓰러져도 그것은 그 자리에 그대로 넘어져 있다.'고 말한다. 물론 힌두교와 불교는 그 주장을 받아들이긴 하겠지만, 그렇더라도 그 나무가 영원토록 그렇게 남아 있다는 것은 수긍하지 않을 것이다. 힌두교와 불교의 신자들에게는 현재의 이 우주가 처음도 아니고 마지막도 아니다. 그것은 다만 절대적인 시작도 없고 끝도 없는 무한히 연속되는 우주들 중의 하나일 뿐이다. 물론 각각의 우주는 나타났다가 사라져 버리지만 그것으로 모든 우주의 끝은 아니다.

힌두교와 불교에서는 또한 각각의 존재들 역시 단 두 번의 삶이 아니라 무수한 삶을 반복한다고 가르친다. 윤회(삼사라)라고 부르는 이 탄생과 죽음의 사이클에서 해방되지 않으면 모든 존재는 끝없이 삶을 되풀이할 수밖에 없다. '삼사라'는 말 그대로 '방황'이라는 뜻이다. 이 방황을 멈추고 대자유를 얻으려면 도덕과 헌신과 참다운 지식을 통해 무집착의 마음에 이르러야만 한다. 집착이야말로 생과 사를 반복하게 만드는 원인인 것이다. 이때의 대자유란 공(空), 니르바나(열반), 또는 그 밖의 여러 이름으로 불리는 궁극의 상태를 실현하는 것이다.

힌두교와 불교는 단 하나의 우주와 단 한 번의 삶만이 있다는 것을 부정한다. 그리고 인간 영혼이 천국에 가거나 림보에 머물거나 지옥에 떨어져 그곳에서 영원토록 지내게 된다고는 믿지 않는다. (림보는 천국과 지옥 사이에 있으며, 기독교를 믿지 못했던 착한 사람 또는 세례를 받지 못하고 죽은 어린아이 등의 영혼이 머무는 곳이라고 한다.) 물론 인간이 죽어서도 천상계나 지하 세계에서 즐거움과 고통을 맛보는 어떤 미묘한 몸을 갖고 있다는 것에는 동의하지만, 그것이 부활한 몸인 것은 아니다. 생전에 갖고 있던 육체는 죽음으로 인해 영원히 분해되어 버리기 때문이다.

몸을 떠난 해탈을 믿는 비이원론자들을 제외하고는, 어떤 형태든지 몸의 필요성은 항상 존재한다. 4대 종교들은 제각기 '살과 뼈를 가진 육체 속에는 이 육체가 죽은 후에도 여전히 존재하는 심령적이고 활동적인 어떤 미묘한 요소가 있다.'고 증언한다. 그것은 영원한 실체 또는 참나〔眞我〕이다. 힌두교에서는 그것을 아트마(영혼)라고 하고, 이슬람교에서는 루라고 한다. 그리고 기독교에서는 그것을 영혼이라고 부른다.

불교에서는 그것은 단지 정신적이고 신체적인 활동들의 복합체일 뿐이라고 말한다. 이 복합체는 끝없이 변화한다. 매순간 정신적이고 신체적인 경험에 따라 하나에서 다른 것으로 끊임없이 탈바꿈해 나간다. 따라서 이런 믿음을 가진 사람들에게는 죽음이 절대적인 마지막일 리가 없다. 모두에게 죽음은 단지 물질로 구성된 육체로부터 심령체(의식체)가 잠시 분리되는 것에 지나지 않는다. 죽음을 통해 심령체는 새로운 삶으로 들어가며, 육체는 활동을 가능케 하는 원동력을 잃고 부패해 버린다. 에반스 웬츠가 정확히 설명한 대로, 죽음은 '영혼 복합체'가 육체를 벗는 것이고 탄생은 육체를 입는 것이다. 바꿔 말하면 죽음은 마지막이라기보다는 그 자체가 다른 형태의 삶 속으로 들어가는 하나의 입문식일 뿐이다.

죽음이 찾아온 순간 육체에 일어나는 현상에 대해 이 책은 매우 돋보이는 분석으로 독자의 관심을 사로잡는다. 죽어 가는 사람 자신과 그를 도우려는 주위 사람들이 마지막 결정적인 순간에 어떤 준비를 해야 하는가를 아는 것은 절대적으로 필요한 일이다. 또 한 가지 주목할 만한 것은, 에반스 웬츠의 표현을 빌리면 '죽음이라고 부르는 붕

괴 과정이 임종자의 정신에 영향을 미쳐' 어떤 소리들이 그에게 들린다는 설명이다. 그 소리는 윙윙, 우르릉, 딱딱 하는 소리로 임종자의 마음에 들리는데, 임종 전과 임종 후 15시간까지 들린다고 한다. 이것은 1618년 그룬왈디Greunwaldi에 의해서 확인되었고 후대 사람들도 몇 차례 언급했으며, 1862년에 콜링스Collingues는 그 주제에 대해 특별한 연구 논문을 발표하기도 했다.

그러나 의식의 연결이 죽음에 의해서 항상 단절되는 것은 아니다. 왜냐하면 티벳에는 육체로부터 의식체를 분리해 다른 몸 속으로 집어넣는 '포와'라는 능력이 있기 때문이다. 인도 신비 과학에서도 자신의 육체를 이탈하는 똑같은 능력에 대해 말하고 있다. 《탄트라 라자 Tantraraja》에 따르면 그 능력은 신체의 38개 지점에서 활동하는 생명력의 기능을 통해서 이루어진다. 그렇다면 이것과 환생과는 어떤 실제적인 관계가 있을까? 만일 에반스 웬츠가 이 점에 대해 자세히 설명했더라면 좋았을 것이다. 이치로 보면, 의식체가 자궁 속으로 들어가 새로운 육체를 갖는 방식은 죽을 때 의식체가 육체를 떠나는 방식과 동일할 것이다.

육체로부터 의식체의 분리가 효과적으로 이뤄지면 바르도 상태를 겪지 않는다. 바르도 상태란 죽음에 의해서 의식이 일단 단절되는 것을 의미한다. 이 경우에는 사자에게 이 경전을 읽어 주도록 되어 있다.

임종자가 호흡이 멎으려고 할 때 목의 동맥을 압박해 주라고 《티벳 사자의 서》는 지시하고 있다. 임종자의 의식을 올바른 방향으로 인도하기 위함이다. 죽음의 순간에 어떤 의식을 갖는가가 그 영혼의 미래 상태를 결정짓는다. 카톨릭과 힌두교 모두는 임종하는 사람을 위해 쉼 없이 기도문을 외고 성인들의 이름을 반복한다.

목의 동맥을 눌러 주는 것은 생명력(氣, 프라나)이 빠져 나가는 길을 조절하기 위해서다. 올바른 출구는 브라흐마란드라를 통해서라고 믿어지고 있는데, 그곳은 머리 정수리에 위치하고 있다. 이런 믿음은 매우 폭넓은 것이어서 가장 원시적이고 외떨어진 솔로몬 군도의 산 크리스토발 같은 곳에서도 발견된다. 폭스C. E. Fox가 쓴 《태평양의 문지방 Threshold of the Pacific》에 거기에 대한 설명이 자세히 나와 있다. 그곳에서 발견되는 고인돌의 구멍 뚫린 돌은 죽은 사람의 혼령이 올바른 자리인 머리로 자유롭게 돌아가도록 하기 위한 것이라고 한다. 서부 유럽의 건조한 지방과 남부 러시아, 그리고 남인도 등지에서도 비슷한 고인돌이 발견된다.

힌두 믿음에 따르면 인간의 신체에는 아홉 개의 구멍이 있으며, 이곳들을 통해서 신체는 외부 세계를 체험한다. 그 구멍들 중에서 좋은 출구는 배꼽 바로 위에 위치해 있다. 그러나 가장 좋은 출구는 '브라흐마란드라'라고 하는 두개골 위의 갈라진 틈이다. 요가에서는 이곳을 '천 개의 꽃잎을 가진 연꽃'(사하스라라 파드마, 百會)이라고 부른다. 그들은 이곳을 의식의 자리라고 여긴다. 그래서 정통 힌두교인은 이 지점에 쉬카라고 하는 머리 장식을 하는데, 그것은 어리석은 사람들이 말하듯이 그곳이 붙들린 채로 천국이나 지옥으로 끌려가기 위해서가 아니라 순수 의식이 머무는 자리에 대한 존경심의 표시이다.

원시 부족들의 믿음의 근거가 무엇이든간에 요가 사상에 보면 머리는 의식의 중심 센터이며, 척추에 있는 다른 작은 센터들을 통제한다. 생명력이 이 척추 공동 속에 있는 생명 에너지의 중앙 통로인 수슘나 나디를 통해 바깥으로 빠져나감으로써 신체의 나머지 부분들은 생명력이 사라지고, 머리에 있는 생명 에너지 센터의 기능이 가장 활발해진다.

이때, 일반 종교에서는 '사후 심판의 책'에 대해 말한다. 그곳에는 임종자가 살아 온 전생애의 과정이 기록돼 있으며, 이 책에 적힌 내용을 듣고 임종자는 이 세상을 떠나기 전에 마지막으로 자신이 살아온 과거의 삶 전부를 회상한다. (물에 빠졌다가 가까스로 소생하는 등, 죽음의 문턱을 넘으려는 순간에 다시 살아난 사람들은 공통적으로 이런 체험에 대해 증언한다. 짧은 순간에 자신이 살아 온 삶의 전 과정이 눈앞을 지나갔다는 것이다.— 에반스 웬츠)

생명력은 마침내 그것이 마지막으로 기능하던 장소(머리 정수리 부분)로부터 빠져나간다. 요가에서는 사념과 호흡이 함께 움직인다고 믿기 때문에, 브라흐마란드라를 통해 의식체가 빠져나간다는 것은 그 직전까지 의식체가 그곳에서 활동하고 있었음을 뜻한다. 이 빠져나감이 일어나기 전에, 다시 말해 의식이 아직 남아 있는 동안에《티벳 사자의 서》는 임종자에게 중요한 영적 가르침을 준다. 이것은 좋은 죽음을 보장하고, 또한 다시 탄생할 때의 좋은 의식 상태를 유도하기 위해서다.

죽는 순간, 대상을 경험하던 의식이 사라진다. 이것을 흔히 기절(실신) 상태라고 부른다. 그러나 이것은 초월 의식이 등장하기 때문에 일어나는 자연적인 결과이다. 초월 의식은 공(空)의 세계로부터 나오는 투명한 빛으로 상징된다. 경험하는 의식은 사라지고 순수 의식이 베일을 벗고 나타나는 것이다. 이 순수 의식 세계는 그것을 찾으려는 의지를 가진 사람과 그것을 발견할 능력을 가진 사람에게는 언제나 문이 열려 있다.

투명한 무색의 빛은 모든 모습을 초월한 공(空)의 세계를 상징한다. 인도 경전《바가바드 기타》의 표현을 빌면 그것은 '태양과 달과 불의 빛을 초월한' 빛이다. 그것은 밝고 투명하며 색깔이 없다. 모습을 가진 모든 물체는 다양한 색깔을 갖고 있기 마련이다. 색깔은 곧 모습을 의미하기 때문이다. 모습이 없는 것은 색깔도 없다. 이런 정신물리학적인 색채론은 힌두교와 불교의《탄트라》경전들에서 공통적으로 나타나며, 이슬람교 신비주의에서도 같은 사상이 발견된다.

그렇다면 공(空)은 무엇인가? 그것은 결코 '아무것도 없음'이 아니다. 그것은 논리의 영역을 넘어서 있으며, 이름과 모습의 세계에서는 어떤 방법으로도 그것을 설명할 수 없다. 그러나 대승불교에서 그렇게 주장한다 해도 인도 베단타 학파에서는 공(空)을 '있음'이라는 단어로 설명한다. 이 관점에 따르면 공(空)은 모든 규정과 정의를 초월해 있지만 그 자체의 '있음'까지도 부정하는 것은 아니다. 따라서 공(空)은 흔히 오해하듯이 '아무것도 없는 허무의 세계'가 아닌 것이다. 다만 형태와 이름의 세계에 갇혀 사는 사람들은 그것에 대해 아무것도 알 수 없으며 그것을 체험할 수 없기 때문에 그들에게는 그것이 무(無)일 수밖에 없다.

여기에 대한 가장 간단하고 분명한 설명은 내가 아는 한 티벳 문헌 《사만타바드라 기원문》이 가장 잘 하고 있다. 내가 출판한 《티벳 선집》 제7권에 그것이 들어 있다. 여기에 그것을 간단히 설명해 보기로 하겠다.

모든 존재는 삼사라(윤회)가 아니면 니르바나(열반)의 세계에 속해 있다. 윤회계는 '여섯 가지 세계[六道]'에서의 제한된 체험이다. 일체 중생이 선악을 지음으로써 반드시 이르게 되는 이 여섯 가지의 세계는 천상계, 인간계, 지옥계, 아귀계, 축생계, 수라계이다. 니르바나는 그런 체험으로부터의 해방을 말한다. 탄생과 죽음, 그리고 여기서 일어나는 고통으로부터의 해방이다.

공(空)은 엄격히 말해 니르바나라고 부를 수조차 없다. 왜냐하면 니르바나는 세상에 대한 상대적인 용어이고, 공은 모든 상대성과 비교를 초월해 있기 때문이다. 공은 제한된 경험 세계로부터의 해방을 통해 일어나는 완전한(궁극의) 체험이다. 인식론 측면에서 말하면 그것은 무의식의 어둠에 의해 흐려지지 않은 완전한 의식이다. 곧 모든 한계로부터 자유로운 의식이다. 감정적인 측면에서 그것은 슬픔에 지배되지 않은 순수한 지복이다. 의지 측면에서는 그것은 행위로부터의 자유이고 전능한 힘(아모가싯디)이다. 완전한(궁극의) 체험은 영원한 것이고, 더 정확히 말하면 시간을 초월한 상태이다. 불완전한 체험 역시 사실 영원한 것이다. 왜냐하면 그 체험이 일어나는 우주 자체가 영원한 것이고, 그 체험 역시 영원히 반복되기 때문이다.

그렇다면 종교적이고 실제적인 문제는, 어떻게 하면 불완전한 체험이 완전한 체험 속으로, 《우파니샤드》가 말하는 '전체'(푸르나) 속으로 녹아들어갈 수 있는가 하는 것이다. 이것은 어둠을 제거함으로써 가능하다. 궁극적으로는 공(空)의 세계와 현상의 세계는 하나다. 공은 창조되지 않고, 스스로 존재하고, 생각과 말을 초월해 있다. 만일 그 둘이 하나가 아니라면 현상 세계로부터의 해방은 가능하지 않을 것이다. 인간은 사실 이미 대자유의 상태이지만 그 사실을 모르고 있다. 그가 그 사실을 깨달을 때 그는 자유롭다. 붓다의 위대한 말씀인 《반야심경》은 이렇게 말한다.

"형태가 곧 공이고, 공이 곧 형태이다."

공을 깨닫는 것은 곧 붓다가 되는 것이고 '지자(知者)'가 되는 것이다. 그것을 깨닫지 못하면 윤회계(현상계) 속의 무지한 자가 될 수밖에 없다. 따라서 두 가지의 길은 앎과 무지이다. 첫번째 길은 니르바나로 인도한다. 그러나 두번째 길은 끊임없이 인간이나 동물의 몸으로, 아니면 나머지 네 곳의 세계로 방황하며 헤매게 만든다. 개인의 무지가 우주적으로 확대된 것이 마야(환영)이다. 티벳어로 이것은 규마인데 '마술쇼'를 뜻한다. 무지는 '나'와 '남'이라는 관념을 만들어낸다. 이 관념은 현실 생활에는 필요한 것이긴 하지만 초월적인 의미에서 보면 잘못된 것이다. 왜냐하면 실제로 '나'와 '남'이란 존재하지 않는 것이기 때문이다. 그 잘못된 관념은 지식과 감정과 행동의 모든 면에서 오류를 일으키는 원인이다. 그것들을 불교에서는 '여섯 가지 독(毒)'이라 하고 힌두교에서는 '여섯 가지 적(敵)'이라고 하는데 자만심, 질투, 게으름, 분노, 욕심, 육체적인 욕망이 그것이다.

《티벳 사자의 서》는 임종자나 사자에게 그가 보게 되는 모든 환영들이 그 자신의 무지에서 나온 환영임을 깨달으라고 쉼없이 일깨운다. 무지 때문에 텅 빈 충만〔空〕의 세계에서 나오는 투명한 빛을 볼 수 없다는 것이다. 만일 이 사실을 깨닫는다면 그는 어떤 단계에서든 해탈(영원한 자유)을 얻는 것이 가능하다.

그러나 사후에 나타나는 모든 환영들은 사자의 눈에는 너무도 사실적으로 보인다. 특히 그것의 정체를 알지 못하고 공(空)의 세계로 나아갈 수 없는 사자에게는 더욱 그렇다. 공의 세계에서 비쳐 나오는 투명한 빛을 《티벳 사자의 서》에서는 무한히 파동치는 눈부신 빛으로 묘사하고 있다. 물론 이 아름다운 장면은 그것을 있는 그대로 표현한 것이 아니다. 왜냐하면 그 빛이라는 것은 어떤 대상이나 물체가 아니기 때문이다. 그런 표현은 어디까지나 사자의 내면에서 일어나는, 설명이 불가능한 환희의 체험을 객관적인 세계의 용어로 번역한 것이다.

임종자나 사자에게 그 투명한 빛을 인식하고 대자유에 이르도록 《티벳 사자의 서》는 계속해서 일깨운다. 만일 그가 그렇게 할 수 있다면, 그것은 그가 대자유의 상태를 얻을 만큼 성숙했기 때문이다. 그러나 만일 대부분의 경우처럼 그가 그것에 실패한다면, 그것은 세속의 욕망이 그를 잡아당기기 때문이다. 이때 그에게는 두번째의 투명한 빛이 나타난다. 사실 이 빛은 첫번째의 빛이 그의 무지로 인해 약간 흐려진 상태로 나타나는 것에 불과하다. 만일 사자의 의식체가 이 빛마저 인식하지 못한다면 그에게는 사후세계의 첫번째 중간 상태인 치카이 바르도가 시작된다. 이 바르도는 사자의 의식 상태에 따라 며칠 동안 계속될 수도 있고, 아니면 이 경전의 설명대로 '손가락을 딱한 번 튕길 만큼'의 짧은 순간밖에 지속되지 않을 수도 있다.

그 다음 단계인 초에니 바르도에서는 대상을 인식하는 의식이 회복된다. 어떤 의미에서 이것은 앞의 기절 상태에서 깨어나는 것이라고 할 수 있다. 물론 이것은 죽기 전에 육체 속에서 의식을 회복하는 것과는 다르다. 사자는 공(空)의 세계를 체험하는 상태에서 빠져나와 꿈을 꾸는 듯한 상태로 들어가는 것이다. 이 상태는 새로운 육체를 얻고 또다시 지상의 삶을 시작할 때까지 이어진다.

기절 상태에서 회복된 다음에 이어지는 15일 동안의 사건에 대한 설명을 읽으면서 나는 그것이 탄트라에서 말하는 의식의 점진적인 깨어남과 같은 것이라고 생각했다. 하지만 자세히 살펴본 결과 그렇지 않다는 것을 알게 되었다. 이 경전에서는 첫번째 바르도가 끝난 다음에, 다시 말해 임종의 순간이 지난 다음에 사자의 의식체가 대상을 인식하는 능력을 곧바로 완전하게 회복하는 것으로 설명하고 있다. 이 순간부터 사자의 심령적인 삶이 계속된다. 곧 사후세계의 삶은 사자가 기절 상태에 빠지기 직전부터 곧바로 시작된다고 할 수 있다. 임종 직후에 곧바로 사후세계의 삶이 시작된다는 이 견해에 따르면, 강신술사들이 주장하듯이 사후세계의 삶은 곧 지상에서의 삶의 연속이다. 스웨덴보리의 설명과 최근의 연극 〈바깥 세계의 경계선 *Outward Bound*〉에서 묘사하는 것처럼 사자는 처음에 자신이 죽었다는 사실을 알지 못한다. 스웨덴보리는 곧바로 천국이나 지옥으로 옮겨가는 자들을 제외하고는 사후에 인간이 체험하는 첫번째 상태는 세상에서의 상태와 아주 비슷하다고 설명한다. 그래서 사자는 죽었음에도 불구하고 자신이 여전히 이 세상 속에 있다고 믿는다. (편집자인 본인은 인도 남서부의 말라바르 지방에 살다가 죽은 한 유럽인 이주자에 대해 들은 적이 있다. 그가 죽은 지 몇 년 후에 친구 한 사람이 그의 무덤 앞을 지나가다 무덤에 조심스럽게 울타리가 쳐져 있고 무덤가에는 빈 위스키병과 맥주병들이 잔뜩 널려 있는 것을 목격했다. 이 기이한 광경에 당황한 그는 마을 주민들에게 설명을 요구했다. 주민들의 설명에 따르면, 그 죽은 '신사 양반'의 유령이 계속해서 말썽을 일으키는 바람에 마을의 늙은 무당에게 알아봤더니 그 유령이 위스키와 맥주를 무척 마시고 싶어한다는 것이었다. 그는 살아 있을 때 그 습관을 오랫동안 갖고 있었으며, 그가 죽은 것도 술을 너무 많이 마셨기 때문이었다. 주민들은 비록 자신들의 종교가 술 마시는 것을 금하고는 있지만 할 수 없이 신사 양반이 좋아하던 똑같은 종류의 위스키와 맥주를 사다가 정기적으로 무덤에 부어 주었다. 그러자 유령은 잠잠해졌고 주민들은 자신들을 방어하는 데 성공했다는 것이다.— 에반스 웬츠)

임종 직후에 사자가 경험하는 것이 생전에 경험하던 세계와 다르지 않다는 이 믿음에 대해서는 두 가지 예를 들 수 있을 것이다. 하나는 인도의 경우인데, 불행하게 죽은 혼령들이 계속해서 출몰하는 사례들이 많이 보고되고 있다. 이런 유령 현상은 붓다가야 지방의 프레타 쉬라다 의식을 통해서 진정시킬 수 있다고 한다. (프레타는 앞에서 설명했듯이 죽은 자의 혼령을 말하고, 쉬라다는 《바르도 퇴돌》의 '퇴돌'이 의미하듯이 '듣기'라는 뜻이다. 일종의 영혼 천도 의식이다.) 다른 하나는 영국의 경우인데, 그곳에서는 레퀴엠 미사(죽은 이를 위한 진혼 미사)를 올리면 유령의 출몰이 멈춘다고 한다. 아마도 이 경우에는 그 혼령이 생전에 카톨릭 신자였을 것이다. 그래서 그는 사자에게 평화를 가져다 준다고 배운 종교 의식을 자신도 받게 되기를 갈망하게 되었을 것이다. 마찬가지로 힌두교 신자였던 혼령은, 장작더미 위에서 불태워진 육체 대신에 사자에게 새로운 육체를 준다고 하는 힌두교 의식을 갈구한다. 이렇듯 인도인들의 시각에 따르면 인간의 영혼은 죽어서도 생전에 갖고 있던 종교적인 믿음을 잃지 않는다. 또한 술을 마시거나 담배를 피우는 생전의 습관도 곧장 버리게 되지 않는다.

그러나 사후 상태에서 원하는 술이나 담배 따위는 실제적인 것과는 다르다. 그것은 일종의 꿈의 상태이며, 다만 사자가 그것을 꿈의 상태인 줄 모르고 실제 체험이라고 믿는 것일 뿐이다. 생전에 음주와 흡연 습관을 갖고 있던 사람은 죽은 다음에도 자신이 계속해서 그렇게 하고 있다고 상상한다. 따라서 그 술과 담배는 다만 사자의 꿈 속에만 존재하는 것이지만, 사자에게는 그것들이 생전에 경험하던 실물들과 하나도 다르지 않다.

다음으로 사자는 자신이 죽었다는 사실을 마침내 깨닫는다. 하지만 그는 지나간 삶의 기억을 짊어지고 있기 때문에 자신이 아직도 전과 마찬가지로 실질적인 육체를 갖고 있다고 생각한다. 그러나 사실 그것은 이 지상에서 가졌던 육체가 아니라 일종의 '꿈의 육체'이다. 우리가 꿈 속에서 보는 그런 몸인 것이다. 그것은 상상으로 이루어진 육체이며,《티벳 사자의 서》에서 말하는 것처럼 거울에 모습이 비치지도 않고 그림자도 갖고 있지 않다. 그리고 그 육체는 산을 통과하는 것 같은 놀라운 기적들을 행할 수 있다. 왜냐하면 상상이야말로 가장 위대한 마술사이기 때문이다. 지상에 살아 있을 때도 인간은 자신의 없어진 팔다리가 실제로 존재하는 것처럼 상상한다. 사고로 다리가 절단된 사람은 오랜 기간이 지나서도 발바닥이 가렵다고 느낀다. 사후 세계에서도 사자는 죽음의 대수술을 거쳤음에도 불구하고 자신이 실제적인 육체를 갖고 있다고 상상한다. 그 상상의 육체를 갖고 사자는 다음에 설명되는 경험들을 겪는다.

첫번째 바르도에서 사자는 투명한 빛으로 다르마카야(법신)를 체험한다. 이것을 실뱅 레비Sylvain Lévy는 '본질의 몸'이라고 표현했다. 그것은 형태를 초월해 있다. 그리고 그것은 니르바나에서 붓다의 경지에 이른 사람이 갖는 몸이다. 두번째 몸은 삼보가카야(보신)인데, 이것은 보디사트바들에게 보이는 몸으로 다르마카야의 일차 현신이다. 세번째 몸인 니르마나카야(화신)는 이 일차적인 현신이 다양한 개인의 몸으로 물질화되어 나타난 것이다. 그것이 곧 세상에 화신하는 수많은 붓다들이다. 고타마 붓다도 여기에 속한다.

사자가 첫번째 바르도의 투명한 빛을 인식하면 그는 다르마카야 속에서 대자유를 얻을 수 있다. 두번째 바르도에서의 해탈은 삼보가카야 속으로 이루어진다. 내가 생각하기에 이것은 극락세계와 무관하지 않을 것이다. 그리고 세번째 바르도에서의 해탈은 니르마나카야 속에서 체험된다.

두번째와 세번째 바르도에서 사자는 형상의 세계 속에 존재한다. 만일 여기서 해탈이 이루어진다면 그것은 형상을 통해서다. 이와 같이 사자는 동시에 두 가지의 세계를 경험하게 된다. 하나는 형상을 초월한 니르바나의 세계이고, 다른 하나는 형상의 세계이다. 첫번째의 니르바나 세계로부터 나타나는 것은 삼보가카야(보신)인 다섯 명의 명상하는 붓다(오선정불)들이다. 이들로부터는 평화의 신과 분노의 신들을 포함해 다양한 색깔들이 뿜어져 나온다. 그 다음의 현상계는 여섯 가지의 세계로 이루어져 있다. 이 세계들은 한 가지를 제외하고는 니르바나 세계에서 나타나는 것들과 짝을 이루는 똑같은 색깔을 갖고 있다. 물론 색깔은 훨씬 우중충하다. 한 가지 예외란 누군가 중간에서 경전을 잘못 기록한 것일 수도 있는데, 지옥계의 시커먼 검은색 빛을 바즈라사트바(금강살타)의 푸른색 빛과 연결시키고 있다는 점이다. 각각의 여섯 세계들은 그들의 '독(毒)'과 함께 등장한다. 독이란 그 세계에 거주하는 자들의 성격적인 나쁜 특징들이다.

《티벳 사자의 서》는 사자에게 니르바나의 세계에서 나타나는 붓다들과 천신들의 자비로운 은총을 통해 대자유를 얻을 것을 거듭 지시한다. 그리고 다른 한편으로는 그의 정신적인 환영 속에 함께 등장하는 그 여섯 세계들을 피할 것을 주문받는다.

여섯째날과 일곱째날에는 평화로운 천신들이 등장하고, 여덟째날부터는 분노의 천신들이 등장한다. 분노의 천신들은 불교와 힌두교의 《샥타 탄트라》의 공통된 특징이다. 힌두교 역시 신들의 속성을 구분하는데, 분노의 신들은 최고신의 파괴적인 힘을 대표한다. 그러나 '신은 결코 파괴하지 않으며', 다만 우주를 자기 자신에게로 거두어들일 뿐이라고 그들은 말한다.

하지만 세상을 해체시켜 버리는 그 힘은 세상에 집착해 있는 자에게는 공포일 수밖에 없다. 《티벳 사자의 서》에 따르면 사자의 나쁜 카르마는 마지막 바르도에서 공포의 신들로 투영되어 나타나며, 사자는 그것들로부터 달아나 점점 낮은 상태로 내려가다가 마침내는 여섯 세계 중의 하나에 다시 태어나게 된다.

열다섯째날에 사자는 세번째 바르도에 들어선다. 전단계의 바르도들에서 아직 대자유를 얻지 못했다면 사자는 이 단계에서 환생을 추구하게 된다. 그의 과거의 삶은 이제 기억이 흐려졌다. 이제 그는 미래의 새로운 삶을 가지려는 욕망을 갖게 된다. 그래서 사자는 여섯 세계의 색깔 중에서 자신이 태어날 세계의 색깔을 취한다. 사자의 카르마가 그를 지옥으로 인도할 운명이라면 그는 심판을 받은 다음에 온몸이 부서지는 아득한 고통을 겪는다. 아니면 그는 천상계나 다른 세계로 갈 것이다. 그러나 어떤 경우든지 결국에는 지상에 다시 환생해 새로운 카르마를 쌓기 시작한다. 형벌이나 보상이 영원히 계속되지는 않는다. 자신의 카르마에 따라 지옥계에서 형벌을 겪거나 천상계에서 즐거움을 누리는 일이 다 마무리되면 그는 다시 태어나는 것이다. 그러나 대부분의 사자들은 성교하는 남자와 여자의 환영을 보는 순간 곧바로 지상에 환생한다. 이 마지막 단계에 이르면 사자는 자신이 실질적인 육체를 갖고 있지 않다는 사실을 깨닫고 다시 한번 지상에서의 삶을 누리기 위해 살과 뼈를 가진 육체를 갖기를 간절히 소망한다는 것이다.

여기서 프로이트 학파의 심리학자들은 자신들의 이론을 뒷받침할 만한 독특한 문장을 발견하게 된다. 즉 남자로 태어나게 될 사자는 남자의 느낌을 갖게 되며 동시에 아버지가 될 사람에게 강한 적개심을 품고 어머니가 될 사람에게는 애정을 느낀다는 것이다. 이것은 오래된 다른 불교 경전에서도 발견되는 문장이다.

마침내 사자는 꿈의 세계인 바르도를 통과해 살과 뼈를 가진 인간의 자궁 속으로 들어온다. 그리하여 다시 한번 지상의 경험 세계에 깨어나게 된다. 이것이 바로 세상에서 말하는 환생이다. 윤회를 뜻하는 산스크리트어의 삼사라는 탄생과 죽음의 세계에 '다시 또다시 나타난다'는 뜻이다. 어떤 것도 영원하지 않다. 다만 끊임없이 변화할 뿐이다. 이 끊임없이 변화하는 것들의 연속체를 우리는 영혼이라고 부른다. 그 연속체는 죽음에 의해서도 방해받지 않는다. 그것을 구성하는 요소들 속에서 그것은 변화를 계속해 나가며, 그것이 몸담고 있던 육체는 또 그것대로의 변화를 겪는다. 하지만 여기에는 차이가 있다. 사후세계에서의 변화는 단순히 이 지상에서 축적한 행위들(카르마)에 달려 있다는 것이다. 사후세계에서의 행위는 지상에서의 행위처럼 새로운 카르마를 탄생시키지 않는다. 카르마는 육체를 갖고 있을 때만 만들어지는 것이다. 불교와 힌두교와 기독교는 인간의 사후의 운명은 지상의 삶에 의해 결정된다는 것에 동의한다. 물론 기독교는 그 결과로 인해서 또다시 지상의 삶을 반복한다는 것에 대해서는 의심한다.

죽음에 의해서도 의식은 단절되지 않고 계속해서 변화를 경험한다. 임종의 순간에 갖는 의식 상태는 하나의 출발점이며, 그 다음부터 지금까지 설명한 의식 상태들이 이어진다. 생전에 축적한 카르마들이 마침내 형태를 갖고 환영으로 사자 앞에 나타난다. 그 마지막 단계에서 의식체는 적당한 자궁 속으로 뛰어들어 다시금 탄생 순간의 의식 상태를 갖고 태어난다. 새로 태어난 이 의식체는 전의 의식체와 다르지 않다. 왜냐하면 그것은 새 육체를 갖는 변화를 겪었을 뿐이지 결코 과거로부터 독립된 존재가 아니기 때문이다.

에반스 웬츠는 여기서 논란이 되고 있는 문제 하나를 다시금 거론한다. 인간 영혼이 동물의 몸 속으로 환생할 수 있는가 하는 문제다. 문자 그대로 읽으면 《티벳 사자의 서》의 경우도 그것이 가능한 것처럼 말하고 있으며, 힌두교와 불교에서도 일반적으로 그런 믿음을 갖고 있다. 하지만 아무리 그것이 보편적인 믿음이라 할지라도 인간 영혼이 축생의 몸에서 죽을 때까지 살아 간다는 것은 불합리한 생각이라고 에반스 웬츠는 지적한다. 왜냐하면 육체는 그 주인과 불협화음을 일으키는 상태에서는 존재를 계속할 수 없기 때문이다. 인간은 수많은 세월에 걸쳐 저급한 형태의 존재로부터 진화해 왔다. 힌두교에서는 인간이 되려면 840만 번의 윤회를 거쳐야 한다고 말한다. 산스크리트어에서 인간을 지칭하는 둘라밤이라는 말은 '얻기 어려움'이란 뜻이다. 따라서 인간으로 탄생한 어렵고 소중한 기회를 제대로 사용하지 않는다면 다시 저급한 형태로 내려가겠지만, 인간의 형태까지 올라오는 데 걸린 세월만큼 아래로 내려가는 데에도 시간이 걸린다는 것이다.

우리는 한 가지의 의문을 가질 수 있다. 만일 사후에 인간의 의식체가 과거의 카르마에 의해 지배를 받는다면, 《티벳 사자의 서》가 사자에게 이렇게 하고 저렇게 피하라고 지시하는 것이 무슨 의미가 있겠는가 하는 것이다. 물론 한 개인의 의식체 속에는 다양한 속성들이 담겨 있을 것이다. 하지만 그래도 의문은 여전히 남는다. 만일 카르마가 모든 것을 결정하도록 이미 되어 있다면 사자에게 충고하는 것은 무의미한 짓이다. 반면에 만일 영혼이 자유롭게 선택할 수 있다면 카르마와는 아무 상관이 없게 된다.

힌두교에서는 그것을 이렇게 설명한다. 카르마의 영향력에도 불구하고 아트마(영혼)는 본질적으로 자유롭다는 것이다. 아마도 이것이 그 의문에 대한 해답이 될 수 있을 것이다. 사자에게 내리는 지시들은 그의 의식 속에서 행위로 옮겨지지 않고 잠자고 있던 몇 가지 성향들을 일깨울 수 있을 것이다. 나아가 《티벳 사자의 서》는 한 영혼이 다른 영혼에게 도움을 줄 수 있다고 말한다. 그래서 사자를 위한 기도문의 필요성을 역설한다. 힌두교의 프레타쉬라다, 카톨릭의 진혼 미사, 이슬람교의 파티하도 거기에 속한다. 이것은 임종시나 사후에, 정상적인 감각기관을 갖지 않은 사자와 의사소통이 얼마든지 가능하다는 것을 의미한다.

이 책에서는 개인이 속한 집단 전체의 카르마에 대해선 언급을 하지 않고 있다. 한 개인은 당연히 그 자신이 쌓은 카르마의 영향을 받겠지만, 그가 속한 공동체가 축적한 카르마에 의해서도 영향을 받을 것이다. 환생 사상에 대해서도 더 많은 질문이 있을 수 있으나 이 자리는 그 모든 것을 토론할 수 있는 자리가 아니다.

이 독특한 책에는 그 밖에도 다른 흥미있는 점들이 많이 있다. 하지만 독자 자신이 그것들을 발견할 수 있도록 나는 여기서 글을 마쳐야만 할 것 같다. 다만 이 책을 탄생시킨 주인공들에 대해 한 마디만 덧붙이고 싶다. 《티벳 사자의 서》가 에반스 웬츠를 편집자로 갖게 된 것은 큰 행운이 아닐 수 없다. 그는 이 분야에 대한 해박한 지식과 진실한 애정의 소유자이다. 덕분에 우리는 그에게서 더없이 이해하기 쉬운 해설을 들을 수 있게 되었다. 또한 그가 이 책의 번역자인 라마 카지 다와삼둡을 스승으로 갖게 된 것은 그의 큰 행운이 아닐 수 없다. 라마 카지 다와삼둡은 내가 처음 만났을 때 인도 정부 주재 티벳 전권대사인 론체 사트라의 통역관으로 일하고 있었다. 그는 또한 달라이 라마가 인도를 방문할 때 통역을 맡기도 했다. 세상을 떠날 무렵 그는 캘커타 대학의 티벳학 강사로 일하고 있었는데, 애석하게도 그는 너무도 일찍 세상을 떠났다. 에반스 웬츠가 말했듯이 그는 티벳어와 영어 양쪽에서 뛰어난 재능을 갖고 있었고, 산스크리트어에 대한 지식도 훌륭했다. 그래서 나는 그와 함께 티벳 불교의 교리와 의식에 대해 많은 토론을 나눌 수 있었다. 나는 또한 그와 개인적으로 많은 만남을 가지면서 그의 작업을 지켜볼 수가 있었다. 그는 나의 부탁으로 티벳어로 된 《스리차크라삼바라 탄트라》를 번역했으며, 나는 그것을 《티벳 선집》의 제7권으로 출판했다. 이 탁월한 인물에 대해 에반스 웬츠가 표현한 모든 사실들을 나 자신도 직접 체험하고 공감할 수 있었다. 아무쪼록 두 사람의 작업이 성과를 거두길 바라며, 더불어 에반스 웬츠가 소장하고 있는 다른 티벳 문헌들도 머지 않은 날에 세상에 전해지기를 기원한다.

옥스퍼드 대학에서
1925년 10월 3일

죽음의 사신

죽음의 사신이 언제 찾아올지
아무 생각도 없고 귀기울이지 않는 자는
누구나 남루한 육체에 머물며
오래도록 고통 속에서 살아 가리라.
그러나 모든 성자와 현자들은
죽음의 사신이 언제 찾아올지 알고 있기에
결코 무분별하게 행동하지 않으며
고귀한 가르침에 귀기울인다.
그들은 집착이 곧
생과 사의 모든 근원임을 알고
스스로 집착에서 벗어나
생과 사를 초월한다.
이 모든 덧없는 구경거리로부터 벗어나
그들은 다만 평화롭고 행복하리라.
죄와 두려움은 사라지고
그들은 마침내 모든 불행을 초월하리라.

고타마 붓다,《앙굿타라 니카야(증지 아함경)》제3권 35장
워렌 옮김

티벳 死者의 書
【경전과 주해】

　●──── 평화의 신들〔寂靜尊〕. 본문 p.228 및 p.268 이후 참조.

첫째권

치카이 바르도
초에니 바르도

ཧྲལ་བང་དག་པ་མེད་པ་བེད་ཉིན་ཟིན་སྲིད་ཁས་ལེན་ད་ངོ་སྤྲོད་བཞུགས། །འདས་ཤིང་ཤོབ་དཔལ་བསམ་བརྟན་ཆེ་ཤོས།

　　　　　　　　．．

　　여기 사후세계의 중간 상태에서 존재의 근원으로 인도하는 방법이
있다. 평화의 신들과 분노의 신들에 대한 명상을 통해 의식의 해방을
얻는 심오한 가르침이 여기에 있다. 이것은 듣는 것으로 영원한 자유
에 이르는 길이다.[1]

---

1) 원문은 다음과 같다.
   잡최 시토 공파 랑될 라 바르도 퇴돌 첸모 초에니 바르도 고퇴 주소 ZAB-CHÖS ZHI-
   KHRO DGONGS-PA RANG-GRÖL LAS BAR-DOHI THÖS-GROL CHEN-MO CHÖS-
   NYID BAR-DOHI NGO-SPRÖD BZHUGS-SO

◐

2) '진리의 몸'은 다르마카야[法身]를 번역한 것이다. '무한한 빛'은 무량광(無量光) 아미
   타바(아미타불)로도 번역된다.

3) "이 모든 신들은 우리 자신 속에 존재하는 것이지 결코 바깥 어디에 따로 있는 것이 아
   니다. 우리는 존재하는 모든 것들과 하나다. 고통으로 가득한 가장 낮은 세계로부터 완전
   한 기쁨과 깨달음의 세계인 가장 높은 상태에 이르기까지, 모든 것들과 우리는 한몸이다.
   이런 상징적 의미에서 보면, '연꽃의 신들'은 우리 자신 속의 음성(音聲) 기능, 다시 말
   해 목소리를 내는 기능을 신격화해서 표현한 것이고, '평화의 신들'은 마음 또는 지각 기
   능, 다시 말해 대상을 느끼는 기능을 신격화한 것이다. 마찬가지로 '분노의 신들'은 우리
   의 두뇌 중심에서 일어나는 정신 기능, 곧 생각하고 분별하고 상상하고 기억하는 기능을
   상징한다." —— 라마 카지 다와삼둡
   평화의 신은 불교에서 적정존(寂靜尊)으로, 분노의 신은 분노존(忿怒尊)으로 번역된다.
   이것은 티벳 불교의 닝마파 종(宗)에서 중요시하는, 평화로운 모습을 한 붓다들 42명과
   분노의 모습을 한 붓다들 58명을 가리킨다(p.226, 236의 그림 참조). '적정'은 번뇌를 떠
   나 고통을 멸한 해탈과 열반의 경지를 뜻한다. '완전한 능력의 몸'은 삼보가카야[報身]

진리의 몸, 그 불가사의하고 무한한 빛에게[2]
연꽃의 신이며, 평화의 신이고, 분노의 신들인 완전한 능력의 몸에게[3]
생명 가진 모든 것들의 수호신이며 연꽃 위에서 태어난 화신 파드마삼바바[4]에게
이들 세 개의 몸[5]과
이 세상의 모든 영적 스승[6]들에게 머리 숙여 절하노라.

를 번역한 것이다.
4) 파드마삼바바는 티벳어로 '연꽃 위에서 태어난 자'란 뜻이다. 그래서 파드마삼바바는 연화상생사(蓮華上生師)로 흔히 번역된다. 연꽃 위에서 태어났다는 것은 순수하고 순결한 상태에서 태어났음을 뜻한다. 일반적으로 티벳인들은 그를 구루 린포체 곧 '소중한 구루'라고 부르며, 단순히 구루라고 부르기도 한다. 파드마삼바바의 추종자들은 그를 고타마 붓다의 화신으로 여긴다. 그는 티벳 불교에서 가장 오래된 학파인 닝마파 종의 중심 인물이다. 전하는 바에 따르면, 그는 북인도 지방에서 기적을 보이면서 태어났다고 한다. 그는 인도 전역을 여행하면서 여러 대스승 밑에서 배웠으며, 마침내 탄트라의 명인으로 이름을 떨쳤다. 그러자 티벳의 티송데첸 왕이 그를 초청해 불교를 전파하는 데 장애가 되는 것들을 물리치게 했다. 그는 티벳과 인접 지역들을 유랑하면서 많은 비밀 경전들을 여러 곳에다 숨겨 두었다. '테르마'라고 불리는 이들 보물들은 그의 계획대로 훗날 특정한 시기에 특정한 인물들에 의해 발견되었다. 이들 인물들은 모두 파드마삼바바의 환생으로 여겨지는데, 이들 중 가장 뛰어난 이가 오겐 링파(1379년 사망)이다. 그 역시 파드마삼바바의 문헌을 발견했다. 이 문헌에 따르면 파드마삼바바는 108개의 경전[百八寶藏]과 125개의 주요 만트라, 그리고 다섯 가지 핵심 가르침과 비법들을 티벳과 중국의 카이라쉬 산에 숨겼다고 한다.
5) 삼신(三身). 다르마카야[法身], 삼보가카야[報身], 니르마나카야[化身]. 이것에 대한 자세한 설명은 편집자의 해설(p.62~69)에 나와 있다.
6) 원문은 구루guru. 영적 스승. 선지식(善知識). '어둠을 물리치는 자'라는 뜻.

ཉོན་དེས་པ་ཆེན་པོ་བར་དོ་ཐོས་གྲོལ་ལས། བར་དོའི་སྨོན་ལམ་གྱི་སྐོར་ཞུགས་སོ། །

서 문

이《사자의 서Bardo Thödol》, 곧《듣는 것으로 영원한 자유에 이르는 위대한 가르침》은 사후세계의 중간 상태[7]에 머물러 있는 일반 구도자들을 영적인 대자유로 인도한다. 이것은 세 가지 부분으로 이루어져 있다. 준비 단계와 본론과 결론이 그것이다.

무엇보다도, 대자유를 꿈꾸는 모든 존재들은 준비 단계에 해당하는 일련의《안내서》[8]들을 생전에 실제 수행을 통해 완벽하게 터득해야만 한다.

---

7) 윤회하는 존재, 이것을 유(有)라고 한다. 그 존재의 탄생을 생유(生有)라고 하고, 죽음을 사유(死有)라고 한다. 누구나 탄생을 거쳐 죽음에 이르고 다시 환생을 한다. 그러나 죽음을 맞이했지만 아직 환생을 하기 전의 상태, 아직 새로운 육체를 갖지 않은 중간 상태를 중유(中有) 또는 중음(中陰)이라 하고, 티벳어로 바르도bardo라고 한다. 이 책에서 말하는 사후세계의 중간 상태란 원문의 바르도를 번역한 것이다. 그러나 이 경전 부분의 번역에서는 편의상 그 모든 표현을 '사후세계'로 통일했음을 밝힌다. 따라서 앞으로 나오는 '사후세계'는 모두 '죽음과 환생 사이의 중간 기간'을 뜻한다. 그리고 육체를 벗고 사후세계로 떠난 이 존재를 바르도체(體), 중음신(中陰身), 의식체, 의식 흐름 등의 다양한 이름으로 부르는데, 여기서는 의식체로 대개 통일했다. 이것은 흔히 말하는 '영혼'을 가리킨다.

8)《안내서》란 인간계에서, 그리고 사후세계인 바르도에서, 또는 더 나아가 환생을 하거나 니르바나에 이르는 과정에서, 모든 구도자들을 깨달음의 길로 인도하는 실제적인 안내서 역할을 하는 다양한 경전들을 가리킨다. 나아가 영적 스승들의 모든 가르침, 진리의 책과 명상 서적들, 또한《티벳 사자의 서》자체도 이《안내서》에 포함된다.

9) 티벳어 원문에는 '포오Hpho'라고만 적혀 있다. 이것은 카르마를 지닌 한 개인의 영혼 또는 의식체를 육체로부터 분리시켜 보다 높은 차원으로 이동시키는 티벳 밀교의 요가 비법이다. 트룽파Chogyam Trungpa는 이를 '의식체의 방출the ejection of conscious-

의식체의 탈바꿈[9]

뛰어난 영적 능력을 가진 구도자는 그《안내서》들을 터득하는 것만으로도 사후세계를 거치지 않고 곧바로 영원한 자유에 이른다.[10] 그러나 만일 그가 실제 수행을 통해서도 깨달음에 이르지 못했다면, 사후세계의 첫번째 단계인 치카이 바르도(죽음의 순간의 바르도)[11]에서 의식체의 탈바꿈을 행해야 한다. 이 순간에 그는 자신이 생전에 수행한 내용을 기억하는 것만으로도 자동적으로 깨달음에 이른다.

일반 구도자들은 이것을 통해서 거의 틀림없이 영원한 자유에 이른다. 그러나 만일 의식체의 탈바꿈을 통해서도 자유를 얻지 못했다면, 사후세계의 두번째 단계인 초에니 바르도(존재의 근원을 체험하는 바르도)[12]에 머물러 있는 동안 이《사자의 서》에 진지하게 귀를 기울여

---

ness'이라고 번역했다. 따라서 여기서의 의식체의 탈바꿈은 단순히 의식체를 육체로부터 분리시키는 것을 의미하지는 않는다. 이것은 소아ego(小我)의 의식으로부터 진아(眞我)의 의식으로 옮겨가는 것 또는 방출되는 것을 뜻한다. 즉 임종의 순간에 이렇게 함으로써 영원한 자유의 성취가 이루어지는 것이다. 일본에서는 의식의 변혁으로 번역하기도 한다. 번역자 라마 카지 다와삼둡은 영혼soul이라는 용어의 사용을 피했다. 왜냐하면 불교에서는 기독교나 정령 신앙에서 일반적으로 받아들여지고 있는 영원 불변한 개체 의식의 존재(영혼)를 부정하기 때문이다. 따라서 이 책에서 '영혼'과 비슷한 뜻을 가진 단어가 나온다면 그것은 티벳어 포오가 담고 있는 의미처럼 의식체, 의식 원리, 또는 그 동의어로 남방불교에서 주로 사용되는 '의식 흐름〔意識流〕'과 같은 뜻으로 이해해야 할 것이다.

10) 뛰어난 영적 능력을 가진 사람, 그리고 극단적으로 악한 성질을 가진 사람은 바르도를 거치지 않는다. 그들은 곧바로 영원한 자유에 이르거나 다시 환생한다. 그러나 일반적인 영적 능력을 가진 사람들은 대부분 바르도를 경험한다.
11) 사후에서 환생까지의 기간을 이 책에서는 세 부분으로 나누고 있는데 그 첫번째가 치카이 바르도이다. 문자 그대로 그것은 '죽음의 순간의 바르도'라는 뜻이다. 초입(初入) 중음으로 번역한다.
12) 죽은 자가 사후 3일 반부터 14일까지 사이에 경험하게 되는 두번째의 바르도. 초에니는 산스크리트어의 다르마다Dharmadha〔法性〕에 해당하는 티벳어로, 죽은 자가 이 기간에 자기 존재의 근원과 직면하게 된다는 뜻에서 그런 이름이 붙었다.

야 한다.
 따라서 구도자는 임종시에 먼저 자신에게 일어나는 죽음의 현상들을 자세히 관찰해야만 한다.[13] 그리고 죽음의 모든 현상이 끝나면 의식체의 탈바꿈을 시도해야 한다. 생전의 수행 과정을 기억하는 것만으로도 그는 이 상태에서 영원한 자유에 이를 수 있다.[14]

《사자의 서》를 읽어 주는 법

 지금까지 의식체의 탈바꿈이 효과적으로 이루어졌다면 이 《사자의 서》를 읽어 줄 필요가 없다. 그러나 탈바꿈이 효과적으로 이뤄지지

---

13) 여기서 원서는 《임종시에 나타나는 현상들을 관찰함으로써 해탈에 이르는 지침서》라는 제목의 티벳 문헌을 참고하라고 적고 있다. 이것은 티벳 불교에서 《티벳 사자의 서》의 보조 책자로 널리 사용돼 온 것이다. 여기서는 죽음의 현상을 과학적으로 그리고 무척 자세하게 다루고 있다. 라마 카지 다와삼둡은 이것을 영어로 번역할 계획을 갖고 있었다.

14) 이 문장에서의 '영원한 자유(해탈)'는, 특히 일반인들의 경우에는, 반드시 니르바나에 이르는 해탈을 뜻하는 것은 아니다. (니르바나 곧 열반은 번뇌를 초월한 절대 자유의 경지, 영원한 행복의 상태를 말한다.) 여기서는 주로 죽은 자의 육체로부터 의식체를 해방시키는 것을 말한다. 그리하여 사후에 가장 가능성 있는 의식체를 갖게 하고 나아가 행복한 환생을 가능케 하는 것을 말한다. 그러나 티벳의 영적 스승들에 따르면, 매우 탁월한 능력을 갖춘 명상가나 성자들은 죽는 순간에도 의식을 잃지 않으며 환생하는 순간에도 의식을 잃지 않는다고 한다. 다시 말해 이 의식체 탈바꿈 과정에서 단 한 순간도 의식의 흐름이 끊어지지 않는 것이다.
 라마 카지 다와삼둡은 이러한 의식체 탈바꿈을 위한 실제적인 가르침이 들어 있는 옛 티벳 필사본을 번역한 적이 있는데 ― 이 번역본은 편집자가 갖고 있다 ― 거기에 적힌 내용에 따르면 의식체의 탈바꿈 과정은 본질적으로 요가 수행법이고, 육체와 정신의 모든 기능을 통제할 만큼 높은 정신 수행을 쌓은 사람에게만 적용될 수 있는 것이다. 경전이 말하고 있듯이, 죽음의 모든 중요한 순간에 그 과정을 단지 기억하는 것만으로도 요가 수행자는 의식체 탈바꿈을 행하는 것과 마찬가지다. 왜냐하면 일단 수행자의 훈련된 마음이 그 과정으로 유도되면 그 즉시, 또는 경전에서 말하듯이 자동적으로 바라는 결과가 이뤄지기 때문이다.

않았다면 사자(死者)의 시신 곁에서 이《사자의 서》를 분명한 목소리로 정확하게 읽어 줘야 한다.

만일 시신이 없다면 죽은 자가 쓰던 침대나 의자 옆에서 이《사자의 서》에 담긴 진리를 설명해야 한다. 그리고 죽은 자의 영혼을 불러, 그 영혼이 옆에 앉아서 듣고 있다고 상상하면서 읽어 준다.[15] 이 동안에 죽은 자의 친척이나 사랑하는 배우자는 흐느끼거나 통곡해서는 안된다. 그것은 사자에게 좋지 않은 영향을 주기 때문에 금지해야 한다.[16]

만일 시신이 있다면 호흡이 막 멎었을 때 생전에 죽은 자의 영적 스승이었던 사람이나, 죽은 자가 신뢰하던 진리의 형제[17]나, 특별히 사랑하던 친구가 시신의 몸에 닿지 않게 조심하면서 그의 귀에 대고 이《사자의 서》를 읽어 줘야 한다.[18]

---

15) 여기에 지시된 대로 죽은 자의 집에 앉아서 이 경전을 읽어 주는 사람은 시신이 거기에 있든 없든 먼저 진리의 이름으로 다음과 같이 사자의 이름을 부른다.
"삼보(三寶)가 진실하고 삼보가 설한 진리〔法〕가 진실하듯이 이 진리의 힘으로 나는 그대를 부른다."
삼보는 깨달은 자, 깨달은 자가 설한 진리, 또 그 진리를 따르는 공동체를 가리킨다.
가까이에 시신이 없는 경우라는 것은, 돌발적인 사고로 인간의 육체가 갑자기 파괴되거나 사라졌을 때, 또는 티벳에서 흔히 있는 일처럼 점성학 계산에 따라 사후에 시신을 즉시 옮겼거나 처분했을 때를 말한다. 그러나 이 경우에도 죽은 자의 영혼은 저승 세계에서 필요한 안내를 받기 위해 눈에 보이지 않는 유체(幽體)로 그 자리에 틀림없이 참석해 있다. 이것은《이집트 사자의 서》에서도 똑같이 지시하고 있다.
16) 힌두교에서도 이것을 금지하고 있다.
17) 도(道)의 길을 함께 추구하는 친구. 법우(法友). 도반(道件).
18) 티벳 불교뿐 아니라 티벳인들 대부분이 임종하는 자의 몸을 만져서는 안된다는 믿음을 갖고 있다. 의식체의 정상적인 이탈을 방해하지 않기 위해서다. 그들은 의식체의 정상적인 이탈은 머리 정수리에 있는 브라흐마의 구멍을 통해서 일어나야만 한다고 믿는다. 만일 브라흐마의 구멍을 통해서 이탈이 이루어지지 않으면 신체의 다른 구멍을 통해서 일어나게 되고, 따라서 인간계가 아닌 다른 세계에 태어난다는 것이다. 이를테면 의식체의 이탈이 귓구멍을 통해 일어나면 그는 인간계에 태어나기 전에 간다르바(요정과 같은 천상의 음악가)들의 세계에 태어난다. 그 세계의 대표적인 속성은 노래와 음악의 '소리'이며, 그것이 모든 존재를 지배한다.

《사자의 서》의 내용

이제《사자의 서》의 내용을 설명하면 다음과 같다.

할 수만 있다면 정성들인 예물을 준비해 진리를 깨달은 자와, 그의 가르침과, 그 가르침을 따르는 구도자들[19]에게 바치는 것이 좋다. 만일 그것이 힘들다면 마음을 집중시킬 만한 물건을 준비해 놓고, 마음속으로 예물을 만들어 절을 올려야 한다.

그리고 나서 '붓다들과 보디사트바들에게 도움을 청하는 기원문'[20]을 일곱 번 또는 세 번 소리내어 읽는다.

그리고 그 다음에 '사후세계의 두려움으로부터 보호를 청하는 기원문'과 '사후세계의 위험 가득한 좁은 여행길로부터 구원을 청하는 기원문'을 '여섯 바르도의 서시(序詩)'와 함께 분명하고 정확한 억양으로 읽어야 한다.[21]

---

19) 붓다〔佛〕와 그의 가르침〔法〕과 그 가르침을 따르는 공동체〔僧〕를 말한다. 삼보(三寶).
20) 이 기원문과 그 다음에 나오는 기원문들은 모두 이 경전의 부록 편(p.455~480)에 실려 있다.
21) 다음의 두 문장을 참고할 것. 첫번째 문장은 콤퍼Comper가 편집한 15세기경의《죽음의 기술 The Book of the Craft of Dying》제6장에 나오는 것이고, 두번째 문장은 역시 콤퍼가 편집한 15세기의《죽음의 기술 The Craft to Know Well to Die》제4장에 나오는 것이다.

"마지막으로, 임종을 맞이하는 환자에게 다음의 기도문을 잘 들려 줘야 한다. 만일 그가 종교적인 사람이라면 수녀들이 풍습에 따라 책상을 치며 모여앉아서 그가 사용하던 기도문과 찬송가들을 곁들여 연도(連禱, 사제가 외는 기도에 회중이 짧은 문구로 화답하는 기도)를 먼저 바쳐야 한다. 그 후 아직 그가 살아 있다면 그의 곁에 있는 어떤 사람으로 하여금 다음에 이어지는 기도문을 시간과 기회가 허용하는 한 읽게 해야 한다. 만일 환자가 아직 이성과 이해력을 갖고 있다면 그의 헌신하는 마음을 일깨우기 위해 그 기도문을 거듭해서 읽는 것이 좋다."

"그리고 만일 임종자가 앞에서 말한 기원문이나 기도문을 말할 수 없다면, 보호자들(곧 곁에 있는 사람들) 가운데 어떤 사람이 임종자 앞에서 큰 소리로, 필요에 따라 단어들을 바꾸면서 그것을 읽어야 한다."

그런 다음에 이 위대한 《사자의 서》를 장소와 상황에 따라서 일곱 번 또는 세 번 읽어야 한다.[22]

이 《사자의 서》는 세 부분으로 이루어져 있다. 첫째는 죽음의 순간에 일어나는 죽음의 현상들로 사자를 인도하는 방법, 둘째는 사후세계의 중간 상태에 놓여 있는 동안 존재의 근원으로 사자를 인도하는 방법, 셋째는 사자가 환생할 곳을 찾고 있을 때 자궁 입구를 막아 주는 방법이 그것이다.[23]

---

22) 콤퍼가 편집한 《죽음의 기술》 제4장의 다음 문장을 참고할 것.
"이 일이 끝난 뒤에 그(임종을 맞이하는 사람)는 다음의 말들을, 그가 할 수 있다면, '세 번' 말해야 한다."

23) 첫번째 중간 상태를 치카이 바르도, 두번째 중간 상태를 초에니 바르도, 세번째를 시드파 바르도라고 한다. 이것들은 또한 초입 중음(初入中陰), 중간 중음(中間中陰), 만중음(滿中陰)이라고도 번역한다.

◇ 서문

●―――지식을 가진 신들〔持明者〕과 분노의 신들〔忿怒尊〕. (본문 p.228, p.307 이후 참조)

제1부

치카이 바르도
죽음의 순간의 사후세계

1

치카이 바르도의 첫번째 단계

> 죽음의 현상에 대한 몇 개의 가르침,
> 그리고 죽음의 순간에 나타나는 최초의
> 투명한 빛으로 사자를 인도하는 방법

이것은 죽음의 순간에 나타나는 투명한 빛[1]으로 사자(死者)를 인도하는 방법이다.

진리의 가르침에 많이 귀를 기울이긴 했으나 아직 깨닫지 못한 자, 또는 깨달았다 할지라도 아직 실천하지 못한 자가 있을 것이다. 그러

---

1) 존재하는 모든 것들의 근본 실체를 이루고 있는 것. 정광명(淨光明). 영어로는 'Clear Light'로 번역했다. 불교 용어로는 아누다라삼먁삼보리라고 표현하기도 한다. 이 빛은 앞으로 이 책에서 바이로차나(비로자나불)의 모습으로 사자의 영혼 앞에 나타난다. 그리고 이 바이로차나가 가진 각각의 속성이 아미타바(아미타불), 바즈라사트바(금강살타), 라트나삼바바(보생불), 아모가싯디(불공성취불) 등의 모습으로 나타난다.

ཨང་དེས་པ་ཨེད་པའི་རྟེན་ཤུགས་སྦྱངས་བའི་རྣལ་འབྱོར་པ་ཞིག་ཏུ་གསང་སྔགས་དགོངས་པར་ལམ་ཤེས་དགོས་པ་ནར་གྱིས་སོ།།

나 살아 있을 때 여러 영적인 안내서들을 통해 실제 수행을 쌓은 사람이라면 누구나 이 단계의 가르침을 통해 존재 근원에서 나오는 투명한 빛으로 인도될 수 있다. 그는 어떤 사후세계도 거치지 않고, 공중에 일직선으로 난 큰 길[2]을 따라 태어남이 없는 근원의 세계[3]로 곧바로 들어가게 될 것이다.

최초의 빛으로 사자를 인도하는 사람

생전에 사자에게 영적인 가르침을 베푼 스승이 인도할 수 있다면 가장 좋다. 그런 영적 스승이 없으면 진리의 형제를 구해야 한다. 그런 사람을 구할 수 없으면 같은 종교를 가진 학식있는 자가 대신한다. 이런 사람들을 한 명도 구할 수 없으면 분명하고 정확하게 읽을 수 있는 사람을 구해 이 가르침을 반복해서 여러 번 읽게 한다. 그렇게 함

---

2) 원문에는 야르귀 상탈첸포 Yar-gyi-zang-thal-chen-po로 적혀 있다. '위쪽 방향으로 똑바로 난 큰 길'[無上垂直道]이란 뜻이다. 북방불교의 특이한 교리 가운데 하나는 영적 해탈, 곧 붓다의 경지가 즉시 성취될 수 있다는 것이다. 윤회계의 다양한 세계를 통과해야 하는 정상적인 진화의 긴 과정을 거칠 필요도 없고, 바르도의 세계에도 들어가지 않는다. 이 교리가 《티벳 사자의 서》에 전반적으로 깔려 있다. 그 비밀 통로의 첫 단계는 무엇보다도 믿음이다. 그 다음에는 깨달음과 확신이 필요하며, 마침내 목적지에 이르러 대해탈이 이뤄진다. 그러나 그러한 성공을 위해서는 많은 공덕, 곧 좋은 카르마[善業]을 쌓아야 할 뿐 아니라 매우 비범한 영적 재능을 갖고 있어야 한다. 스승이 진리를 나타내 보일 때 제자가 곧바로 그것을 알고 깨칠 수 있다면, 다시 말해 죽음이 찾아왔을 때 의식을 지닌 채 죽을 수 있다면, 그리고 육신을 벗는 더없이 중요한 순간에 자신에게 나타나는 투명한 빛을 알아차리고 그것과 하나가 된다면, 그에게 있어서 윤회의 환영과 굴레는 그 즉시 산산이 부서져 버린다. 그 '꿈꾸던 자'는 즉각적으로 실체(존재의 근원)에 눈을 뜨고 위대한 깨달음을 성취하게 된다.
3) 원문은 다르마카야(법신). 다르마카야는 삼신(三身) 중의 하나로 시간을 초월해 존재하며, 수행이나 노력에 의해서 새롭게 얻어질 수 있는 것은 아니다. 따라서 여기에 '태어남이 없는 다르마카야'라는 표현을 쓴 것이다. 삼신에 대한 자세한 설명은 편집자의 해설 (p.62~69)을 참고할 것.

으로써 사자는 전에 가르침받은 내용을 떠올리고, 그 즉시 존재의 근원에서 비쳐 나오는 투명한 빛을 깨달아 영원한 자유를 얻게 될 것이다.

최초의 빛으로 사자를 인도하는 시기

호흡이 멎었을 때 사자의 생명력[4]은 지혜가 머무는 생명 에너지 센터[5]로 내려간다. 그리고 사자의 의식체는[6] 자연 상태에서[7] 최초의 투명한 빛을 체험할 것이다. 그 뒤 생명력은 신체의 뒤쪽으로 가서 척추 오른쪽과 왼쪽의 생명 에너지 통로[8]를 통해 아래쪽으로 내려가고, 이때 사후세계가 순간적으로 밝아 오게 된다.

따라서 생명력이 배꼽에 있는 생명 에너지 센터를 통과한 뒤 왼쪽 에너지 통로 속으로 달려들어가기 전에 반드시 여기에 적힌 지시대로

---

4) 인도의 요가철학에서 말하는 프라나prana이며, 기(氣) 또는 생기(生氣)로 번역되기도 한다. 원문의 룽rlung은 생명의 바람, 생명의 힘, 심령의 힘을 뜻한다.
5) 영역본에서는 이것을 신경 센터nurve center로 번역하고 있지만 정확한 번역이 아니다. 원문에서 말하는 나디nadi는 신체의 신경조직과는 다른 것이다. 그것은 육체적인 것이 아니라 기철학(氣哲學)적인 것이다. 요가에서는 인체의 수미산에 해당하는 척추의 공동(空洞) 속에 생명 에너지[氣]의 중심 통로가 있다고 설명한다. 그것을 수슘나 나디Sushumna Nadi라고 하는데, 왼쪽이 이다 나디Ida Nadi이고 오른쪽이 핑갈라 나디Pingala Nadi이다. 이 두 줄기의 에너지 통로[氣脈]가 마치 두 마리의 뱀이 또아리를 틀듯이 척추를 감아 올라가고 있다. 그리고 이 에너지 통로에는 일곱 개의 중심이 있다. 그것을 차크라라고 한다. 한편 '지혜가 머무는 생명 에너지 센터'는 가슴에 위치하며, 아나하타 차크라이다. 에너지 통로에 관한 더 자세한 사항은 p.490~491 참조.
6) 원문은 셰파shepa이며, 마음 또는 '인식자'를 뜻한다. 흔히 영혼으로 풀이되며, 심리학적 용어로는 의식의 배후에 있는 인간의 의식 원리를 말한다. 알고 인식하는 기능을 가진 마음을 가리킨다. '지켜보는 자'로도 번역된다.
7) 원문의 토달Sprosbral은 '형태를 만드는 활동이 없는'의 뜻이다. 곧 마음의 본래적이고 자연적인 상태이다. 부자연스런 상태의 마음이라는 것은 마음이 인간의 육체 속에 담겨 있을 때를 말한다. 이때는 오감의 충동 때문에 마음이 끊임없이 사념을 만드는 활동을 한

해야만 한다.[9]

일반적으로 생명력이 이렇게 움직이는 데 걸리는 시간은 내부에 아직 들숨이 남아 있는 기간으로, 밥을 먹는 데 걸리는 시간만큼이다.[10]

구체적인 방법

마지막 숨이 막 멎으려고 할 때 의식체의 탈바꿈이 성공적으로 이뤄진다면 더 바랄 것이 없다. 그러나 그것이 성공적이지 못했다면 사자에게 다음과 같이 말한다.

아, 고귀하게 태어난 아무개여.[11] 그대가 존재의 근원으로 돌아가는 길을 찾을 순간이 다가왔다. 그대의 호흡이 멎으려 하고 있다. 그대는 한때 그대의 영적 스승으로부터 존재의 근

다. 그러나 마음의 자연스러운 상태, 곧 육체를 갖지 않은 상태는 더없이 고요하고 평화롭다. 또한 육체를 지니고 있더라도 깊은 명상이나 선(禪)의 경지에 들어간 상태와 비교할 수 있다. 투명한 빛을 인식하는 것은 서양의 성인들이나 신비가들이 계시라고 부르는 것처럼 의식의 엑스터시(환희)를 가져온다.

8) 원문의 차예욘rtsa-gyas-gyon은 오른쪽과 왼쪽의 신경을 말한다. 앞에서 설명했듯이 이것은 육체적인 것이 아니라 기(氣)의 통로로 이해해야 한다. 산스크리트어의 핑갈라 나디와 이다 나디에 해당된다.

9) 배꼽에 있는 생명 에너지 센터는 마니푸라 차크라이다.
   이 부분을 트룽파는 이렇게 번역했다.
   "만일 프라나가 뒤로 물러나 오른쪽과 왼쪽의 나디nadi들 안으로 달아나면 바르도 상태가 순간적으로 시작된다. 따라서 반드시 프라나가 오른쪽과 왼쪽의 나디들 안으로 달아나기 전에 이 가르침을 읽어 줘야만 한다."

10) 이 경전이 처음 만들어졌을 때는 시간을 재는 기계적 장치가 아직 발명되지 않았던 것 같다. 이것과 비슷한 표현이 아직도 티벳의 여러 지방에서 사용되고 있다. 옛날 경전에 흔히 등장하는 한 식경(食頃, 밥 먹는 동안)이란 20분에서 30분 정도의 시간이다.

11) 여기서 죽은 자의 이름을 부른다.

원에서 비치는 투명한 빛에 대해 배웠다. 이제 그대는 사후세계의 첫번째 단계에서 그 근원의 빛을 체험하려 하고 있다.

그대여, 이 순간에 모든 것은 구름 없는 텅 빈 하늘과 같고, 아무것도 걸치지 않은 티없이 맑은 그대의 마음은 중심도 둘레도 없는 투명한 허공과 같다. 이 순간 그대는 그대 자신의 참 나를 알라. 그리고 그 빛 속에 머물러 있으라. 이 순간 나 역시 그대를 인도하리라.

이것을 임종을 맞이하는 자의 귀에 대고 여러 번 반복해서 읽어 준다. 호흡이 아직 완전히 멎기 전이라도 여러 번 읽어서 그의 마음 속에 깊이 새겨지게 한다.

날숨이 멎으려고 하면 임종자를 오른쪽으로 돌려 눕힌다. 이 자세는 '사자(獅子)가 누워 있는 자세'라고 불린다. 그리고 목의 오른쪽과 왼쪽에 있는 동맥을 누른다.

---

12) 임종을 맞이하는 자는 자신의 죽음의 과정을 전부 의식하면서 완전히 깨어 있는 상태에서 죽어야 한다. 그래서 목의 동맥을 누르는 것이다. 트룽파는 이 부분을 이렇게 번역했다.
"임종자를 사자(獅子) 자세로 오른쪽으로 눕히고, 고동치는 두 개의 동맥을 힘껏 누른다. 맥박이 멎을 때까지 이렇게 행한다."

13) "원문의 산스크리트어는 두티dhutih이다. 이는 중추 신경을 말하는데, 글자 자체는 세 개의 길의 교차 지점tri-juntion을 뜻한다. 압테V. S. Apte의 산스크리트어 사전에서는,

ཨེ་བང་རས་བོད་པོན་པ་བཞིན་སུ་སྱུངས་ནས་འཇིག་ཧེན་པ་རོ་ཞིག་དུ་སོངས་པར་འགྱུར། །འཁོར་ཞིག་དམ་པར་གནས་ཏེ་གསལ་ཞིང་། །

이때 임종자가 잠에 빠져들려고 하거나 수면 상태가 계속되려고 하면 이를 막아야 하며, 목의 동맥은 부드럽게 그러나 확실하게 눌러 준다.[12] 이렇게 함으로써, 척추의 에너지 통로[13]에 있는 생명력은 다른 곳으로 가지 못하고 오직 머리 정수리의 브라흐마의 구멍[14]을 통해 확실하게 빠져나갈 것이다.[15] 이 순간이야말로 사자를 인도해야 할 가장 중요한 시점이다.

이 순간에 모든 사람은 존재의 근원에서 나오는 투명한 빛, 다르마카야의 완전한 마음을 처음으로 얼핏 목격하게 된다.

마지막 날숨이 멎고 아직 몸 안에 숨이 남아 있는 기간이 바로 생명력이 중앙 에너지 통로에 머무는 기간이다.[16] 일반 사람들은 이런 상태를 의식체[17]가 기절한 상태라고 말한다.[18] 그 기간이 얼마나 지속되는가는 분명하지 않다. 그것은 사자의 인격이 선한가 악한가, 그리고 생명력과 에너지 통로의 상태가 어떤가에 달려 있다. 고요하고 평화로운 명상의 경지를 약간이라도 체험한 사람과 건전한 에너지 통로

두티에 해당하는 비슷한 낱말로 '흔듦shaking' 또는 '움직임moving'을 들고 있다. 우리의 경전에 이것을 적용하면 '중추 신경을 통로로 해서 가로지르는 심령적 힘의 진동하는 움직임'이라고 할 수 있다." —— 라마 카지 다와삼둡

"두티는 또한 죽음의 과정에서 일어나는 의식의 탈출과 관련시킬 때 '내던지기' 또는 '내쫓기'를 뜻할 수도 있다." —— 아탈 비하리 고쉬Sj. Atal Bihari Ghosh

14) 백회(白會)라고도 부르는 이것을 요가에서는 사하스라라 차크라라고 한다. 생명 에너지 센터의 정점으로, 일반적으로 사람의 의식체는 이 출구를 통해 떠나간다.

15) 이 순간에 사자의 의식이 흩어지지 않고 분명하게 깨어 있다면, 그는 이 《티벳 사자의 서》의 가르침을 들음으로써 생명 에너지가 브라흐마의 구멍을 통해서 빠져나갈 때까지 그것을 중앙 에너지 통로에 붙들어 두는 것이 중요하다는 것을 깨닫게 된다.

16) 이 구절을 트룽파는 '호흡의 정지와 맥박의 정지 사이에' 생명의 바람이 중앙 에너지 통로에 머물러 있다고 번역했다.

17) 원문의 남셰rnam-shes는 산스크리트어의 비즈냐나vijnana 또는 차이타냐chaitanya에 해당하는 말로, 의식, 의식 원리, 의식체, 또는 사물을 분별하는 원리를 뜻한다.

18) 원문에서는 이것을 기절한(실신한) 상태로 표현하고 있지만, 사실 이것은 임종이 완료된 상태를 뜻한다. 숨이 끊어지는 순간 의식체가 기절해서 사나흘 동안 대상을 인식하지 못하는 상태로 들어가는 것을 말한다.

를 가진 사람은 이런 상태가 오랫동안 계속된다.[19] 누르스름한 액체가 시신의 여러 구멍으로부터 나오기 시작할 때까지 앞의 문장을 사자에게 반복해서 읽어 줘야만 한다.

악한 인생길을 걸어온 사람이나 건전하지 못한 에너지 통로를 가진 사람은 이 상태가 손가락을 한 번 튕길 정도의 시간밖에 걸리지 않는다. 어떤 경우는 길어야 밥 먹는 데 걸리는 시간만큼 걸리기도 한다.

여러 비밀 경전들에서는 이런 기절 상태가 3일 반 가량 이어진다고 말하고 있다. 또다른 경전들은 4일 동안 이어진다고 말한다. 이 기간 동안 계속해서 다음의 방법에 따라 투명한 빛으로의 인도가 행해져야만 한다.

그 방법은 다음과 같다.

임종을 맞이하는 자가 스스로 자신에게 일어나는 죽음의 현상을 진

---

19) 이 기절 상태는 일주일간 계속되는 경우도 있지만 대개는 나흘이나 닷새 동안 계속된다. 《티벳 사자의 서》의 경우도 사흘 반으로 설명하는 사본과, 나흘 반이라고 설명하는 사본 두 가지가 있다. 그러나 이 기간 동안, 요가 수행자가 행하는 입신(入神)의 상태를 제외하고는, 의식체가 줄곧 육체 속에 머물러 있는 것은 아니다. 임종이 완료되는 순간에 의식체는 대개 육체를 포기하고 이 경전에 언급된 상태가 끝날 때까지 육체(곧 시신)와 일종의 자기(磁氣)처럼 미묘하게 연결되어 있다. 오직 요가 수행에 정통한 사람만이 단 한 순간도 의식을 잃지 않고, 다시 말해 앞에서 언급한 기절 상태에 빠져들지 않고 의식체를 육체로부터 떠나가게 할 수 있다.

죽음의 과정은 탄생 과정의 역순(逆順)이다. 즉 태어남은 의식체가 육체를 갖는 것이고, 죽음은 의식체가 육체를 버리는 것이다. 그러나 어쨌든 둘 다 의식체가 새로운 상태로 들어가는 것을 뜻한다. 마치 어린애가 세상에 태어나서 이 세상의 특성을 경험으로 배워야 하듯이, 죽음을 맞이한 사람은 바르도 세계에 깨어나서 바르도 세계 자체의 독특한 환경에 익숙해져야 한다. 바르도 세계에서의 신체는 눈에 보이지 않는 에테르(精氣) 상태의 물질로 이루어져 있으며, 그것은 그가 생전에 갖고 있던 인간 육체의 정확한 복제품이다. 이것을 바르도체(體)라고 하며, 이 안에는 의식체와 에너지 통로[나디nadi, 곧 기(氣)가 흐르는 통로]들이 들어 있다. 이 에너지 통로는 인간의 몸 안에 있는 신체적 신경조직과 대응되는 것이다.

단할 수 있는 능력을 가진 사람이라면 생전에 이미 죽음의 현상에 대한 지식을 터득해 둘 필요가 있다.[20] 그러나 만일 임종자가 그렇게 할 수 없을 때는 영적 스승이나, 또는 한 스승 밑에서 배운 제자나, 또는 그와 매우 가까웠던 진리의 형제가 그의 곁에 머물면서 그에게 나타나는 죽음의 현상들을 순서에 따라서 임종자에게 생생하게 일깨워 줘야 한다. 그러기 위해선 먼저 다음의 문장을 반복해서 읽는다.[21]

이제 흙이 물 속으로 가라앉고, 물은 불 속으로 가라앉고, 불은 공기 속으로 가라앉고, 공기는 의식 속으로 가라앉는 죽음의 현상이 나타나고 있다.[22]

죽음의 모든 현상이 거의 끝나 갈 무렵, 임종자의 귀에 대고 다음

---

20) 이 문장에 담긴 완전한 뜻은, 임종자가 자신에게 닥쳐오는 죽음의 현상들을 진단할 수 있어야 할 뿐만 아니라 가능하다면 투명한 빛을 다른 사람의 인도를 받지 않고 직접 인식할 수 있어야 한다는 것이다.

21) 콤퍼가 편집한 15세기의 《죽음의 기술 Ars Moriendi》에는 다음과 같은 지시가 적혀 있다. "어떤 사람이 임종을 맞이할 때는 특별한 친구를 갖는 것이 절대적으로 필요하다. 그는 임종자를 위해 진심으로 돕고 기도하며, 영혼의 행복을 위해 그에게 조언을 들려 줄 것이다."

22) 죽음의 세 가지 중요한 현상들이 여기에서 몇 개의 원소들로 상징적으로 표현되고 있다.
첫째, 신체의 압박감을 '흙이 물 속으로 가라앉는다'고 표현하고 있다.
둘째, 몸이 마치 물 속에 잠기듯이 신체의 끈적끈적하고 차가운 느낌은 점차 뜨거운 열의 느낌으로 녹아드는데, 이것을 '물이 불 속으로 가라앉는다'고 표현하고 있다.
셋째, 몸이 원자들로 날아가 버리는 듯한 느낌을 '불이 공기 속으로 가라앉는다'고 표현하고 있다.
각각의 징후에는 신체의 외적 변화가 따른다. 이를테면 안면 근육을 조절하는 기능이 상실된다든가, 청각을 잃는다든가, 시력을 잃는다든가, 의식의 상실 직전에 숨을 헐떡거린다든가 하는 것 등이다. 따라서 죽음의 과학에 정통한 티벳 승려들은 육체에서 바르도체로 옮겨가는 과정에서 일어나는 심령적 현상들을 하나하나 탐지하게 된다. 번역자 라마 카지 다와삼둡은 이 경전에 설명된 죽음의 과학이 죽음을 실제로 경험한 능력 있는 라마 승들이 죽음의 과정을 제자들에게 자세히 분석해 설명해 준 것이라고 믿었다.

ཉམས་དགའ་བའི་སེམས་དཔའི་སེམས་ལྡན་པའི་སློབ་དཔོན་གྱི་གསུང་རབ་ལ་བཅུད་དུ་བགྱིས་ནས་མ་སངས་རྒྱས་པར་བར་དུ་སེམས་དགའ་བ་ཞིག་བྱེད།

과 같이 결심하도록 낮은 목소리로 지시한다.

아, 고귀하게 태어난 자여. 그대의 마음이 흩어지지 않도록 의식을 집중하라.

만일 임종을 맞이하는 자가 영적 스승일 경우에는 "아, 높으신 스승이시여." 하고 말한다. 임종자가 진리의 형제이거나 또는 다른 어떤 사람이라면 그의 이름을 부른 다음에 이렇게 말한다.

아, 고귀하게 태어난 자여. 죽음이라 불리는 것이 이제 그대에게 다가왔다. 그러니 이와 같이 결심하라.
"아, 지금은 죽음의 때로다. 나는 이 죽음을 이용해 허공처럼 많은 생명 가진 모든 것들에게 사랑과 자비의 마음을 가지리라. 그리고 그들을 위해 완전한 깨달음을 얻기 위해 노력하

◐
23) 사자가 생전에 깊은 경지까지 도(道)를 추구했다면 그는 이 상태에서 궁극의 진리를 깨닫는 것이 가능하다. 그러지 못했다면 그는 이 상태에서 도움을 받을 수 없다. 그는 그가 쌓은 카르마에 따라 바르도의 더 낮은 상태들로 방황해야만 한다.
여기서 '모든 상대성이 사라진 절대의 세계'란 원문의 마하무드라 maha-mudra를 번역한 것이다. 마하무드라는 대법인(大法印), 대결인(大結印)이라고도 하며 영역본에서는 그것을 위대한 상징 Great Symbol으로 번역했다. 이것은 모든 상대성이 하나로 결합된 상태를 뜻한다. 선과 악, 아름다움과 추함 등의 이원성이 사라진 세계다.
24) 이 부분에서 티벳어 원문은 유난히 간단하다. 그것을 문자 그대로 번역하면 '어떤 모습으로든 좋은 목적을 위해 살아 있는 것들을 정복할 수 있는 모습으로 나타나리라.'이다. 이

리라."

 지금이야말로 그대가 모든 생명 가진 것들의 이익을 위해 존재의 근원에서 나오는 투명한 빛을 깨달을 수 있는 더없이 중요한 기회다. 그것을 잊지 말라. 지금 그대가 머물고 있는, 모든 상대성이 사라진 그 절대의 세계[23]로부터 큰 기회를 붙잡겠다고 결심하라. 그리고 이렇게 결심하라.

 "비록 내가 그것을 이루지 못할지라도 나는 이 사후세계만은 정확하게 자각하리라. 그리고 이 사후세계에서 존재의 근원과 하나가 되어 어떤 모습으로든지 모든 생명 가진 존재들에게 이익이 될 만한 모습으로 나타나리라. 무한한 허공처럼 다함없는 모든 생명 가진 존재들을 위해 나는 일하리라."[24]

 이 결심을 잊지 말라. 또한 그대가 살아 있을 때 수행했던 명상법들을 기억해야만 한다.[25]

구절에서 인간계의 어떤 존재를 정복한다는 것은 종교적으로 자신에게 호감을 갖게 하는 모습을 갖겠다는 뜻으로 보인다. 다시 말해 시바 신의 숭배자에게는 시바 신의 형상으로, 불교도에게는 고타마 붓다의 형상으로, 기독교인에게는 예수의 형상으로, 회교도에게는 예언자의 형상으로, 기타 다른 종교의 헌신자들에게는 그들에게 매력을 줄 수 있는 형상으로 나타나리라는 뜻이다. 그리고 인간의 모든 방식과 상황에 어울리는 모습을 갖겠다는 의지의 표현이다. 예를 들어 자녀에게는 부모의 모습으로, 부모에게는 자녀의 모습으로 나타날 수 있다. 그리고 제자에게는 스승의 모습으로, 스승에게는 제자의 모습으로 나타날 수 있다. 마찬가지로 국민을 위해서는 왕이나 통치자가 필요하고 그리고 왕을 위해서는 신하들이 필요할 것이다.

일본 번역자 가와사키 신조는 이 부분을 '모든 살아 있는 것들을 교화할(가르칠) 수 있는 모습을 갖고, 무한한 허공과도 같이 다함없는 수많은 생명 가진 것들의 이익을 꾀하리라.'라고 번역하고 있다.

25) 콤퍼가 편집한 옥스퍼드 대학 도서관의 필사본 423 《죽음의 기술》(15세기) 제5장에는 다음과 같이 적혀 있다.

"또한 만일 임종을 맞이한 사람이 스스로 생각할 오랜 시간을 갖게 되고 서둘러 죽지 않게 된다면, 그가 건강했을 때 좋아한 경건한 생애담들과 기도문들을 그의 앞에서 읽어 주면 좋다."

이것을 임종자의 귀에 가까이 대고 분명하고 정확하게 반복해서 말해야만 한다. 그래서 임종자의 마음이 단 한 순간이라도 흩어지지 않도록 확실한 인상을 심어 주어야 한다.

호흡이 완전히 멈춘 것이 확인되면 서서히 잠에 빠져드는 임종자의 목의 좌우 동맥을 단단하게 눌러 준다. 만일 임종자가 영적 스승이거나 많은 공부를 쌓은 사람이라면, 그에게 다음과 같이 말해야 한다.

높으신 스승이시여, 이제 당신은 존재의 근원에서 나오는 투명한 빛을 체험하고 있습니다. 지금 체험하고 있는 그 상태에 머물도록 하십시오.

그리고 그 밖의 다른 사람일 경우에는 다음과 같이 인도해야만 한다.

---

26) 여기서 '마음'은 원문이 세릭shes-rig이다. 이것은 분별식(分別識) 또는 인식하는 능력을 뜻한다. 의식(意識)으로 번역하기도 한다.
27) 완전한 선[全善]은 원문의 초에니 쿤투장포Chös-nyid Küntu-bzang-po를 번역한 것이다. 산스크리트어는 다르마다투 사만타바드라Dharma-Dhatu Samanta-Bhadra[法界普賢]이다. 이것은 다르마카야의 구체화된 모습으로 불성(佛性)의 첫번째 상태이다. 여기서 쿤투장포는 쿤투장모의 오기(誤記)이다. 우리가 가진 목판본은 쿤투장포 대신에 쿤투장모Kuntu-Zang-mo라고 적고 있다. 쿤투장포는 '모든 선의 아버지'를, 쿤투장모는 '모든 선의 어머니'를 의미한다. 쿤투장포는 산스크리트어로 사만타바드라이고, 쿤투장모는 사만타바드리이다. 사만타바드라는 보현, 전선, 만덕(萬德)으로 번역된다. 모든 덕행의 주체이다.

트룽파는 이것을 '여성 붓다 사만타바드리'로 번역했다.

대완성 종파[닝마파 종(宗)]에 따르면, 아버지는 나타난 것 곧 현상을 뜻하고, 어머니는 아, 고귀하게 태어난 아무개여. 들으라. 이제 그대는 순수한 존재의 근원에서 나오는 투명한 빛을 체험하고 있다. 그것을 깨달으라.

아, 고귀하게 태어난 자여. 그대의 현재의 마음[26]이 곧 존재의 근원이며 완전한 선이다.[27] 그것은 본래 텅 빈 것이고, 모습도 없고, 색깔도 없는 것이다.

그대 자신의 마음이 곧 참된 의식[28]이며 완전한 선을 지닌 붓다[29]임을 깨달으라. 그것은 텅 빈 것이지만 아무것도 없는 텅 빔이 아니라 아무런 걸림이 없고, 스스로 빛나며, 기쁨과 행복으로 가득한 텅 빔이다.

본래 텅 비어 있고 아무런 모습도 갖지 않은 그대 자신의 참된 의식이 곧 그대의 마음이다. 그것은 스스로 빛나고 더없는 행복으로 가득한 세계다. 이 둘은 서로 다른 것이 아니라 하나

현상을 의식하는 것을 뜻한다. 더없는 행복은 아버지이고 그것을 지각하는 공(空)은 어머니이며, 빛은 아버지이고 그것을 지각하는 공은 어머니이다. 경전의 이 구절에서 마음은 아버지이고 텅 빈 것(空)은 어머니이다. 여기서 마음이 '텅 빈 것'임을 거듭해서 말하는 것은 인간의 마음이 본래는 태어남도 없고 만들어짐도 없고 모습도 없는 모든 것의 근본임을 깨닫게 하기 위해서다.

28) 이것은 원문의 릭파Rig-pa를 번역한 말로 의식(意識)을 뜻하는데, 대상을 분별하고 인식하는 능력과는 구별된다. 본래 릭파와 세릭Shes-rig은 동의어다. 그러나 이 경전처럼 심오한 철학을 담은 문헌에서는 릭파가 의식의 가장 순수하고 정신적인 상태의 의식을 의미하고, 세릭은 순수하게 정신적인 것이 아니라 약간 거친 측면을 가진 의식을 가리킨다. 말하자면 세릭은 현상계를 인식하는 의식을 뜻한다.
《바르도 퇴돌》의 이 부분에서는 의식이나 마음을 심리학적으로 분석하기가 특히 어렵다. 원문의 릭파는 의식으로 번역하고 세릭은 마음(영어에서는 지성intellect)으로 번역했지만, 경우에 따라서는 릭파와 세릭을 다 함께 마음으로 번역하기도 했다.

29) 원문은 쿤투장포이고, 산스크리트어의 사만타바드라에 해당한다. 사만타는 '모든', '보편적인', '완전한'의 뜻이다. 그리고 바드라는 선(善), 덕(德)이다. 이 상태에서는 경험자와 경험되는 것이 분리되지 않는 하나이다. 이것은 마치 황금의 황색이 금과 분리될 수 없고, 짠 맛이 소금과 분리될 수 없는 것과 같다. 일반인의 마음으로는 이러한 초월의 경지를 파악할 수 없다.

다. 그 하나됨이 바로 완전한 깨달음의 상태다.[30]

그대 자신의 마음이 바로 영원히 변치 않는 빛 아미타바(아미타불)[31]이다. 그대의 마음은 본래 텅 빈 것이고 스스로 빛나며, 저 큰 빛의 몸으로부터 떨어질 수 없다. 그것은 태어남도 없고 죽음도 없다.

이것을 깨닫는 것으로 충분하다. 본래 텅 빈 그대 자신의 마음이 곧 붓다임을 깨닫고, 그것이 곧 그대 자신의 참된 의식임을 알 때 그대는 붓다의 마음 상태[32]에 머물게 되리라.[33]

이것을 분명하고 정확한 목소리로 세 번 또는 일곱 번 반복해서 읽

---

30) 릭파와 셰릭, 그리고 전선(全善)의 아버지와 전선의 어머니로 상징되는 두 개의 마음(또는 의식)이 하나로 합일될 때 다르마카야의 상태, 곧 완전한 깨달음의 붓다 경지가 찾아온다. 다르마카야(진리의 몸)는 존재의 가장 순수하고 지고한 상태를 의미한다. 의식이 물질과 접촉함으로써 생기는 모든 정신적 한계와 어둠[無明]이 완전히 제거된 초세속적인 의식 상태이다.
31) 사만타바드라(보현불)가 완전한 선의 상태이듯이, 아미타바는 무한한 빛의 상태이며 무량광불(無量光佛)로 번역된다. 이 둘은 우리의 경전에서 암시하듯이, 궁극적으로는 같은 상태이다. 다만 두 가지 관점에서 본 것일 뿐이다. 전자에서는 마음의 완전한 선의 측면을 강조했고, 후자에서는 생명과 빛의 원천인 불성의 '밝혀 주는' 힘을 강조한 것이다. 그 힘을 아미타바라는 상징을 통해 표현했으며, 대지혜의 힘을 인격화한 것이 바로 아미타바이다.
32) 원문에는 '신성한 마음 상태'로 되어 있다. 신성한 마음에 해당하는 원문의 단어는 공파 dgongs-pa이다. 이것은 생각 또는 마음을 뜻하며, 존경하는 의미에서 '신성한 마음'을 뜻하기도 한다.
33) 본래 텅 비어 있고 태어남도 없고 모습도 없고 형태도 없으며 죽지도 않는, 윤회의 굴레에서 벗어난 이 마음의 본질을 깨닫는 것이 곧 완전한 깨달음의 붓다 경지이고, 붓다의 신성한 마음 상태이다. 여기에 대해서는 한문 주석이 붙은 《금강경》의 다음 구절을 참고하기 바란다.
"현상계의 모든 모습과 속성들은 덧없는 것이고 환영과 같다. 삶의 모든 현상이 진정한 현상이 아님을 그대의 마음이 깨달을 때, 그때 비로소 붓다를 진정으로 깨닫게 되리라."(凡所有相 皆是虛妄 若見諸相非相 卽見如來)
이 인용문에 대한 한문 주석의 내용은 다음과 같다.

어 줘야 한다. 그렇게 함으로써 임종자는 생전에 영적 스승에게서 배운 내용을 기억할 것이다. 그리고 그의 순수 의식이 투명한 빛을 깨달을 것이다. 그는 자기 자신의 모습을 깨닫고 존재의 근원과 영원히 하나가 될 것이다.[34] 그리하여 그는 틀림없이 영원한 자유에 이르게 되리라.[35]

"마음 속에서 참다운 붓다를 깨달아야 한다. 다른 곳에서는 붓다에 대한 진정한 깨달음이 있을 수 없다."
한편 가와사키 신조는 '붓다의 신성한 마음 상태에 머물게 되리라.'를 '붓다가 의미한 내용에 일치하게 되리라.'로 번역하고 있다.

34) 원문은 '다르마카야(법신)와 영원히 하나가 될 것이다.'로 되어 있다.
35) 인간 세계에서 닦은 수행의 덕택으로 이런 상태를 잘 알고 있고 모든 것이 결정되는 이 순간에 붓다의 경지에 오를 만한 힘을 갖고 있다면, 이 순간 윤회의 수레바퀴는 멈추고 즉각적으로 해탈이 이루어진다. 그러나 그만한 영적 능력을 가진 자는 매우 드물다. 일반적인 마음 상태를 가진 임종자는 투명한 빛이 비치는 상태를 붙잡을 만한 능력이 없다. 따라서 그는 사후세계의 점점 낮은 상태로 떨어져 마침내 다시 환생하기에 이른다. 티벳 라마들은 이런 상태를 설명하기 위해 실에 매달려 있다가 굴러가는 바늘의 비유를 든다. 바늘이 균형을 유지하는 한 그것은 실에 매달려 있다. 그러나 중력이 작용하게 되면 마침내 그것은 아래로 떨어지고 만다. 마찬가지로 임종자의 정신(마음)은 투명한 빛의 상태에서 잠시 동안 그것과 하나가 된 균형 상태, 다시 말해 완전한 평정 상태를 즐긴다. 에고 〔小我〕가 사라진 이러한 환희 상태와 초월 의식 상태에 익숙해 있지 않기 때문에 보통 사람의 의식체는 여기에 적응하지 못한다. 그가 쌓은 카르마의 영향 때문에 그의 의식체는 '나'라는 사념에 지배당한다. 그래서 의식체는 평정 상태를 잃고 투명한 빛으로부터 멀어져 간다. 니르바나는 '나'라는 불꽃을 꺼 버린 상태라는 뜻이다. 니르바나로 가는 길을 방해하는 것은 '나'라는 사념, 곧 에고이다. 이것을 버리지 않으면 윤회의 수레바퀴는 계속해서 굴러간다.

· 2 ·

치카이 바르도의 두번째 단계

사후에 곧바로 나타나는 두번째 투명한
빛에 대한 가르침

이와 같이 최초의 투명한 빛을 깨닫게 되면 영원한 자유를 얻게 된다. 그러나 만일 최초의 투명한 빛을 깨닫지 못하면 두번째의 투명한 빛이 사자 앞에 나타난다. 이것은 호흡이 완전히 정지되고 나서 한 식경(30분)쯤 지난 뒤에 일어날 것이다.[1]

---

1) 생명력이 척추의 중앙 에너지 통로를 통과하게 되면 사자는 즉시 가장 순수한 상태의 투명한 빛, 전혀 때묻지 않은 다르마카야의 상태를 체험한다. 그리고 만일 그것을 알아차릴 만큼 깨어 있지 못하면 다음으로 두번째 투명한 빛을 체험하게 된다. 이것은 바르도의 좀 더 낮은 상태인데, 여기서 다르마카야는 카르마의 어둠으로 약간 흐려진 상태가 된다.

사자가 살아 있을 때 좋은 카르마[2]를 쌓았는가 나쁜 카르마를 쌓았는가에 따라서 생명력은 오른쪽이나 왼쪽 에너지 통로[3]로 흘러들어간다. 그리고 신체의 적당한 출구를 통해 빠져나간다. 이때 마음의 상태가 갑자기 밝아진다.[4]

최초의 투명한 빛이 나타나 있는 상태가 한 식경 정도 지속된다고 하지만 그것은 에너지 통로의 상태가 좋은가 나쁜가와 과거에 명상 수행을 했는가 하지 않았는가에 달려 있다.

생명이 끊어져 의식체가 몸 밖으로 나왔을 때 사자는 "내가 죽은 건가, 살아 있는 건가?" 하고 반문한다. 그는 그것을 분간하지 못한다. 왜냐하면 그는 살아 있을 때와 마찬가지로 자신의 가족과 친척들을 볼 수 있기 때문이다. 그리고 그들의 울음소리까지 듣는다. 카르마가 만들어내는 공포스런 환영들은 아직 나타나기 전이다. 또한 죽음의 왕들[5]의 무서운 환영도 아직 모습을 보이지 않고 있다.

이 기간 동안 영적 스승이나 다른 읽어 주는 이는 다음과 같이 사

---

2) 카르마는 업(業)으로 번역된다. 선하든 악하든 이 세상에서의 행위가 쌓인 것을 말한다.
3) 원문은 나디nadi이다. 기가 흐르는 통로, 기맥(氣脈)을 뜻한다.
4) 원문의 세파를 여기서는 마음이라고 옮겼다. 이 책의 번역자 라마 카지 다와삼둡은 여기에 다음과 같은 주를 덧붙였다.
"배꼽의 생명 에너지 센터(마니푸라 차크라)로부터 올라온 생명력과 머리의 생명 에너지 센터로부터 내려온 의식체는 심장의 에너지 센터(아나하타 차크라)에서 결합된다. 그리고 그곳에서부터 신체를 떠나게 되는데 대개 브라흐마의 구멍(정수리)을 통과한다. 이때 사자는 더할 수 없는 환희 상태를 경험하게 된다. 그 후의 단계에서는 환희심이 줄어든다. 첫번째 단계에서는 최초의 투명한 빛을 체험하고, 그 다음 단계에서는 두번째의 투명한 빛을 체험하게 된다. 땅바닥에 공을 튀어오르게 하면 첫번째가 가장 높이 튀어오르고 두번째는 그보다 낮게 튀어오른다. 튀어오르는 높이는 점차 낮아져서 마침내 공은 땅바닥에 정지한다. 육신이 죽을 때 의식체도 이와 마찬가지다. 의식체가 육체를 떠났을 때 그 즉시 최초의 영적 각성 상태는 최고에 이른다. 그 다음은 조금 낮아진다. 마침내 카르마의 힘은 차츰 소멸되어 의식체는 휴식하게 된다. 그리하여 자궁으로 들어가게 되고, 이 세상에 환생하게 된다."
5) 원문의 신제Gshin-rje는 희랍 신화의 플루토와 마찬가지로 명부(冥府, 사람이 죽어서 심판을 받는다는 곳)의 왕이지만 여기서는 복수로 보는 것이 더 좋다.

자를 인도해야 한다.

여기에는 완성 과정의 구도자와 시각화 과정의 구도자가 있을 수 있다.[6] 만일 임종자가 완성 과정의 구도자라면, 그의 이름을 세 번 부른 뒤 투명한 빛으로 인도하는 앞의 가르침들을 거듭 반복해서 들려준다. 만일 그가 아직 시각화 과정에 있는 구도자라면, 자신의 수호신[7]에 대해 명상하는 법이 적혀 있는 경전과 수행 지침서를 큰 소리로 읽어 주고 다음과 같이 말한다.

아, 그대 고귀하게 태어난 자여. 수호신에 대해 명상하라(읽어 주는 이는 여기서 수호신의 이름을 말한다). 마음을 흩어지지 않게 하고 오직 그대의 수호신에게 집중하라. 물에 비친 달과 같이 그대의 수호신을 마음에 떠올리고 그에 대해 명상하라. 마치 그 수호신이 실제 모습을 갖고 눈앞에 있는 것처럼 그에 대해 명상하라.

---

6) 완성 과정〔究竟次第〕와 시각화 과정〔生起次第〕은 밀교의 두 가지 명상법이다. 트룽파는 여기에 대해 이렇게 말했다.
"완성 과정과 시각화 과정은 탄트라 요가에서 서로 보완적인 두 가지 명상법이다. 시각화 명상에서 수행자는 신들을 마음 속에 시각화한 후 그들과 자신을 합일시키고, 완성 명상에서 수행자는 세상 만물을 공과 무형의 본질로 돌려 버린다."
여기에 대한 좀더 구체적인 수행법은 이 경전의 마지막 부분에 나온다.

7) 콤퍼가 편집한 《죽음의 기술 The Craft to Know Well to Die》 제4장의 다음 구절을 참고하기 바란다.
"그리고 후에 그(임종자)는 사도들과 순교자들과 증성자(證聖者, 박해를 받으며 신앙을 지킨 신앙인)들과 동정녀들 그리고 특별히 그가 변함없이 사랑했던 모든 성인들을 요구하게 된다."
수호신에 해당하는 원문은 이담yidam이다. 여기에 대해 트룽파는 다음과 같이 말한다.
"이담은 제자가 도달한 내적 깨달음의 성격을 상징하는 특정한 붓다 또는 보디사트바이다. 이담은 스승이 제자의 성격과 수행법에 따라서 정해 준다. 아발로키테스와라(관세음보살)는 누구에게나 보편적인 이담이다. 따라서 특정한 수호신이 정해지지 않은 일반인에게는 그를 시각화해서 명상하도록 권한다."

이와 같이 말해 사자의 마음에 깊이 새겨 준다. 만일 사자가 일반적인 세속인이라면 다음과 같이 말한다.

아, 고귀하게 태어난 자여. 위대한 자비를 지닌 신에 대해 명상하라.[8]

자신이 사후세계에 와 있음을 알지 못하는 사람조차도 이 가르침을 받으면 틀림없이 자각을 한다.
살아 있을 때 영적 스승의 도움으로 존재의 근원에 대한 인도를 받았다 할지라도 아직 그것에 익숙하지 못한 사람들은 혼자 힘으로 분명하게 사후세계를 자각하지 못할 것이다. 그러므로 영적 스승이나 진리의 형제가 이런 사람들에게 확실하게 인식시켜 줘야 한다.[9]
그리고 비록 이 가르침에 익숙한 사람일지라도 죽음을 가져다 준 질병의 충격으로 인해 정신적으로 환영을 감당하지 못할 수가 있다.

---

8) 원문의 조워툭제첸포 Jo-vo-thugs-rje-chen-po는 대자대비의 신이란 뜻인데, 첸라지 Spyan-ras-gzigs 곧 관세음보살을 가리킨다. 산스크리트어는 아발로키테스와라.
9) 수영하는 법에 대해 자세히 들었을지라도 아직까지 헤엄을 쳐 본 적이 없는 사람은 갑자기 물 속에 집어던져지면 헤엄을 치지 못한다. 이론을 실제 수행에 적용하지 못하고, 임종시 어떻게 행해야 한다는 이론만을 배운 사람들도 그와 같다. 그들은 변화된 상황에서 당황하게 된다. 따라서 살아 있는 영적 스승의 지도와 도움이 없이는 그들은 죽음의 기회를 이용해 영적으로 발전하지 못한다. 스승이 최선을 다해 그를 인도할지라도 그들은 대개 나쁜 카르마 때문에 바르도를 있는 그대로 자각하는 데 실패한다.

이들에게도 이 가르침이 절대적으로 필요하다.

또한 살아 있을 때 이 가르침에 익숙한 사람일지라도 계율을 어겼거나 근본적인 의무를 정직하게 다하지 못했기 때문에 불행한 상태로 떨어지는 경우가 있다. 이들에게도 이 가르침은 더없이 필요하다.

사후세계의 첫번째 단계에서 기회를 놓치지 않고 영원한 자유에 이르는 것이 가장 좋다. 그러나 만일 그렇지 못했다면 사자가 사후세계의 두번째 단계에 있는 동안 분명하게 이 가르침을 들려 줘서 일깨워야 한다. 그러면 그는 마음이 깨어나고 영원한 자유를 얻게 될 것이다.

사후세계의 두번째 단계에 있는 동안 사자의 몸은 빛나는 환영체[10]라고 부를 만한 성질을 갖는다.

자신이 죽었는지 살았는지 알지 못하는 사이에 밝음의 상태가 사자에게 나타난다.[11] 사자가 이 상태에 있을 때 이 가르침을 성공적으로 실천하면 어머니 진리 세계와 아들 진리 세계[12]가 만나게 되고, 그럼

---

10) 환신(幻身), 사념체(思念體), 욕망체(慾望體) 등 여러 가지로 부른다. 원문의 닥패규뤼 dag-pahi-sgyu-lus는 순수한(또는 빛나는) 환영체란 뜻이고, 산스크리트어의 마야 루파 maya-rupa이다. 이것은 물질로 이루어진 육체는 아니지만 그 형태에 있어서는 지상에서 갖고 있던 육체의 복제품이다. 신지학(神智學)에서 말하는 유체astral-body(幽體)가 바로 이것이다.

11) 육체로부터 의식체가 떠날 때 영적 진동 현상이 일어나고, 이것은 의식체에게 밝은 상태를 가져온다.

12) 이것은 원문의 초에니 마부Chos-nyid-ma-bu를 번역한 것으로, 산스크리트어로는 다르마 마트리 푸트라Dharma Matri Putra이다. 그 뜻은 '어머니와 아들의 진리[法性母子]'이다. 아들 진리 세계는 깊은 명상 상태를 통해서 이 세상에서도 실현될 수 있는 경지다. 어머니 진리 세계는 원초적이고 근본적인 진리 세계로 오직 사후에만 경험할 수 있으며, 카르마의 힘이 작용하기 전에 사자가 마음의 평정을 잃지 않은 균형 잡힌 바르도 상태에 있을 때 가능하다. 아들 진리 세계와 어머니 진리 세계의 관계는 사진과 피사체의 관계에 비유할 수 있다.

으로써 그는 카르마의 지배를 벗어나게 된다.[13] 태양의 빛이 어둠을 몰아내듯이, 도(道)의 투명한 빛은 카르마의 힘을 무산시켜 버린다.

사후세계의 이 두번째 단계는 사자가 사념체[14]를 갖고 있을 때 밝아온다. 의식체는 살아 있을 때와 마찬가지로 활동이 제한된 영역 안에서 배회한다.[15] 이때 이 소중한 가르침이 사자에게 잘 전달되기만 하면 틀림없이 목적을 이룰 것이다. 왜냐하면 카르마의 환영이 아직 나타나지 않았으므로 사자는 영원한 자유를 얻으려는 목적에서 벗어나 여기저기 방황하는 일이 없을 것이기 때문이다.

---

13) 글자 그대로 옮기면 '카르마는 입이나 머리를 회전할 수 없다.'이다. 카르마의 지배자는 고삐와 재갈로 말을 다스리는 마부에 비유된다. 《대자유의 탄트라 Tantra of the Great Liberation》에는 이것과 비슷한 문장이 있다.
"무지로 눈먼 사람과 행위의 그물에 걸린 사람과 어리석은 사람이 이 위대한 탄트라를 듣게 되면 카르마의 밧줄로부터 벗어나리라."
14) 원문은 위킬루yid-kyi-lüs. 정신체. 욕망체. 사념체.
15) 트룽파의 번역에는 이 문장이 '의식은 이전과 마찬가지로 다시 들을 수 있게 된다.'로 되어 있다. 가와사키 신조의 번역에서도 '이때 사자의 의식은 이전과 마찬가지로 소리를 들을 수 있다.'라고 적고 있다. 임종의 순간 기절 상태에 빠져 있던 사자가 사후에 의식을 회복하고 대상을 지각하는 능력을 회복하는 단계를 말한다.

●―― 여덟 개의 살을 가진 바퀴〔八輻輪〕.
티벳의 법륜(法輪). 본문 p.270 참조.

●―― 십자형의 도르제(갈마금강).
본문 p.136, 289 참조.

제2부

초에니 바르도
존재의 근원을 체험하는 사후세계

1

세번째 빛의 사후세계

존재의 근원을 체험하는 것에 대한 서론적인 가르침—사후세계의 환영들이 나타나다

최초의 투명한 빛을 알아보지 못했을지라도 두번째의 투명한 빛을 알아볼 수 있으면 영원한 자유를 얻을 수 있다. 그러나 여기서도 그 빛을 알아보지 못하면 세번째 빛의 단계인 초에니 바르도가 밝아 온다.

이 세번째 빛의 단계에서는 살아 있을 때 쌓은 카르마가 만들어내는 환영들이 빛나기 시작한다. 이 시기에 초에니 바르도의 가르침을 읽어 주는 것이 더없이 중요하다. 왜냐하면 이 가르침은 많은 힘을 갖고 있고 매우 효과적이기 때문이다.

이때쯤 사자는 자기 곁에 음식물이 따로 차려져 있고, 옷은 수의로 갈아입혀졌으며, 잠자리가 깨끗이 정돈되어 있는 광경을 보게 된다. 그리고 그는 친구들과 친척들이 모두 애통해하는 소리를 들을 수 있다. 그들을 볼 수 있고, 그들이 자기에게 외치는 소리를 들을 수 있다. 그러나 그들은 그가 부르는 소리를 들을 수 없기 때문에 그는 실망한 채로 떠나게 된다.

이 시기에 사자는 소리와 색과 빛 세 가지를 경험한다. 이것은 그를 놀라게 하고 당황하게 하고 두렵게 하며 마침내 몹시 지치게 만든다. 그러므로 이 순간에 존재의 근원으로 사자를 인도하는 가르침이 행해져야만 한다. 먼저 사자의 이름을 부르고 나서 그에게 분명하고

ཧེ༌བང༌རིགས༌པའི༌བུ༌ཉོན༌ཅིག༌སྐྱེ༌གནས༌རྨི༌ལམ༌ཏིང༌ངེ༌འཛིན༌བསམ༌གཏན༌འཆི༌ཁའི༌ཆོས༌ཉིད༌ལུགས༌འབྱུང༌སྲིད༌པའི༌བར༌དོ༌སྟེ༎

정확한 목소리로 다음과 같이 설명해 준다.

아, 고귀하게 태어난 자여. 마음을 집중해서 주의 깊게 들으라. 사람의 의식 상태에는 여섯 가지가 있다. 자궁 안에 있는 동안의 정상적이고 자연스런 의식 상태, 꿈 속의 의식 상태, 깊은 명상 속에서 평화와 환희를 체험하는 의식 상태, 죽음의 순간의 의식 상태, 존재의 근원을 체험하는 순간의 의식 상태, 다시 윤회계로 돌아가 환생하기를 바라는 의식 상태가 그것이다.[1]

아, 고귀하게 태어난 자여. 그대는 이것들 중에서 세 가지의 상태를 경험할 것이다. 죽음의 순간의 사후세계와 존재의 근원을 체험하는 사후세계와 환생을 원하는 사후세계가 그것이다. 그대는 이 세 가지 중에서 어제까지 죽음의 순간의 사후세계를 경험했다. 존재의 근원에서 나오는 투명한 빛이 그대에게 나타

---

1) 이것은 순서대로 다음과 같다.
① 탄생 바르도. 원문은 키에나 바르도Skye-gnas Bardo. 탄생 장소(다시 말해 자궁 안)의 중간 상태 또는 불확정 상태. 이것은 라마 아나가리카 고빈다가 서문에서 지적했듯이 키에나 바르도Skye-nas Bardo의 오자(誤字)로 여겨진다. 키에나 바르도는 탄생 장소의 바르도가 아니라 삶의 바르도이기 때문이다. 따라서 이 문장은 '삶에서의 정상적인 의식 상태'라고 번역해야 정확할 것이다. ② 미람 바르도Rmi-lam Bardo. 꿈을 꾸는 동안의 중간 상태 또는 불확정 상태. (라마 카지 다와삼둡은 여기서 바르도를 불확정 상태로 번역하고 있다.) ③ 팅게진 삼탐 바르도Ting-nge-hzin Bsam-gtam Bardo. 삼매에서 깊은 명상 상태를 체험하는 동안의 중간 상태 또는 불확정 상태. ④ 치카이 바르도Hchi-khahi Bardo. 임종 순간의 중간 상태 또는 불확정 상태. ⑤ 초에니 바르도Chos-nyid Bardo. 존재의 근원을 체험하는 동안의 중간 상태 또는 불확정 상태. ⑥ 루웅 시드파 바르도 Lugs-hbyung Srid-pahi Bardo. 윤회계를 향한 역과정의 중간 상태 또는 불확정 상태. 사자의 의식체가 환생을 찾는 상태.

났으나 그대는 그것을 붙잡을 수 없었다. 그래서 그대는 여기까지 방황하게 되었다. 그대는 지금부터 나머지 두 가지 사후세계인 초에니 바르도와 시드파 바르도를 경험할 것이다.

이제 그대는 내가 말하는 것에 정신을 집중하고 그것을 깨달으라.

아, 고귀하게 태어난 자여. 이제 죽음이라고 부르는 것이 다가왔다. 그대는 이 세상을 떠나고 있다. 하지만 그대만이 유일하게 떠나는 자는 아니다. 죽음은 누구에게나 찾아온다. 이 세상의 삶에 애착을 갖거나 집착하지 말라. 그대가 마음이 약해져서 이 세상에 남겨 둔 것에 아무리 집착할지라도 그대는 이제 여기에 머물 힘을 잃었다. 그대가 집착을 버리지 않는다면 그대는 이 윤회계[2]의 수레바퀴 아래를 헤매는 것밖에는 아무것도 얻을 것이 없다. 그러니 마음이 약해지지 말라. 다만 진리와, 진리를 깨달은 자와, 그를 따르는 구도자들을 기억하라.[3]

---

2) 원문은 코르와 Hkhor-va. 돌아가는 것, 회전 운동을 뜻한다. 산스크리트어는 삼사라.
3) 불교에서는 이것을 불 Buddha, 법 Dharma, 승 Sangha 삼보(三寶)라고 한다.

아, 고귀하게 태어난 자여. 초에니 바르도에서 그대에게 어떤 공포와 두려움이 밀려올지라도 그대는 다음에 하는 말을 잊지 말라. 이 말에 담긴 뜻을 마음에 새기고 앞으로 나아가라. 이 속에는 그대를 존재의 근원으로 인도하는 중요한 비밀이 있다. 그대는 나를 따라 이렇게 말하라.

"아, 나는 지금 불확실하게 존재의 근원을 체험하려 하고 있다.[4]

나는 모든 환영에 대한 공포와 두려움과 놀라움을 접어두리라.

그리고 어떤 환영들이 나타나든지 그것이 내 자신의 마음 속에서 나온 것임을 깨달으리라!

그것들이 바르도의 환영임을 나는 꿰뚫어보리라.

위대한 목적을 성취할 이 중요한 순간에

나는 내 사념들[5]의 표현인 평화의 신들과 분노의 신들을 두

---

4) 이 상황에서는 존재의 근원이 불확실한 상태에서 체험되거나 슬쩍 스쳐 지나갈 수밖에 없다. 왜냐하면 이 단계에서 의식체는 순수한 다르마카야(법신) 상태의 밝은 초월의식을 통해서 그것을 경험하는 것이 아니라, 지상에서 갖고 있던 몸의 복제품이라고 할 수 있는 유체(幽體) 속에서 환각적인 지각 기능을 통해 그것을 경험하기 때문이다. 순수한 다르마카야 상태에는 바르도(불확정 상태)라는 것이 있을 수 없다.
5) 원문은 랑낭 rang-snang. 자기 자신의 마음에 나타나는 것, 또는 생각의 형태란 뜻이다.

려워하지 않으리라."

　그대는 내가 읽어 주는 이 구절들을 잘 따라 외우라. 그리고 그 안에 담긴 뜻을 마음에 새기고 앞으로 나아가라. 아, 고귀하게 태어난 자여. 무섭고 두려운 어떤 환영이 눈앞에 나타날지라도 그것들이 자신의 마음에서 투영되어 나온 것임을 분명히 알아야 한다. 이 중요한 비밀을 잊지 말라.

　아, 고귀하게 태어난 자여. 그대의 육체와 마음이 따로 분리되어 있는 이때, 그대는 순수한 진리의 세계를 잠깐 경험하게 되리라. 그것은 밝고 눈부시고 미묘하며 무서울 정도로 빛이 난다. 마치 봄날의 풍경 속을 가로질러가는 신기루처럼 끝없이 물결치며 흘러간다. 그러나 그것들을 보고 당황하거나 두려워하거나 무서워하지 말라. 그것은 그대 자신의 참 자아에서 나오는 빛일 뿐이다. 이 사실을 깨달으라.

　그 빛 한가운데에서 천 개의 천둥이 동시에 울리는 것처럼 존재의 근원에서 나오는 자연스런 소리가 들려올 것이다. 그것은 그대 자신의 참 자아에서 나오는 자연스런 소리이다. 그 소리에 당황하거나 두려워하거나 무서워하지 말라.

지금 그대가 갖고 있는 몸은 살아 있을 때 생겨난 그대의 정신적 성향으로 이루어진 사념체이다.[6] 그대는 살과 뼈로 만들어진 육체를 갖고 있지 않으므로 어떤 것이 그대 앞에 나타나든지, 그것이 소리든 빛이든 광선이든 어떤 것도 그대를 해칠 수 없다.[7] 그대는 죽을 수 없기 때문이다. 이 환영들이 그대 자신의 생각에서 나온 것임을 아는 것으로 충분하다. 이 모두가 바르도에서 일어나는 현상임을 그대는 알아야 한다.

아, 고귀하게 태어난 자여. 만일 지금 그대 자신의 생각에서 투영되어 나오는 것들을 바로 알지 못한다면, 그대가 인간 세상에서 아무리 명상 수행을 열심히 하고 신에게 헌신했다 할지라도 빛들이 그대를 당황하게 하고, 소리들이 그대를 두렵게

---

6) 원문은 박차위루bag-chags yid-lus. 위루는 마음의 몸, 또는 사념으로 이루어진 몸. 박차는 습관, 성향이란 뜻이다. 이 성향은 세상에 있을 때 만들어진 것이다. 살아 있을 때 행한 선행과 악행, 그리고 생각들이 의식 속에 깊이 박혀 잠재적인 영향력을 갖고 있는 것을 말한다.

7) 가와사키 신조는 이것을 '소리든 색깔이든 빛이든 어떤 것이 쫓아와도 그대에게 상처입힐 수 없다.'로 번역했다. 가와사키의 번역을 여기서 자주 인용하는 것은 그가 또다른 티벳어 원전(목판본)을 텍스트로 해서 번역했기 때문이다.

하고, 색채들이 그대를 무서워하게 만들 것이다. 따라서 그대에게는 이 가르침이 더없이 중요하다.

그대가 이 가르침의 중요한 열쇠를 알지 못하면[8] 그대는 빛과 소리와 색채의 본질을 깨닫지 못하고 윤회계 속을 방황하게 될 것이다.

---

8) "만일 빛과 소리와 색채 모두가 그대 자신의 마음의 표현임을 알지 못하면……."

· 2 ·
첫째날부터 일곱째날까지 평화의 신들이 나타남

    거듭된 인도에도 불구하고 사자는 대부분의 사람들처럼 49일 동안을 사후세계에서 보내게 된다.[1] 그것은 그의 카르마 때문이다. 따라서 처음 7일 동안에 그가 겪어야 하고 무사히 넘겨야 할 위험과 시련들에 대해 그에게 자세히 설명해야만 한다. 이 기간 동안에 평화의 신

---

1) 이때의 사후세계란 앞에서 설명했듯이 사후세계의 중간 상태, 곧 바르도를 말한다. 사람이 죽은 다음에 다시 환생할 때까지 잠깐 머무는 기간이다.

들이 밝아 온다. 경전 내용으로 판단해 보면 첫째날은 사자가 자신이 죽었다는 사실을 알고 환생의 길로 나아가기 시작한 때로부터 계산하는데, 대개 사후 3일 반에서 4일경부터이다.[2]

첫째날

아, 고귀하게 태어난 자여. 지난 사흘 반 동안 그대는 기절 상태에 있었다. 이 기절 상태에서 깨어나자마자 그대는 "나에게 무슨 일이 일어난 걸까?" 하고 생각할 것이다.

그대는 지금 사후세계에 와 있음을 깨달으라. 지금 그대의 눈에는 세상이 완전히 달라져 있을 것이다.[3] 그대의 눈에 보이는 모습들은 모두 빛의 몸을 하고 있고 천신들의 형상을 하고 있을 것이다.[4] 그리고 하늘 전체가 온통 짙은 푸른색으로 빛날

---

[2] 이 부분의 설명은 편집자 에반스 웬츠가 붙인 것이다.

[3] 영역본의 문장을 직역하면 '혁명이 일어난 것처럼 보일 것이다.'라고 할 수 있다. 인간 세상에서 경험했던 현상들이 바르도에서는 전혀 다른 것으로 경험되기 때문에 이제 막 죽은 사람에게는 그것들이 모두 혁명과 혼돈처럼 여겨질 것이다. 따라서 마치 어린애가 이 세상에 태어나서 거기에 적응해야 하듯이 사자에게 사후세계에 적응하도록 일깨워 주어야 한다.
한편 가와사키 신조는 이 부분을 '윤회의 반전(反轉)이 일어나……'로 번역하고 있다. 이것이 원문에 더 정확한 번역인 것으로 여겨진다. 윤회의 반전이란 사후의 기절 상태에서 윤회의 진행이 일시적으로 멈추고, 물레방아의 바퀴로부터 물이 넘쳐 흐르듯이 여러 신들의 환영이 나오는 것을 말한다고 가와사키는 설명하고 있다.

[4] 바르도의 놀라운 환영들이 밝아 오기 시작하는 이 시점에서 그것들을 이해하려는 진지한 구도자는 《티벳 사자의 서》가 특히 이 부분에서부터 사후세계에서의 체험을 상징적이고 비유적으로 표현하고 있음을 알아야 한다.

것이다.

　이 순간 '만물의 씨앗을 사방에 뿌리는 세계'[5]라고 하는 중앙의 세계로부터 바이로차나(비로자나불)[6]가 그대에게 모습을 나타낼 것이다. 그는 흰색을 하고 있고 사자(獅子) 왕좌에 앉아 있으며 손에는 여덟 개의 살을 가진 바퀴[7]를 들고 있다. 그리고 우주 공간의 어머니[8]를 껴안고 있다.

　물질의 집합체가 원초적인 상태로 푸른색 빛 속에 녹아들어가 있다.[9]

　아버지 신이자 어머니 신인[10] 바이로차나의 가슴으로부터 투명하고 장엄하고 눈부시게 빛나는, 진리의 세계[11]의 대지혜[12]가 뿜어져 나와서 그대 앞으로 다가올 것이다. 그 빛은 푸른색이고 너무도 강렬해서 그대는 그것을 똑바로 쳐다볼 수조차 없을

---

5) 원문은 티글달와 Thiglé-Brdalva. '만물의 씨앗을 뿌림'의 뜻이다. 이것은 다르마다투(法界, 진리의 세계, 존재의 근원)를 상징한다.

6) 원문은 남파낭짯 Rnam-par-snang-mzad. 산스크리트어의 바이로차나에 해당한다. 만다라 중앙의 선정불(禪定佛)이다. 비로자나불, 대일여래(大日如來)로 번역된다. 밀교 계통이나 《화엄경》에서는 그를 존재의 근원, 다르마카야(법신)로 받들고 있다. 바이로차나는 글자 그대로 하면 '볼 수 있는 것으로 형상화하기'를 뜻한다. 따라서 그는 현상계를 나타나도록 만드는 자이다. 그가 들고 있는 바퀴[法輪]는 절대적인 힘을 상징한다.
원문에는 바이로차나 앞에 '바가반 Bhagavan'이란 수식어가 붙어 있다. 바가반은 인도에서 신(神)을 가리키는 말이지만 불교에서 그것을 가져다가 붓다에 대한 존칭으로 사용하기 시작했다. 여기서는 붓다라는 호칭 대신 사용되었으며, 앞으로 등장하는 다른 신들 앞에도 이 호칭이 붙어 있다. 바가반은 통치권자, 여섯 가지의 능력을 가진 자, 승리자란 뜻이다. 곧 윤회계의 모든 존재를 다스리는 자 또는 지배하는 자를 뜻한다.
중앙에 위치한 선정불로서 바이로차나는 신비 학파에서 깨달음을 향한 최상의 길이다. 그는 중심부의 태양처럼 사방의 네 선정불들에 에워싸여 있는데, 이것은 네 가지 원소들에 에워싸인 하나의 진리를 상징한다. 그는 모든 생명체의 원천으로서, 눈에 보이거나 보이지 않는 모든 만물이 그 안에서 완성되고 흡수된다.

7) 팔폭륜(八輻輪). 진리의 바퀴[法輪]. 중심부에는 삼의(三儀) 태극 도형이 그려져 있고, 여덟 개의 바퀴살이 있으며(p.258 그림), 그 둘레에는 지혜의 불꽃이 후광처럼 에워싸고 있다. 그리고 연꽃 위에 올려져 있다. 태극 도형은 윤회, 멈출 줄 모르는 변화와 생성을 상징한다. 법륜은 신성한 진리의 조화와 완전함을 나타낸다.

정도다.

그 빛과 함께 또다른 빛 하나가 그대 앞으로 다가올 것이다. 바이로차나의 강렬한 빛과는 달리 이 빛은 어두운 흰색 빛이다. 이 빛은 천상계의 여러 존재들에게서 나오는 빛이다.

이때 나쁜 카르마의 힘 때문에 그대는 진리의 세계로부터 나오는 대지혜의 눈부신 푸른색 빛에 대해 무서움과 두려움을 느낄 것이다. 그대는 그 빛으로부터 달아나고 싶은 생각이 들 것이다. 그리고 천상계로부터 흘러나오는 어두운 흰색 빛에 애착을 가질 것이다.

이 단계에서 그대는 빛나고 눈부시고 장엄한 푸른색 빛을 두려워하지 말아야 한다. 그 빛에 놀라지 말라. 그것은 '진리의 세계로부터 나오는 지혜의 빛'이라고 부르는 깨달은 자[13]의 빛

---

8) 원문의 남카잉캬왕축마Nam-mkh-ah-dvyings-kyi-dvang-phyug-ma는 '우주 공간의 귀한 부인'이란 뜻이다. 산스크리트어로는 아카샤 다투 이쉬바리Akasha Dhatu Ishvari. 우주의 여성 원리를 인격화한 것이다. 붓다들의 팔에 껴안긴, 붓다들을 돕는 여성 배우자들을 여존(女尊)이라고 부른다. 어머니는 우주의 여성 원리이고, 아버지 바이로차나는 만물의 씨앗이다. 탄트라의 붓다들은 이렇게 자신의 여성 배우자들을 포옹한 모습으로 그려져 있다.

9) 물질의 집합체란 색온(色蘊)을 번역한 것이다. 온은 쌓인다는 뜻이다. 이것에 대한 자세한 설명은 편집자의 해설(p.58~61)을 참고할 것. 목판본에서는 이 푸른색 빛의 원초 상태 속으로 '의식의 집합체〔識蘊〕'가 녹아든다고 적고 있다. 우리의 필사본에는 식온이 바즈라사트바(금강살타)와 관련해 흰색으로 빛나는 것은 둘째날의 일로 되어 있다.

10) 여기서 바이로차나는 자신 속에 남성 원리뿐 아니라 여성 원리도 결합시키고 있다. 따라서 '아버지 신이자 어머니 신'으로 표현되고 있다. 이것은 아버지 신과 어머니 신이 결합된 모습이다. 다른 신들과 관련된 문장에서도 마찬가지다. 우리의 필사본에서는 이들이 하나로 합쳐진 모습이 그들을 상징하는 색들로 그려져 있다.

11) 다르마다투. 법계(法界).

12) 이 지혜를 불교 용어로 법계체성지(法界體性智)라고 한다.

◐

13) 여래(如來). 원문은 데싱섹파De-bzhing-shegs-pa. 산스크리트어의 타다가타Tathagata에 해당한다. 여래는 '같은 길로 간 사람'을 뜻한다. 다시 말해 영원한 자유라는 똑같은 목적지에 도달한 사람(붓다)을 가리킨다.

이다. 그 빛을 신뢰하고, 그 빛에 대해 강한 믿음을 가지라. 그것이 사후세계의 위험한 길[14]에서 그대를 맞이하기 위해 나타난 바이로차나의 가슴에서 나오는 빛이라 생각하고 그 빛에게 기도하라. 그 빛은 바이로차나의 자비의 빛이다.

천상계의 존재들에게서 나오는 어두운 흰색 빛에 이끌리지 말라. 그대여, 그것에 애착을 갖지 말라. 마음이 약해져서는 안된다. 그 어둔 빛에 이끌린다면 그대는 천상계의 울타리 안에서 방황하게 될 것이고, 마침내 여섯 세계[15]의 소용돌이 속으로 끌려들어갈 것이다. 그것은 그대가 대자유로 나아가는 길을 가로막는 방해물이다. 그 빛을 쳐다보지 말라. 깊은 신뢰를 갖고 눈부신 푸른색 빛을 바라보라. 그대의 온 마음을 바이로차나에게 향하고, 내가 읽어 주는 대로 다음과 같이 기도하라.

"아, 무지의 어둠이 너무 깊어 윤회계를 방황할 때
　　진리 세계로부터 나오는 지혜의 눈부신 빛을 따라

---

14) 원문은 탕hphrang으로, 좁은 길 또는 매복로를 뜻한다.
15) 육도(六道) 윤회계. 천신들의 세계인 천상계, 거인신들의 세계인 아수라계, 인간계, 축생계, 불행한 귀신들의 세계인 아귀계, 지옥계를 말한다. 이후로도 이 여섯 윤회 세계로부터 사자를 유혹하는 어두운 빛이 하나씩 나타난다. p.454의 그림 참조.

바이로차나께서는 나를 인도하소서.

무한한 우주 공간의 어머니 신께서 나를 뒤에서 지켜 주소서.

사후세계의 무서운 여행길을 안전하게 건너가게 하소서.

그리고 완전한 붓다 경지에 이르게 하소서."[16]

이와 같이 강한 믿음을 갖고 겸허하게 기도하면, 그대는 무지개 빛에 둘러싸여 바이로차나의 가슴 속으로 곧바로 녹아들어갈 것이다. 그리고 우주의 씨앗이 빽빽이 채워진[17] 중앙 세계에서 붓다의 경지를 얻으리라.[18]

둘째날

그러나 이런 가르침에도 불구하고 어떤 사람은 나쁜 카르마와 분노

---

16) 콤퍼가 편집한 《죽음의 기술》 제4장에 있는 사자에 대한 다음과 가르침과 기도는 참고할 만하다.
"그(임종자)는 그 후에 할 수 있다면 거룩한 천사들을 불러서 이렇게 말해야 한다. '그대 천국의 영혼들이여, 영광스런 천사들이여, 당신들은 지금 떠나는 나의 곁에 머물러, 적(악마)들의 손으로부터 나를 굳세게 지켜 주고 나의 영혼을 당신들의 동료로 받아 주소서! 주께서 나의 보호자로 보내신 나의 인도자와 천사여, 간절히 기도하오니 지금 나를 도와주고 지켜 주소서!'"
17) 원문은 툭포 코파이 싱캄Stug-po-bkod-pahi zhing-khams. 두껍게 형성된, 또는 빽빽이 채워진 국토를 뜻한다. 이는 우주의 모든 힘과 사물들의 씨앗이 거기에 다 함께 채워져 있음을 뜻한다. 이는 또한 티벳어로 옥민Og-min이라고 하는데, 이것은 글자 그대로 '내려가지 않음〔不退〕'이라는 뜻이다. 더이상 떨어짐이 없는 상태, 니르바나에 도달한 상태를 가리킨다. 이는 특히 불국토를 말한다. 엄밀정토(嚴密淨土).
18) 티벳어 원문을 더 정확히 번역하면 이 부분은 "중앙 세계에서 삼보가카야(보신)를 얻어 붓다가 되리라."이다.

의 힘 때문에 눈부신 빛을 보고 놀라 달아날 것이다. 그리고 그 기도에도 불구하고 환영에 정복당할 것이다. 그렇게 되면 둘째날에 바즈라사트바(금강살타)와 그가 거느린 신들이 사자를 맞이하러 올 것이다.[19] 동시에 사자의 악행에 따른 지옥계가 그를 데리러 올 것이다. 이때 사자의 이름을 부르며 다음과 같이 인도해야 한다.

아, 고귀하게 태어난 자여. 마음을 집중해서 잘 들으라. 둘째날에는 순수한 형태의 물 원소가 흰색 빛으로 밝아져 올 것이다. 이때 짙은 푸른색의 '지복으로 가득한 동쪽 세계'[20]로부터 악쇼비아(아축불)가 바즈라사트바(금강살타)[21]의 모습으로 그대에게 나타날 것이다. 그는 푸른색이고, 코끼리 왕좌에 앉

---

19) 편집자의 해설과 다른 해설문들에서도 설명하고 있듯이 사후세계에 등장하는 이 신들은 누구에게나 공통적으로 나타나는 것이 아니다. 이 경전은 티벳 불교의 세계관 속에서 살다가 죽은 사람을 대상으로 씌어진 것이기 때문에 그들이 중요하게 여기는 신들이 등장하고 있는 것이다. 다른 문화와 신앙을 가진 사람들에게는 이 신들이 다른 모습으로 나타난다. 하지만 그 본질은 같다. 따라서 편집자는 앞의 주석에서 경전의 이 부분들을 상징적으로, 밀교적으로 해석해야 한다고 강조하고 있다.

20) 묘희국(妙喜國). 악쇼비아(아축불)의 세계.

21) 원문은 도르제 셈파 미쿄파Rdorje-sems-dpah Mi-bskyod-pa. 산스크리트어는 바즈라사트바 악쇼비아Vajra-sattva Akshobhya. 악쇼비아(아축불)는 동쪽의 명상하는 붓다(선정불)이지만, 이 경전 전체에서는 그의 삼보가카야(보신)인 바즈라사트바(금강살타)의 모습으로 나타난다. 다시 말해 바즈라사트바는 악쇼비아의 일차 현신이다. 바즈라사트바는 신의 마음을 지닌, 또는 불멸의 마음을 지닌 자란 뜻이다. 한편 바즈라다라(지금강)는 불멸성을 소유한 자란 뜻으로 악쇼비아(아축불)의 또다른 현신이다. 이들 두 현신은 밀교학파에서 매우 중요한 신(보살)이다.

22) 이는 산스크리트어 그대로 우리의 티벳 경전에 적혀 있다. 이것은 분명한 오기(誤記)로 여겨진다. 목판에는 이 부분이 티벳어로 상예찬마Sangs-rgyas-spyan-ma로 되어 있다. 이것은 붓다의 눈[佛眼]을 한 여자를 뜻한다. 이 여성 신은 우리의 필사본에서 셋째날에 라트나삼바바(보생불)와 함께 등장한다.

아 어머니 신 마마키²²⁾를 껴안고 있으며, 한 손으로는 다섯 개의 날카로운 모서리를 가진 도르제²³⁾를 들고 있다. 그리고 크쉬티가르바(지장보살)²⁴⁾와 마이트레이야(미륵보살)²⁵⁾가 두 명의 여성 보디사트바(보살)인 라세마와 푸쉬페마²⁶⁾를 데리고 그를 수행할 것이다. 이들 여섯 명의 신들이 그대에게 나타나리라.

아버지 신이자 어머니 신인 바즈라사트바의 가슴으로부터 밝고 눈부신 흰색 빛이 그대의 눈 앞으로 다가올 것이다. 그것은 거울 같은 대지혜²⁷⁾의 빛이며, 그대의 의식의 집합체²⁸⁾가 순수한 형태로 그 안에 녹아들어가 있다. 그 빛은 그대가 거의 똑바로 바라볼 수 없을 정도로 눈이 부시고 투명하다. 그리고 이

마마키Mamaki는 또한 티벳의 수호 여신인 될마Dölma(산스크리트어로는 타라Tara)에게 붙여진 108개의 이름들 중의 하나다. 한편 《다르마 삼그라하Dharma Samgraha》에서는 네 명의 여신이 존재한다고 하는데 로차니Rochani, 마마키, 판두라Pandura, 타라가 그들이다.

23) 도르제dorje는 티벳 라마들이 종교 의식에서 사용하는 도구로 금강저(金剛杵)라고 번역된다. 번개라는 뜻이다. 모든 것을 파괴하는 무서운 힘을 가진 인드라 신(불교에서는 제석천)의 무기다. 윤회계의 여섯 세계에 대한 통치권을 상징한다. p.2 사진 참조.

24) 원문은 사위닝포Sahi-snying-po. 산스크리트어는 크쉬티가르바Kshitigarbha. 땅의 자궁(또는 모체)이라는 뜻이다.

25) 원문은 참파Byams-pa. 산스크리트어는 마이트레이야Maitreya. 사랑을 뜻한다. 중생을 신의 사랑의 힘으로 구원하는 미래의 붓다이다.

26) 라세마Lasema와 푸쉬페마Pushpema는 산스크리트어가 우리 필사본에 틀리게 적힌 것이다. 이들의 티벳어는 각각 게모마sgeg-mo-ma(미녀 또는 유희하는 여인)와 메톡마Me-tog-ma(꽃을 바치는 여인 또는 꽃을 든 여인)이다. 정확한 산스크리트어는 라시야Lasya와 푸쉬파Pushpa이다. 푸쉬파는 손에 꽃을 들고 있는 것으로 묘사되는데, 그녀는 꽃의 화신이다. 라시야는 요염한 자태로 거울을 든 미녀로 묘사되며 아름다움의 화신이다.

27) 대원경지(大圓鏡智).

28) 원문은 남파세파 풍포Rnampar-shes-pahi-phung-po. 사물을 분별하는 의식의 집합체〔識蘊〕이다. 곧 인식하는 주체이다. 목판본에서는 이것 대신에 주퀴 풍포Gzugs-kyi-phung-po, 몸의 집합체〔身蘊〕으로 되어 있다.

거울 같은 대지혜의 빛과 동시에 지옥계로부터 어두운 회색 빛이 그대 앞으로 다가올 것이다.

이때 그대는 살아 있을 때 갖고 있던 분노의 힘 때문에 눈부신 흰색 빛을 보고는 놀라 달아나려 할 것이다. 그리고 지옥계로부터 오는 어두운 회색 빛을 더 좋아하게 될 것이다. 이 순간 그대는 밝고 눈부시고 투명한 흰색 빛을 두려워하지 말라. 그것이 대지혜의 빛이라는 것을 깨달으라. 겸허한 마음으로 그 눈부신 빛을 신뢰하라. 그것은 다름아닌 바즈라사트바의 자비의 빛이다. 믿음을 갖고 "나는 저 빛으로 돌아가리라." 하고 생각하라. 그리고 기도하라.

그 빛은 사후세계의 공포와 두려움으로부터 그대를 구원하고자 그대를 맞이하러 나온 바즈라사트바의 빛이다. 그 빛을 신뢰하라. 그것은 바즈라사트바의 자비의 빛으로 된 구원의 밧줄이기 때문이다.[29]

---

29) 원문의 정확한 번역은 밧줄이 아니라 '낚싯바늘'이다. 신의 자비의 빛은 사자를 낚아 바르도의 위험으로부터 끌어내는 구원의 낚싯바늘과 같다. 때로 광선 하나하나마다 낚싯바늘로 여겨지기도 한다. 고대 이집트 사원에는 태양신 라Ra로부터 나온 은총의 빛이 그려져 있는데, 각각의 광선이 헌신자의 손까지 연결되어 있다. 기독교인들도 하나님의 구원의 빛을 이것과 비슷하게 생각한다.

그대여, 지옥에서 나오는 어두운 회색 빛에 애착을 갖지 말라. 그 회색 빛은 그대가 생전에 자주 분노한 것이 쌓여서 생긴 나쁜 카르마의 힘 때문에 그대를 맞이하려고 열리는 길이기 때문이다. 그 빛에 끌려가면 그대는 지옥계에 떨어질 것이다. 거기에 떨어지면 그대는 참을 수 없는 고통을 겪어야만 하리라. 그리고 언제 다시 빠져나올지 알 수도 없다. 그것은 대자유의 길로 나아가는 그대를 방해할 뿐이다. 그것을 쳐다보지 말라. 그리고 분노하는 마음을 갖지 말라.[30] 그것에 끌려가지 말라. 마음이 약해져서는 안된다. 눈부신 흰색 빛을 신뢰하라. 그대의 온 마음을 바즈라사트바에게 향하고 이렇게 기도하라.

"아, 분노의 마음이 너무 깊어 윤회계를 방황할 때
거울 같은 대지혜로부터 나오는 눈부신 빛의 길을 따라
바즈라사트바께서는 나를 인도하소서.
어머니 신 마마키께서 나를 뒤에서 지켜 주소서.

---

30) 사자는 대개 여기서 세상에 남아 있는 사람들을 볼 수 있고, 그들이 자기 재산의 분배를 가지고 다투는 것이나 장례식을 주관하는 자의 탐욕을 눈치채면 분노를 하는 것으로 여겨진다. 〈시드파 바르도〉 편(p.392~400)에서 이것을 자세히 설명하고 있다. 그러나 화내는 것을 금지하는 것은 본질적으로 명상 수행에 바탕을 둔 것이다. 모든 종교의 수행자들은 분노가 영적 성장을 크게 방해한다는 것을 알고 있다. 그리고 이것은 고대 이집트의 《프타호텝의 계율》에 들어 있는, 분노를 금지한 도덕적 가르침과 비슷하다.

사후세계의 무서운 여행길을 안전하게 건너가게 하소서.
그리고 완전한 붓다의 경지에 이르게 하소서."

이와 같이 강한 믿음을 갖고 겸허하게 기도하면, 그대는 무지개 빛에 둘러싸여 바즈라사트바의 가슴 속으로 녹아들어가 그와 하나가 될 것이다. 그리고 지복으로 가득한 세계라고 불리는 동쪽 세계에서 붓다의 경지를 얻으리라.

셋째날

그러나 이러한 가르침에도 불구하고 어떤 사람들은 나쁜 카르마와 자만심으로부터 생겨난 장애물 때문에 자비의 빛의 밧줄이 그들 앞으로 내려와도 그 눈부신 빛에 놀라 달아날 것이다. 만일 이 사자도 그런 사람들 중의 한 사람이라면, 셋째날에 바가반 라트나삼바바(보생불)³¹⁾가 수행 신들을 거느리고 그를 맞이하러 올 것이다. 동시에 인간 계로부터 뻗어 나온 빛의 길이 그를 만나러 올 것이다.

다시 사자의 이름을 부르며 다음과 같이 인도해야 한다.

아, 고귀하게 태어난 자여. 마음을 다해 들으라. 셋째날에는 원초적인 형태의 흙 원소가 노란색 빛으로 밝아 올 것이다. 그 때 영광으로 가득한 노란색의 남쪽 세계³²⁾로부터 라트나삼바바가 그대에게 나타날 것이다. 그는 노란색이고, 말 왕좌에 앉아 어머니 신 상예찬마³³⁾를 껴안고 있으며, 한 손에는 보석을 들고 있다.

두 명의 보디사트바인 아카샤 가르바(허공장보살)³⁴⁾와 사만타바드라(보현보살)³⁵⁾가 두 여성 보디사트바(보살)인 말라이마와 두페마³⁶⁾를 데리고 그를 수행할 것이다. 이들 여섯 명의 신들이 무지개 빛에 둘러싸여 그대 앞에서 빛나리라.

---

31) 원문은 링첸융단Rinchen-hbyung-ldan. 산스크리트어는 라트나삼바바Ratna-Sambhava. 보석에서 태어난〔寶生〕자라는 뜻이다. 그는 아름답게 만들어 주는 자로서, 소중한 모든 것이 그로부터 생겨난다. 붓다의 속성을 인격화한 것이다.
32) 극묘세계(極妙世界).
33) 원문은 상예찬마Sangs-rgyas-spyan-ma. 붓다의 눈을 한 여인이라는 뜻이다.
34) 원문은 남카이 닝포Nam-mkhahi-snying-po. 산스크리트어는 아카샤 가르바Akasha-Garbha. 하늘의 자궁(또는 모체)을 뜻한다.
35) 원문은 쿤투장포Kuntu-bzang-po. 산스크리트어는 사만타바드라Samanta Bhadra. 전선(全善), 만덕(萬德)의 뜻이다. 이것은 아디붓다 사만타바드라Adi-Buddha Samanta-Bhadra(본초불 보현)와는 다르며, 선정불 바이로차나의 영적 아들이다.
36) 원문 말라이마Mahlaima는 염주를 든 여인이고, 두페마Dhupema는 향을 든 여인이라는 뜻이다. 이들은 티벳어와 산스크리트어가 합쳐져 만들어진 단어이다. 여기에 해당하는 산스크리트어는 말라와 두파이고, 티벳어는 프렝바마Hphreng-ba-ma와 둑푀마Bdug-spös-ma이다. 이 여신들의 색깔은 땅의 색깔에 해당하는 노란색이다.

촉각의 집합체[37]가 그 원초적인 형태로 그대 앞에 나타날 것이다. 그것은 평등 지혜[38]를 상징하는 노란색 빛이다. 아버지 신이자 어머니 신인 라트나삼바바의 가슴으로부터 나오는 이 노란색 빛은 둘레에 빛의 위성들을 데리고 있다. 이 빛은 눈을 뜨고 똑바로 바라볼 수 없을 정도로 투명하고 눈이 부시다. 이 대지혜의 빛과 함께 그 옆에는 인간계에서 나오는 어둡고 푸르스름한 노란색 빛이 그대의 가슴을 향해 다가오리라.

이때 그대는 자만심의 카르마 때문에 눈부신 노란색 빛을 보고는 놀라 달아나려 할 것이다. 그리고 인간 세상으로부터 오는 어둡고 푸르스름한 노란색 빛에 이끌리게 될 것이다.

이 순간 그대는 그 밝고 눈부신 노란색 빛을 두려워하지 말라. 그것이 대지혜의 빛임을 깨달으라. 겸허한 마음으로 그 빛을 신뢰하라. 만일 그 빛이 그대 자신의 마음의 근원으로부터 나오는 것임을 깨닫는다면, 그 빛에 대해 겸허함과 믿음과 기

---

37) 수온(受蘊).
38) 평등성지(平等性智).

도를 바치지 않더라도 신의 몸과 빛이 그대 안에서 하나가 될 것이다. 그리고 그대는 붓다 경지를 얻게 될 것이다.

만일 그대가 그대 자신의 마음에서 비쳐 나오는 빛을 알지 못한다면 믿음을 갖고 "이것은 라트나삼바바의 자비의 빛이다. 나는 그 빛으로 돌아가리라." 하고 생각하라. 그리고 기도하라. 그 빛은 라트나삼바바의 자비의 빛으로 된 밧줄이다. 그 빛을 신뢰하라.

그대여, 인간계로부터 나오는 어둡고 푸르스름한 노란색 빛을 좋아하지 말라. 그 노란색 빛은 그대의 자만심이 쌓여서 생긴 나쁜 성향이 그대를 맞이하려고 열리는 길이기 때문이다. 그 빛에 끌려가면 그대는 인간계에 떨어져서 태어나고 늙고 병들고 죽는 고통을 겪을 것이다. 그리고 속세의 수렁에서 벗어날 기회를 잃게 되리라. 그것은 대자유로 가는 길을 가로막을 뿐이다. 그러니 그것을 쳐다보지 말라. 자만심을 버리고 나쁜 성향을 버리라. 마음을 약하게 갖지 말라. 그 밝고 눈부신 빛을 신뢰하라. 그대의 온 마음을 오직 라트나삼바바에게 향하고 다음과 같이 기도하라.

"아, 자만심이 너무 깊어 윤회계를 방황할 때
평등 지혜로부터 나오는 눈부신 빛의 길을 따라
라트나삼바바께서는 나를 인도하소서.
붓다의 눈을 한 어머니 신께서 나를 뒤에서 지켜 주소서.
사후세계의 무서운 여행길을 안전하게 건너가게 하소서.
그리고 완전한 붓다의 경지에 이르게 하소서."

이와 같이 겸허한 마음과 강한 믿음을 갖고 기도하면 그대는 무지개 빛에 둘러싸여 아버지 신이자 어머니 신인 라트나삼바바의 가슴 속으로 녹아들어가 그와 하나가 될 것이다. 그리고 영광으로 가득한 남쪽 세계에서 붓다의 경지를 얻으리라.

넷째날

이와 같이 인도하면 아무리 약한 정신력을 가졌다 할지라도 영원한 자유에 이르는 것은 의심할 여지가 없다. 그러나 거듭된 가르침에도 불구하고 많은 악업을 지었거나 계율을 지키는 데 실패했거나 아니면 본래부터 타고난 결함 때문에 사후세계를 제대로 인식하지 못하는 사람들이 있다. 그들의 집착과 욕심으로부터 생겨난 나쁜 카르마와 무지는 그들로 하여금 바르도에서 만나는 소리와 빛들을 보고 두려워하게 만들며, 그래서 그들은 그것들로부터 달아난다. 사자가 이런 사람들 중의 한 사람이라면, 넷째날에는 아미타바(아미타불)[39]와 그가 거느린 수행 신들이 사자를 맞이하러 나타날 것이다. 동시에 욕심과 집착으로부터 나오는 아귀계의 빛이 그를 만나러 올 것이다.

이때에도 사자의 이름을 부르며 다음과 같이 인도해야만 한다.

---

39) 원문은 낭와타예Snang-va-mthah-yas. 산스크리트어는 아미타바Amitabha. '무한한 빛〔無量光〕'의 뜻이다. 붓다의 속성인 모든 것을 분별하는 대지혜를 의인화한 것으로, 아미타바는 영원한 생명을 상징하기도 한다. 아미타바는 무량광불 또는 무량수불(無量壽佛)로 번역된다.

아, 고귀하게 태어난 자여. 정신을 집중해 들으라. 넷째날에는 불 원소의 원초적인 형태인 붉은색 빛이 나타날 것이다. 그때 행복의 세계인 붉은색 서쪽 세계로부터 붉은색의 아미타바가 그대에게 나타나리라. 그는 공작새 왕좌에 앉아 어머니 신 괴카르모[40]를 껴안고 있고, 한 손에는 연꽃을 들고 있다. 그리고 첸라지(관세음보살)[41]와 잠팔(문수보살)[42]이 여성 보살 길디마와 알로케[43]를 데리고 그를 수행하리라. 이 여섯 명의 깨달은 몸들이 무지개 빛에 둘러싸여 그대를 비출 것이다.

아버지 신이자 어머니 신인 아미타바의 가슴으로부터 밝고 투명하고 눈부신 붉은색 빛이 그대의 가슴을 향해 뻗어올 것이다. 그 빛은 감정의 집합체[44]가 원초적인 형태로 나타나는 것이다. 그 빛은 모든 것을 분별하는 지혜[45]의 빛이다. 그 빛은 둘레에 빛의 위성들을 거느리고 있다. 그 빛은 너무 밝아서 그대는 그것을 똑바로 바라볼 수조차 없을 것이다. 그러나 그 빛

---

40) 원문은 괴카르모 Gös-dkar-mo. 흰 옷을 입은 여인이라는 뜻이다.
41) 원문은 첸라지 Spyan-ras-gzigs. 산스크리트어는 아발로키테스와라 Avalokiteshvara. 그 뜻은 아래를 내려다보는 자이다. 관세음보살로, 자비를 의인화한 것이다. 따라서 첸라지는 대자대비의 화신이다. 티벳의 달라이 라마는 이 첸라지의 화신으로 믿어지고 있다. 그리고 첸라지와 함께 나타나는 아미타바(아미타불)의 화신은 타시 라마이다. 아미타바는 첸라지의 영적 아버지이다. 첸라지는 대개 열한 개의 머리〔十一面觀音〕와 천 개의 손과 각각의 손에는 눈이 하나씩 있는 모습〔千手千眼〕으로 묘사된다. 대자대비의 신으로서 그의 천수와 천안은 항상 고통받는 자들을 살펴보고 그들을 구원해 주는 것을 상징한다. 중국에서 관세음보살은 대자비의 여신이다. 그는 어린아이를 손으로 안고 있는 여인의 모습으로 표현된다.
42) 원문은 잠팔 Hjam-dpal. 산스크리트어는 만주스리 Manjushri. 부드러운 덕〔妙德〕이란 뜻이다. 티벳어의 완전한 이름은 잠팔양 Hgam-dpal-dvyangs이고 산스크리트어는 만주고사 Manjughosha이며, 덕있고 부드러운 목소리를 가진 자〔妙吉音者〕란 뜻이다. 그는 신비의 지혜〔般若智〕의 화신이다. 그는 그리스의 아폴로 신에 해당하며, 대개 빛으로 된 불타오르는 칼을 오른손에 높이 치켜들고 연꽃 위에 앉아 지혜의 책인 《반야심경》을 왼손에 든 그림으로 묘사된다.
43) 원문의 길디마 Ghir-dhi-ma와 알로케 Aloke는 산스크리트어 기타 Gita(노래)와 알로카

을 두려워하지 말라.

　이 지혜의 빛과 함께 불행한 귀신들의 세계인 아귀계로부터 어두운 붉은색 빛이 그대를 비출 것이다. 이 어두운 빛을 좋아하지 말라. 그것에 대한 애착을 버리고, 마음을 약하게 갖지 말라.

　이 순간 그대는 찬란하고 눈부시고 투명한 붉은색 빛을 두려워하지 말라. 그것이 대지혜의 빛이라는 것을 깨달으라. 그대의 마음을 오직 그 빛에 머물게 할 때 그대는 그 빛과 하나가 되어 붓다의 경지를 얻으리라.

　그대가 그 사실을 깨닫지 못한다면 "저 빛은 아미타바의 자비의 빛이다. 나는 그것에게 나 자신을 맡기리라." 하고 생각하라. 겸허한 마음으로 그 빛을 신뢰하고 그 빛에게 기도하라. 그것은 아미타바의 자비의 빛으로 된 밧줄이다. 겸허하게 그 빛을 믿고 그것으로부터 달아나지 말라. 그대가 그 빛으로부터

　Aloka(빛)가 잘못 전해질 것이다. 티벳어로는 루마 Glu-ma 와 낭살마 Snang-gsal-ma 이다. 기타는 대개 거문고를 든 모습으로 그려지는데 음악과 노래의 화신이고, 알로카는 등불을 든 모습으로 그려지며 빛의 화신이다. 여기서처럼 불 원소와 관계가 있기 때문에 그들의 색깔은 붉은색이다.

44) 상온(想蘊).
45) 묘관찰지(妙觀察智).

달아날지라도 그것은 그대와 분리될 수 있는 것이 아니기 때문에 그대를 따라올 것이다. 그것을 두려워하지 말라.

그리고 아귀계에서 나오는 어두운 붉은색 빛에 이끌리지 말라. 그것은 현상계의 존재들에 대해 그대가 가졌던 강한 집착으로부터 생겨난 빛의 길이 그대를 맞이하려고 온 것이다. 그대가 거기에 집착하면 그대는 불행한 혼령들의 세계에 떨어지고, 갈증과 굶주림으로 참을 수 없는 고통을 겪을 것이다. 그대는 거기서 영원한 자유를 얻을 기회를 잃게 될 것이다.[46] 그 어두운 붉은색 빛은 자유의 길로 가는 그대를 가로막는 장애물이다. 그것에 집착하지 말고, 그대의 습관적인 성향들을 버리라. 마음이 약해지지 말라. 밝고 눈부신 붉은색 빛을 신뢰하라. 아버지 신이자 어머니 신인 아미타바에게 그대의 모든 믿음을 기울이고, 다음과 같이 기도하라.

"아, 집착이 너무 강해 윤회계를 방황할 때

---

46) 글자 그대로 번역하면 '대자유를 얻을 시간이 없으리라.'이다. 사자가 일단 아귀, 즉 굶주린 귀신이 되면, 사후에 대자유에 이르는 것은 대개 불가능하다. 따라서 그는 아귀 세계에서의 삶이 끝나고 다시 인간 세상에 환생할 때까지 기다려야만 한다.

분별하는 대지혜로부터 나오는 눈부신 빛의 길을 따라 아미타바께서는 나를 인도하소서.
흰 옷을 입은 어머니 신께서 나를 뒤에서 지켜 주소서.
사후세계의 위험한 길을 안전하게 건너가게 하소서.
그리고 완전한 붓다의 경지에 이르게 하소서."

이와 같이 강한 믿음을 갖고 겸허하게 기도하면, 그대는 무지개 빛에 둘러싸여 아미타바의 가슴 속으로 녹아들어가 그와 하나가 될 것이다. 그리고 행복한 세계라고 불리는 서쪽 세계에서 붓다의 경지를 얻으리라.

다섯째날

이렇게 해도 영원한 자유에 이르지 못한다는 것은 불가능하다. 그러나 이런 가르침에도 불구하고 인간 존재들은 오랜 습관 때문에 자신의 성향을 버리지 못한다. 그리고 나쁜 카르마와 질투 때문에 소리와 빛을 두려워하고 무서워한다. 따라서 자비의 밧줄을 잡는 데 실패하고 방황하다가 다섯째날에 이른다. 사자가 그런 사람들 중의 한 사람이라면, 이때 그에게 아모가싯디(불공성취불)[47]가 수행 신들을 데리고 자비의 빛으로 그를 맞이하러 나타날 것이다. 동시에 질투에서 생겨난, 아수라 세계로부터 오는 빛도 역시 그를 맞이하러 나타날 것이다.

이때 사자의 이름을 부르며 다음과 같이 인도한다.

---

47) 원문은 도뇌룹파 Don-yod-grub-pa. 산스크리트어는 아모가싯디 Amogha-siddhi. '전능한 승리자'란 뜻이다.

48) 원문은 샹샹 Shang-shang. 상반신은 사람의 모습이고 하반신은 새의 모습인 고대의 전설적인 괴물이다. 그리스 신화에서는 하피라는 이름으로 등장하며, 추녀의 얼굴을 하고 있다. 죽은 사람의 영혼을 나르는 괴물이라고 한다. 그리스 신화의 하피들은 여성인데 반해 티벳의 샹샹은 남성과 여성 모두 해당된다. 티벳인들은 이런 무리의 동물들이 지상의 어딘가에 존재한다고 믿는다.

49) 원문은 될마 Sgrol-ma. 산스크리트어는 타라 Tara. 될마는 구원을 베푸는 여신이란 뜻이다. 그녀는 아발로키테스와라(관세음보살)의 여성 배우자이다. 오늘날 이 여신의 모습으로 알려진 것은 두 가지가 있다. 티벳에서 숭배되는 모습은 초록색 될마이고, 주로 중국이나 몽고에서 숭배되는 모습은 흰색 될마이다. 최초로 불교를 받아들인 티벳 왕 송첸감포의 왕비였던 네팔 공주는 초록색 될마의 화신으로 여겨진다. 번역자 라마 카지 다와삼둡은 편집자에게 이런 얘기를 했다.

"티벳인들이 영국 동전에 새겨진 빅토리아 여왕의 모습을 보고는 그것을 될마의 모습으로 여겼기 때문에, 빅토리아 여왕 시대에는 티벳 전역에서 될마가 영국 여왕의 모습으로

아, 고귀하게 태어난 자여. 정신을 집중해서 온 마음을 다해 들으라.

다섯째날에는 공기 원소의 원초적 형태가 초록색 빛으로 그대를 비출 것이다. 이때 '최고의 행위를 완전하게 성취하는 세계'라고 불리는 초록색의 북쪽 세계로부터 아모가싯디가 그대 앞에 나타날 것이다. 그는 초록색이고, 하늘을 가로지르는 금시조[48]의 왕좌에 앉아 신앙심 깊은 어머니 신 될마[49]를 껴안고 있으며, 한 손에는 십자형의 도르제[50]를 들고 있다. 그의 수행신들로는 착나도르제[51]와 딥파남셀[52]이 두 여성 보디사트바인 간데마[53]와 니데마[54]를 데리고 있다. 이들 여섯 명의 신들이 무지개 빛에 둘러싸여 그대 앞에 나타날 것이다.

아버지 신이자 어머니 신인 초록색 아모가싯디의 가슴으로부터 밝고 투명하고 눈부신 초록색 빛이 뻗어 나와 그대의 가슴

세상을 다스리려고 다시 태어났다는 믿음이 생겼다. 그리고 이런 믿음 때문에 영국 여왕의 사절들은 라사(티벳 수도)와의 협상에서 특별히 우호적으로 환대를 받았다. 물론 그 사절들은 그 환대의 원인을 알지 못했지만."

50) 두 개의 도르제가 십자 형태로 교차되어 있는 것을 말한다. 평정, 불변, 전능한 힘을 상징한다. 갈마금강이라고 부른다. p.258 그림 참조.

51) 원문은 착나도르제 Phyag-na-rdorje. 도르제를 손에 든 자라는 뜻이다. 산스크리트어로는 바즈라파니 Vajra-pani [金剛手] 이다.

52) 원문은 딥파남셀 Sgrib-pa-rnam-sel. 무지의 어둠을 제거하는 자라는 뜻이다. 산스크리트어로는 디파니 Dipani 또는 디피카 Dipika이다.

53) 산스크리트어와 티벳어가 합쳐져서 만들어진 말이다. 티벳어 디차마 Dri-chha-ma와 산스크리트어 간다 Gandha가 그것이다. 간데마 Gandhema는 향기를 뿌리는 여인이라는 뜻이며, 힌두 신화에 나오는 여덟 명의 어머니 신 가운데 한 사람이다. 그녀는 조개 향수병을 들고 있는 모습으로 묘사된다.

54) 역시 산스크리트어와 티벳어의 합성어다. 티벳어 살자마 Zhal-zas-ma는 사탕과자를 든 여인이란 뜻이다. 산스크리트어는 나이베디야 Naivedya. 니데마 Nidhema는 비록 간데마와 같은 여신이지만 여덟 명의 여신에는 포함되지 않는다. 이 여덟 여신들은 우리 경전에서 이미 다 등장했다. 이 두 여신들은 모든 것을 성취하는 지혜의 빛처럼 초록색을 띠고 있다.

을 칠 것이다. 그 빛은 의지의 집합체[55]의 원초적 형태로부터 나오는 빛이고, 모든 것을 성취하는 대지혜[56]의 빛이다. 그 빛은 주위에 빛의 위성들을 거느리고 있으며, 너무도 밝아서 그대는 그것을 똑바로 쳐다보기도 힘들 것이다. 그러나 그대여, 그 빛을 두려워하지 말라. 그것은 그대 자신의 마음에서 나오는 자연스런 지혜의 힘이다. 그대의 마음을 어느 것에도 치우침이 없는 평정한 상태로 유지하라.

모든 것을 성취하는 지혜의 초록색 빛과 함께 거인신들이 사는 아수라 세계로부터 어두운 초록색 빛이 그대에게 비칠 것이다. 이 어두운 빛은 그대의 질투심에서 생긴 것이다. 그것에 이끌리거나 거부하려고 하지 말고 평온한 마음으로 그것에 대해 명상하라. 그것에 애착을 갖지 말라. 그대의 정신력이 약할지라도 그 빛을 좋아하지 말라.

이때 그대는 심한 질투[57]의 영향을 받아 눈부신 초록색 빛을

---

55) 행온(行蘊). 온이란 모여서 뭉쳐진 것, 즉 한 무더기를 이루는 것을 뜻한다. 산스크리트어는 스칸다skandha이다. 일체의 존재 특히 인간을 여러 가지 요소의 쌓임(집적)으로 이루어진 것으로 보고, 한 개의 물질적 요소와 네 개의 정신적 요소를 합쳐서 오온(五蘊)이라고 한다. 본 경전에서 오온의 차례는 불규칙하게 나온다. ① 색온(色蘊)은 스스로 생멸변화하고 다른 것에 장애가 되는 것 곧 소리, 맛, 냄새, 감촉, 모습의 물질적 요소를 가리킨다. ② 수온(受蘊)의 수(受)는 받아들인다는 뜻으로 고통과 쾌락을 느끼는 정신 작용이다. ③ 상온(想蘊)은 받아들인 것을 상상하는 것 즉 선, 악, 옳음, 그름의 온갖 느낌과 감정을 통틀어 말한다. ④ 행온(行蘊)은 인연에 의해 만들어지고 시간적으로 변화하는 의지 작용을 통틀어 일컫는다. ⑤ 식온(識蘊)은 사물의 모든 것을 식별하고 분별하는 작용이다. 눈, 귀, 코, 혀, 촉각, 마음 등으로 식별하는 모든 것을 통틀어 식온이라고 한다. 오온은 인간의 정신과 육체를 특히 마음의 작용에 중심을 두고 분석한 것이라고 할 수 있다.
56) 성소작지(成所作智).
57) 여기서 말하고 있는 질투는, 다른 문장에서도 마찬가지이듯이, 사자의 의식(또는 잠재의식) 속에 카르마의 형태로 존재하는 질투의 성향을 말한다. 그것이 이 다섯째날에 밖으로 나와 그것에 해당하는 저승 세계의 환영을 만드는 것이다.

두려워하고, 그것으로부터 달아나고 싶어질 것이다. 그리고 아수라 세계로부터 오는 어두운 초록색 빛을 좋아하게 되리라.

이 순간 그대는 밝고 눈부시고 투명한 초록색 빛을 두려워하지 말라. 그것이 대지혜의 빛임을 깨달으라. 그리고 마음을 비운 상태로 머물러 있으라. 아니면 "이 빛은 모든 것을 성취하는 지혜인, 아모가싯디의 자비의 빛으로 된 밧줄이다." 하고 생각하라. 이렇게 그 빛을 신뢰하라. 그대여, 그 빛으로부터 달아나지 말라.

그대가 설령 그것으로부터 달아날지라도, 그것은 그대를 따라오리라. 그것은 그대와 분리될 수 없기 때문이다. 그 빛을 두려워하지 말라. 그리고 아수라 세계에서 나오는 어두운 초록색 빛에 끌려가지 말라. 그대를 맞이하러 오는 그 빛은 심한 질투로 인해 생긴 카르마의 길이다. 그대가 그 빛에 끌려간다면 그대는 아수라 세계에 떨어져 전쟁과 다툼의 참을 수 없는 고통을 겪을 것이다.[58] 그것은 그대의 대자유의 길을 방해하는 것에 불과하다. 그것에 이끌리지 말라. 그대의 나쁜 성향들을 버리라. 그대여, 마음을 약하게 가져선 안된다. 눈부신 초록색 빛을 신뢰하고, 그대의 모든 생각을 오직 아버지 신이자 어머니 신인 아모가싯디에게 향하고 다음과 같이 기도하라.

"아, 질투가 너무 심해 윤회계를 방황할 때
모든 것을 성취하는 대지혜로부터 나오는 빛의 길을 따라
아모가싯디께서는 나를 인도하소서.
신앙심 깊은 어머니 신 타라께서 나를 뒤에서 지켜 주소서.
사후세계의 위험한 여행길을 안전하게 건너게 하소서."
그리고 완전한 붓다 경지에 이르게 하소서.

강한 믿음과 겸허한 마음으로 이렇게 기도하면, 그대는 무지개 빛에 둘러싸여 아버지 신이자 어머니 신인 아모가싯디의 가슴 속으로 녹아들어가 그와 하나가 될 것이다. 그리고 '선한

---

58) 전쟁과 다툼은 아수라계에서 아수라〔巨人神〕로 태어나는 존재의 주된 속성이다. 그래서 아수라장이란 말이 생겼다.

행위가 쌓인 세계'[59]라고 불리는 북쪽 세계에서 붓다의 경지를 얻으리라.

여섯째날

이와 같이 여러 단계에 걸쳐 인도를 받으면 사자가 쌓은 선한 카르마가 아무리 적다 해도 어느 단계에서든 그 눈부신 빛을 자각했을 것이다. 그리고 어느 단계에서든 그 빛을 자각했다면 그는 틀림없이 대자유에 이르렀을 것이다. 그러나 이런 거듭된 인도에도 불구하고 뿌리깊은 습관에 오랫동안 젖어 있었기 때문에 진리에 익숙하지 못하고 진리에 대한 순수한 애정을 갖지 못한 사람이 있을 것이다.[60] 그런 사람은 이런 가르침을 받아도 자신의 나쁜 성향 때문에 뒤로 물러서게 된다. 자비의 빛의 밧줄은 그를 붙잡지 못한다. 그는 빛과 색채에 대

---

59) 목판본에는 '완전한 선행의 세계'로 되어 있는데, 이것이 더 정확한 표현이다.
60) 트룽파의 영역본에는 이 부분이 '다섯 가지 지혜의 순수한 환영에 익숙하지 못한 사람'으로 번역되어 있다. 다섯 가지 지혜[五聖智]란 지금까지 말한 법계체성지, 대원경지, 평등성지, 묘관찰지, 성소작지를 말한다.

한 두려움과 공포심로 인해 여전히 아래쪽을 향해 방황한다.

이때 지금까지 나타났던 다섯 명의 명상하는 붓다(오선정불)들이 그들의 여성 신들과 수행 신들을 데리고 일제히 그에게 나타날 것이다. 동시에 윤회계의 여섯 세계로부터 나오는 빛들이 한꺼번에 그를 비출 것이다.

이 순간 사자의 이름을 부르며 다음과 같이 인도해야 한다.

아, 고귀하게 태어난 자여. 마음을 집중하고 들으라. 어제까지 다섯 신단의 신들이 차례차례 그대에게 나타났었다. 그때마다 인도를 받았지만 그대가 가진 나쁜 성향 때문에 그대는 그들을 두려워하고 공포에 질려 지금까지 여기서 방황하고 있다.

그 다섯 신들의 지혜의 빛이 그대 자신의 마음에서 나오는 것임을 그대가 바로 알았다면, 그대는 이미 무지개 빛에 둘러싸여 다섯 신들 중 어느 한 신의 가슴 속으로 녹아들어갔을 것

---

61) 우리의 경전에는 나와 있지 않지만 이 네 가지 지혜에 대해 철학적으로 설명하는 티벳 용어가 있다. ① 낭통Snang-stong, 현상과 공(空). ② 살통Gsal-stong, 빛과 공. ③ 데통Bde-stong, 지복과 공. ④ 릭통Rig-stong, 의식과 공.
　이것은 명상에 의해 일어나는 네 단계에 해당한다. 그리고 또 다소 정확하지는 않지만, 네 가지 대지혜에도 해당한다. 네 가지 대지혜는 거울 같은 지혜〔大圓鏡智〕, 평등의 지혜〔平等性智〕, 모든 것을 분별하는 지혜〔妙觀察智〕, 모든 것을 성취하는 지혜〔成所作智〕이다.

ཧཽང་རིགས་པ་དག་པའི་སྤྲུལ་པའི་སྐུར་སངས་རྒྱས་ཐོབ་པར་འགྱུར། ལས་ཤིག་དཔལ་པའི་ཚོགས་དང་ཚོགས་གཅིག་ཏུ་འདུས་པ་ཡིན།

이다. 그리고 거기서 붓다의 경지를 얻었을 것이다. 그대여, 지금 이 순간만은 마음을 집중해서 들으라. 이제 다섯 신단의 신들에게서 나오는 모든 빛과 네 개의 지혜가 합쳐진 빛이 그대를 맞이하러 나타날 것이다.[61] 이 빛들을 깨닫도록 노력하라.

아, 고귀하게 태어난 자여. 이 여섯째날에는 네 가지 원소인 흙, 물, 불, 공기의 원초 형태인 네 가지 색의 빛들이 일제히 그대를 비출 것이다.

만물의 씨앗을 사방에 뿌리는 세계인 중앙 세계로부터 아버지 신과 어머니 신이 결합된 붓다 바이로차나(비로자나불)[62]가 수행 신들을 데리고 나타나 그대를 비출 것이다.

그리고 지복으로 가득한 동쪽 세계에서 아버지 신과 어머니 신이 결합된 붓다 바즈라사트바(금강살타불)가 수행 신들을 데리고 나타나 그대를 비출 것이다.

영광에 찬 남쪽 세계에서 아버지 신과 어머니 신이 결합된

"명상은 영적인 성장의 단계들로 구분할 수 있다. 분석(비타르카 vitarka), 성찰(비차라 vichara), 좋아함(프리티 priti), 지복(아난다 ananda), 집중(에카그라타 ekagrata)이 그것이다. 명상의 첫번째 단계에서 수행자는 '이 육체는 무엇일까? 그것은 영원할까? 그것은 구원을 받을 수 있는 걸까?' 하고 자문하고, 그것이 무상함을 깨닫고는 소멸하는 육체에 집착하는 것이 바람직하지 못함을 안다. 마찬가지로 형상〔色〕의 속성을 알고 그는 감촉〔受〕, 지각〔想〕, 의지 작용〔行〕, 의식〔意識〕, 욕망을 숙고하고 분석한다. 그리하여 마음이 분명한 실체임을 알고, 일반적인 명상 상태에 이르게 된다.

명상의 두번째 단계에서는 성찰만이 행해진다. 즉 성찰이 분석이라는 낮은 영적 단계를 초월하게 되는 것이다. 세번째 단계에서는 의식의 지복(환희) 상태가 성찰을 대신한다. 그리고 이 지복은 처음에는 신체적 감각에 해당되지만, 네번째 단계에서는 순수한 환희 상태로 녹아들어간다. 다섯째 단계에서는 환희가 완전한 명상(선정) 상태로 승화된다." ── 라마 카지 다와삼둡.

62) 여기에 등장하는 신들 앞에는 '붓다'라는 호칭이 적혀 있다. 지금까지 주인공 신들을 바가반 Bhagavan(승리자)으로 불렸으나, 여기서부터는 붓다 Buddha(깨달은 자)로 부르고 있다. 경전의 티벳어 상예 Sangs-rgyas는 산스크리트어로 붓다에 해당한다. 상 Sangs은 무지의 잠에서 깨어난 자이고, 예 rgyas는 내면의 모든 도덕성을 완전하게 꽃피워낸 자라는 뜻이다.

붓다 라트나삼바바(보생불)가 수행 신들을 데리고 나타나 그대를 비출 것이다.

　연꽃이 여덟 겹으로 포개진 행복의 서쪽 세계로부터 아버지 신과 어머니 신이 결합된 붓다 아미타바(아미타불)가 수행 신들을 데리고 그대 앞에 나타나 그대를 비출 것이다.

　최고의 행위를 완전하게 성취하는 북쪽 세계로부터 아버지 신과 어머니 신이 결합된 붓다 아모가싯디(불공성취불)가 수행 신들을 데리고 나타나 바로 이 순간 무지개 빛 속에서 그대를 비출 것이다.

　아, 고귀하게 태어난 자여. 이 다섯 쌍의 명상하는 붓다(선정불)의 바깥 둘레에는 문을 지키는 네 명의 분노의 신들이 있다.[63] 그들은 승리자,[64] 죽음의 왕을 파괴하는 자,[65] 말 머리 모

---

[63] 이들을 불교 용어로 수문신장(守門神將)이라고 한다.
[64] 승리왕(勝利王). 원문은 남파기얄와Rnam-par-rgyal-va. 산스크리트어는 비자야Vijaya. 승리자란 뜻이다. 우주 동쪽 문의 수문장이다.
[65] 승리옥생왕(勝利獄生王). 원문은 신제셰포Gshin-rje-gshed-po. 산스크리트어는 야만타카Yamantaka. 야마(죽음의 왕)를 파괴하는 자로 남쪽의 수문장이다. 그는 시바 신의 형상을 하고 있고, 아발로키테스와라(관세음보살)의 분노한 모습이다. 분노(티벳어 토와 K'ro-bo, 산스크리트어 크로다Krodha)의 열 가지 형태 가운데 하나를 인격화한 것이다.

◐
[66] 마두왕(馬頭王). 원문은 탐딘기얄포Rta-mgrin-rgyal-po. 산스크리트어는 하야그리바Hayagriva. 말 머리 모양을 한 왕이란 뜻이다. 우주의 서쪽 문을 지키는 수문장이다.
[67] 감로왕(甘露王). 원문은 되치퀼와Bdud-rtsi-hkhyil-va. 산스크리트어는 아므리타다라Amrita-Dhara. 감로 병을 든 자란 뜻이다. 그의 신성한 임무는 모든 것을, 탄트라의 신비적인 의미에서, 감로로 바꾸는 것이다. 아므리타는 일반적으로는 감로를 뜻하지만 신비적으로는 공(空)을 상징한다. 그는 우주 북쪽 문의 수문장이다.
[68] 원문은 차큐마Chags-kyu-ma. 산스크리트어는 아누쿠샤Anukusha. (가축을 모는 것 같은) 몰이 막대기를 들고 있는 여인이란 뜻이다. 우주의 동쪽 수문장인 비자야(승리왕)의 여성 배우자(여성 원리)이다.
[69] 원문은 쟉파마Zhags-pa-ma. 산스크리트어는 파샤다리Pashadhari. 올가미를 든 여인이란 뜻으로, 우주 남쪽 수문장인 야만타카(승리옥생왕)의 여성 배우자이다.

양을 한 자,⁶⁶⁾ 생명의 이슬잔을 든 자⁶⁷⁾이다.

그리고 네 명의 여성 문지기 신들이 있다. 그들은 몰이 막대기를 든 자,⁶⁸⁾ 올가미 밧줄을 든 자,⁶⁹⁾ 쇠사슬을 든 자,⁷⁰⁾ 작은 종을 든 자⁷¹⁾이다.

이들과 함께 최고의 힘을 가진 자⁷²⁾라고 부르는 천상 세계의 붓다, 튼튼한 옷을 입은 자⁷³⁾라고 부르는 아수라 세계의 붓다, 샤카족의 사자(獅子)라고 부르는 인간 세계의 붓다, 움직이지 않는 사자(獅子)라고 부르는 동물 세계의 붓다, 불타는 입을 가진 자라고 부르는 굶주린 귀신 세계의 붓다, 그리고 진리의 왕⁷⁴⁾이라고 부르는 지옥 세계의 붓다가 있다. 남성 신과 여성 신이 결합된 이들 여덟 명의 문지기 신들과, 승리를 얻은 자들인 여섯 명의 스승들 모두가 그대를 비추러 나타날 것이다.

70) 원문은 차독마 Lghags-sgrog-ma. 산스크리트어는 바즈라쉬링칼라 Vajra-shringkhala. 쇠사슬을 든 여인이라는 뜻으로, 우주 서쪽 문을 지키는 하야그리바(마두왕)의 여성 배우자이다.

71) 원문은 틸부마 Dril-bu-ma. 산스크리트어는 킨키니다리 Kinkini-Dhari. 요령(불교에서 경전을 읽을 때 흔드는 작은 종)을 든 여인으로, 북쪽 문을 지키는 아므리타다라(감로왕)의 여성 배우자이다.

모든 문지기 신들과 그들의 여성 배우자 shakti들은 그들이 속해 있는 만다라(중요한 신들의 모임)와 네 방향에서 신비과학적인 의미를 지니고 있다. 그들은 신앙을 지켜 주는 탄트라의 신들로 보디사트바(보살)의 계열에 속한다. 그들은 또한 인간을 포함한 생명 가진 모든 존재들을 구원하기 위해 신적인 존재들이 사용하는 네 가지 평화로운 수단(방편)을 상징한다. 그 네 가지란 자비, 사랑, 자애, 엄격한 정의이다.

72) 원문은 왕포갸진 Dvang-po-rgya-byin. 백 가지 희생물을 가진 강력한 자란 뜻이다. 산스크리트어는 사타크라투 Shata-kratu인데 인드라(절대적인 힘을 가진 자)의 이름이다. 불교에서는 제석천왕이라고 부른다. 제석천왕은 수미산 꼭대기에 있는 도리천의 왕으로, 진리 세계에 귀의하는 사람들을 보호하고 아수라 군대를 정복한다.

73) 원문은 탁장리 Thag-bzang-ris. 산스크리트어는 비라차라 Virachara. 튼튼한 옷을 입은 자란 뜻으로 아수라 세계의 왕이 입고 있는 갑옷 또는 신체적인 강한 힘을 가리킨다. 아수라 세계는 주로 전쟁이 벌어지는 곳이다.

74) 원문은 최퀴기얄포 Chös-kyi-rgyal-po. 산스크리트어는 다르마라자 Dharma-raja. 곧 진리의 왕이다.

또한 모든 붓다들의 조상이며 모든 선(善)의 아버지인 사만타바드라(보현)와 모든 선의 어머니[75]인 사만타바드리가 한몸으로 결합된 모습으로 그대를 비추러 나타날 것이다.

이들 마흔두 명의 완전한 신들이 그대 앞에 나타나 그대를 비출 것이다. 그들 모두는 그대의 가슴으로부터 나오며, 그대 자신의 순수한 사랑에서 생겨난 것이다. 그대는 그것을 알아야만 한다.

아, 고귀하게 태어난 자여, 이들 여러 세계들은 그대 자신의 바깥에서 오는 것이 아니다. 그것들은 그대 가슴의 네 부분에서 나오며, 가슴의 중심부를 합하면 모두 다섯 개의 방향이 된다. 그것들 모두는 그대 안에서 나와 그대를 비춘다. 신들 역시 다른 데서 오지 않는다. 그들은 영원한 세월 이전부터 그대 자신의 마음 속에 존재하고 있었다.[76] 이 사실을 깨달으라.

아, 고귀하게 태어난 자여. 이 신들은 크지도 않고 작지도

---

75) 원문은 쿤투장모 Küntu-bzang-mo. 산스크리트어는 사만타바드리 Samanta-Bhadri. 모든 선의 어머니이다. 탄트라 학파에서는 모든 신들이, 설령 최고의 신이라 할지라도 여성 배우자를 갖고 있다고 해석한다. 그러나 몇몇 신들은 대개 여성 배우자 없이 묘사된다. 이를테면 문수보살의 경우가 그렇다. 그러나 이 경우에도 그가 갖고 있는 《반야심경》이 여성 배우자의 상징적 표현이라고 풀이된다. 이것은 얼핏 보면 우주에 대한 이원론적인 해석처럼 보이지만, 궁극적으로는 음양이 합쳐진 하나의 근원을 말하고 있는 것이다. 다시 말해 다르마카야의 공(空)의 세계 속에서 음과 양은 하나로 결합된다.

76) 고대 이집트와 그리스의 신비 철학과 마찬가지로 북방불교의 신비 과학에 따르면 인간은 하나의 소우주이다.

않으며, 모두 적당한 크기를 갖고 있을 것이다. 그들은 저마다 장신구와 색깔, 그리고 서로 다른 왕좌에 독특한 자세들로 앉아 있으며, 각자 상징적인 물건들을 손에 들고 있을 것이다.

이 신들은 다섯 신단으로 구성되어 있으며, 각각의 신단은 다섯 겹의 광채로 둥글게 에워싸여 있다. 남성 보디사트바(보살)들은 아버지 신의 성격을 나타내고, 여성 보디사트바들은 어머니 신의 성격을 나타낸다.[77] 이 성스런 존재들이 하나의 완전한 신단[78]을 이루어 그대를 비추러 나타날 것이다. 그들은 그대 자신의 수호신[79]들이다. 이 사실을 알아야만 한다.

아, 고귀하게 태어난 자여. 다섯 신단의 아버지 신과 어머니 신의 가슴으로부터 하나로 합쳐진 네 가지 지혜의 빛이 그대를 비추고 그대의 가슴을 칠 것이다. 그 빛은 태양 광선으로 실을 짠 것과 같고, 더없이 밝고 투명할 것이다.

그 빛의 길 위에서 장엄한 빛의 천체들이 빛날 것이다. 그것

---

77) 가와사키 신조는 이 부분을 '이들은 남성 신의 역할을 맡은 다섯 명의 붓다와 여성 신의 역할을 맡은 다섯 명의 여성 붓다들로 이루어져 있다.'로 번역하고 있다.
78) 원문은 킬코르Dkhil-hkhor. 산스크리트어는 만다라mandala. 신들의 집합체이다.
79) 궁극적으로 보면 수호신도 그것을 믿는 사람의 마음에서 나온 것이다. 《뎀촉 탄트라 Demchok Tantra》에서는 이렇게 말한다.
"신들은 다만 수행의 길에서 일어나는 많은 과정들을 대표하는 상징일 뿐이다."

ཅེས་བྱང་དེས་པ་མཆོད་པའི་རྫོགས་སྦྱངས་ནས་འཇིག་རྟེན་པ་ལྔ་དུ་ཕྱོགས་བར་འགྱུར། །བསམ་གྱི་བསམ་བས་པ་ཏེ་ཏྲུག་པ་ལེ་སྟེ།

　들은 눈부신 푸른색 광선을 그대에게 보낼 것이다. 그것은 진리 세계의 지혜 그 자체이다. 그 각각의 천체들은 마치 푸른색 터키석으로 만든 컵을 엎어 놓은 것 같다. 그리고 그 천체들은 다섯 개의 더 작은 빛의 천체들로 둘러싸여 있어서 한결 장엄하다. 이 작은 천체들 역시 성질이 같은 다섯 개의 더 작은 빛의 천체들이 별처럼 둘러싸고 있다. 그 푸른색 빛의 길에는 중심이든 가장자리든 온통 이 빛의 천체들과 위성들로 가득하리라.

　바즈라사트바(금강살타)의 가슴으로부터는 흰색 빛의 길이 그대를 향해 열릴 것이다. 그것은 거울 같은 지혜의 빛이다. 그 빛의 길은 흰색이고 투명하고 눈이 부실 만큼 장엄하고 두렵기까지 하다. 그것은 마치 회전하는 거울처럼 생겼으며, 투명하고 눈부신 빛의 천체들로 둘러싸여 있어서 더욱 장엄하다. 이 작은 천체들 역시 투명하고 눈부신 또다른 작은 빛의 천체

ཞེས་དེར་པ་བདག་ལ་ངེས་པ་སྲུང་བར་ནས། འཇིག་རྟེན་པ་རོལ་ཞེ་དུ་སོ་སོར་ལམ་སྟོན། ལམ་སོ་ག་ནས་པར་གཏད་ལགས་ཞེས་སོ།

들에 둘러싸여 있다.

  라트나삼바바(보생불)의 가슴으로부터는 노란색 빛의 길이 그대를 향해 열릴 것이다. 그것은 평등 지혜의 빛이다. 그 빛의 길은 황금 컵을 엎어 놓은 것 같은 노란색 빛의 천체들로 둘러싸여 있다. 또 이 천체들은 작은 빛의 천체들에 둘러싸여 있고, 이것들 역시 또다른 더 작은 천체들에 둘러싸여 있다.

  아미타바(아미타불)의 가슴으로부터는 투명하고 밝은 붉은색 빛의 길이 그대를 향해 열릴 것이다. 그것은 모든 것을 분별하는 지혜의 빛이다. 그 빛의 길 위에서는 산호로 만든 컵을 엎어 놓은 것 같은 빛의 천체들이 지혜의 광선을 보내고 있다. 그것들은 이루 말할 수 없이 밝고 눈부시며, 같은 성질을 지닌 다섯 개의 또다른 빛의 천체들에 둘러싸여 있다. 그 붉은색 빛의 길에는 중심이든 가장자리든 온통 빛의 천체들과 작은 빛의 위성들로 가득하다.

이 모든 빛의 길들이 일제히 그대의 가슴을 향해 다가오리라.[80]

아, 고귀하게 태어난 자여. 이 모든 것은 어디까지나 그대 자신의 마음에서 비쳐 나오는 빛들이다. 그것들은 다른 곳에서 오는 것이 아니다. 그러므로 그것들에게 이끌리지 말라. 그러므로 그것들에 집착하지 말라. 마음을 약하게 갖지 말라. 두려워하지 말라. 오직 무념의 상태[81]에 머물러 있으라. 그대가 그 상태에 머물러 있을 때 모든 형상들과 빛들은 그대 자신 속으로 녹아들 것이고, 그대는 붓다 경지를 얻게 되리라.

아모가싯디(불공성취불)의 가슴으로부터 나오는, 모든 것을 성취하는 지혜의 초록색 빛의 길은 그대를 향해 열려 오지 않을 것이다. 왜냐하면 그대의 마음 속에 있는 지혜가 아직 완전히 깨어나지 않았기 때문이다.

아, 고귀하게 태어난 자여. 이 빛의 길들은 하나로 합쳐진

---

80) 이런 신비의 빛들은 각각 깨달음의 특정한 상태나 지혜를 상징한다. 다시 말해 깨달음에 이른 자의 속성을 표현하고 있는 것이다. 티벳어 원문에는 이 부분에서 빛의 길들에 대한 묘사를 매우 시적으로 하고 있다. 영역자는 원문의 아름다움을 어느 정도 전달하기 위해 여러 가지로 시도했다.

81) 무념의 상태는 명상 수행을 통해 얻어진다. 마음의 본질적인 상태로 여겨지는 이 경지는 다음과 같은 비유로 설명할 수 있다. 강물 위에 수동적으로 떠 있는 사람은 그 흐름에 따라 순조롭게 흘러간다. 그러나 물 속에 고정된 어떤 물체를 잡고자 한다면 그의 고요함은 깨어진다. 마찬가지로 사념은 마음의 자연스런 흐름을 방해한다.

네 가지 지혜의 빛이라고 부르며, 그것은 바즈라사트바(금강살타)로 통하는 비밀의 길이다.[82]

이 순간 그대는 그대의 스승으로부터 받았던 가르침을 기억해야만 한다. 그대가 스승의 가르침의 목적을 기억한다면, 그대는 그대를 향해 비쳐 오는 이 모든 빛들이 그대 자신의 내면의 빛에서 나오는 것임을 깨달을 것이다. 그리고 그 빛들을 그대의 가까운 벗으로 알고 그것들을 신뢰할 것이다. 그 빛들을 만날 때, 마치 아들이 어머니를 이해하듯이 그대는 이해하게 될 것이다.

순수하고 변함없는, 존재의 근원에서 나오는 빛의 길을 신뢰할 때 그대는 그대 안에 고요히 흐르는 명상 상태[83]를 갖게 된다.[84] 그리고 완전한 깨달음의 세계로 들어가 붓다의 경지를 얻게 될 것이다. 그리고 그 상태로부터 다시 되돌아나오는 일은 없을 것이다.

---

82) 우리의 경전에서 묘사된 대만다라 속의 평화와 분노의 모든 신들은 깨달음의 초월 상태에서 바즈라사트바(금강살타) 속으로 녹아들어가 하나가 된다. 이 신들은 모두 110명이다. 42명은 심장 에너지 센터에 있고, 10명은 목 에너지 센터에, 그리고 58명은 머리 에너지 센터에 있다. 부록의 보충해설(p.492~497)을 참고할 것.
83) 원문은 사마디 samadhi. 깊은 명상 상태. 선정(禪定).
84) 가와사키 신조는 이 부분을 '그대 안에 깊은 명상 상태가 중단되지 않고 계속될 것이다.'라고 번역하고 있다.

아, 고귀하게 태어난 자여. 이 지혜의 빛들과 함께 윤회계의 여섯 세계로부터 순수하지 못한 환영의 빛들이 그대에게 다가올 것이다. 그대는 "저것들이 무슨 빛일까?" 하고 물을지도 모른다. 그것들은 천상계로부터 오는 어두운 흰색 빛, 아수라의 거인신들의 세계로부터 오는 어두운 초록색 빛, 인간 세계로부터 오는 어두운 노란색 빛, 동물 세계로부터 오는 어두운 푸른색 빛, 굶주린 귀신들의 세계로부터 오는 어두운 붉은색 빛, 지옥계로부터 오는 어두운 회색 빛이다.[85]

순수한 지혜의 빛과 함께 이들 여섯 색채의 빛이 그대를 비출 것이다. 이때 두려워하거나 어떤 것에도 끌리지 말라. 그대 자신으로 하여금 무념 상태에서 쉬게 하라.

만일 그대가 지혜의 순수한 빛들을 두려워하고, 여섯 세계의 순수하지 못한 빛들에 이끌린다면 그대는 여섯 세계의 어느 한 곳에서 몸을 받을 것이다. 그리고 윤회의 고통을 겪게 될 것이

---

85) 이와 같이 빛의 길들에 부여된 색깔들에 대해서는 목판본과 우리의 필사본 사이에 서로 일치하지 않는 부분들이 있다. 목판본은 다음과 같이 설명하고 있다. 흰색은 천상계의 존재들로부터 나오고, 붉은색은 아수라계의 거인신들로부터 나오고, 푸른색은 인간들로부터 나오고, 초록색은 축생들로부터 나오고, 노란색은 굶주린 아귀들로부터 나오고, 회색은 지옥으로부터 나온다.
번역자 라마 카지 다와삼둡에 따르면, 색채는 각 세계의 붓다의 색채와 일치해야 한다고 한다. 다시 말해 천신은 흰색이고, 아수라는 초록색이고, 인간은 노란색이고, 축생은 푸른색이고, 아귀는 붉은색이고, 지옥은 회색 또는 검은색이다. 따라서 목판본은 첫번째와 마지막을 빼면 모두 잘못됐고, 필사본은 어두운 푸른색을 인간계에 붙이고 검은색 또는 회색을 축생계에 붙인 것은 잘못이다. 필사본의 23면에는 노란색을 인간계에서 나오는 빛의 길에 붙였는데, 이것은 옳게 붙인 것이다. 잘못된 부분들은 모두 바로잡아서 번역했음을 밝힌다.

다. 그대는 윤회의 바다에서 결코 헤어나지 못하고, 거기서 무한한 고통을 맛보며 언제까지 돌고 돌게 될 것이다.

아, 고귀하게 태어난 자여. 그대가 스승이 골라서 가르쳐 준 말들을 얻지 못했다면 그대는 순수한 지혜의 빛과 그 신들을 두려워할 것이다. 그리고 두려움을 느낀 나머지 순수하지 못한 윤회계의 대상들에 이끌릴 것이다. 그렇게 하지 말라. 순수한 지혜의 눈부신 빛을 겸허하게 신뢰하라. 그대의 마음을 믿음으로 에워싸고 이렇게 생각하라.

"다섯 붓다들의 자비로운 지혜의 빛이 나를 맞이하러 왔다. 나는 그들에게 나 자신을 맡기리라."

윤회계의 여섯 세계로부터 오는 환영의 빛들에 이끌리지 말고 아버지 신과 어머니 신이 결합된 다섯 신단의 붓다들[86]에게 그대의 온 마음을 바치라. 그리고 다음과 같이 기도하라.

"아, 다섯 가지 독(毒)[87]이 너무 깊어 윤회계를 방황할 때

---

86) 원문은 데와르섹파 Bde-var-gshegs-pa. 산스크리트어는 수가타[善逝]. 여래와 같은 뜻. 니르바나로 간 사람들을 뜻한다. 모든 붓다들을 가리킨다.
87) 다섯 가지 독은 마약처럼 인간을 윤회계의 여섯 세계에 가둬 고통을 겪게 한다. 욕망〔貪〕, 미움〔瞋〕, 무지〔痴〕, 자만〔慢〕, 질투〔嫉〕이다.

네 가지 지혜의 눈부신 빛의 길로
다섯 승리자들께서는 나를 인도하소서.
다섯 어머니 신들은 나를 뒤에서 지켜 주소서.
여섯 세계의 순수하지 못한 빛의 길로부터 나를 건져 주시고
무서운 사후세계의 여행길로부터 나를 구해 주소서.
그리고 순수하고 성스런 다섯 세계로 나를 인도하소서."

이렇게 기도함으로써 사자는 자신의 내면의 빛[88]을 인식할 것이다. 그리고 그 속으로 녹아들어가 붓다의 경지를 얻으리라. 일반 구도자는 겸허한 믿음을 통해 자신을 알게 되고, 대자유를 성취하리라. 낮은 차원에 머물러 있는 사람도 이 순수한 기도의 힘으로 여섯 세계의 문을 닫고, 하나로 합쳐진 네 가지 지혜의 참된 의미를 이해할 수 있을 것이다. 그리고 바즈라사트바(금강살타)로 통하는 비밀의 길[89]을 걸어

---

[88] 원문은 랑rang(자아) + 낭sNang(빛)이다. 자아의 빛, 내면의 빛이다. 의식체의 빛 속에서 나타나는 생각과 관념들을 말한다. 바르도 상태는 살아 있을 때의 상태에 뒤따라오는 사후의 꿈의 상태. 이는 편집자의 해설 제7장(p.85)에서 설명하고 있다. 《티벳 사자의 서》의 목적은 꿈꾸는 자로 하여금 실체를 깨닫고 깨어나게 하는 데 있다. 다시 말하면 의식의 초월 상태, 곧 윤회계의 모든 끈을 끊어 버린 완전한 깨달음의 상태인 붓다 경지에 이르게 하는 데 있는 것이다.

[89] 생명력이 생명 에너지의 중앙 통로(수슘나 나디)의 각 에너지 센터(차크라)들을 통과할 때 평화의 신과 분노의 신들이 나타난다고 한다. 티벳에서는 바즈라사트바(금강살타)가 공(空)을 상징하며, 그의 신체는 속이 비어 있는 것으로 상상한다. 여기에 대해서는 자세한 주석을 붙인 문헌들이 많이 있다. 바즈라사트바는 평화와 분노의 신들로 구성된 만다라의 110신들이 구체화된 것으로, 그를 통해 대자유를 얻는 길이 있다. 이 길을 성공적으로 걸으려면 초보자는 신비 명상에 정통한 자의 가르침을 받아야 한다.

붓다의 경지를 얻게 될 것이다.

영원한 자유에 이르도록 되어 있는 사람들은 이렇게 자세한 인도를 받음으로써 진리[90]를 깨달을 것이다. 이 가르침을 통해 많은 사람들이 그곳에 이를 것이다.

그러나 나쁜 카르마를 너무 많이 쌓은 가장 낮은 차원의 사람들이 있다. 그들은 어떤 진리(종교)에도 관심이 없고 계율도 지키지 않는다. 그들은 카르마의 환영 때문에 진리의 세계로 인도한다 해도 아래로 떨어져 내릴 것이다.

일곱째날

일곱째날에는 성스런 극락 세계들로부터 지식을 가진 신들[91]이 사자를 맞이하러 나타날 것이다. 동시에 그의 어리석은 욕망에서 생겨

---

90) 이 진리란, 바르도에서 일어나는 모든 현상의 배후에는 어떤 실체도 없고, 그런 현상들은 모두 자기 자신의 마음 속에 윤회의 경험으로부터 축적한 환영에 불과하다는 것이다. 이것을 깨달으면 저절로 대자유에 이른다.
91) 원문은 릭진Rig-hdzin. 지식을 보유한 자란 뜻이다. 이 신들은 순수하게 탄트라에만 등장하는 신들이다. 지명자(持明者)라고 번역되는 데서 알 수 있듯이 이때의 지식은 무지에 반대되는 지식이고, 어둠(무명)에 반대되는 빛(광명)이다.

난, 동물 세계로 열린 빛의 길 역시 그를 맞이하러 올 것이다.[92]
이때 사자의 이름을 부르며 다음과 같이 인도한다.

아, 고귀하게 태어난 자여. 마음을 다해 들으라. 일곱째날에는 정화된 마음으로부터 나오는 다양한 색채의 빛이 그대를 비출 것이다. 성스런 극락 세계로부터 지식을 가진 신들이 일제히 그대를 맞이하기 위해 올 것이다.
무지개 빛으로 에워싸인 원[93] 중앙에서 최고의 지식을 가진 신이고 춤추는 연꽃 신이며 카르마의 열매를 익게 하는 최고 지식의 소유자라고 부르는 다섯 가지 색깔의 신이 그대를 비추기 위해 나타날 것이다. 그는 붉은색 여신[94]을 껴안고, 손에는 초승달 모양으로 구부러진 칼과 피로 가득한 해골[95]을 들고 있다. 그리고 춤을 추는 자세로 오른손을 높이 들어 매혹의 무드라[96]를 짓고 있다.

---

92) 생명이 떠난 육체의 물질 원소들은 차츰 분해되어 제자리로 돌아간다. 어떤 것은 공기로, 어떤 것은 액체로, 어떤 것은 고체로 돌아간다. 마찬가지로 사후세계에서 의식체를 구성하고 있는 마음의 내용물들도 차츰 분해되어 적당한 환경으로 돌아간다. 우리의 경전에서 암시하듯이 동물적인 어리석은 욕망은 자연히 동물 세계로 이끌려가는 경향을 보인다.
93) 만다라. 신들의 집단.
94) 원문의 다키니Dakini는 산스크리트어이고, 티벳어로는 카되마Mkhah-hgro-ma이다. 하늘을 날아다니는 자란 뜻이다. 다키니들은 선하거나 악한 특별한 신통력을 지닌 요정 같은 여신들이며, 이들 역시 순수하게 탄트라 학파에서 탄생한 신들이다. 북방불교의 중요한 의식에서는 대개 다키니들을 청해 부른다.
95) 인간의 해골과 거기에 채워진 피는 삶을 포기함, 윤회계를 포기함, 다시 말해 세상의 십자가에 자신을 희생함을 상징한다. 티벳 불교의 의식에 쓰이는 해골 속에 담긴 피는 붉은 액체로 대신하는데, 이것은 천주교 미사에서 사용하는 포도주와 비슷하다. 포도주는 피를 상징한다.
96) 무드라Mudra[手印]는 손이나 손가락 또는 몸의 동작으로 표현하는 상징적 표시이다. 어떤 무드라들은 프리메이슨 교단(국제적 규모의 밀교적인 비밀결사. 고대의 신비 종교와 중세의 여러 교단의 영향을 받은 신비주의적인 운동)의 악수처럼 신비 교단에 입문한 동료 수행자임을 아는 표시로 쓰인다. 다른 무드라들은 주로 신체의 기(氣)의 흐름을 촉진

원의 동쪽에서는 대지에 머무는 자라고 부르는 지식을 가진 신이 흰색으로 빛나면서 미소를 지으며 그대를 비추러 나타날 것이다. 그는 흰색 여신을 껴안고 있으며, 손에는 초승달 모양으로 구부러진 칼과 피로 가득한 해골을 들고 있다. 그리고 춤을 추는 자세로 오른손을 높이 들어 매혹의 무드라를 짓고 있다.

원의 남쪽에서는 수명을 연장하는 힘을 가진 자라고 부르는 지식을 가진 신이 노란색으로 빛나면서 미소를 지으며 그대를 비추러 나타날 것이다. 그는 노란색 여신을 껴안고 있으며, 손에는 초승달 모양으로 구부러진 칼과 피로 가득한 해골을 들고 있다. 그리고 춤을 추는 자세로 오른손을 높이 들어 매혹의 무드라를 짓고 있다.

원의 북쪽에서는 스스로 생겨난 지식을 가진 자라고 부르는 지식을 가진 신이 초록색으로 빛나면서 반쯤 화난 모습에 반쯤

하거나 변화시키기 위해 명상 수행자들이 사용하는 자세이다. 이를테면 한 개의 손가락 끝에 다른 손가락 끝을 놓으면 신체의 생명 전류를 조절할 수 있게 된다. 매혹의 무드라는 이런 종류의 무드라로서, 가운뎃손가락이 엄지에 닿게 하고 인지와 새끼손가락은 똑바로 뻗고, 네번째 손가락은 접어서 손바닥에 닿게 하는 것이다.

미소를 지은 모습으로 그대를 비추러 나타날 것이다. 그는 초록색 여신을 껴안고 있으며, 손에는 초승달 모양으로 구부러진 칼과 피로 가득한 해골을 들고 있다. 그리고 춤을 추는 자세로 오른손을 높이 들어 매혹의 무드라를 짓고 있다.

원의 서쪽에서는 상대성을 초월한 지식[97]을 가진 자라고 부르는 신이 붉은색으로 빛나면서 미소를 지으며 그대를 비추러 나타나리라. 그는 붉은색 여신을 껴안고 있으며, 손에는 초승달 모양으로 구부러진 칼과 피로 가득한 해골을 들고 있다. 그리고 춤을 추는 자세로 오른손을 높이 들어 매혹의 무드라를 짓고 있다.

원의 바깥, 지식을 가진 신들의 둘레에는 헤아릴 수 없이 많은 여신들이 나타나리라. 이들은 여덟 군데 화장터의 여신들, 네 부류의 여신들, 세 곳의 여신들, 서른 군데 성지(聖地)의 여신들, 스물네 군데 순례지의 여신들이다.[98]

---

97) '상대성이 사라진' 상태에 해당하는 원문은 마하무드라이다. 대결인(大結印). 상대성이 사라진 절대의 세계. 우주의 궁극적인 진리가 실현된 상태.
98) 여기서 여신(다키니)들은 여러 장소에 살고 있는, 요정과 같은 존재들의 다양한 무리를 가리킨다. 여덟 군데의 화장터는 힌두 신화에 나오는 장소이고, 세 곳이란 심장 에너지 센터(아나하타 차크라)와 목 에너지 센터(비슈다 차크라), 머리 에너지 센터(사하스라라 차크라)이다. 신비 과학의 시각에서 말하면 특정한 여신들이 성지와 순례지를 담당하듯이 신체의 각 에너지 센터(차크라)도 특정한 여신들이 관장하고 있다.

그리고 남녀 영웅들과 하늘의 남녀 전사들, 신앙을 지켜 주는 남녀 천신들이 나타날 것이다. 그들은 저마다 여섯 개의 뼈 장신구로 치장하고, 큰북과 넓적다리로 만든 나팔과 해골로 만든 작은북, 거대한 사람 가죽99)으로 만든 큰 깃발, 사람 가죽으로 만든 파라솔, 사람 가죽으로 만든 작은 깃발, 사람의 기름으로 피우는 향, 그리고 무수히 많은 악기들을 들고 있다. 그들은 갖가지 음악으로 온 우주를 채워 진동하고 흔들리고 떨게 할 것이다. 그 음악소리는 어찌나 큰지 듣는 사람의 머리를 아찔하게 만든다.100)

이들 모두가 다양한 자세로 춤을 추면서 믿음이 깊은 자는 맞이하고 믿음이 없는 자는 벌을 주기 위해 나타날 것이다.

아, 고귀하게 태어난 자여. 지식을 가진 다섯 명의 신들의 가슴으로부터 다섯 가지 색깔의 빛들이 뻗어 나와 그대의 가슴을 때릴 것이다. 그 빛은 너무나 밝아서 눈을 똑바로 뜨고 쳐

---

99) 이것은 락샤사Rakshasa(나찰)들의 가죽이다. 락샤사들은 특정한 초능력을 갖고 있고 인간의 모습을 한 거인 마귀들이다.

100) 티벳 라마들은 종교 의식에서 음악을 연주할 때 일곱 종류나 여덟 종류의 악기를 사용한다. 그것들은 큰북, 바라(청동으로 만든 심벌즈), 나각(소라로 만든 나팔), 종(천주교 미사에서 쓰는 작은 종처럼 생긴 것), 작은북, 작은 나팔(스코틀랜드의 고산지대에서 쓰는 백파이프와 비슷한 소리를 낸다), 큰 나팔, 사람 허벅지뼈로 만든 나팔이다. 비록 이 악기들이 어우러져 내는 소리는 아름다운 곡조와는 거리가 멀지만, 라마들은 그것들이 수행자와 신자들에게 심령적으로 깊은 숭배의 마음과 신앙심을 불러일으킨다고 믿는다. 왜냐하면 그것들은 손가락으로 외부 소리를 차단하기 위해서 두 귀를 막았을 때 자신의 몸 안에서 들리는 자연의 소리에 해당하는 소리이기 때문이라는 것이다. 그들이 말하는 대로 두 귀를 막으면 큰북을 치는 듯한 소리, 바라를 치는 듯한 충돌음, 종을 치는 듯한 울림 소리, 작은북을 치는 듯한 두드리는 소리, 그리고 작은 나팔과 같은 신음하는 소리가 들리고, 큰 나팔과 같은 저음의 신음 소리가 들리며, 허벅지뼈 나팔에서 나는 것처럼 전율하는 소리가 들린다. 이것은 신체의 각 에너지 센터(차크라)에서 나는 소리와 같다. 이것은 티벳 종교 음악의 이론으로서 대단히 흥미있을 뿐만 아니라, 다음 페이지에 나오는 '진리의 자연스런 소리'를 신비과학적으로 해설할 수 있는 실마리가 된다. 이 소리들은 인간의 마음에서 나오는 소리들이다.

다볼 수가 없을 것이다. 그것은 정화된 마음으로부터 나오는, 동시에 태어난 지혜의 빛이다.[101] 그것은 마치 색실로 짠 광선처럼 눈이 부시고 진동하고 투명하고 반짝이며 두려움을 불러 일으킨다.

이 지혜의 빛들과 함께 동물 세계로부터 어두운 푸른색 빛 하나가 그대를 향해 다가올 것이다. 이때 그대는 자신의 나쁜 성향에서 생기는 환영 때문에 그 다섯 가지 색의 빛을 두려워할 것이다. 그것으로부터 달아나고 싶어질 것이다. 그대는 오히려 동물 세계로부터 오는 어두운 푸른색 빛에 이끌릴 것이다. 이 순간 그대는 다섯 가지 색의 눈부신 빛을 두려워하지 말고 피하지 말라. 그 지혜의 빛이 그대 자신으로부터 나온 것임을 알아야 한다.

그 눈부신 빛 속에서 마치 천 개의 천둥이 동시에 울리는 것처럼 진리의 자연스런 소리가 울려 퍼질 것이다. 그 소리는 메

---

101) 깨달음을 얻음과 동시에 생기는 지혜를 여기서는 동시에 태어난 지혜라고 말하고 있다. 자연생득(自然生得)의 지혜라고 한다.

아리치듯이 우르릉거리며 들려온다. 그리고 그 속에서 두려움을 갖게 하는 주문들[102]과 "죽여라! 죽여라!" 하고 외치는 소리가 들릴 것이다. 두려워하지 말라. 달아나지 말라. 그 소리들은 모두 그대 자신의 내면에서 나오는 것임을 깨달으라.

동물 세계에서 나오는 어두운 푸른색 빛에 끌려가지 말라. 그대여, 마음을 약하게 갖지 말라. 그것에 이끌린다면 그대는 어리석음이 지배하는 동물 세계에 떨어져 어리석고 말도 못하고 노예와 같은 수많은 고통을 겪을 것이다. 그리고 거기서 벗어나려면 오랜 세월이 걸릴 것이다. 그 빛을 향해 끌려가지 말라. 밝고 눈부신 다섯 가지 색의 빛을 전적으로 신뢰하라. 그대의 온 마음을 지식을 가진 승리자들에게 향하게 하라. 마음을 집중해서 이렇게 생각하라.

"지식을 가진 신들과 영웅들과 여신들은 신성한 극락 세계로부터 나를 맞이하기 위해 온 것이다. 나는 그들 모두에게 간

---

102) 만트라. 신비의 힘을 갖고 있는 단어나 문장. 여기에 대한 자세한 설명은 편집자가 쓴 〈부록〉의 설명을 참고할 것(p.497~499).

청한다. 이날까지 과거 현재 미래의 다섯 붓다들 모두가 나에게 자비와 은총의 빛을 보냈건만 나는 아직까지 구제받지 못했다. 그들이 나 같은 존재를 위해서 그렇게 했음에도 불구하고! 아, 지식을 가진 신들께서 나로 하여금 더이상 아래쪽으로 떨어지지 말게 하시고, 그들이 내려 주는 밧줄을 붙잡을 수 있게 하시기를! 그리하여 신성한 극락 세계로 나를 인도하시기를!"

이렇게 생각하고 마음을 다해 다음과 같이 기도하라.

"아, 그대들 지식을 가진 신들이여, 내 부탁을 들어 주소서.

당신들의 위대한 사랑으로 길 위에 서 있는 나를 인도하소서.

어머니이신 여신들께서는 나를 뒤에서 지켜 주소서.

사후세계의 무서운 여행길에서 나를 구해 주소서.

그리고 순수한 극락 세계로 나를 인도하소서."

강한 믿음과 겸허한 마음으로 이렇게 기도하면 그는 무지개 빛에 둘러싸여 지식을 가진 신들의 가슴 속으로 녹아들어갈 것이고, 틀림없이 순수한 극락 세계에 태어날 것이다.[103]

모든 지식인들도 이 단계에서는 지혜의 빛을 인식하고 대자유에 이를 것이다. 악한 성향을 가진 자들까지도 여기서 틀림없이 해탈에 이를 것이다.

여기서 《사자의 서— 듣는 것으로 영원한 자유에 이르는 위대한 가르침》의 일부가 끝이 난다. 치카이 바르도에서 투명한 빛으로 인도하기와 초에니 바르도에서 평화의 신들에게로 인도하기를 이것으로 마친다.[104]

---

103) 지금 바르도의 낮은 단계에 떨어져 있는 사자는 자신이 돌아갈 장소로서 윤회계를 초월한 니르바나의 세계보다는 윤회계 안에 있는 천상 세계로 가기를 기대하게 된다. 이론상으로는 바르도의 어떤 단계에서든지 언제나 니르바나의 대자유 속으로 들어갈 수 있지만, 실제로는 일반 사람들의 경우에 그렇지 못하다. 왜냐하면 선한 카르마를 그만큼 쌓지 못했기 때문이다. 따라서 사자에게 이 경전을 읽어 주는 사람은 사자가 모든 상황에서 최선을 다하도록 인도하는 데 그 목적을 두어야 한다.

104) 트룽파의 영역본에는 이 문장 다음에 한 줄 띄우고 '경고— 비밀! 비밀! 비밀!iti samaya rgya rgya rgya'이라고 적혀 있다. 가와사키 신조의 일본어 번역본에도 '이티 사마야 기야 기야 기야.'라고 적혀 있다. 이것은 산스크리트어로 '이상으로 마친다.'를 뜻하는, 봉인(封印)을 하는 만트라이다.

·3·
여덟째날부터 열넷째날까지 분노의 신들이 나타남

서 론

이제 분노의 신들이 나타나는 방식을 밝힌다.
평화의 신들이 나타나는 앞의 사후세계에서는 일곱 단계의 위험한 길이 있었다. 어느 단계에서든 사자가 이 가르침을 듣고 깨달음을 얻었다면 그는 영원한 자유에 이르렀을 것이다.

많은 사람들이 그런 깨달음으로 대자유에 이를 것이다. 그러나 비록 많은 사람들이 그런 방법으로 자유에 이를지라도, 생명 가진 존재들의 수는 많고 악한 카르마는 힘이 있다. 그리고 무지는 너무 깊고 나쁜 습성이 오랫동안 뿌리내렸기 때문에 무지와 환영의 수레바퀴는 힘이 떨어지지도 않고 가속이 붙지도 않는다. 비록 모든 사람들을 이렇게 자세히 인도해도 대자유에 이르지 못하고 아래쪽 세계를 방황하는 사람들은 매우 많다.

그러므로 사자를 맞이하기 위해 평화의 신들과 지식을 가진 신들이 나타났다 사라진 뒤에, 불꽃에 싸인 58명의 분노의 신들이 나타날 것이다. 그들은 피를 마시는 신들이다. 그들은 앞에 나타난 평화의 신들이 장소에 따라[1] 모습을 바꿔 나타난 것일 뿐이다. 그러나 이들은 평화의 신들과는 모습이 전혀 닮지 않았다.[2]

지금은 분노의 신들이 나타나는 사후세계 기간이다. 사자는 두려움과 공포와 전율 때문에 그들의 실체를 깨닫기가 한층 더 어렵다.[3]

---

1) 편집자는 이 부분에 '또는 그들이 생겨나는 사자의 바르도체의 생명 에너지 센터들의 위치에 따라'라는 말을 덧붙였다.
2) 지금까지 사자의 바르도체(體)에서 심장과 목의 에너지 센터(차크라)로부터 생긴 52명의 평화의 신과 지식을 가진 신들이 나타났다. 지금부터 나타나는 분노의 신들은 머리의 에너지 센터(사하스라라 차크라)로부터 생긴다. 이들은 평화의 신들(지식을 가진 신들도 여기에 포함된다)이 흥분하거나 분노한 모습이라고 볼 수 있다. 〈부록〉의 보충해설(p.495~496) 참고..
3) 신들을 목격할 때 사자가 갖는 두려움과 공포와 전율이나 아니면 매혹은 일반 사람들의 경우에 일어난다. 이런 사람은 이 경전에서 설명하고 있듯이 임종의 순간이나 사후에 바르도를 제대로 알 수 있도록 생전에 적절한 명상 수행을 하지 못한 사람이다. 이 세계나 다른 모든 세계들에서 나타나는 온갖 현상들이 사실은 실체가 없는 것들이며 아무런 힘을 갖지 않은 허상에 불과하다는 것을 깨달은 명상 수행자는 죽음을 정복할 수 있다. 이 경전에서 표현하듯이 기회를 놓치지 않고 바르도를 파악할 수 있는 이런 사람들은 굳이 바르도를 경험할 필요가 없다. 그는 의식을 가진 채 인간계나 다른 극락 세계에 곧바로 환생하거나, 또는 매우 드문 경우이긴 하지만 그가 진정으로 영적인 성장을 했다면 곧장 니르바나로 들어갈 것이다.

ཀྱེ་མང་དགེ་ བས་མེད་ པ་ འདི་ས་ ཐུར་ སེམས་ འ་ཆི་ཆེ་ད་ ཀེ་ ད་ ལྡོགས་ སྐུ་ ལ་ འགྱུར། །ལས་ ཤིག་ དསལ་ པར་ས་ གཏིང་ གནས་ ཆེན་ཞེ།

사자는 의식을 자제하는 힘을 갖지 못한 채 기절했다가 또다시 그 다음 기절 상태로 넘어간다.[4] 그러나 그가 조금만 깨달아도 이 단계에서 대자유에 이르기는 쉽다. 그 이유를 묻는다면 대답은 이렇다. 두려움과 공포와 전율을 일으키는 빛들 때문에 사자는 마음이 흩어질 겨를도 없이 잔뜩 긴장해서 한 곳으로 집중해 있기 때문이다. 이것이 그 이유이다.[5]

이 단계에서 만일 사자가 이런 가르침을 만나지 못한다면, 바다처럼 많은 종교적 지식을 갖고 있을지라도 쓸모가 없다. 계율을 지키는 수도승들과 형이상학에 정통한 학자들조차도 이 단계에서 그르쳐 깨닫지 못하고 윤회계를 방황하는 경우가 있다.

하물며 일반 세속인들은 말할 필요가 어디 있겠는가! 그들은 두려움과 공포와 전율 때문에 달아나, 불행한 세계로 곧장 떨어져 큰 고통을 받는다. 그러나 명상 수행을 한 구도자라면[6] 아무리 그가 영적으로 낮은 단계라 할지라도 피를 마시는 신들을 보는 순간 그들이 자

---

4) 여기서 기절 상태란 정신을 차리지 못한 상태 곧 어두운 무의식 상태다.
5) 하나의 빛이 끝나자마자 곧바로 다른 빛이 나타난다. 따라서 사자는 마음이 흩어질 순간이 없이 잔뜩 긴장한 채 깨어 있게 된다. 극단적인 공포 때문에 의식이 완전히 깨어 있게 되는 것이다. 트룽파는 이 구절을 '감당할 수 없는 두려움이 일어나기 때문에 마음은 흩어질 겨를이 없고, 따라서 한 점으로 집중하게 된다.'고 영역했다.
6) 원문에서는 '신비의 만트라야나Mantrayana〔眞言密敎〕의 가르침을 받은 신자는' 또는 '밀교의 요가 수행을 한 사람은'으로 되어 있다.

신의 수호신들임을 알아차릴 것이다.[7] 그들과의 만남은 인간 세상에서 아는 사람을 만나는 것과 같을 것이다. 그는 그들을 신뢰하리라. 그리고 그들 속으로 하나로 녹아들어가서 붓다의 경지를 얻게 될 것이다.

인간 세상에 있을 때 피를 마시는 신들의 상(像) 앞에서 명상을 하고 기도를 올리거나 존경심을 표시해 봤거나 또는 적어도 그들의 모습이 그려진 그림이나 조각상을 본 적이 있는 사람은 이 단계에서 그 신들이 밝아 오는 것을 보는 순간 그들을 알아보고 그럼으로써 대자유에 이를 수 있을 것이다. 여기에 이 가르침의 독특한 기술이 있는 것이다.

다시 말하지만 계율을 지킨 수도승과 형이상학적 설법에 능한 학자라도 죽을 때 이《듣는 것으로 영원한 자유에 이르는 위대한 가르침》을 받지 못하면 그가 아무리 인간 세상에서 종교적 계율에 몸을 바치고 아무리 뛰어나게 교리를 설했을지라도 화장할 때 무지개 빛 후광

---

7) 피는 윤회계 속에 살아 있는 존재를 상징한다. 피를 마신다는 것은 윤회계 속에서 삶을 계속하고 싶은 갈증을 채우는 것을 뜻한다. 이런 신들이 과거에 자신이 살았던 삶으로부터 생겨난, 자기 자신의 카르마가 표현되어 나타난 것임을 깨닫고 그들을 옛친구를 만나듯이 의연한 자세로 대할 수 있다면, 그리고 그들 속에 자신의 개체성을 버릴 수 있다면 그는 윤회계 존재의 참다운 본질을 깨닫게 되고, 그것과 함께 붓다의 경지로 불리는 완전한 깨달음을 얻을 수 있다.

ཀྱི་ཁོར་དེས་པ་སོན་པ་བཞིན་དུ་ཕྱུང་བསམ་འདིག་ཆེར་པ་ཅན་དུ་སོགས་པར་འགྱུར། །མ་སོབ་རྣམས་པར་ག་ཅིག་གསལ་བ་ཤེས་ཤ།

이 둘러쳐지거나 사리가 나타나는 것 같은 현상은 일어나지 않을 것이다.

이것은 그가 살았을 때 신비의 가르침들을 그의 가슴에 간직하지 않았기 때문이며, 신비의 가르침들을 무시했기 때문이며, 입문을 통해 신비의 가르침들에 등장하는 신들과 익숙해지지 못했기 때문이다. 그 결과 바르도에서 그 신들이 밝아 올 때 그는 그들을 알아보지 못한다. 갑자기 전에 본 적이 없는 것들을 보게 되자 그는 그들을 적으로 여긴다. 적대감이 생겨나고, 이 때문에 그는 비참한 상태로 떨어지고 만다. 따라서 계율을 고집하는 자들과 학자들이 신비의 가르침들을 실제로 수행에 옮기지 못했다면 화장을 행할 때 무지개 빛 후광이나 어떤 형상을 한 뼈나 씨앗처럼 생긴 사리 등의 징표들은 나타나지 않는다. 이것이 그 이유이다.[8]

명상 수행자라면 그가 아무리 영적으로 낮은 단계에 머물러 있고 세련되지 못하며 부지런하지 않고 세상 살아 가는 기술이 부족할지라

---

8) 어느 민족이나 위대한 영웅이나 성인이 탄생할 때와 죽을 때는 이상한 현상이 일어난다고 오랜 옛날부터 믿어 왔다. 그것은 티벳인들도 마찬가지다. 티벳의 스승들은, 여기 우리의 경전에서 암시하듯이 이런 현상들에 대해서 지극히 합리적인 해석이 가능하다고 믿는다. 뿐만 아니라 티벳 스승들은 이름있는 성자가 실제로 성자의 경지에 오른 사람이라면 화장되고 남은 뼈 가운데 아름다운 형상을 한 뼈들이 발견되며, 작은 진주처럼 생긴 (경전에는 '씨앗처럼 생긴'이라고 했지만) 사리들이 나타난다고 주장한다.

도, 또한 그가 자신의 서약대로 살지 못하고 고상하지 않은 습관을 갖고 있으며 가르침을 성공적으로 실천하지 못할지라도 결코 그를 무시하거나 의심해선 안된다. 그가 가진 신비의 가르침에 경의를 표해야 한다. 단지 경의를 표하는 그것만으로도 사람은 이 단계에서 대자유에 이를 수 있다.

신비의 가르침을 가진 사람에게 경의를 표하는 자는 인간 세상에서 그다지 고상하지 못했을지라도 죽음의 순간에 이르면 적어도 무지개 후광이나 유골 형상이나 사리 같은 현상 중에 한 가지는 나타날 것이다. 이것은 신비의 가르침들이 그만큼 위대한 축복의 파동을 갖고 있기 때문이다.[9]

일반 명상 수행자라 할지라도 붓다들의 모습을 마음 속에 떠올려 명상하고 그들과 하나가 되는 과정을 거친 자,[10] 그리고 만트라 수련을 쌓은 자[11]는 초에니 바르도에 이르기까지 방황할 필요가 없다.

그는 숨을 거두자마자 남신과 여신의 영웅들과 지식을 가진 신들에

---

[9] 다시 말해, 신비의 가르침들을 알아보고 그것을 따르거나 존중하는 사람은 자동적으로 위대한 영적 능력의 파장에 영향을 받게 된다.
[10] 이것은 치카이 바르도의 두번째 단계에서 설명한 시각화 과정의 수행자와 완성 과정의 수행자를 번역한 것이다.
[11] 다시 말해 실력을 갖춘 스승 밑에서 과학적인 방법으로 만트라의 정수(精髓)라 불리는 신성한 만트라 수련을 쌓은 구도자를 말한다. 그런 만트라에는 다음과 같은 것이 있다.
"옴 마니 밧메 훔Om Mani Padme Hum"—— 연꽃 속에 있는 보석에게 영광 있으라! 또는 연꽃 속의 보석이신 분께 영광 있으라!
"옴 와기 쇼리 뭄Om Wagi Shori Mum"—— 진리를 설하는 신께 영광 있으라!
"옴 바즈라 파니 훔Om Vajra Pani Hum"—— 도르제를 들고 있는 분께 영광 있으라!
이것은 티벳 불교의 세 수호신에 관련된 핵심적인 만트라[精髓眞言]이다. 첫번째 것은 모든 것을 꿰뚫어보는 예리한 눈을 가진 자이고 최상의 자비심을 가진 자인 첸라지(관세음보살, 산스크리트어 아발로키테스와라)의 핵심 만트라이다(p.3, 354 참조). 둘째 것은 신비로운 지혜의 신인 잠팔양(문수보살, 산스크리트어 만주고사)의 핵심 만트라이고, 세번째 것은 모든 것을 부숴 버리는 무서운 무기인 번개(금강저)를 들고 있는 지배자인 착도르(금강수보살, 바즈라파니)의 핵심 만트라이다.

의해 곧바로 순수한 극락 세계로 인도될 것이다.[12] 그 징표로서 하늘은 구름 한 점 없이 맑을 것이고, 그는 무지개 빛 속으로 사라질 것이다. 태양 광선이 소나기처럼 쏟아져 내리고 공중에는 향기로운 향기가 가득하며 하늘에서는 음악소리와 함께 광채가 비칠 것이다. 그리고 화장한 재에서는 유골 형상과 사리가 발견될 것이다.

그러므로 계율을 지키는 수도승들에게, 학자들에게, 서약을 지키지 못한 명상 수행자에게, 그리고 일반인 모두에게 이《사자의 서 — 듣는 것으로 영원한 자유에 이르는 가르침》은 반드시 필요하다.[13] 하지만 상대성이 사라진 절대의 세계에 대해 명상한 사람은 죽음의 순간에 투명한 빛을 깨닫고 다르마카야(법신)를 얻어 대자유에 이를 것이다.[14] 그에게는 이 가르침을 읽어 줄 필요가 없다.

다른 사람들은 죽음의 순간에 두번째의 투명한 빛을 깨달음으로써

---

12) 일곱번째날까지 나타난 모든 신들이 그를 인도한다는 것이다. 콤퍼가 편집한 《죽음의 기술》 제6장에 있는 사자를 위한 기도문에는 다음과 같은 문장이 있다.
"그대의 영혼이 몸을 빠져나올 때 영광에 찬 천사의 무리가 그대를 맞이하러 올 것이다. 승리감에 찬 군대와 훌륭한 판관들과 원로 사도들이 그대를 맞이하리라. 키카 크고 하얗게 빛나는 성도들의 무리가 승리감으로 가득찬 순교자들과 함께 그대의 주위로 몰려들 것이다. 기쁨으로 가득한 거룩한 동정녀의 무리들이 그대를 영접할 것이다. 그리고 훌륭한 사제단이 그대에게 쉬며 기뻐할 수 있는 장소를 개방할 것이며, 그들이 그대를 영원토록 함께 할 사람으로 받아들이리라."
13) 티벳 스승들은 이렇게 말한다. 단순한 선행(善行)과 책 속의 지식이 구도자가 깨달음을 얻는 데 필요하기는 하지만 흔들리지 않는 믿음과 영적인 앎을 최상으로 여기고 모든 사변적 지식들은 한쪽으로 미루어 놓는 것이 필수적이다. 초심자들에게 주어지는 위대한 티벳 요기들의 가르침 중의 하나는 다음과 같다.
"사변적인 지식만으로 대자유를 얻기는 지극히 어렵다. 믿음을 통해서는 쉽게 얻어진다."
14) 원문은 '위대한 완성과 위대한 상징에 대해 명상한'으로 되어 있다. 이것은 대완성(大完成)과 대결인(大結印)으로 번역된다. 대완성은 붓다의 경지 또는 궁극의 완성된 경지에 이르는 근본적인 가르침을 말한다. 위대한 상징은 티벳어로는 착첸Chhag-chhen이고 산스크리트어로는 마하무드라Maha Mudra이다. 이것은 우주의 최고 진리를 실현한 상태를 말한다. 학문적으로 말하면 마하무드라는 인도의 고대 요가 체계를 가리키며 티벳에서는 파드마삼바바의 학파와 관계가 있다. 하지만 오늘날에는 반(牛)개혁종파인 카규파 종에

ཧ་ཅང་དེས་པ་ཡིན་པའི་བྲོས་ཤུང་བས་པར་འདི་ཆོས་པར་བོ་ད་དུ་སྤེལ་བར་འདུག བསམ་གྱིས་དཔག་པར་ཇི་ནུས་ཤེ།

초에니 바르도에서 평화의 신들과 분노의 신들을 인식하고 삼보가카야(보신)을 얻을 것이다. 또 그 밖의 사람들은 시드파 바르도에서 깨달음에 이르러 니르마나카야(화신)를 얻을 것이다. 이들은 다음번 환생에서 더 높은 차원에서 태어나 이 가르침을 다시 만날 것이며 카르마를 계속하는 일을 즐기게 될 것이다.[15]

그러므로 이《사자의 서》는 명상이나 참선 수행 같은 어려운 과정을 거치지 않고도 붓다와 같은 대자유의 경지를 성취하는 가르침이다. 그것은 단지 듣는 것만으로도 영원한 자유에 이르는 가르침이며, 큰 악업을 지닌 인간을 비밀의 길(道)로 인도하는 가르침이며, 대자유에 이를 수 있는 자와 그렇지 못한 자를 즉각 구별해내는 가르침이며,[16] 즉각적으로 완전한 깨달음을 주는 심오한 가르침이다. 이 가르침을 만난 사람들은 결코 불행한 상태로 떨어지지 않을 것이다.

의해 특별히 수행되고 있다. 카규파 종은 11세기 후반 티벳의 학식있는 요가 수행자였던 마르파에 의해 확립되었다. 마르파는 위대한 학승 아티샤와 그의 제자인 나로파의 제자로서 인도에 머물렀으며, 티벳에 마하무드라를 소개했다. 밀라레파는 티벳의 가장 탁월한 요가 수행자로 마르파의 후계자였으며, 마하무드라 수행법을 개발함으로써 그 종파의 근본 교리로 확립시켰다.

◐
15) 존재의 근원(투명한 빛)이 처음으로 모습을 나타낼 때 이를 깨달을 수 있으면, 다시 말해 꿈 속에 있는 이 윤회계의 존재가 초에니 바르도에서 삼보가카야(보신)의 성스런 상태로 깨어나면, 환생의 정상적인 순환 과정은 깨어져 버린다. 이때 꿈에서 깨어난 자는 인간계의 영적 진화를 위해 자발적으로 완전히 깨어 있는 의식을 가진 채 인간 세상으로 돌아오게 된다. 만일 깨달음이 시드파 바르도까지 지연되어 니르마나카야(화신)를 얻으면, 그것은 존재의 근원을 완전히 깨달은 것이 아니라 부분적인 깨달음을 얻은 것이 된다. 왜냐하면 시드파 바르도는 초에니 바르도보다 훨씬 낮은 차원이기 때문이다. 그러나 이때에도 그는 좀더 높은 차원들 중 하나인 천상계나 아수라계 또는 인간계에 영적으로 성장한 상태로 태어나는 큰 혜택을 누릴 수 있다. 그는 인간계에 새로 태어나자마자, 전생에서 닦은 수행 덕분에 죽으면서 중단된 시점에서부터 영적인 공부와 명상 수행을 해나갈 수 있다. 카르마를 계속한다는 것은 바로 이런 뜻이다.
16) 영역본에는 '입문한 자와 입문하지 않은 자를 즉각 구별해내는 가르침'으로 번역하고 있지만, 여기서는 다른 번역본들의 경우를 따랐음을 밝힌다.

이 가르침과 타돌[17]을 함께 사용한다면 그것은 마치 황금 만다라에 터키석을 덧보탠 것과 같을 것이다.

지금까지 《사자의 서》의 가르침이 얼마나 중요한 것인가를 설명했다. 이제 바르도에서 나타나는 분노의 신들의 빛으로 사자를 인도하기가 시작된다.

여덟째날

다시 사자의 이름을 부르면서 다음과 같이 인도하라.

아. 고귀하게 태어난 자여. 마음을 다해 들으라. 지금까지 바르도 상태에서 평화의 신들이 그대에게 나타났지만 그대는 아무것도 깨닫지 못했다. 그 결과 그대는 여기까지 방황해 왔

---

17) 원문은 타돌Btags-grol이며, 《바르도 퇴돌》과 함께 사용하는 티벳의 만트라 소책자이다. 만일 타돌 만트라들을 알고 죽으면, 그것들은 매우 강력한 부적과 같은 것이기 때문에 바르도를 안전하게 통과할 수 있도록 해 주며 나아가 행복하게 환생할 수 있게 해 준다. 흔히 장례식 때 타돌의 사본을 시신에 붙여 같이 태우거나 매장한다. 아니면 조그만 종이쪽지에 몇 개의 만트라를 적거나 작은 두루말이에 말아서 그렇게 한다. 이것은 흔히 《이집트 사자의 서》의 사본을 미이라와 함께 매장하는 풍습과 비슷하다. p.406의 그림 참조.

다. 이제 여덟째날에는 피를 들이마시는 분노의 신들이 나타나 그대를 비출 것이다. 마음을 집중해서 그들을 깨닫도록 해야만 한다.

아, 고귀하게 태어난 자여. 위대한 영광의 헤루카 붓다(불호금강)[18]는 짙은 갈색이고, 머리가 셋이며, 여섯 개의 손과 떡 하고 버틴 네 개의 다리를 갖고 있다. 오른쪽 얼굴은 희고 왼쪽 얼굴은 붉으며 가운데 얼굴은 짙은 갈색이다. 몸은 빛을 내는 화염을 내뿜고 있고, 아홉 개의 눈은 부릅뜬 채 무섭게 노려보고 있다. 눈썹은 번개처럼 떨리며, 툭 튀어나온 이빨들은 서로 맞대인 채 번뜩이고 있다. 그리고 입에서는 "아라라!" 또는 "으하하!" 하는 쩌렁쩌렁 울리는 소리와 날카로운 휘파람 소리가 울려 나오고 있다. 주황색 머리칼은 곤두서서 광채를 내뿜고, 머리에는 인간의 마른 두개골과 해와 달의 상징물로 장식되어 있으며, 검은 뱀들과 방금 자른 인간의 머리통들로

---

18) 원문은 팔첸포 붓다 헤루카 Dpal-chen-po Bud-dha Heruka. 바이로차나(비로자나불)의 분노한 모습에 대한 이름.

만든 염주를 목에 걸고 있다. 오른쪽의 첫번째 손은 바퀴를 들고 가운데 손은 검을, 마지막 손은 전투용 도끼를 들고 있다. 왼쪽의 첫번째 손은 작은 종을, 가운데 손은 해골로 만든 그릇을, 마지막 손은 쟁기를 들고 있다.

그의 몸은 어머니 신 크로티쇼리마 붓다[19]에게 껴안겨 있다. 그녀의 오른손은 헤루카 붓다의 목을 휘어감고 왼손은 피가 가득히 담긴 붉은 조개 그릇을 그의 입에 갖다 바치고 있다. 그리고 그녀는 깨지거나 부딪치는 것 같은 소리와 천둥처럼 우르릉거리는 소리를 내고 있다.

두 신에게서는 온몸의 털구멍으로부터 지혜의 눈부신 불꽃이 뿜어 나오고 있고, 각각의 불꽃은 불타는 도르제를 담고 있다. 두 신은 뿔 달린 독수리[20]가 받치고 있는 높은 단 위에 한 다리는 굽히고 다른 다리는 꼿꼿이 세운 채 긴장하고 서 있다.

이 두 명의 신이 그대 자신의 두뇌 속으로부터 나와서 그대

---

19) 원문은 붓다 크로티쇼리마 Bud-dha Kro-ti-shva-ri-ma. 여성 붓다이며 전능한 분노의 어머니 신이다. 바이로차나의 여성 배우자인 우주 공간의 어머니의 분노상이다.
20) 이것은 인도와 티벳 신화에 나오는 가루다 Garuda이다. 가루다는 독수리의 머리에 사람의 몸을 갖고 있다. 사람과 같은 두 팔에 독수리의 두 날개를 갖고 있고, 독수리의 두 발을 갖고 있다. 이것은 힘과 마음의 갈망을 상징한다.

를 생생하게 비출 것이다. 두려워하지 말라. 놀라지 말라. 그들은 그대의 마음이 투영되어 형상으로 나타난 것이다. 그들은 그대의 수호신이니 무서워하지 말라. 그들은 사실 아버지 신과 어머니 신이 결합된 바이로차나(비로자나불)이다. 그러니 두려워하지 말라. 만일 그대가 그들을 알아보기만 하면 그대는 그 수호신 속으로 녹아들어가 하나가 될 것이다. 그리하여 붓다의 경지를 얻으리라.[21]

아홉째날

만일 그들을 무서워해 달아난다면, 아홉째날에는 바즈라 신단(금강 신단)에 속하는 피 마시는 신이 사자를 맞으러 오리라. 이때 사자의 이름을 부르면서 다음과 같이 인도한다.

---

21) 남신과 여신이 결합해 있는 상태 속으로 '녹아들어가' 존재의 근원과 하나가 된다고 설명하는 것은 이 경전이 우주를 음양의 바탕 위에서 이해하고 있음을 알 수 있다. 바르도의 마지막 단계까지 방황하다가 다시 환생하는 순간에도 사자는 남녀가 성교(결합)를 하고 있는 현장을 보고 그 속으로 뛰어든다. 따라서 이 경전은 니르바나에 이르는 과정이나 환생에 이르는 과정 모두에서 일관된 우주관을 나타내고 있다.

아, 고귀하게 태어난 자여. 마음을 다해 들으라. 바즈라 헤루카[22]라고 부르는 바즈라 신단의 피 마시는 신은 짙은 푸른색이며, 세 개의 얼굴과 여섯 개의 손과 떡 버티고 선 네 개의 다리를 갖고 있다. 그는 오른쪽의 첫번째 손으로는 도르제를 쥐고 가운데 손으로는 해골 그릇을, 세번째 손으로는 전투용 도끼를 들고 있다. 그리고 왼쪽의 첫번째 손에는 작은 종을, 가운데 손에는 해골 그릇을, 마지막 손에는 쟁기를 들고 있다.

그의 몸은 어머니 신 바즈라 크로티쇼리마[23]에 껴안겨 있다. 그녀의 오른손은 그의 목을 휘어감고, 왼손은 피로 가득한 붉은 조개 그릇을 그의 입에 갖다 바치고 있다.

이 두 명의 신이 그대의 두뇌 동쪽 방향으로부터 나타나서 그대를 비출 것이다. 그들을 두려워하지 말라. 무서워하지 말라. 놀라지 말라. 그들은 그대 자신의 마음이 투영된 것이다. 그대여, 이 사실을 깨달아야 한다. 그들은 그대 자신의 수호신

---

22) 바즈라사트바(금강살타)의 분노한 모습을 부르는 이름.
23) 바즈라사트바의 여성 배우자인 어머니 신 마마키의 분노한 모습.

이니 두려워하지 말라. 사실 그들은 아버지 신과 어머니 신이 결합된 바즈라사트바(금강살타)이다. 그들을 신뢰하라. 그들을 알아본다면, 그 즉시 그대는 대자유에 이를 것이다. 그들을 그대의 수호신이라고 선언하고 또 그들이 수호신임을 안다면 그대는 그들 속으로 녹아들어가 하나가 될 것이고, 그리하여 그 자리에서 붓다의 경지를 얻으리라.

열째날

인간 세상에서 쌓은 악업이 너무 두터워 아직도 자기 앞에 나타나는 신들이 자신의 수호신이며 자기 자신의 마음의 투영이라는 사실을 알지 못한다면, 그리고 두려움과 공포에 휩싸여 그들로부터 달아난다면, 열째날에 이르러 보석 신단의 피 마시는 신이 그를 맞으러 올 것이다. 이때 사자의 이름을 부르며 다음과 같이 인도하라.

아, 고귀하게 태어난 자여. 들으라. 열째날에 나타나는 라트나 헤루카(보금강)[24]라고 하는 보석 신단의 피 마시는 신은 노란색이며, 세 개의 얼굴과 여섯 개의 손, 떡 버틴 네 개의 다리를 갖고 있다. 오른쪽 얼굴은 하얗고, 왼쪽은 붉으며, 가운데는 노랗고, 화염으로 후광을 두르고 있다. 여섯 개의 손 중에서 오른쪽 첫번째 손에는 보석을 들고, 가운데 손에는 삼지창을, 세번째 손에는 몽둥이를 들고 있다. 왼쪽 첫번째 손에는 작은 종을 들고 있고, 가운데 손에는 해골 그릇을, 마지막 손에는 삼지창을 들고 있다.

그의 몸은 어머니 신 라트나 크로티쇼리마[25]에 껴안겨 있다. 그녀의 오른손은 그의 목을 휘어감고, 왼손으로는 그의 입에다 피로 가득한 붉은 조개 그릇을 갖다 바치고 있다.

---

24) 라트나삼바바(보생불)의 분노한 모습.
25) 라트나삼바바의 여성 배우자인 상예찬마(붓다의 눈을 한 여인)의 분노한 모습.

이 두 명의 신은 그대의 두뇌의 남쪽 방향으로부터 나와서 그대를 비출 것이다. 두려워하지 말라. 공포에 떨지 말라. 겁먹지 말라. 그들이 그대 자신의 마음이 투영되어 나타난 모습임을 깨달으라. 그들은 그대의 수호신이므로 두려워하지 말라. 실제로 그들은 아버지 신과 어머니 신이 결합된 모습인 라트나삼바바이다. 그들을 믿으라. 그들을 알아보는 즉시 그대는 대자유를 얻으리라.

그들이 그대의 수호신임을 알고 또 그렇게 선언할 때 그대는 그들 속으로 녹아들어가 하나가 될 것이고 붓다의 경지를 얻으리라.

열하루째날

 그러나 이렇게 인도한다 해도 악한 성향 때문에 두려워하고 공포에 떨며 그들이 수호신임을 알아보지 못하고 그들로부터 달아난다면, 열하루째날에 연꽃 신단의 피를 마시는 신이 그를 맞이하기 위해 나타날 것이다. 이때 사자의 이름을 부르며 다음과 같이 인도하라.

 아, 고귀하게 태어난 자여. 열하루째날에 나타나는 연꽃 신단의 피 마시는 신은 파드마 헤루카(연화금강)[26]라고 부르는데, 검붉은 색을 하고 있다. 그는 세 개의 얼굴과 여섯 개의 손과 떡 버티고 선 네 개의 다리를 갖고 있다. 오른쪽 얼굴은 하얗고, 왼쪽은 푸르고, 가운데 얼굴은 검붉은색이다. 여섯 개의 손 중에서 오른쪽 첫번째 손에는 연꽃을 들고 있고, 가운데 손

---

26) 넷째날 나타난 아미타바(아미타불)의 분노한 모습.

에는 삼지창을, 세번째 손에는 몽둥이를 들고 있다. 왼쪽 첫번째 손은 작은 종을 들고 있고, 가운데 손은 피로 가득한 해골 그릇을,[27] 그리고 마지막 손에는 작은 북을 들고 있다.

그의 몸은 어머니 신 파드마 크로티쇼리마[28]에게 껴안겨 있다. 그녀는 오른손으로 그의 목을 휘어감고, 왼손으로는 그의 입에 피로 가득한 붉은 조개 그릇을 갖다 바치고 있다. 아버지 신과 어머니 신이 결합된 모습이다.

이들 두 명의 신은 그대의 두뇌의 서쪽 방향에서 나와서 그대를 비출 것이다. 그들을 무서워하지 말라. 공포에 떨지 말라. 겁먹지 말라. 기뻐하라. 그들이 그대 자신의 생각의 산물임을 깨달으라. 그대여, 그들은 그대의 수호신이니 두려워 말라. 실제로 그들은 아버지 신과 어머니 신이 결합된 모습의 아미타바(아미타불)이다. 그들을 신뢰하라. 그들을 알아보는 즉시 그대는 대자유에 이르리라. 그들이 수호신임을 깨달을 때 그대는

---

27) 글자 그대로는 '붉은 물질로 가득한 해골 그릇'이다. 뒤에 나오는 부분들도 마찬가지다. 티벳 불교의 의식에서는 피를 상징하기 위해 보통 붉은색 액체를 사용하며, 이것은 생명 또는 윤회계의 삶을 포기하는 것을 상징한다. 앞에서도 말했듯이 기독교인들이 성찬식에서 붉은 포도주를 사용하는 것과 비슷하다.
28) 아미타바의 여성 배우자인 괴카르모(흰 옷을 입은 여인)의 분노한 모습.

그들 속으로 녹아들어가 하나가 될 것이며 붓다의 경지를 얻으리라.

열둘째날

이렇게 인도할지라도 악한 성향 때문에 두려워하고 공포에 떨며 뒷걸음치는 사람이 있다. 그는 자신의 수호신들을 알아보지 못하고 끝없이 달아난다. 그렇게 되면 열둘째날에 이르러 카르마 신단의 피 마시는 신들이 케리마와 타멘마와 왕축마 등의 여신[29]들을 데리고 사자를 맞이하러 올 것이다. 이때 사자의 이름을 부르며 다음과 같이 인도해야 한다.

아, 고귀하게 태어난 자여. 열둘째날 나타나는 카르마 신단

---

29) 이 세 신단은 인도와 티벳에 있는 여신들이다. 케리마Kerima는 인간의 모습을 하고 있고, 타멘마Htamenma와 왕축마Wang-chugma는 이집트의 토템 신들처럼 인간의 몸과 동물의 머리를 하고 있다. 이 여신들은 각각 사자의 의식체에서 환영처럼 나타나는 특정한 카르마의 충동과 성향을 상징한다. 케리마는 산스크리트어와 티벳어의 합성어인 듯하다(산스크리트어의 케유리Keyuri에서 유래). 이런 합성어는 티벳에서 흔히 볼 수 있으며, 그것이 이 경전에도 사용된 것이다. 타멘마는 티벳어로 원래 Phra-men-ma로 표기하며, 고대 티벳의 토착 종교인 뵌교에서 유래한, 불교 이전부터 있어 온 여신의 이름인 듯하다. 왕축마는 티벳어로 Dvang-phyug-ma로 표기하며, 밤의 여신들을 뜻하는 산스크리트어 이쉬바리Ishvari에 해당한다.

의 피 마시는 신은 이름이 카르마 헤루카(업금강)³⁰⁾이며 짙은 초록색을 하고 있다. 세 개의 얼굴과 여섯 개의 손과 떡 버티고 선 네 개의 다리를 갖고 있으며, 오른쪽 얼굴은 하얗고, 왼쪽은 붉으며, 가운데는 진초록색이다. 그의 표정은 장엄하기 그지없다. 여섯 개의 손 중에서 오른쪽 첫번째 손에는 칼을 들고 있고, 가운데 손은 삼지창을, 세번째 손은 몽둥이를 들고 있다. 왼쪽 첫번째 손에는 작은 종을 들고 있고, 가운데 손에는 해골로 만든 그릇을 들고 있으며, 마지막 손에는 쟁기를 들고 있다.

그의 몸은 어머니 카르마 크로티쇼리마³¹⁾에게 껴안겨 있다. 그녀는 오른손으로 그의 목을 휘어감고, 왼손으로는 그의 입에다 피로 가득한 붉은 조개 그릇을 갖다 바치고 있다.

둘이 한몸으로 결합된 이 아버지 신과 어머니 신은 그대의 두뇌의 북쪽 방향에서 나와서 그대를 비출 것이다. 그들을 무

---

30) 다섯째날에 나타난 아모가싯디(불공성취불)의 분노한 모습.
31) 아모가싯디의 여성 배우자인 될마(구원을 베푸는 여신)의 분노한 모습.

서워하지 말라. 공포에 떨지 말라. 겁먹지 말라. 그들이 그대의 마음에서 투영된 모습임을 깨달으라. 그들은 그대의 수호신이므로 두려워하지 말라. 실제로 그들은 아버지 신과 어머니 신이 결합된 바가반 아모가싯디이다. 그대여, 그들을 신뢰하라. 그리고 겸허한 마음을 가지라. 그들을 반갑게 맞이하라. 그들을 알아보는 즉시 그대는 대자유에 이르리라. 그들이 그대의 수호신임을 깨달을 때 그대는 그들 속으로 녹아들어가 그들과 하나가 될 것이며 붓다의 경지를 얻으리라.

스승이 선택해 주는 가르침을 통해 사자는 이 신들이 자신의 마음에서 나오는 투영물임을 깨닫는다. 예를 들어 호랑이 가죽이 호랑이 가죽인 줄 알면 그것을 무서워하지 않는다. 그것이 다만 박제된 호랑이 가죽일지라도 그것이 실제로 박제인 줄 모르면 두려움이 생겨날 것이다. 그러나 누군가 그것이 호랑이 가죽일 뿐이라고 말해 준다면,

두려움이 사라질 것이다. 마찬가지로 하늘을 찌를 듯한 키에 거대한 팔다리를 가진 피 마시는 신들이 나타났을 때 그것을 바라보는 자의 마음 속에서는 자연히 두려움과 공포가 생겨날 것이다.

그러나 이 가르침을 듣는 즉시 그는 그들이 자신의 수호신이고, 자기 자신의 생각이 형상을 갖고 나타난 것임을 깨닫는다.

그 순간 전부터 잘 알고 있던 투명한 빛 위에 두번째 투명한 빛이 생겨나서 두 개의 빛은 어머니 빛과 아들 빛처럼 분리될 수 없게 하나가 된다. 그 두 개의 빛은 마치 가까운 친구가 재회한 것처럼 한몸이 된다.

그리고 그것으로부터 빛줄기가 나와서 사자를 비춘다. 이 빛을 통해 사자는 자신을 알고 자신의 근본을 깨달음으로써 대자유에 이른다.

열셋째날

만일 이러한 인도에도 성공하지 못하면 도(道)의 길을 걷는 선한 사람이라 해도 윤회계 속을 방황해 이곳까지 올 수밖에 없다. 그때 여덟 명의 분노의 신들이 여신 케리마와 타멘마들과 함께 여러 동물의 머리를 하고 사자의 두뇌 속에서 나와서 사자를 비출 것이다. 따라서 사자의 이름을 부르며 다음과 같이 인도한다.

아, 고귀하게 태어난 자여. 마음을 다해 들으라. 열셋째날에 그대의 두뇌 속에서[32] 여덟 명의 케리마가 나와서 그대를 비출 것이다. 그들을 두려워하지 말라.

그대의 두뇌 동쪽 방향에서는 흰색 케리마[33]가 오른손에는 마치 몽둥이를 들듯이 인간의 시체를 들고, 왼손에는 피로 가

---

32) 이 영역본에서는 '두뇌의 동쪽 방향에서' 나오는 것으로 번역하고 있으나 이것은 오기(誤記)인 듯하다. 다른 번역본들에서는 '두뇌 속에서'라고 적고 있다.
33) 케리마는 산스크리트어 케유리Keyuri가 변형된 이름이다. 케유리는 인도의 공동묘지를 관장하는 여신의 이름이다.

득한 해골 그릇을 들고 그대를 비추기 위해 나타날 것이다. 그를 두려워하지 말라.

  두뇌의 남쪽 방향에서는 노란색 체우리마[34]가 활과 화살을 겨누고 나타날 것이다.

  서쪽 방향에서는 붉은색 프라모하[35]가 마카라[36] 깃발을 들고 나타날 것이다.

  북쪽 방향에서는 검은색 페탈리[37]가 도르제와 피로 가득한 해골 그릇을 들고 나타날 것이다.

  남동쪽에서는 붉은색 푸카세[38]가 오른손에 창자를 들고 왼손으로는 그것을 입에 집어넣으며 나타날 것이다.

  남서쪽에서는 검은 초록색의 가스마리[39]가 왼손에 피가 가득한 해골 그릇을 들고 오른손으로는 도르제로 그것을 휘저으며 나타날 것이다. 그리고 나서 그녀는 위엄있는 모습으로 그것을 마실 것이다.

---

34) 원문은 체우리마Tseurima. 역시 산스크리트어가 변형된 형태이다. 인도의 또다른 공동묘지 여신의 이름.
35) 원문은 프라모하Pramoha. 역시 티벳어와 산스크리트어의 합성어다.
36) 원문은 추신chu-srin. 바다 사자 또는 리바이어던(전설상의 거대한 바다 동물). 산스크리트어는 마카라makara.
37) 페탈리Petali. 역시 티벳어와 산스크리트어의 합성어.
38) 푸카세Pukkase. 티벳어와 산스크리트어의 합성어.
39) 가스마리Ghasmari. 티벳어와 산스크리트어의 합성어.

북서쪽에서는 누르스름한 흰색의 찬달리[40]가 나타날 것이다. 그는 시체의 머리를 떼어내면서 오른손에는 심장을 들고, 왼손으로는 시체를 입 속에 밀어넣어 먹고 있다.

북동쪽에는 검푸른 색의 스마샤[41]가 시체에서 머리를 떼어내 먹고 있는 모습으로 나타날 것이다.

이들 여덟 군데의 거처에서 나온 여덟 명의 케리마들이 다섯 명의 피 마시는 아버지 신들을 에워싸고 나타나 그대를 비출 것이다. 그러나 두려워하지 말라.

아, 고귀하게 태어난 자여. 이들 죽음의 여신들의 바깥쪽 원[42]에서는 두뇌의 여덟 방향에서 나온 여덟 타멘마들이 그대를 비출 것이다.

동쪽에는 짙은 갈색의 사자 머리를 한 자가 팔짱을 끼고 입에는 시체를 물고 갈기를 흔들고 있다.

남쪽에는 붉은색 호랑이 머리를 한 자가 아래쪽을 향해 팔

---

40) 이 찬달리 Tsandhali는 산스크리트어 찬달리 Chandali에서 온 것이다. 인도에서는 천한 계급의 사람을 찬달리라고 하는데, 여기서는 천한 계급에 속하는 여자의 혼령을 가리킨다. 찬달리는 경전의 이 부분에 나오는 다른 여신들처럼 공동묘지나 화장터에 출몰한다. 경전에 등장하는 이 모든 여신들은 마치 드라마의 도입부에서처럼 각자 사자에게 윤회계의 존재들의 속성 곧 덧없음과 불만족을 보여 주고 그것으로부터 벗어나 세속을 포기함으로써 윤회를 벗어나도록 하는 상징으로 쓰이고 있는 듯하다. 경전에서 가르치고 있듯이 모든 여신들은 윤회계에서의 삶이 사자에게 남긴 정신적 내용물로부터 생겨나고 있다.

41) 우리의 필사본에서는 티벳어와 산스크리트어가 합성된 형태로 스마샤 Smasha라고 적고 있지만 목판본에는 스마샬리 Smashali라고 되어 있다. 뒤의 것이 훨씬 정확한 이름이다.

42) 만다라.

짱을 끼고 송곳니를 드러내 보이며 으르렁거리고 튀어나온 눈을 부라리고 있다.

　서쪽에는 검은색 여우 머리를 한 자가 오른손에는 면도칼을 갖고 왼손으로는 창자를 잡고 그것을 먹으며 피를 핥고 있다.

　북쪽에는 검푸른 색 늑대 머리를 한 자가 양손으로 시체를 찢어발기며 튀어나온 눈을 부라리고 있다.

　남동쪽에는 누르스름한 흰색의 독수리 머리를 한 자가 오른쪽 어깨에 인간 모습의 거인 시체를 메고 손에는 해골을 들고 있다.

　남서쪽에는 검붉은 색 공동묘지새 머리를 한 자가 어깨에 거인 시체를 메고 있다.

　북서쪽에는 검정 까마귀 머리를 한 자가 왼손에 해골 그릇을 들고 오른손에는 칼을 들고 심장과 폐를 먹고 있다.

　북동쪽에는 검푸른 올빼미 머리를 한 자가 오른손에 도르제를 들고 왼손에 칼을 들고 시체를 먹고 있다.

여덟 방향에서 온 이들 여덟 명의 타멘마들 역시 피를 마시는 아버지 신들을 에워싸고 그대의 두뇌 속에서 나타나 그대를 비출 것이다. 그대여, 그들을 두려워하지 말라. 그들이 그대의 마음에서 나온 모습임을 깨달으라.

열넷째날

아, 고귀하게 태어난 자여. 열넷째 날에 네 명의 여성 문지기 신이 그대의 뇌 속에서 나와서 그대를 비출 것이다. 다시금 그들을 깨달으라.

그대의 두뇌 동쪽 방향에서 흰색 호랑이 머리를 하고 몰이 막대기를 든 여신이 나타나 그대를 비출 것이다. 그녀는 왼손에는 피로 가득한 해골 그릇을 들고 있다.

　남쪽에서는 노란색 돼지 머리를 하고 올가미를 든 여신이 나타날 것이다.

　서쪽에서는 붉은색 사자 머리를 하고 쇠사슬을 든 여신이 나타날 것이다.

　북쪽에는 초록색 뱀의 머리를 하고 작은 종을 든 여신이 나타날 것이다.

　이 네 명의 여성 문지기 신들이 그대의 두뇌 속에서 나타나 그대를 비출 것이다. 그들이 그대의 수호신임을 깨달으라.

　아, 고귀하게 태어난 자여. 이들 서른 명 분노의 신들의 원 바깥 둘레에는 스물 여덟 가지의 다양한 머리를 한 강력한 여신 헤루카들이 여러 가지 무기를 들고 그대의 두뇌 속에서 나타나 그대를 비출 것이다. 그들을 두려워하지 말라. 무엇이 나타나 그대를 비추든 그것이 그대 자신의 생각에서 나온 것임을 알라. 바로 이 중요한 순간에 그대의 영적 스승이 골라서 가르쳐 준 내용들을 기억하라.

아, 고귀하게 태어난 자여. 동쪽으로부터 도르제와 해골을 손에 든 암갈색 야크 머리의 락샤사 여신, 연꽃을 든 주황색 뱀 머리의 브라흐마 여신, 삼지창을 든 검은 초록색 표범 머리의 위대한 여신,[43] 바퀴를 든 푸른색 원숭이 머리의 호기심의 여신, 짧은 창을 든 붉은 설산곰 머리의 처녀신, 창자로 만든 올가미를 든 흰곰 머리의 인드라 여신이 나타날 것이다. 이들 동쪽의 여섯 여신들[44]은 그대의 두뇌 동쪽 방향에서 나타나 그대를 비출 것이다. 그들을 두려워하지 말라.

아, 고귀하게 태어난 자여. 남쪽으로부터는 노란색 박쥐 머리를 하고 면도칼을 손에 든 기쁨의 여신, 붉은색 마카라 머리를 하고 항아리를 든 평화의 여신, 붉은색 전갈 머리를 하고 연꽃을 든 생명의 이슬 여신, 흰색 소리개 머리를 하고 도르제

---

43) 산스크리트어로 마하 데비이다.
44) 영역본에서는 이 부분을 비롯하여 이후의 각 방위에서 나타나는 여신들을 집합적으로 지칭할 때는 요기니(여성 요가 수행자)로 적고 있다. 이는 케리마, 타멘마에 이어 등장하는 왕축마 신단의 여신들(p.334의 주 참조)을 가리키는 것이다. 이들을 '여신들'로 옮긴다.

를 든 달의 여신, 검은 초록색 여우 머리를 하고 몽둥이를 휘두르는 몽둥이 여신, 검은 노랑색의 호랑이 머리를 하고 피로 가득한 해골 그릇을 든 락샤사 여신이 나타날 것이다. 이들 남쪽의 여섯 여신들은 그대의 두뇌 남쪽 방향에서 나타나 그대를 비출 것이다. 그들을 두려워하지 말라.

아, 고귀하게 태어난 자여. 서쪽으로부터는 검은 초록색 대머리독수리 머리를 하고 막대기를 손에 든 식인(食人) 여신, 붉은색 말 머리를 하고 시체의 거대한 몸통을 든 기쁨의 여신, 흰색 독수리 머리를 하고 몽둥이를 든 강력한 여신, 누런 개 머리를 하고 도르제와 면도칼을 휘두르는 락샤사 여신, 붉은색 오디새 머리를 하고 활과 화살을 겨누고 있는 욕망의 여신, 초록색 숫사슴 머리를 하고 항아리를 든 재산을 지키는 여신이 나타날 것이다. 이들 서쪽의 여섯 여신들이 그대의 두뇌 서쪽 방향에서 나타나 그대를 비출 것이다. 그들을 두려워하지 말라.

 아, 고귀하게 태어난 자여. 북쪽에서는 푸른색 늑대 머리를 하고 삼각깃발을 손에 들고 흔드는 술의 여신, 붉은색 야생 염소 머리를 하고 끝이 뾰족한 막대기를 든 여신, 검은색 돼지 머리를 하고 어금니로 만든 올가미를 든 돼지의 여신, 붉은색 까마귀 머리를 하고 갓난아기의 시체를 든 천둥번개의 여신, 커다란 시체를 들고 해골로부터 피를 들이마시고 있는 검은 초록색 코끼리 머리에 코가 큰 여신,[45] 푸른색 뱀의 머리를 하고 뱀 밧줄을 든 물의 여신이 나타날 것이다. 이들 북쪽의 여섯 여신들은 그대 두뇌의 북쪽 방향에서 나타나 그대를 비출 것이다. 그들을 두려워하지 말라.

 아, 고귀하게 태어난 자여. 네 명의 문지기 여신이 그대의 두뇌 속에서 나와서 그대를 비출 것이다. 동쪽에서는 검은색 뻐꾸기 머리를 한 신비의 여신[46]이 손에 쇠갈쿠리를 들고 나타

---

45) 목판본에는 '큰 코끼리 머리를 한 여신'이라고만 되어 있다.
46) 원문은 도르제마 Rdor-je-ma이다. 도르제라 불리는 여인, 신비로운 자라고 불리는 여인이란 뜻이다. 여기서 신비로운 여신이란 이름이 나왔다. 목판본에는 '하얀 뻐꾸기 머리를 한 신비로운 여신'이라고만 되어 있다.

날 것이다. 남쪽에서는 노란색 염소 머리를 한 신비의 여신이 올가미를 들고 나타나고, 서쪽에서는 붉은색 사자 머리를 한 신비의 여신이 쇠사슬을 들고 나타날 것이다. 그리고 북쪽에서는 검은 초록색 뱀의 머리를 한 신비의 여신이 나타날 것이다. 이들 문을 지키는 네 명의 여신들이 그대의 두뇌 속에서 나와서 그대를 비출 것이다.

이들 스물여덟 명의 강력한 여신들은 여섯 명의 헤루카(금강신)를 거느린 라트나삼바바(보생불)의 육체적인 힘에서 나오는 여신들이다. 그들을 정확하게 인식해야 한다.[47]

아, 고귀하게 태어난 자여. 평화의 신들은 다르마카야(법신)의 공(空)에서 나온다.[48] 그들을 정확히 인식하라. 그리고 다르마카야의 빛으로부터 분노의 신들이 나온다.[49] 그들을 정확히 인식하라.

쉰여덟 명의 피 마시는 신들[50]이 그대의 두뇌로부터 나와서

---

47) 목판본에는 다음과 같이 적혀 있다.
 "이들 스물여덟 명의 강력한 여신들은 스스로 존재하는 분노의 신들의 권능으로부터 생겨났으니, 그들을 알아차리라."
48) 그들은 다르마카야의 텅 비고, 원초적이며, 고요하고, 모습을 갖기 이전의 상태로부터 나타난 것이다. 인간을 하나의 소우주로 보고 있다.
49) 그들은 다르마카야의 활동적인 빛으로부터 나온다. 근원적인 공(空)의 세계에서 비쳐 나오는 투명한 빛으로 생겨난 것이다. 소우주인 인간은 이것과 분리되어 있지 않다.
50) 피를 마시는 것이 상징하는 의미를 기억해야 한다(p.333의 주 참조).

그대를 비출 때, 만일 그들이 그대 자신의 마음에서 나오는 빛임을 안다면 그대는 그 자리서 피 마시는 신들 속으로 녹아들어가 하나가 되고 붓다의 경지를 얻으리라.

아, 고귀하게 태어난 자여. 지금 그들을 알아보지 못하고 두려움 때문에 그들로부터 달아난다면, 다시금 고통이 그대 위에 엄습할 것이다. 만일 이것을 모른다면 그대는 피 마시는 신들을 두려워하고 겁에 질리고 공포에 떨며 정신을 잃을 것이다. 그대의 마음 속 생각들이 환영으로 변해 그대는 윤회계를 방황하게 될 것이다. 그대가 겁먹지 않고 두려워하지 않는다면 그대는 윤회계를 방황하지 않으리라.

게다가 평화의 신과 분노의 신들 중에서 가장 거대한 신은 키가 하늘 끝까지 닿으며, 중간 키의 신은 수미산 높이와 같으며, 가장 작은 신이라고 해도 그대의 몸을 열여덟 개나 포개 놓은 것과 같다. 그들을 보고 두려워하지 말라. 겁먹지 말라.

신의 모습을 하고 빛나는 모든 형상들이 그대 자신의 마음의 표현임을 안다면, 그대는 그 즉시 붓다의 경지에 이를 것이다. '붓다의 경지는 순간에 얻어진다'는 말이 바로 지금을 두고 하는 말이다. 이것을 기억한다면 그대는 빛이나 붓다들의 몸 속으로 녹아들어가 붓다의 경지를 얻으리라.

아, 고귀하게 태어난 자여. 무섭고 공포스런 어떤 광경이 보일지라도, 그것들이 그대 자신의 마음의 표현임을 알라.

아, 고귀하게 태어난 자여. 만일 그대가 그것을 알지 못하고 공포에 질려 있으면, 모든 평화의 신들이 마하칼라(대흑천)[51]의 모습을 하고 빛날 것이다. 그리고 모든 분노의 신들은 다르마라자(법왕)[52]의 모습을 하고 빛날 것이다. 그리고 그대 자신의 생각들은 환영들[53]이 되어 나타나고 그대는 윤회계 속을 방황하게 될 것이다.

아, 고귀하게 태어난 자여. 만일 그대가 그대 자신의 마음을

---

51) 원문은 곤포낙포 Mgon-po-Nag-po. 산스크리트어는 칼라나트 Kala-Nath. 인도에서는 대개 마하칼라 Maha-Kala로 알려져 있다. 이 단계에서는 평화의 신들의 모든 환영이 이 하나의 신으로 합성되어 나타난다.
52) 원문은 신제초기얄포 Gshin-rje-chös-kyi-rhyal-po. 산스크리트어는 다르마라자 Dharma-Raja + 야마라자 Yama-Raja. 여기와 둘째권에 묘사된 대로 이 환영의 신은 하나의 형태로 녹아들어갈 수 있는 여러 다양한 형태를 갖고 있다.
53) 또는 마라 Mara. 마군(魔軍). 방해하는 무리들.

ཨང་དེས་པ་མེད་པའི་བོད་ཤུགས་བསམ་འཇོག་བྱེད་ཀྱི་དུས་ཚོད་མཐར་འཁོལ་ཞིབ་པར་སྒྲུབ་དགོས་ཤིང་།

깨닫지 못하면 그대가 수많은 경전들과 신비 경전들을 공부하고 한 겁(劫) 동안 종교를 닦았을지라도 붓다의 경지에는 이르지 못할 것이다. 만일 그대가 하나의 중요한 기술이나 말 한 마디로 그대의 마음을 깨닫는다면, 그 순간 그대는 붓다의 경지에 이르리라.

만일 죽는 순간에 그대가 자신의 마음을 깨닫지 못하면, 죽음의 대왕인 다르마라자의 여러 모습들이 초에니 바르도에서 그대 앞에 나타날 것이다. 죽음의 대왕 다르마라자는 가장 큰 키가 하늘의 크기와 같고, 중간 크기는 수미산과 같으며, 가장 작은 크기라도 그대의 몸을 열여덟 개나 포개 놓은 것과 같다. 그들은 윗니로 아랫입술을 깨물며 나타날 것이다. 그들의 눈은 수정알처럼 번뜩이고, 머리칼은 머리 위에 동여맸고, 배는 크고 허리는 가늘다. 손에는 사자(死者)의 카르마가 기록된 기록판[54]을 들고 "매우 쳐라! 죽여라!" 하고 고함을 칠 것이다.

---

54) 원문은 탐싱khram-shing. 판때기를 가리킨다. 죄인을 엎드리게 하고 매질하는 형틀 같은 것으로, 여기서는 사자가 살아 있을 때 행한 행위가 적힌 기록판을 말한다. 탐은 두루말이 장부나 토지문서 같은 것의 명칭이고, 싱은 나무판을 뜻한다. 그래서 두 단어를 나무 기록판 또는 기록판으로 볼 수 있다.
 티베트어로 케사르둥Ge-sar-bsgrungs이라고 하는, 영국 아더 왕의 전설에 해당하는 케사르 무용담이 있다. 작자 미상으로 8, 9세기경에 씌어진 것으로 추측된다. 이것은 티벳에서 매우 인기있는 무용담이라서 많은 티벳인들이 그것을 암송하는데, 그 이야기 속에서 싸움터에 나가기를 원하는 열세 살 난 소년이 그의 친척들에 의해 제지당하자 그들을 밀쳐내며 말한다.
 "질병이 생기는 장소와 죽는 곳과 화장되는 곳은 죽음의 왕이 갖고 있는 카르마 기록판에 따라서 정해진다."
 이 무용담에서 기록판에 해당하는 티벳어는 탐khram이다.
 경전의 이 부분은 번역을 정확히 하는 것이 무척 중요하다. 왜냐하면 둘째권에 나오는 사후의 심판 장면과 마찬가지로 이것은 《이집트 사자의 서》와 놀라울 정도로 일치하기 때문이다.

그리고 인간의 뇌를 핥고 피를 들이켜며 시체의 머리를 찢어발기고 심장을 뽑아내리라. 그렇게 그들은 세상을 가득 채우면서 다가올 것이다.

아, 고귀하게 태어난 자여. 그러한 생각의 형상들이 나타나면 그대는 두려워하거나 겁먹지 말라.

그대의 몸은 카르마의 성향만을 지닌 사념체이기 때문에 베이고 잘리고 토막나더라도 죽지 않는다. 그대의 몸은 실제로는 텅 비어 있으므로 두려워할 필요가 없다. 죽음의 신의 신체들 역시 그대 자신의 마음에서 나온 것에 지나지 않는다. 그것들은 물질로 이루어진 것이 아니다. 텅 빈 것이 텅 빈 것을 다치게 할 수 없다. 그대의 마음을 떠나면 평화의 신이나 분노의 신이나 피를 마시는 신이나, 여러 형태의 머리를 한 신들이나 무지개 빛이나 죽음의 대왕의 끔찍한 모습들은 실제로 존재하지 않는다. 이것은 틀림없는 사실이다. 따라서 만일 이것을 알면 모든 두려움과 공포는 저절로 사라질 것이다. 그리고 그들 속으로 하나가 된 상태로 녹아들어가 붓다의 경지를 얻게 되리라.

만일 그대가 그렇게 깨닫는다면, 그들 수호신을 믿고 반갑게 맞이하며 그들이 바르도의 위험한 길에서 헤매고 있는 그대를 맞이하러 왔다는 것을 믿고 이렇게 생각하라.

"나는 이들에게 나 자신을 맡기리라."

그리고 진리와, 진리를 깨달은 자와, 그를 따르는 구도자들을 기억하고 그들을 향해 애정과 신뢰를 보내라. 그대의 수호신이 누구든지 이제 그를 떠올리고 그의 이름을 부르며 다음과 같이 기도하라.

"아, 사후세계를 방황하고 있는 나를 구하소서.

수호신께서는 자비를 베풀어 나를 붙들어 주소서."

그리고 이때 그대의 영적 스승의 이름을 부르며 이렇게 기도하라.

"아, 사후세계를 방황하고 있는 나를 구하소서.
당신의 자비가 나를 저버리지 말게 하소서."

또한 피를 마시는 신들을 믿고 그들에게 이 기도를 바치라.

"아, 환영이 너무 깊어 윤회계를 방황할 때
두려움과 공포와 무서움이 없는 빛의 길에서
붓다들과 평화와 분노의 신들이여, 나를 인도하소서.
하늘의 풍요로운 여신들은 나를 뒤에서 지켜 주소서.
사후세계의 무서운 여행길에서 나를 구하소서.
완전히 깨달은 붓다의 경지에 나를 있게 하소서.
가까운 친구들과 떨어져 홀로 방황할 때
나 자신의 마음에서 나온 텅 빈 형상들이 나를 비춰 주고 있을 때
붓다들이여, 그대들의 자비의 힘으로

ཉོན་ཅིག་དེས་པ་མེད་པའི་ངན་སོང་སྐྱེ་བ་འདིག་པ་པོ་ར་ཟུག་ཆོགས་འདུག །ལས་སོ་དག་སངས་པར་ཤོག་ཏུ་གསོལ་བ་འདེབས་སོ། །

사후세계의 두려움과 공포와 무서움이 오지 못하게 하소서.
다섯 개의 밝은 지혜의 빛이 빛나고 있을 때
두려움과 공포에 떨지 않고 그것을 깨닫게 하소서.
평화의 신들과 분노의 신들의 신성한 몸이 여기서 빛날 때
두려움 없는 확신으로 이 사후세계를 깨닫게 하소서.
나쁜 카르마의 힘 때문에 불행을 맛볼 때
수호신들이시여, 그 불행을 없애 주소서.
존재의 근원으로부터 자연스런 소리가 천 개의 천둥처럼 울려 나올 때
그것들이 여섯 글자의 소리로 변하게 하소서.[55)]
무방비 상태로 이곳에서 카르마에 이끌려갈 수밖에 없을 때
자비의 신[56)]이시여, 나를 보호하소서.
이곳에서 카르마로 인해 고통받을 때
투명한 빛의 더없는 행복이 나를 비추게 하소서.

---

55) 여섯 글자의 소리는 흔히 육자진언(六字眞言)으로 번역된다. 이것은 첸라지(관세음보살)의 핵심적인 만트라로, 옴 마니 밧메 훔을 가리킨다. 첸라지는 티벳의 수호신이자 민족 수호신이다. 그래서 티벳 불교의 법왕(달라이 라마)은 첸라지의 화신으로 여겨지고 있다. 이 만트라를 인간 세상에서나 바르도에서 암송하면 생사의 윤회에 종지부를 찍고 니르바나에 들게 된다. 그래서 이 만트라가 바르도 기도문에서 중요한 의미를 갖는다.
《마니카붐 Mani-bkaḥ-ḥbum》이라는 티벳 문헌에는 이 만트라가 행복과 부와 지식의 핵심이며, 깨달음에 이르는 위대한 방법이라고 적혀 있다. (마니카붐은 마니의 역사, 곧 첸라지 만트라의 역사라는 뜻이다.) 또한 옴 Om은 천신들 속에 환생하는 문을 닫고, 마 ma는 아수라들 속에 환생하는 문을 닫고, 니 ni는 인간들 속에 환생하는 문을 닫고, 밧 pad은 동물들 속에 환생하는 문을 닫고, 메 me는 굶주린 아귀들 속에 환생하는 문을 닫아 주며, 훔 hum은 지옥에 태어나는 문을 닫아 준다고 한다. 따라서 각 여섯 글자는 여섯 세계에 해당하는 빛의 색깔과 관계가 있다. 옴은 천상계의 흰색 빛의 길, 마는 아수라계의 초록색 빛의 길, 니는 인간계의 노란색 빛의 길, 밧은 축생계에 이르는 푸른색 빛의 길, 메는 아귀계의 붉은색 빛의 길이고, 훔은 지옥계의 회색 또는 검은색 빛의 길이다.
종교적인 헌신자에 관한 오래된 티벳의 전통 설화가 있다. 그는 종교를 믿지 않는 어머니에게 계율을 지키게 하고자 노력했지만 실패하고 다만 이 만트라를 외게 하는 데만 성공했다. 그녀의 악업이 선업보다 많아서 그녀는 죽어서 지옥에 떨어졌다. 요가의 달인이 된

다섯 가지 원소들이 적이 되어 나타나지 말게 하소서.
깨달음을 얻은 다섯 붓다들(오선정불)이 사는 세계를 볼 수 있게 하소서."

이와 같이 진실한 믿음과 겸허한 마음으로 기도하라. 그러면 모든 두려움이 사라지고 그대는 틀림없이 붓다의 경지를 얻으리라. 그대여, 이것은 더없이 중요하다. 마음을 집중해 이것을 세 번 또는 일곱 번 반복하라.

나쁜 카르마를 아무리 많이 쌓았고 남아 있는 카르마가 아무리 약할지라도, 이 순간에 깨닫기만 하면 영원한 자유를 얻으리라. 그러나 사후세계의 이들 단계에서 최선을 다해 인도했어도 깨닫지 못하면, 사자는 시드파 바르도라고 부르는 세번째 바르도 세계로 방황해 들어갈 위험이 크다. 그때를 위한 인도 방법은 다음에 자세히 설명될 것이다.

아들이 그녀를 구하러 지옥으로 갔다. 그녀는 지상에서 이 만트라를 왼 덕분에 지옥에서도 그것을 욀 수 있었고 아들을 보자 그녀와 그 만트라 소리를 들은 이가 모두 동시에 지옥으로부터 벗어났다. 왜냐하면 이 설화의 마지막 부분에서 가르치고 있듯이 이 만트라의 힘은 그만큼 대단한 것이기 때문이다.

이 만트라의 기원은 8세기경 탄트라 불교가 티벳에 전파되는 것과 관련된 테르퇸의 문헌들을 통해 추적할 수 있다. 와델 박사는 이들 테르퇸의 기록들이 그때 당시에, 다시 말해 파드마삼바바의 시대에 소실되었다가 후대에 와서 테르퇸들에 의해 재발견되었다는 사실을 의심하면서, 그 자료들이 14세기에서 16세기 사이에 편집되었다고 주장한다. 이것은 어디까지나 하나의 가정이며 불확실한 이론이다(편집자의 해설 p.147~153 참고). 어쨌든 만트라는 적어도 불교가 티벳에 전해진 것과 동시에 티벳에 흘러들어갔거나 그 무렵에 티벳에서 자생적으로 시작된 듯하다.

56) 첸라지, 즉 관세음보살을 말한다.

·4·
결론─이 가르침의 근본적인 중요성에 대해

 살아 있을 때 어떤 종교적 수행을 했든지, 폭넓은 수행을 했든지 제한적인 수행을 했든지, 죽음의 순간에는 사자를 현혹하는 온갖 환영들이 나타난다. 그렇기 때문에 이 《사자의 서》는 필수적인 안내서다. 명상 수행을 많이 한 사람에게는 참 진리가 육체와 의식체가 분리되자마자 나타난다. 살아 있는 동안에 경험을 쌓는 것이 중요하다. 존재의 본질을 깨달은 경험이 있는 사람들은 투명한 빛이 나타나는, 임종 순간의 사후세계에서 큰 힘을 얻게 된다.

살아 있는 동안 신들에 대해 명상하는 것은[1] 평화의 신과 분노의 신들이 초에니 바르도에서 나타날 때 큰 힘을 발휘할 것이다. 따라서 살아 있을 때조차 이 가르침을 배우는 것이 더없이 중요하다.[2] 이것을 지니고 다니면서 읽고 암기하라. 그리고 마음에 적절히 담아 두고, 정기적으로 세 번씩 읽으라. 말과 의미를 분명히 이해하라. 그래서 백 명의 사형 집행자가 쫓아오더라도 이 경전에 씌어 있는 말들과 뜻을 잊지 않도록 마음 속 깊이 새겨 두라.

이것은 '듣는 것으로 영원한 자유에 이르기'라고 부른다. 왜냐하면 다섯 가지 큰 죄[3]를 지은 자들조차도 귀로 이것을 들으면 반드시 대자유에 이르기 때문이다.

그러므로 여러 사람이 모인 데서 이것을 읽으라. 이것을 전파하라.

---

1) 원문은 '시각화 단계와 완성 단계에서 만트라의 신비한 길의 신들을 명상하는 것은'이라고 되어 있다.
2) 콤퍼가 편집한 《죽음의 기술》 제5장에는 다음의 구절이 나온다.
   "죽을 때 즐겁게 잘 죽고 위험 없이 가치있게 죽고자 하는 자는 눈에 띌 정도로 조심해야 하며 건강할 때 이 죽음의 기술과 앞에서 말한 성품들을 열심히 공부하고 배워야 한다. 죽음이 그를 찾아올 때까지 기다려선 안된다."
3) 아버지를 죽임, 어머니를 죽임, 두 종교 집단 간에 분쟁을 일으키는 것(또는 구도자들 사이를 분열시키는 것), 성자를 죽임, 깨달은 자의 몸에 피를 흘리게 하는 것.

이것을 한 번 듣고 이해하지 못한다 해도, 사후세계 상태에서는 한 자도 빠짐없이 기억하게 될 것이다. 왜냐하면 거기서는 지성이 아홉 배나 맑아지기 때문이다. 그러므로 모든 살아 있는 사람들의 귀에 이것을 들려 줘야 한다. 아픈 자들의 베개맡에서 이것을 반복해서 읽어야 한다. 죽은 자 옆에서도 이것을 읽어야 한다. 이것은 널리 알려져야 한다.

이 가르침을 만난 자들은 행운이다. 많은 공덕을 쌓아 무지의 어둠을 없앤 자들을 제외하고는 이것을 만나기가 어렵다. 만난다 해도 이 가르침을 이해하기가 어렵다. 이 가르침을 듣고 거부하지만 않으면 영원한 자유가 얻어진다. 그러므로 이 가르침을 소중하게 다루라. 이것은 모든 가르침의 핵심이다.[4]

《듣는 것으로 영원한 자유에 이르는 가르침》과 《단지 몸에 넣어 주는 것으로써 영원한 자유에 이르게 하는 가르침》[5]이라고 부르는, 사후세계의 중간 상태에서 존재의 근원을 체험하도록 인도하는 이 가르

---

4) 목판본에는 여기에 '이것은 모든 가르침들 중의 가르침이다.'라고 적혀 있다.
5) 이것은 앞에서 설명한 타돌을 가리킨다(p.324의 주 참조).

ཆེ་བར་རེས་པ་མེད་པ་དུ་བཞིན་སྒྱུར་རྣམས་འདྲི་གདག་པ་ལ་ཉིད་དུ་གྲོལ་བར་འགྱུར། ལཱཧ་ཤིག་ཚན་པར་གཏད་གདགས་ཞེ་སྦྱ།

침은 여기서 끝을 맺는다.[6]

---

6) 필사본과 목판본은 모든 중요한 부분에서 그 내용이 일치하며 단어들도 거의 대부분이 일치한다. 다만 초에니 바르도의 결론 부분에 해당하는 이 부분에서 목판본에는 다음과 같이 필사본과 다른 내용이 들어 있다.

"《사후의 중간 상태에 있는 동안 듣는 것으로 영원한 자유에 이르기, 단지 들려 줌으로써 영원한 자유에 이르게 하기, 그리고 단지 보여 줌으로써 영원한 자유에 이르게 하기》라고 부르는, 사후세계의 중간 상태에서 존재의 근원을 체험하도록 인도하는 이 가르침은 여기서 끝을 맺는다."

◉──── 사후의 심판을 그린 불화. 본문 p.94~101, 384~391 참조.

둘째권

시드파 바르도

ཧེས་བྱར་དེས་པ་མེད་པ་བཞིན་དུ་སྔར་སངས་འཇོག་ཡོད་སྲིད་པར་བྱུང་བ་ཁྱེར་ཞིབ་དུས་མ་དོང་རྙོགས་པ་ཞིག་སོ།།

　　이것은 《듣는 것으로 영원한 자유에 이르는 심오한 가르침》이라고 부르는 책의 본문 부분이다. 여기 사자(死者)가 사후세계의 중간 상태에서 환생의 길을 찾고 있을 때 그를 인도하는 분명한 가르침이 있다.[1]

---

1) 여기서 본문 부분이라고 한 것은, 뒤의 〈사자의 서 부록〉(p.455~479)과 비교해서 한 말이다. 이것은 또 이렇게 번역할 수도 있다.
　"이것은 '시드파 바르도—환생의 길을 찾는 혼란 상태의 바르도'에 있는 사자에게 그가 살아 있을 때 받은 가르침을 분명하게 기억시키는, 《듣는 것으로 대자유에 이르기》라고 부르는 책이다."
　첫째권의 첫 페이지와 마찬가지로 이것은 둘째권의 제목에 해당한다.
　영역본에는 다음과 같이 원문이 표기돼 있다.
　"시드파 바르도 고퇴 살뎁 퇴돌 셰차와 잡파이 닝쿠 셰차와이 두초 나이SRID-PA BAR-DOHI NGO-SPRÖD GSAL-HDEBS THÖS-GROL ZHES-BYA-VA ZAB-PAHI NYING-KHU ZHES-BYA-VAHI DVU-PHYOGS LEGS"
　목판본에는 《바르도 퇴돌》이 분명하게 두 권으로 나누어져 있다. 반면 이 필사본에는 첫째권과 둘째권이 한 권으로 연결되어 있다. 목판본에는 둘째권의 처음 네 페이지에 이 필사본과는 달리 첫째권의 내용을 간추린 설명이 들어 있다. 그리고 목판본 둘째권의 제목은 다음과 같다.
　"바르도 퇴돌 첸모 라 시드파 바르도 고퇴 주소Bar-do Thös-grol Chen-mo Las Srid-pa Bar-dohi Ngo-Spröd Bzhugs-so"
　그 뜻은 다음과 같다.

모여 있는 신들에게
수호신들에게
이 세상의 구루들에게
마음을 다해 절을 올리노라.
사후세계의 중간 상태에 있는 동안에
그들에 의해
영원한 자유에 이르게 되기를.[2]

"이것은 《사후세계에서 듣는 것으로 영원한 자유에 이르기》라는 책의, 바르도에서 세상의 존재를 찾고 있는 사자를 인도하는 가르침이다."
여기서 세상의 존재란 바로 환생을 의미한다.

2) 원문 그대로의 뜻은 '사후세계의 중간 상태에서 대자유에 이르라.'이다. 그러나 문맥에 맞도록 '그들에 의해'라는 말을 영역자가 덧붙였다. 그래서 사자가 아닌 제삼자가 신들과 수호신과 구루들에게 직접 기원하는 문장으로 만들었다.

짧은 서문

지금까지는 이《듣는 것으로 영원한 자유에 이르는 위대한 가르침》 중에서 '존재의 근원을 체험하는 사후세계'(초에니 바르도)를 설명했다. 이제 '환생의 길을 찾는 사후세계'(시드파 바르도)의 생생한 가르침이 시작된다.

제1부

사후세계

· 1 ·

사후세계의 몸—그 탄생과 초능력

지금까지 '존재의 근원을 체험하는 사후세계(초에니 바르도)'에 있을 때 여러 차례에 걸쳐 자세하게 사자를 인도했지만, 진리를 잘 알고 있거나 선한 카르마를 쌓은 이들만이 자유에 이를 수 있었다. 살아 있을 때 진리를 탐구하지도 않았고 악한 카르마를 지어 두려움과 공포에 휩싸여 있는 자들은 깨닫기가 어렵다. 이들은 열넷째날을 지나 더 아래쪽으로 방황해 들어간다. 이들이 확실하게 깨달을 수 있도록 다음과 같이 읽어 주어야 한다.

먼저 진리와, 진리를 깨달은 자와, 그를 따르는 구도자들에게 절하고 '붓다들과 보디사트바들에게 도움을 청하는 기도문'을 읽는다. 그 다음에 사자의 이름을 부르고 나서 세 번 또는 일곱 번 다음과 같이 읽는다.

아, 고귀하게 태어난 자여. 잘 들으라. 지옥에 태어나는 것과 천상계에 태어나는 것과 사후세계의 몸을 갖고 태어나는 것은 인간 세상에서 태어나는 것과는 다른 초자연적인 탄생[1]이라고 부른다는 것을 기억하라.

그대는 초에니 바르도에서 평화의 신들과 분노의 신들이 빛줄기를 보낼 때 그것을 깨닫지 못하고 두려움 때문에 사흘 반 동안[2] 기절해 있었다. 그대가 기절 상태에서 깨어났을 때 그대

---

1) 원문은 쥐키에rdzüs-skyes. 변장한 모습으로 태어남(化生), 또는 초자연적인 방식으로 태어남을 뜻한다. 쥐rdzüs는 변장하다의 뜻이고, 키에skyes는 태어나다의 뜻이다. 앞으로 우리의 경전에서 설명하겠지만, 사후세계에 태어나는 과정은 인간 세상에서 태어나는 것과는 사뭇 다르다.
2) 영역자는 이렇게 말하고 있다.
"아마도 기록상의 잘못인 듯, 원문에는 사흘 반 대신에 나흘 반이라고 적혀 있다."
그래서 영역자는 이 부분을 사흘 반으로 고쳐서 번역했다. 하지만 티벳어 원문에서 직접 번역한 가와사키 신조는 나흘 반으로 번역했음을 밝힌다.

의 의식체는 원래 상태로 되돌아오고[3], 살아 있을 때의 육체의 모습을 똑같이 닮은 하나의 발광체(發光體)가 솟아오를 것이다.[4]

비밀 경전[5]에는 다음과 같이 적혀 있다.

"그 몸은 겉으로 보기에 이전의 몸과 앞으로 받을 몸과 똑같은 형태이다. 그 몸은 모든 감각 기능을 갖고 있고 나아가 거침없이 움직이는 힘을 갖고 있다. 그 몸은 카르마의 영향을 받아 초자연적인 능력을 갖고 있으며, 비슷한 성질을 가진 사후 세계 존재들의 순수한 하늘의 눈〔天眼〕[6]에게만 보인다."

그 뜻은 다음과 같다.

'이전의 몸과 앞으로 받을 몸'과 닮았다고 하는 이 발광체는 그 모습과 형태가 이전에 인간 세상에 살아 있을 때 갖고 있던 육체와 똑같으며 성향 또한 똑같다. 뿐만 아니라 이 발광체는 고귀한 운명을 타고난 자들의 신체처럼 특별한 표시와 완전한

---

3) 또는 '원초 상태로 돌아오고'로 번역할 수 있다. 문맥상 이것은 의식체가 육체를 갖고 인간 세상에 태어나기 이전의 본래 상태로 되돌아가는 것을 뜻하는 듯하다. 그러나 다른 번역본들에서는 단순히 '의식체가 기절 상태에서 깨어나 지각 능력을 회복하고'로 되어 있다.
4) 이 발광체를 바르도체(體)라고 한다. 사후에 갖는 몸이다. 이것을 흔히 유체(幽體)라고 한다. 이것은 생전에 갖고 있던 육체의 복제품과 같다. 바르도체의 솟아오름, 곧 바르도체의 탄생은 죽은 지 약 사흘 반 뒤에 즉각적으로 일어난다고 한다(이것은 인간 세상에서 잠을 자거나 꿈을 꾸거나 무의식 상태에서 사흘 반을 보내는 것과 같다). 바르도체가 솟아오르는 것에 대해 티벳 스승들은 '마치 물 속에서 송어가 튀어오르는 것과 같다.'는 비유를 쓴다. 인간 세상에서 탄생하는 것과 마찬가지로 그것이 바르도 세계에 태어나는 실제 탄생 과정이다.
5) 원문에는 탄트라라고 되어 있다. 탄트라는 일반적인 경전이 아닌 비밀의 교리를 담은 경전의 총칭이다.
6) 투시 능력을 가진 눈. 천상계나 지옥계 등의 사후세계를 투시하는 초자연적인 눈. 붓다나 성자들이 가진 여섯 가지 신통력 중의 하나이다.

아름다움을 갖고 있다.[7]

그리고 이 몸은 욕망에서 생겨나며, 사후세계에서 그대의 마음이 형상을 갖고 환영처럼 나타난 것이다. 따라서 그것을 욕망체〔慾體〕라고도 부른다.

이때 만일 그대가 천상계의 신들로 태어나려고 하면 천상 세계의 환영이 그대 앞에 나타날 것이다. 마찬가지로 그대가 어떤 곳에 태어나기를 원하더라도, 그곳이 아수라계든 인간계든 축생계든[8] 또는 아귀계든 지옥계든 그곳의 환영이 그대 앞에 나타날 것이다.

앞의 인용문에서 '이전의 몸'이라는 것은 죽은 뒤 사흘 반까지는 습관적인 성향 때문에[9] 그대가 생전에 갖고 있던 살과 뼈를 지닌 육체와 똑같은 종류의 몸을 지금도 갖고 있다고 생각하리라는 것이다. 그리고 '앞으로 받을 몸'이라는 표현을 쓴 것은, 미래에 그대가 환생할 장소의 환영이 그대에게 나타날

---

7) 고귀한 운명을 타고난 자의 신체란, 천 명의 붓다들과 현인들이 세상에 출현해 중생을 구원한다는 황금시대에 태어난 자들의 신체로 해석되기도 한다. 그리고 신체의 특별한 표시란 붓다의 신체에 있다고 하는 서른두 가지의 큰 특징과 여든 가지의 작은 특징 등을 말한다.
8) 상징적으로 말하자면, 짐승 같은 인간 존재로 태어나든.
9) 우리가 인간의 몸이나 그 밖의 다른 형태의 몸을 갖게 되는 유일한 원인은 삶에 대한 갈망, 태어나고 싶은 욕구 때문이다. 현상계에 육체를 갖고 존재하고 싶어하는 습관적 집착이 우리로 하여금 그런 몸을 갖게 만드는 것이다. 수행자가 이르러야 할 목적지는 '변하지 않고, 태어나지 않고, 만들어지지 않으며, 형태를 갖지 않는 상태', 곧 니르바나(열반)이다.

것이기 때문이다. 따라서 '이전의 몸과 앞으로 받을 몸'이란 죽을 때 벗어 버린 육체와 환생해서 다시 갖게 될 육체를 말한다.

이때 그대에게 나타나는 환영을 따르지 말라. 거기에 매혹되지 말라. 마음이 약해지지 말라. 만일 그대가 나약해져서 환영에 이끌리게 되면 그대는 다시금 윤회계의 여섯 세계에 떨어져 방황하며 고통받을 것이다.

그대는 어제까지도 초에니 바르도를 깨닫지 못했었다. 그 결과 방황하며 이곳에 이르렀다. 만일 지금이라도 진리를 단단히 붙들려고 한다면 그대는 그대의 영적 스승으로부터 설명을 들었듯이 밝고 순수하고 티없이 맑으며 텅 빈 충만으로 가득한 무위(無爲)와 무집착의 상태에 그대의 마음을 머물게 해야 한다.[10] 그럼으로써 그대는 자궁에 들어가지 않고 대자유에 이를 것이다. 그러나 그대가 그대 자신을 알 수 없을 때는 그대의

---

10) 여기에서는 사자가 인간 세상에 있을 때 영적 스승으로부터 적어도 정신 집중이나 사념을 통제하는 방법에 관련된 어떤 근본적인 가르침을 받았을 것이라고 가정하고 있다. 그래서 사자가 무위와 무집착의 상태라고 하는 원초적인 마음의 상태, 곧 무념의 경지를 이해할 수 있으리라고 여기고 있다.
파탄잘리는 《요가 아포리즘 Yoga Aphorism》에서 이것을 '사념 원리(사념을 일으키는 메커니즘)의 활동을 억제하는 것'이라고 정의하고 있다. 또한 다른 책에서는 '요가는 마음의 움직임을 억제하는 것'이라고 설명하고 있다.(라마 프라사드 Rama Prasad 지음 《파탄잘리 요가 수트라 Patanjali's Yoga Sstras》)

수호신과 영적 스승이 누구든지 강한 애정과 겸허한 믿음으로 그들에 대해 명상하라. 그들이 그대의 정수리에[11] 그림자를 드리우고 있는 것처럼 상상하라. 이것은 너무도 중요한 것이다. 마음을 다른 곳에 빼앗기지 말라.

이와 같이 들려 줘서 그 결과 사자가 깨닫게 되면 그는 여섯 세계를 방황할 필요 없이 영원한 자유에 이를 것이다. 그러나 만일 악한 카르마의 영향 때문에 깨닫기가 어려우면 다음과 같이 들려 줘야 한다.

아, 고귀하게 태어난 자여. 다시 들으라. '모든 감각 기능을 갖고 있고 나아가 거침없이 움직이는 힘을 갖고 있다'는 것은 살아 있을 때 눈멀고 귀먹고 절름발이였을지라도 사후세계에서는 눈은 볼 수 있고 귀는 들을 수 있으며 모든 감각기관들이 정상적으로 회복되고 더욱 예민해지고 완전해진다는 뜻이다.

---

11) 또는 '머리 바로 위에'라고 번역할 수 있다. 문자 그대로의 뜻은 '그대의 정수리 위에 존재하는 것처럼'이다. 이것은 상징적인 의미를 갖고 있다. 브라흐마의 구멍(사하스라라 차크라)은 정수리에 위치해 있다. 명상 수행시의 황홀경 상태나 죽음을 맞이했을 때 이 구멍을 통해 의식체가 빠져나간다. 이 구멍에 마음을 집중해 시각화를 시키면 틀림없이 영적 능력이 얻어진다.

그래서 사후세계의 몸은 '모든 감각 기능을 갖고 있다'고 말한 것이다. 그대가 이런 상황에 놓여 있다면 그것은 죽어서 사후세계를 방황하고 있다는 증거다. 이것을 깨달으라. 살아 있을 때 영적 스승으로부터 배운 가르침을 기억하라. 그 가르침을 잊지 말아야 한다.

아, 고귀하게 태어난 자여. '거침 없이 움직이는 힘'이란 이런 것이다. 그대가 현재 갖고 있는 몸은 욕망체〔慾身〕이며, 그것은 물질로 이루어진 육체가 아니다. 그대의 마음은 생전에 있던 자리로부터 이미 분리되었다.[12] 그래서 그대는 바위나 언덕, 돌멩이나 흙, 집 그리고 수미산까지도 거침없이 통과할 수 있는 능력을 갖고 있다.[13]

그대는 부드가야[14]와 어머니의 자궁을 제외하고는 산 중의 왕 수미산조차도 통과할 수 있다.[15] 이것 역시 그대가 시드파 바르도에서 헤매고 있다는 증거다. 영적 스승의 가르침을 기억

---

12) 생전에 있던 자리란 살아 있을 때 갖고 있던 인간 육체를 말한다.
13) 이 능력은 인간 세상에선 드문 일이지만 사후의 4차원 세계에서는 일상적인 일이다. 그러나 사실 그런 능력을 선천적으로 모든 인간이 갖고 있으므로 인간계에서는 명상 수행을 통해 그것을 개발할 수 있다. 붓다는 그런 능력 몇 가지를 설명한 적이 있다.
"어떤 존재가 여러 가지 신통력을 갖고 있다고 하자. 그는 자신의 몸을 여러 개로 만들 수 있으며, 여러 개의 몸에서 하나로 변할 수도 있다. 그는 몸을 보이지 않게 만들 수도 있다. 그는 마치 공기를 통과하듯이 벽이나 성벽을 통과할 수 있다. 그는 물 위를 마치 딱딱한 땅 위를 걷듯이 걸을 수 있다. 그는 책상다리를 하고 날개 달린 새처럼 하늘을 여행할 수 있다."(《앙굿타라 아함경》 브라흐마나 바가 품)
14) 고타마 싯달타가 깨달음에 이른 장소.
15) 영적인 깨달음의 수준이 매우 높지 않으면 사자는 마음대로 이 두 곳에 갈 수가 없다. 왜냐하면 부드가야(생명 에너지의 중앙 통로)와 어머니의 자궁(환생의 통로)으로부터는 보통의 정신력으로는 두려움 때문에 감당해낼 수 없는, 바르도에서 나타나는 광채와 같은, 사자의 눈을 멀게 하는 눈부신 빛이 뿜어져 나오기 때문이다. 따라서 사자는 이 두 곳을 피해 가게 된다. 〈사자의 서 부록〉에 있는 '사후세계의 두려움으로부터 보호를 청하는 기원문'(p.471~477) 참고.

하고 위대한 자비의 신께 기도하라.

아, 고귀하게 태어난 자여. 그대는 신통력[16]을 갖고 있으나, 그 능력은 깊은 명상으로부터 얻어진 것이 아니라 카르마의 힘으로부터 자연스럽게 나오는 것이다.[17] 그대는 순식간에 수미산 주변의 네 개의 대륙을 가로지를 수 있다. 그대는 그대가 바라는 어떤 장소에나 눈 깜빡할 사이에 다다를 수 있다. 몸을 구부리거나 손을 내미는 데 걸리는 시간 안에 그곳에 도착할 수 있다. 그러나 환영에 불과한 이런 다양한 능력들, 그리고 모습을 바꾸는 능력들을 추구하지 말라. 그것들을 결코 추구하지 말라.[18]

그대가 원하는 능력 중에서 그대가 할 수 없는 것이란 없다. 그 기적적인 행위들을 거침없이 행사할 능력이 지금 그대 안에 있다. 이것을 깨달으라. 그리고 그대의 영적 스승에게 기도하라.

---

16) 원문은 주튈rdzu-hphrulu이다. 주는 모양을 변화시키는 능력이란 뜻이며, 튈은 크기와 수를 변화시키는 능력을 뜻한다. 따라서 주튈은 크기를 줄였다 늘였다 마음대로 하거나 하나를 여럿으로 만들었다가 사라지게 하는 능력을 말한다. 명상 수행을 통해 일단 신통력을 개발하면 그것은 영원한 능력이 되어, 몸을 갖고 있을 때나 바르도에서처럼 몸을 벗었을 때나 항상 사용할 수 있다.
17) 사자는 사후세계의 중간 상태에 있는 것만으로도 카르마의 작용에 의해 신통력을 갖게 된다. 이 상태에서는 신통력이 자연스럽게 얻어지는 것이지 인간의 몸을 하고 있을 때 수행한 덕분에 얻어진 것이 아님을 경전은 일깨우고 있다.
18) 위대한 스승들은 이런 영적 능력을 추구하지 않도록 제자들에게 가르친다. 그것은 어디까지나 제자들 자신을 위해서다. 왜냐하면 제자들이 이런 능력들을 현명하고 도덕적으로 사용할 수 있기 전까지는 더 높은 영적 단계로 나아가는 데 방해가 되기 때문이다. 인간의 저차원적인 본성, 다시 말해 욕망에 지배를 받는 그 본성을 완전히 초월할 수 있을 때까지는 이 능력을 사용하지 않는 것이 안전하다.

아, 고귀하게 태어난 자여. '비슷한 성질을 가진 사후세계 존재들의 순수한 하늘의 눈[天眼]에게만 보인다'는 것은, 사후세계에 머무는 동안에는 비슷한 성질과 비슷한 지적 수준을 가진 존재들끼리는 서로 알아볼 수 있다는 뜻이다.[19] 이를테면 천상계에 태어날 운명을 가진 존재들은 서로를 볼 수 있을 것이다. 그대에게 보이는 존재들에게 현혹되지 말고, 자비를 지닌 신에 대해 명상하라.

'순수한 하늘의 눈에게만 보인다'는 말은, 깊은 명상 수행을 한 자의 눈에는 선한 공덕을 쌓아 천상계에 태어난 신들이 보인다는 뜻이다. 그렇다고 그가 항상 그들을 볼 수 있는 것은 아니다. 그가 그들에게 정신을 집중하면 볼 수 있지만 그렇지 않을 때는 보이지 않는다. 가끔은 명상을 할 때라도 그는 정신이 산만해지기 쉬우며, 그때는 신들을 보지 못한다.[20]

---

19) 한정된 시야를 가진 평범한 인간의 눈 외에 다섯 종류의 눈이 있다고 티벳 스승들은 말한다. ① 본능적인 눈[本能眼] 또는 육체의 눈—새나 짐승의 눈처럼 평범한 인간의 눈보다 더 넓은 시야를 갖는다. ② 하늘의 눈[天眼]—신들의 눈처럼 인간계와 신들의 세계를 볼 수 있으며, 수많은 생에 걸친 과거생과 미래생들을 볼 수 있다. ③ 진리의 눈[法眼]—보디사트바(보살)나 아라하트(아라한)의 눈처럼 수백 주기에 걸친 또는 수백 겁(劫)에 걸친 과거 세상과 미래 세상을 볼 수 있다. ④ 신의 눈[神眼]—최고의 경지에 오른 보디사트바들의 눈이며, 수백만 주기에 걸친 미래 세상과 과거 세상을 볼 수 있다. ⑤ 붓다 지혜의 혜안[佛陀眼]—영원한 시간을 볼 수 있다.
20) 신들이 보이는 것은 명상을 통해 투시력이 생겼거나 선천적으로 자연스럽게 투시력을 갖고 있어서 신의 세계를 투시할 수 있을 때다. 그러나 가끔 신은 예기치 않을 때 나타난다. 북방불교의 경전들처럼 남방불교의 《팔리 삼장(三藏)》 역시 신들의 환영을 목격한 이야기와 신들의 예기치 않은 방문담으로 가득 차 있다. 이것은 기독교나 이슬람 문학들이 천사에 대한 목격담으로 가득 차 있는 것과 비슷하다.

· 2 ·
사후세계에 있는 존재들의 특징

아, 고귀하게 태어난 자여. 육체를 떠나 사후세계의 몸을 가진 자는 인간 세상에서 자신이 익숙하게 알고 있던 장소들과 가족들을 마치 꿈 속에서 서로를 보듯이 보게 될 것이다.

그대는 가족과 친구들을 보고는 그들에게 말을 걸 것이다.

하지만 그들로부터는 아무런 대답도 듣지 못할 것이다. 그리고 가족과 친구들이 울고 있는 것을 보고 그대는 "나는 죽은 사람이구나! 아, 이제 어떻게 해야 하나?" 하고 생각하고는, 마치 물고기가 물 밖으로 나와 빨갛게 달궈진 불구덩이 위에 버려진 것처럼 크게 절망하리라. 지금 그대는 바로 그런 절망감을 경험하고 있다. 그러나 지금은 그런 절망감을 느껴도 아무 소용이 없다. 만일 그대에게 신적인 스승[1]이 있다면 그에게 기도하라. 그대의 수호신과 자비의 신에게 기도하라. 그대가 설령 그대의 가족과 친구들에게 애착을 갖더라도 그것은 그대에게 아무런 도움도 되지 않는다. 그러니 그들에게 집착을 갖지 말라. 자비의 신에게 기도하라. 그렇게 하면 슬픔과 공포와 두려움은 사라지리라.

아, 고귀하게 태어난 자여. 끝없이 불어대는 카르마의 바람에 그대가 이리저리 끌려다닐 때, 그대는 쉬어 갈 대상 하나

---

1) 이것은 디비아우가에 속하는 스승을 말한다. 인간 스승이 아니라 순수하게 신적으로 존재하는 스승이며, 가장 높은 단계의 스승이다. 요가와 탄트라 수행자들은 스승을 세 가지 계열로 나누는데, 여기에 대해서는 〈부록〉에서 자세히 설명하고 있다(p.500~502).

찾지 못하고 마치 바람에 이리저리 날려다니는 깃털과 같고 숨찬 말 등에 올라탄 것과 같을 것이다.[2]

그대는 끊임없이 이곳저곳을 헤매 다닐 것이다. 슬퍼하며 울고 있는 이들에게 그대는 "나 여기 있으니 울지 마시오." 하고 말하겠지만 그들은 그대의 소리를 듣지 못할 것이다. 그래서 그대는 "내가 죽었구나!" 하고 생각하고는 다시금 심한 절망감에 빠질 것이다. 그러나 그런 식으로 절망하지 말라.

회색 황혼빛이 낮이나 밤이나 항상 비칠 것이다.[3] 이런 사후세계에서 그대는 한 주, 두 주, 세 주, 네 주, 다섯 주, 여섯 주, 일곱 주 동안 49일을 있게 될 것이다.[4] 대개 시드파 바르도에서 22일간 고통을 당한다고 하지만, 카르마의 영향이 결정적이기 때문에 일정하게 정해진 기간이 있다고는 말할 수 없다.

아, 고귀하게 태어난 자여. 이 무렵 고통스럽고 견디기 힘든

---

2) 쉬지 않고 불어오는 바람처럼 카르마는 끝없이 움직이며, 인간 육체라는 지탱물을 갖지 못한 사자는 그것의 노리개가 되어 버린다.
3) 요가의 스승들은 이것을 이렇게 설명한다. 마음에서 생겨난 욕망체인 바르도체에는 인간 세상의 몸에 있는 신경계가 없기 때문에 해와 달과 별빛을 볼 수 없다. 중세의 연금술사와 신비주의자들이 '아스트랄 빛astral light'이라고 불렀던 자연의 빛만을 사후의 상태에서 볼 수 있다. 이 아스트랄 빛은 지구의 황혼빛처럼 우주 공간에 퍼져 있다고 하는데, 바르도 차원에 있는 존재들의 눈이 사물을 식별할 수 있을 만큼 충분히 밝다.
4) 편집자의 해설에서 '49일의 의미'를 참고할 것(p.56~58).

카르마의 사나운 바람이 뒤에서 앞으로 그대를 내몰 것이다. 두려워하지 말라. 그것은 그대가 만들어낸 환영이다. 무섭도록 짙은 어둠이 그대 앞에 끝없이 나타나고, 그 어둠 속으로부터 "때려라! 죽여라!" 하는 등의 무서운 협박이 들려올 것이다.[5] 하지만 두려워하지 말라.

많은 나쁜 카르마를 지은 사람들의 경우에는 카르마가 만들어낸 온갖 악귀들이 여러 가지 무기를 들고 사람 고기를 먹으면서 "때려라! 죽여라!" 하고 무서운 협박을 가할 것이다. 그들은 마치 누가 먼저 그대를 잡는가 경쟁이라도 하듯이 그대에게 다가올 것이다. 뿐만 아니라 온갖 무서운 맹수들에게 쫓기는 유령들의 환영이 그대 앞에 나타날 것이다. 눈, 비, 어둠, 세찬 돌풍, 그리고 군중들에게 쫓기는 환상이 같은 식으로 나타날 것이다. 그리고 산들이 무너져 내리고, 성난 파도가 세차게 밀려오고, 불길이 휘몰아치며, 거센 바람소리와도 같은 소

---

5) 바르도에 있는 존재는 인간 세상에서 이기적으로 살았던 카르마의 영향 때문에 바르도의 모든 존재들이 자기를 증오하고 있다는 믿음에 사로잡힌다. 이 때문에 그는 악몽을 꾸는 것처럼 무서운 환상에 사로잡히게 되는 것이다.

리들이 들려올 것이다.[6]

이런 소리가 들리면 그대는 겁에 질려 어디로 가는지도 모르고 아무데로나 도망칠 것이다. 그러나 그 길은 하얗고, 검고, 붉은색이 나는 세 개의 무서운 낭떠러지에 의해 막혀 있다. 그 낭떠러지들은 너무도 깊고 아찔해서 그대는 마치 거기서 떨어질 것만 같다. 아, 고귀하게 태어난 자여. 그것들은 실제로 낭떠러지가 아니다. 그것들은 그대의 분노이며, 탐욕이며, 어리석음이다.[7]

이때 그대가 있는 곳이 시드파 바르도임을 알아야 한다. 자비의 신을 부르면서 진실한 마음으로 이렇게 기도하라.

"아, 자비의 신이여. 나의 영적 스승이시여. 그리고 진리와 진리를 깨달은 자와 그를 따르는 모든 구도자들이여. 나 아무개가 불행한 세계에 떨어져 고통받지 않게 하소서."

이 기도문을 잊지 말아야 한다.

---

6) 번역자 라마 카지 다와삼둡과 편집자가 티벳 원전에서 번역한 요가의 실제 수행법에 관한 책인 《여섯 가지 교리 The Six Doctrines》에는 이 부분을 자세히 설명하는 다음과 같은 내용이 들어 있다.

"만일 그대가 두번째 바르도인 초에니 바르도에서 길을 찾지 못하면 '공포를 일으키는 소리들'이라고 하는 네 가지 소리가 들릴 것이다. 흙 원소의 생명력으로부터는 산들이 무너져 내리는 소리가 나고, 물 원소의 생명력으로부터는 폭풍에 휩쓸린 파도가 부딪치는 소리가, 불 원소의 생명력으로부터는 불타는 밀림에서 나는 것 같은 소리가, 공기 원소의 생명력으로부터는 천 개의 천둥 소리가 동시에 울리는 것 같은 소리가 난다."

이것은 인체를 구성하는 네 가지 원소에 죽음이라는 해체 과정이 몰고 오는 심리적 영향을 묘사한 것이다. 에테르 원소는 언급하지 않았는데, 그것은 에테르 원소가 사후의 몸인 바르도체를 구성하고 있고 그 속에 사자의 의식체가 머물고 있기 때문이다.

7) 절벽들은 카르마가 만든 환영이며, 세 가지 사악한 욕심을 상징한다. 그리고 절벽에서 떨어진다는 것은 환생에 앞서 자궁으로 들어가는 것을 상징한다.

공덕을 쌓고 진실하게 진리에 헌신한 자는 더없는 환희와 행복과 평화를 누릴 것이다. 그러나 공덕을 쌓은 일도 악업을 쌓은 일도 없는 자들은 기쁨도 고통도 겪지 않지만 색채 없고 무관심하고 멍한 상태를 경험할 것이다.[8]

아, 고귀하게 태어난 자여. 어떤 것이 그대에게 다가올지라도, 어떤 기쁨을 그대가 경험할지라도, 그것에 매혹당하지 말라. 그대여, 그것에 빠지지 말라. 다만 "공덕에서 얻어진 이 기쁨을 나의 스승에게, 그리고 진리와 진리를 깨달은 자와 그를 따르는 모든 구도자들에게 돌리노라." 하고 생각하라. 모든 탐닉과 욕망을 버리라.

만일 그대가 기쁨이나 고통이 아닌 그저 무덤덤한 상태를 경험할지라도 자신이 명상을 하고 있다는 생각마저 버린 상태에서 모든 정신을 집중해 상대성을 초월한 절대 고요의 경지에 대해 명상하라.[9] 그대여, 이것은 너무도 중요하다.

---

8) 가와사키 신조는 이 부분을 '선한 일도 죄 지은 일도 행하지 않은, 어리석고 둔감한 자는 기쁨도 고통도 느낄 수 없는, 단지 어리석고 둔감한 상태를 경험할 것이다.'라고 번역하고 있다.

9) 원문은 욤메옌메bsgom-med-yengs-med이다. 이것은 명상하지 않음과 마음이 흩어져 있지 않음이란 뜻의 합성어다. 따라서 명상하고 있다는 생각도 끼어들지 않는 집중 상태를 말한다. 이것이 곧 사마디(삼매)의 상태다. 만일 자기가 명상하고 있다고 생각하면 그 생각이 명상을 방해한다. 그래서 사자에게 이것을 경고하는 것이다. 그리고 상대성을 초월한 절대 고요의 경지는 앞에서와 마찬가지로 위대한 상징(마하무드라)을 번역한 것이다.

10) 이것은 탑을 세우는 여덟 가지 목적과 관계가 있다. 그 가운데 두 가지 보기를 들어 설명하면 다음과 같다. ① 람기얄 초르텐rnam-rgyal-mchod-rten —— 여기서 초르텐(또는 스투파)은 경배의 대상물로 번역할 수 있다. 람기얄은 승리라는 뜻이다. 따라서 이런 종류의 탑은 승리를 표시하는 기념탑이다. ② 니앙다 초르텐myang-hdas-mchod-rten —— 성자나 현자가 죽은 곳이나 그들을 화장한 재를 담은 항아리를 묻은 장소를 표시하기 위한 기념탑이다. 다른 탑들은 기독교의 십자가처럼 경배나 경의를 표시하기 위해 세운 상

ཧཱོཿསྐྱེས་བུ་དམ་པ་རིགས་ཀྱི་བུ་འདི་སྐབས་སུ་ཟམ་པ་རྣམས་དང་། ལྷ་ཁང་དང་མཆོད་རྟེན་སྡེ་བརྒྱད་ཀྱི་དྲུང་སོགས་སུ་ཅུང་ཟད་རེ་གནས། ཡུན་རིང་དུ་གནས་པར་མི་ནུས་ཏེ་ཁྱོད་ཀྱི

아, 고귀하게 태어난 자여. 이때 그대는 다리 위에서, 또는 절 안에서, 또는 여덟 가지 탑[10] 옆에서 잠시 휴식을 취하겠지만 오랫동안 머물지는 못할 것이다. 왜냐하면 그대의 의식체가 인간 세상의 육체로부터 분리되어 있기 때문이다.[11] 한 곳에 오래 머물 수 없기 때문에 그대는 종종 혼란스럽고 짜증나며 당황스러울 것이다. 이따금 그대는 의식이 흐려지고 시간이 금방 지나가는 것 같으며 일관성을 잃게 될 것이다. 그래서 그대는 "아, 나는 죽은 자가 됐구나! 난 이제 어떻게 하면 좋은가?" 하는 생각을 하게 될 것이다. 이런 생각 때문에 그대는 마음이 슬퍼지고 소름이 끼치고 한없는 비탄에 빠질 것이다.[12] 그대는 어느 한 곳에도 머물 수가 없고 어디든지 계속해서 가야만 한다고 느낄 것이다. 그러나 여러 가지를 생각하지 말고, 그대의 마음을 변함없는 상태에 머물러 있게 하라.[13]

음식은, 그대 앞에 바쳐진 것만을 먹을 수 있으며 그 밖의

징적 건축물이다. 스리랑카에는 많은 탑들이 단지 성스런 경전이나 유물들을 안치하기 위해 세워져 있다. 인도 북서부의 페샤워르 부근과 탁실라에 있는 대형 탑들은 최근에 개방되었는데, 유골들과 다른 물건들이 들어 있었다. 그것들 중 두 개에는 붓다의 진신사리가 들어 있었다.

11) 밤에 고속도로를 따라 홀로 여행하는 사람이 두드러진 이정표와 커다란 나무들과 집들, 교각들, 사원들, 탑 등에 관심이 끌리는 것처럼 죽은 이도 지구를 방황할 때 비슷한 경험을 하게 된다. 그는 카르마의 습성 때문에 인간 세상에서 익숙했던 곳에 끌리게 되지만 사념체 또는 욕망체를 갖고 있기 때문에 한 곳에 오래 머물러 있을 수가 없다. 본문이 설명하듯이 그들은 마치 폭풍 속의 깃털처럼 카르마가 일으키는 욕망의 바람에 의해 이리저리로 끌려다닌다.

12) 여기서 나타나는 모든 공포스런 현상과 절망감은 전적으로 카르마에 의한 것임을 기억해야 한다. 만일 죽은 자가 영적으로 성장했다면, 바르도에 있는 것이 처음부터 평화롭고 행복할 것이며 이곳까지 방황해 오지도 않았을 것이다. 《티벳 사자의 서》는 일반인들 위한 것이며, 죽음과 더불어 존재의 근원으로 대자유를 얻어 떠나는 진화된 영혼을 위한 것이 아니다.

13) 가와사키 신조는 이 부분을 '의식을 정상적인 상태로 유지하도록 하라.'라고 번역하고 있다.

ཞེས་བརྡར་དེས་པར་མེད་པའི་རྟོགས་པ་སྐྱུངས་ནས་འཇིག་རྟེན་པར་ལེན་ཏུ་དཔོན་པར་འགྱུར། ལམ་སོ་བི་སེམས་པར་སངས་རྒྱས་ལེ་སྣེ།

음식들은 먹을 수 없다.[14] 이때는 친구들도 확실하지 않다.[15]

이 모든 것은 그대의 의식체가 시드파 바르도를 방황하고 있다는 증거들이다. 이때의 행복과 불행은 그대가 생전에 쌓은 카르마에 달려 있다.

그대는 그대의 집과, 거기 모인 사람들과, 가족들과, 그리고 자신의 시신까지도 보게 될 것이다. 그리고는 "정말로 나는 죽었구나! 이제 어떻게 하면 좋은가?" 하고 생각할 것이다. 그리고 심한 슬픔에 빠져 이런 생각이 들 것이다.

"육체를 가질 수 있다면 어떤 일이라도 다 할 텐데!"

이런 생각을 하면서 그대는 여기저기 육체를 찾아 헤매 다닐 것이다.

설령 그대가 아홉 번 이상 몇 번이라도 그대의 시체 속으로 들어간다 해도 그대가 초에니 바르도에서 긴 시간을 보냈기 때문에 그대의 시체는 겨울이라면 얼어붙었을 것이고 여름이라면

---

14) 켈트 족이 믿는 요정들이나 사자의 영혼 또는 고대 그리스인들이 믿는 다이모니온처럼 바르도 세계에 사는 존재들은 정기(精氣)만을 먹고 산다고 하는데, 그들은 이 정기를 인간 세상에서 그들에게 바치는 음식물에서 취하거나 일반적인 자연의 저장 창고에서 취한다고 한다. 《여섯 가지 교리들》이라는 책에서는 바르도 세계에 있는 존재들에 이렇게 말한다.

"그들은 향기나, 아니면 물질의 영적 기운만을 먹고 산다."

15) 바르도 세계에서는 인간 세상에서처럼 친구가 있을 수도 있고 없을 수도 있다. 그러나 있다고 하더라도 죽은 자의 악업을 덜어 줄 수가 없다. 그는 카르마에 의해 정해진 자기 자신의 길을 가야만 한다.

부패했을 것이다. 아니면 그대의 유족들이 이미 화장해 버렸거나, 땅 속에 묻어 버렸거나, 물에 떠내려 보냈거나, 또는 새나 짐승의 먹이로 내주었을 것이다.[16] 그 어디에도 그대가 들어갈 만한 장소를 발견할 수 없다. 따라서 그대는 크게 실망하고 바위나 돌멩이 틈새로 끼어들어가 짓눌리는 것 같은 느낌을 받게 될 것이다.[17]

이런 절망적인 일들이 그대가 환생의 길을 찾는 사후세계에 있을 때 일어난다. 설령 그대가 육체를 구한다고 할지라도 고통만을 얻을 뿐이다. 육체에 대한 욕망을 버리라. 모든 것을 단념하고 무욕의 상태에 머물도록 하라.

이렇게 인도할 때 죽은 자는 사후세계에서 해방될 것이다.

---

16) 티벳에서는 시신을 처리하는 모든 방식이 행해진다. 미이라를 만드는 것도 포함되어 있다.
17) 이것은 바람직하는 않은 자궁, 다시 말해 동물적인 성격을 가진 인간의 자궁 속으로 들어가는 것을 상징한다.

·3·
사후의 심판

　살아 있을 때 지은 나쁜 카르마의 힘 때문에 아직도 사자는 깨닫지 못할 수도 있다. 그러면 그의 이름을 부르면서 다음과 같이 인도해야 한다.

ཨོཾ་མཎི་པདྨེ་ཧཱུྃ། (tibetan script line)

아, 고귀하게 태어난 아무개여. 들으라. 그대가 그토록 고통받는 것은 모두 그대 자신의 카르마 때문이다. 그것은 어떤 다른 사람 때문도 아니고, 바로 그대 자신이 지은 카르마 때문이다. 그러니 진리와, 진리를 깨달은 자와, 그를 따르는 구도자들에게 진실하게 기도하라. 그러면 그들이 그대를 지켜 줄 것이다.

만일 그대가 기도하지도 않고 상대성을 초월한 절대의 세계나 수호신에 대해 명상할 줄도 모른다면, 그대와 동시에 태어난 선한 수호령[1]이 와서 흰 조약돌로 그대가 생전에 행한 선행들을 하나하나 헤아릴 것이다. 그리고 그대와 동시에 태어난 악한 수호령[2]이 와서 검은 조약돌로 그대가 생전에 행한 악행들을 하나하나 헤아릴 것이다. 그러자 그대는 겁에 질리고, 공포스럽고, 두려워서 벌벌 떨게 될 것이다. 그리고는 "나는 어떤 악행도 저지르지 않았습니다!" 하고 거짓말을 하려 할 것

---

1) 원문은 란칙키에파일라Lhan-chig-skyes-pahi-lha. 동시에 태어난 신(또는 선한 영, 선한 수호신). 인간 존재 내면의 보다 고차원적이고 신적인 본성을 의인화한 것이다. 시킴 지방의 언어로는 라카르충Lha-kar-chung으로, 하얀 작은 신이란 뜻이다. 앞의 수호신은 이를테면 첸라지(관세음보살) 등이고, 이 수호령은 각 사람의 몸에 붙어 다니는 '지켜 주는 영'을 말한다.
2) 원문은 란칙키에파이데Lhan-chig-skyes-pahi-hdre. 동시에 태어난 악귀(또는 악한 영, 악한 수호신). 인간의 저차원적이고 육체적 본성을 의인화한 것이다. 시킴 지방의 언어로는 되낙충Bdud-nag-chung이며, 작고 검은 마라(악령)라는 뜻이다.

이다.

 그러면 죽음의 왕은 이렇게 말할 것이다.

 "카르마의 거울에게 물어 보리라."

 그렇게 말하고서 그는 들고 있던 거울 속을 들여다보는데, 그 안에는 그대가 살아 있을 때 행한 모든 선한 행동과 악한 행동이 선명하게 비춰져 있을 것이다. 거짓말은 아무 소용도 없으리라.

 그때 죽음의 왕의 분노한 집행관 한 사람이 그대의 목에 밧줄을 걸고 그대를 끌고 다닐 것이다. 그는 그대의 머리를 잘라 떨어뜨리고, 심장을 도려내고, 창자들을 끄집어내고, 뇌를 꺼내 핥아먹고, 피를 마시고, 살을 먹고, 뼈를 갉아먹을 것이다.[3]

 그러나 그대는 죽을 수가 없다. 그대의 몸이 조각조각 난도질당해도 그대는 다시 살아날 것이다. 거듭되는 난도질은 그대에게 참을 수 없는 고통을 안겨 주리라.

---

3) 이러한 고문은 죽은 자가 받는 양심의 가책을 상징한다. 왜냐하면 여기에 묘사한 대로 선한 수호령과 악한 수호령이 동시에 벌이는 이 사후의 심판에서 심판관은 엄격한 공정성과 정의를 사랑하는 양심 그 자체이다. 거울은 기억이다. 사자의 의식 속에 있는 요소들 중에서 순전히 인간적인 요소가 나타나서 섣부른 변명으로 "이러이러한 상황 때문에 그런 일을 할 수 밖에 없었다."라고 말하면서 판결을 모면하려고 한다. 그러면 의식 속의 또다른 요소가 나와서 "너는 이러이러한 동기 때문에 그런 짓을 하게 되었다. 그 행위들은 검은색 조약돌에 해당한다."라고 말한다. 그때 좀더 우호적인 요소가 나와서 주장한다. "그러나 거기에는 이러이러한 불가피한 이유들이 있었다. 이런 근거에서 이 자는 용서를 받을 만하다." 티벳 스승들의 얘기에 따르면 사후의 심판은 이런 식으로 진행된다.

조약돌 셈하는 일이 다 끝나 가더라도 두려워하거나 무서워하지 말라. 그리고 거짓말을 하지 말라. 죽음의 왕을 두려워하지 말라.

그대의 몸은 심령체이기 때문에 목이 잘리고 사지가 찢겨도 죽을 수가 없다. 그대의 몸은 원래 텅 빈 것(空)이기 때문에 두려워할 필요가 없다.[4] 죽음의 왕들[5]은 그대가 만들어낸 환영들이다. 그대의 욕망체는 살아 있을 때의 성향으로 이루어진 몸이며 본래 텅 빈 것이다. 텅 빈 것이 텅 빈 것을 상처입힐 수는 없다. 허깨비가 허깨비를 해칠 수는 없다.

죽음의 왕이나 신이나 악귀나 황소 머리를 한 죽음의 영(靈)[6]이나 모두가 그대 자신의 환각에서 생겨난 것이다. 그대의 바깥에 존재하는 그것들은 실제로는 존재하지 않는 것들이다. 이것을 깨달아야만 한다.

지금 그대가 바르도에 있다는 것을 깨달으라. 최고의 진리를

---

4) 유체 또는 욕망체는 육체적인 상처를 입지 않는다. "바르도체는 칼로 찔러도 마치 구름을 통과하듯이 아무 상처가 나지 않는다."라고 티벳 스승들은 설명한다. 바르도체는 심령술사나 영매들에 의해 눈앞에 나타나는 환영들과 비슷하다.

5) 이들 죽음의 왕들은 염라대왕(야마 라자)과 그의 신하들과 집행관들이다. 집행관들은 고문을 가하는 신들로서 아이스킬로스(그리스의 비극 시인. 기원전 524~456.)가 지은 연극에 나오는 유메니데스라는 복수의 여신에 비교할 만한데, 이들은 죽은 자의 의식 속에 담겨 있는 내용물들이다. 남방불교의 《팔리 삼장》 중의 《논장(論藏)》에 따르면, 마음이 있고 마음 속의 충동들이 있는데 마음 속의 충동들이 집행관들이다.

6) 원문은 락샤랑고 Ragsha-glang-mgo. 황소 머리를 한 죽음의 영. 대개 물소 머리를 한 모양으로 그려진다. 게룩파 종 또는 노랑모자파(黃帽宗)의 주된 수호신은 잠팔 신제세드 Hjam-dpal-Gshin-rje-gshed라고 부르는데, 죽음의 신(산스크리트어는 야만타카)을 파괴하는 자 잠팔(만주스리, 곧 문수보살)을 뜻한다. 이 수호신은 종종 파란색 물소 머리의 신으로 표현된다.

깨달은 깊은 명상 상태에 대해 마음을 집중하라. 명상하는 법을 모를 경우에는, 그대를 두렵게 하는 것들의 본질이 무엇인지 주의깊게 관찰하라. 사실 그것들은 아무런 모습도 갖고 있지 않은 본래 텅 빈 세계〔空〕로부터 나오는 것에 지나지 않는다. 이 텅 빈 것을 다르마카야(법신)라고 하는 것이다.

그 텅 빔은 아무것도 존재하지 않는 텅 빔이 아니라, 그대가 두려움을 느끼고 그 앞에서 그대의 마음이 선명하고 밝게 빛나는 참 본성을 지닌 텅 빔이다. 그것이 삼보가카야(보신)의 마음의 상태이다.

그대가 지금 있는 그 상태에서 그대는 서로 분리할 수 없는 밝음과 텅 빈 세계〔空〕를 더없이 강렬하게 체험할 것이다. 텅 빈 세계는 본래 밝은 것이고, 밝은 것은 본래 텅 빈 성질을 갖고 있어서 밝음과 텅 빔은 분리할 수가 없다. 그것은 원초적이고 순수한 마음 상태이다. 이것을 아디카야〔原初身〕[7]라고 한

---

7) 티벳어로는 고와니쿠 Gowo-nyidku, 산스크리트어로는 아디카야 Adi-kaya〔原初身〕으로 법신과 동의어이다. 아디카야는 공〔空〕을 상징한다. 이 공에서 나온 빛이 삼보가카야이고, 우주 전체를 비추는 그 빛의 광선들이 니르마나카야이다.

다. 그리고 그 능력은 막힘없이 비춰 나가서 어디에서나 빛날 것이다. 이것이 니르마나카야(화신)이다.

아, 고귀하게 태어난 자여. 마음을 집중해서 내 말을 들으라. 이 네 가지의 몸[8]을 깨닫는 것만으로도 그대는 그것들 중 어느 것 속에서든 반드시 대자유에 이를 것이다. 마음이 흩어지면 안된다. 붓다와 중생의 경계선이 바로 여기에 있다.[9] 그대여, 이 순간은 더없이 중요하다. 지금 그대가 마음이 흩어지면 고통의 수렁에서 빠져나오는 데 영겁(永劫)의 세월이 걸릴지도 모른다.[10]

여기에 해당하는 다음과 같은 진리의 말이 있다.

"한 순간 속에서 중요한 차이가 생겨난다.
한 순간 속에서 완전한 깨달음이 얻어진다."

방금 지나간 이 순간까지 모든 바르도가 그대 앞에 나타났지만 그대는 마음이 흩어졌기 때문에 깨닫지 못했다. 그 때문

---

8) 아디카야(원초신), 다르마카야(법신), 삼보가카야(보신), 니르마나카야(화신)을 말한다.
9) 윤회계에 존재하는 모든 것들의 참본성을 깨닫는 것, 다시 말해 모든 현상이 실제가 아닌 허상에 불과한 것임을 깨닫는 것, 그것이 붓다 곧 완전히 깨달은 이와 깨닫지 못한 중생을 구별하는 기준이다.
10) 직역하면 '그대가 빠져나올 수 있을 때가 없을 것이다.'이다.

에 그대는 모든 공포와 두려움을 경험했다. 만일 그대가 지금도 마음을 집중하지 못하면 '자비의 눈'의 그 자비로운 눈길은 거문고 줄이 끊어지듯이 끊어져 버릴 것이다.[11] 그렇게 되면 그대는 한동안 영원한 자유를 얻을 수 없는 곳으로 떨어지게 될 것이다. 그러니 조심하라. 그대가 지금까지 여러 차례의 가르침에도 불구하고 깨닫지 못했다 해도, 그대는 지금 이 순간에 깨달음을 얻어 영원한 자유에 이를 수 있다.

만일 죽은 자가 어떻게 명상하는지도 모르는 무지한 자라면, 그에게 이렇게 말하라.

아, 고귀하게 태어난 자여. 만일 그대가 명상하는 법을 모른다면, 자비의 신과 구도자들과 진리와 그 진리를 깨달은 자를 생각하며 그들에게 기도하라. 이 모든 고통과 무서운 유령들을

---

11) 이것은 원문을 직역한 것으로, '첸라지(관세음보살)의 자비의 빛이 더 이상 비치지 않게 된다.'는 뜻이다.

그대의 수호신이거나 자비의 신이라고 생각하라.[12] 인간으로 있을 때 성스런 입문식에서 그대가 받은 신비한 이름과 영적 스승의 이름을 떠올리고, 그 이름들을 죽음의 왕들 중에서 정의의 왕에게 말하라.[13] 만일 그대가 낭떠러지에서 떨어진다 해도 그대는 다치지 않을 것이니 결코 두려워하지 말고 겁내지 말라.[14]

---

12) 여기에서 말하고자 하는 뜻은, 시련과 고통은 비록 카르마에 의한 것이긴 하지만 신의 시험이며, 그것들은 사자의 정신적 깨달음을 위해 심지어 수호신이나 관세음보살로 시각화되어 나타나기까지 한다는 것이다.
13) 입문할 때 받은 이름을 밝히는 것은 죽은 자와 죽음의 왕 사이에 신비한 관계를 만들기 위한 것이다. 이 관계는 인간과 그 인간 속에 내재한 신성(神性)과의 관계이다. 이것은 프리메이슨 단원이 암호를 말함으로써 다른 동료에게 자기를 알리는 것과 매우 비슷하다.
14) 이 마지막 부분에 가와사키 신조의 번역본에는 "이와 같이 인도하면 지금까지 영원한 자유에 이르지 못했던 자도 영원한 자유에 이르게 될 것이다."라는 문장이 있다.

· 4 ·
모든 것을 결정하는 생각의 힘

 이상과 같이 인도하면 지금까지 깨닫지 못했더라도 여기에서 틀림없이 영원한 자유를 얻을 것이다. 그러나 그 가르침을 통해서도 영원한 자유에 이르지 못하는 사람이 있을지도 모른다. 따라서 진지하게 인도를 계속하는 것이 중요하다. 다시금 사자의 이름을 부르면서 다

◐
1) 다시 말해 한 번은 선한 카르마가 작용해 사자를 영적인 마음 상태로 끌어올리고, 또 한 번은 나쁜 카르마가 작용해 사자를 정신적인 절망 상태에 빠뜨린다. 활을 쏘는 자는 카르마이다. 카르마는 활을 잡아당길 수 있는 데까지 잡아당겼다가 놓기를 번갈아 한다.
2) 희생물로 바쳐진 동물은 나중에 음식으로 쓰이는데, 이렇게 동물을 희생할 때마다 사자는 나쁜 영향에서 벗어날 수가 없다. 그의 이름으로 동물을 희생할 때마다 곧바로 공포가 그에게 엄습하기 때문이다. 사자는 산 자에게 동물을 죽이지 말라고 소리치지만 사람들은 듣지 못한다. 그래서 사자는 화를 내게 된다. 그러나 사자는 결코 분노하는 마음을 갖지 말아야 한다. 왜냐하면 바르도 상태에서 화를 내면 지옥이라고 하는 가장 저차원적인 상태에 떨어지기 때문이다.
 사자를 위해 동물을 희생시키는 풍습은 인도와 마찬가지로 티벳에서도 아주 오래 전부터 시작되었다. 이것은 불교의 역사보다 더 오래되었다. 불교에서는 살생을 금지한다. 우

음과 같이 말하라.

아, 고귀하게 태어난 자여. 그대가 지금 하는 경험들은 모두가 순간적인 강렬한 슬픔과 순간적인 강렬한 기쁨에 지나지 않을 것이다. 마치 화살이 시위를 떠날 때는 활이 순간적으로 팽팽해졌다가 화살이 떠나고 나면 다시 늦춰지는 기계적인 동작과 비슷할 것이다.[1] 조금도 기쁨에 집착하지 말고, 슬픔에도 마음 상하지 말라.

만일 그대가 보다 높은 차원에 태어나기를 원하면, 보다 높은 차원의 환영이 그대 앞에 나타날 것이다.

또한 그대는 살아 있는 가족들이 그대의 명복을 빌기 위해 많은 동물을 희생물로 바치고,[2] 종교 의식을 행하고, 적선을 베푸는 광경을 보게 될지도 모른다. 그대는 자신이 보고 있는 그 비순수한 환영 때문에 그들의 행동에 무척 화를 낼 것이다.

리의 경전에서 볼 수 있듯이 티벳 스승들은 사자의 명복을 위해 동물을 희생하는 관습을 허락하지 않는다. 하지만 그 관습이 티벳에서는 오랫동안 사라지지 않고 이어졌다. 물론 오늘날에는 거의 행해지지 않고 있으며, 행해지더라도 외딴 곳에서 이름만 불교도라고 할 수 있는 원시적인 사람들에 의해서만 간혹 행해지고 있다.

영적 성장을 추구하는 요가 수행자나 라마승들은 육식을 하지 않는다. 육식이 영적 성장에 방해가 된다고 여기기 때문이다. 그러나 대부분의 티벳인들은 북인도 카시미르 지방의 바라문 승려들처럼 육식을 한다. (그래서 순수 채식만을 하는 인도의 바라문들은 카시미르의 바라문들을 바라문이 아니라고 생각한다.) 이들이 육식을 하는 것은 기후나 경제적인 필요 때문이다. 티벳에는 곡식과 채소와 과일이 풍부하지 않다. 따라서 이들에게 육식을 금지하는 것은 유목민이었던 조상들로부터 물려받은 육식 습관을 무시하는 지각없는 일이다. 티벳과는 달리 불교도들이 살생 금지의 계율을 거부할 만한 아무런 이유가 없는 스리랑카에서조차 기독교가 출현한 이래로 육식이 빠른 속도로 늘고 있다. 기독교는 불교와는 달리 불행하게도 종교적인 교리로서 동물들에게 친절하라고 가르치지 않는다. 그리고 사도 바울 자신은 하나님은 소를 염려하지 않는다는 의견을 가지고 있었다(고린도전서 9장 9절). 아직까지도 실론의 성산(聖山) 민탈레에는 순수 불교의 증거로서 고대의 칙령을 새긴 돌판이 서 있는데, 이 칙령은 아쇼카 왕이 내린 칙령이다. 거기에는 희생 제물로 쓰기 위해서나 먹기 위해 짐승을 죽이는 것을 금지하고 있다.

그러면 그 순간 그대는 지옥계에 태어나리라. 뒤에 남은 사람들이 무엇을 하든 그대의 마음에 분노가 일지 않도록 하라. 그리고 그들을 위해 사랑으로 명상하라.

나아가 그대는 세상에 남겨 두고 온 재산에 집착하거나, 그대 소유의 물건을 다른 이들이 갖고 즐기는 모습을 보고는 미련 때문에 그것들에 애착을 갖거나 상속자들에게 분노를 느낄지도 모른다. 그러면 그 감정이 결정적인 순간에 영향을 미쳐 설령 그대가 높고 행복한 차원에 태어날 운명이었다 해도 그대는 지옥계나 불행한 귀신들이 사는 아귀계에 태어나게 될 것이다. 그대가 세상에 두고 온 재산에 집착한다 해도 그대는 그것들을 소유할 수 없으며, 그것들은 그대에게 아무 소용도 없다. 그러므로 그것들에 대한 미련과 집착을 버리라. 그대의 마음 속 깊은 곳으로부터 그것들을 단념하라. 누가 그대의 재산을 갖든 불행한 생각을 갖지 말라. 그것들을 기꺼이 단념하라. 그것들을 진리와, 진리를 깨달은 자와, 그를 추구하는 구도자들, 그리고 그대의 영적 스승에게 바친다고 생각하고 욕망을 버린 무집착의 상태에 머물라.

살아 있는 사람들이 장례식을 하면서 그대를 위해 캄카니 만트라[3]를 암송할 때, 또는 그대가 낮은 차원에 태어나지 않도록 나쁜 카르마를 없애 주는 의식을 행하고 있을 때, 그대는 이 모든 것을 볼 수 있을 것이다. 그때 그대는 사람들이 엉터리로 의식을 행하고, 반쯤 조는 상태에서 정신들이 산만해져 있으며, 의식을 집행하는 수도승들이 순수하지도 않고 계율도 지키지 않는 자들이면서 경솔한 지시들을 내리는 걸 알아차릴 것이다. 이 모든 것들을 그대가 알 수 있는 것은 카르마에 의한 한정된 예지 능력을 갖고 있기 때문이다. 그런 광경을 보고 그대는 자신이 세상에서 가졌던 종교에 대해 믿음을 잃고 불신하게 될 것이다. 그대는 모든 두려움과 공포, 사악한 행동, 비

---

3) 이 만트라는 사자에게 바친 음식을 사자가 받아들일 수 있도록 변화시키는 신비한 힘을 갖고 있다고 한다.

종교적 행위, 그리고 엉터리로 진행되는 의식을 다 알아차릴 수 있다.[4]

이때 그대는 마음 속으로 "아, 이들이 나를 속이고 있구나!" 하는 생각이 들지도 모른다. 그리고 그대는 몹시 기분이 우울해지고 화가 나서 사랑과 신뢰 대신 불신을 갖게 되고 신앙심도 잃어 버릴 것이다. 이것이 결정적인 순간에 영향을 미쳐, 그대는 불행한 상태들 중 한 곳에 태어날 것이다.

그런 생각들은 그대에게 아무런 도움도 되지 않고 오히려 큰 해가 된다. 장례식 절차가 아무리 잘못되고, 장례식을 집행하는 종교인들의 행동이 아무리 잘못됐다 하더라도 이렇게 생각하라.

"아, 나 자신의 생각들이 깨끗하지 못하구나! 붓다의 말씀이 틀리지 않다. 그것은 거울에 비친 내 얼굴의 흉터와 같은 것이다. 무엇보다도 나 자신의 생각이 순수하지 못하다. 이들 승려

---

4) 장례식을 집행하는 자들의 내면에 있는 공포와 두려움, 부도덕함과 무성의를 말한다.

들로 말하면, 진리를 찾는 공동체가 그들의 몸이며 진리가 그들의 말이고 그들의 본성은 실제로 붓다이다. 나는 그들에게 내 자신을 맡기리라."

　이렇게 생각하고 그들을 신뢰하라. 그리고 진심으로 그들을 사랑하라. 그들이 그대를 위해 무엇을 하든, 그 모든 것이 결국에는 그대에게 이익이 될 것이다. 그러므로 그들을 사랑하는 것이 더없이 중요하다. 이것을 잊지 말라. 또한 그대가 불행한 차원에 태어나기로 정해져 있고 그 불행한 세계에서 나오는 빛이 그대를 비출지라도, 그대를 위해 선한 종교 의식을 치르는 가족들과, 몸과 마음을 바쳐 올바른 의식을 진행하려고 애쓰는 학식있는 성직자들을 바라보면서 그대는 마음이 크게 고무되는 것을 느낄 것이다. 이런 감정은 결정적인 순간에 영향을 주어 설령 그대가 불행한 세계에 태어날 운명이었다 해도 더 행복한 세계에 그대를 태어나게 할 것이다. 그러므로 그대는 불순한 생각을 갖지 말고 모든 것에 대해 편견 없는 순수한 사랑과 겸허한 믿음을 갖도록 하라. 이것은 대단히 중요하다. 따라서 특별히 조심해야 한다.

아, 고귀하게 태어난 자여. 간추려 말하면, 지금 바르도에 있는 그대는 의지할 만한 확실한 대상이 없고, 무게가 없어서 끊임없이 움직인다. 또한 무슨 생각이 떠오르든, 그것이 경건한 생각이든 불순한 생각이든 굉장한 위력을 갖고 있다. 그러므로 마음 속에 불순한 생각을 갖지 말고, 그대가 살아 있을 때 배웠던 명상 수행을 기억하라. 만일 그대가 명상에 익숙치 않다면 순수한 사랑과 겸허한 믿음을 가지라. 자비의 신과 그대의 수호신에게 기도하라. 굳은 의지를 갖고 이렇게 기도하라.

"아, 사랑하는 친구들과 헤어져 홀로 방황할 때
내 마음에서 나온 텅 빈 몸이 나에게 내려올 때
진리를 깨달은 자들이여, 그대들의 자비의 힘으로

두려움과 공포와 무서움이 이 사후세계에서 사라지게 하소서.

살아 있을 때 행한 악한 행위들의 힘 때문에 내가 고통을 당할 때

수호신들이여, 그 고통을 내쫓아 주소서.

천 개의 천둥이 울리는 것 같은, 존재의 근원에서 울려 나오는 소리가 내 귀를 때릴 때

그 모든 소리가 위대한 진언(眞言)[5]이 되어 울리게 하소서.

아무런 보호자도 없는 나를 내 생전에 쌓은 업(業)이 추적해 올 때

자비의 신이여, 나를 지켜 주소서.

살아 있을 때 행한 일 때문에 슬픔이 내게로 밀려올 때

깊은 명상에서 나오는 투명하고 행복한 빛이 나를 비추게 하소서."

---

5) 원문은 '여섯 개의 글자'이다. 옴 마니 밧메 훔을 가리킨다.

ཞེས་བྱང་དེས་པར་མོད་པ་འདི་ནས་སྡུང་སེམས་འཇིག་རྟེན་པར་ལ་ཉིད་དུ་སྒྲིབ་པར་འགྱུར། ལས་སོགས་བསམ་པར་གཏད་ནས་ཀ་བྱས་པ་ཞེས།

　이 진정한 기도가 그대를 줄곧 안내해 주리라. 그대는 아무 의심 없이 편안하게 쉴 수 있으리라. 그대여, 이것은 매우 중요하다. 이 기도를 반복하면 살아 있을 때 그대가 받은 영적 가르침들이 기억날 것이다. 그리하여 그대는 깨달음과 영원한 자유에 이르게 되리라.

· 5 ·
여섯 세계의 빛이 밝아 오다

거듭해서 말하지만, 살아 있을 때 행한 나쁜 행위들 때문에 죽은 자가 깨닫기가 어렵다면 이 가르침을 여러 번 반복하는 것이 중요하다. 한 번 더 사자의 이름을 부르면서 다음과 같이 말하라.

아, 고귀하게 태어난 자여. 지금까지 말해 준 내용을 이해하지 못했다면 그대가 과거의 삶에서 가졌던 육체의 모습은 점점 희미해지고 미래의 삶에서 갖게 될 몸이 차츰 선명해질 것이다.[1] 이런 사실에 슬퍼져서 그대는 이렇게 생각할 것이다.

"아, 나는 참으로 불행하구나. 이제 어떤 몸이라도 내가 얻을 수 있다면 그것을 찾으러 갈 텐데."

그렇게 생각하면서 그대는 잠시도 한 곳에 머물 겨를도 없이 정신없이 여기저기로 헤매 다닐 것이다. 이때 윤회계의 여섯 세상에서 나오는 빛이 그대를 비출 것이다. 그 중에서도 장차 그대가 태어날 장소의 빛이 가장 뚜렷하게 그대를 비추리라.[2]

아, 고귀하게 태어난 자여. 들으라. 만일 그대가 그 여섯 가지 빛이 어떤 것인지 알고 싶다면 여기에 그것을 설명하리라. 어두운 흰색 빛은 천신들의 천상계로부터 오는 빛이고, 어두운

---

1) 문맥상 이것은, 사람이 죽으면 처음에는 살아 있을 때 갖고 있던 육체와 똑같은 모습의 유체를 갖고 있지만 차츰 시일이 지나 이 시드파 바르도 단계에 이르면 그 모습이 사라지고 그 대신 다음 생에서 받을 육체와 닮은 유체의 모습을 갖게 된다는 뜻으로 풀이된다.

2) 원문에는 "장차 그대가 태어날 장소의 빛이 '카르마의 힘 때문에' 가장 뚜렷하게 그대를 비출 것이다."로 되어 있다.

초록색 빛은 거인신들이 사는 아수라계로부터 오는 빛이며, 어두운 노란색 빛은 인간 세상으로부터 오는 빛이다. 그리고 어두운 푸른색 빛은 동물 세계로부터 오는 빛이고, 어두운 붉은색 빛은 불행한 귀신들이 사는 아귀계로부터 오는 빛이며, 회색 빛은 지옥계로부터 오는 빛이다.[3]

이때 카르마의 힘에 의해 그대의 몸은 그대가 장차 태어나게 될 장소의 빛 색깔을 띨 것이다.

아, 고귀하게 태어난 자여. 이 가르침이 담고 있는 특별한 기술은 이 순간에서 특히 중요하다. 지금 어떤 빛이 그대를 비출지라도 그것을 자비의 신이라고 생각하고 그것에 대해 명상하라. 어느 곳으로부터 빛이 뻗어 나와서 그대를 비출지라도, 그곳이 자비의 신이 있는 곳이라고 생각하라.

이것은 대단히 심오한 기술이다. 이것은 그대가 다시 태어나는 것을 막아 준다.

---

3) 우리의 필사본은 여기서 약간 내용이 틀리다. 필사본에는, 천상계에서는 흰색 빛이, 아수라계에서는 붉은색 빛이, 인간계에서는 푸른색 빛이, 축생계에서는 초록색 빛이, 아귀계에서는 노란색 빛이, 지옥계에서는 회색(연기색) 빛이 나온다고 되어 있다. 이것은 필사본을 베낀 사람의 실수이며, 번역자가 바로잡았다.

또는 그대의 수호신이 누구이든지 그 형상을 마음 속에 생생하게 떠올리라. 명상 속에서 오랫동안 그 형상을 떠올리고 있으라. 실제로는 존재하지 않지만 마술사가 만들어낸 환영처럼 수호신의 모습이 그대의 마음 속에 떠올라 있게 하라. 이것을 순수한 환영이라고 한다. 그리고 나서 그 수호신의 형상이 서서히 녹아 완전히 없어질 때까지 겉에서부터 서서히 녹여 버리라. 아무것도 보이지 않을 때까지 그렇게 하라. 그리고 그대 자신을 투명하고 텅 빈 상태에 머물게 하라.[4] 그 상태는 어떤 언어로도 설명할 수 있는 것이 아니다.

그대여, 잠시 동안 그 상태에 머물라. 그리고 다시금 그대의 수호신을 명상하라. 그런 다음에 또다시 투명한 빛을 명상하라. 이것을 반복하라. 그 다음에는 그대의 마음 자체를 겉에서부터 서서히 녹여 없애라.[5]

성스런 기운[6]이 가득 퍼져 있는 곳에 의식(意識)이 퍼져 있

---

4) 이 표현은 뒤에 나오는 '투명한 빛' 또는 '투명한 빛과 텅 빔〔空〕'과 같은 표현인 듯하다.
5) 이 명상법은 사마디(삼매)에 이르는 두 가지 단계를 말하고 있다. 시각화 단계와 완성 단계가 그것이다.
6) 원문은 남카nam-mkhah. 이것은 산스크리트어로 아카샤Akasha이다. 에테르, 정기(精氣), 영기(靈氣), 또는 하늘을 뜻한다.

다. 의식이 가득 퍼져 있는 곳에 존재의 근원[7]이 퍼져 있다. 태어나기 이전의 그 근원 상태에 고요히 머물러 있으라.[8] 그 상태에서는 다시 태어나는 길을 막을 수 있으며, 그대는 그곳에서 완전한 깨달음을 얻으리라.

---

7) 원문은 다르마카야(법신).
8) 불교에서는 이 태어나기 이전[未生]의 근원 상태를 깨닫는 것을 모든 명상과 수행의 목표로 삼고 있다.

●─── 듣거나 지니기만 해도 영원한 대자유에 이른다는 타돌tahdol을 얀트라로 구성한 것. 본문 p.324 참조.

제2부

환생의 과정

· 1 ·
자궁문 닫기

만일 믿음이 약하고 진리에 익숙하지 않아 사자(死者)가 지금까지 들려 준 가르침을 이해할 수 없었다면, 사후세계의 환영이 그를 압도해 그는 자궁 입구를 찾아 방황하게 될 것이다. 그러므로 자궁의 문을 닫는 가르침이 무척 중요하다. 사자의 이름을 부르면서 다음과 같이 말하라.

 아, 고귀하게 태어난 자여. 살아 있을 때 지은 카르마 때문에 지금까지 들려 준 가르침을 이해하지 못했다면 그대는 위로 올라가거나, 수평으로 움직이거나, 아래로 내려가는 듯한 느낌을 갖게 될 것이다. 이때 자비로운 신을 명상하라. 기억하라. 이때 앞에서 말한 대로 광풍과 눈보라와 폭풍우와 어둠과 사람들에게 쫓기는 환영이 그대를 엄습하리라. 이런 환각 상태에서 벗어나자마자 선한 카르마를 쌓지 못한 사람들은 불행한 곳으로 떨어지는 느낌을 갖게 될 것이다. 그리고 선한 카르마를 쌓은 사람들은 행복한 곳에 도착하는 느낌을 갖게 될 것이다. 그러므로, 아, 고귀하게 태어난 자여, 어느 대륙 어느 장소에 그대가 태어나기로 되어 있든지 환생할 곳의 징후가 그대에게 나타날 것이다.

이 순간을 위해 몇 가지 매우 중요한 가르침이 있다. 정신을 집중해 잘 들으라. 그대가 지금까지의 가르침을 통해서도 깨닫지 못했다 해도 이번에는 깨닫게 될 것이다. 왜냐하면 종교성이 약한 사람이라 할지라도 이번 징후만큼은 알아볼 것이기 때문이다. 그러므로 잘 들으라.

여기서 자궁문을 닫는 방법을 가르쳐 주는 것이 매우 중요하다. 그러므로 특별히 주의할 필요가 있다. 자궁문 닫는 방법에는 크게 두 가지가 있다. 하나는 자궁으로 들어가는 것을 막는 방법이고, 다른 하나는 들어갈 자궁의 문을 닫아 버리는 방법이다.

자궁으로 들어가는 것을 막는 방법

사자(死者)가 자궁으로 들어가는 것을 막는 가르침은 다음과 같다.

아, 고귀하게 태어난 아무개여. 그대의 수호신이 누구이든 그 수호신을 마음 속에 떠올려 명상하라. 마치 마술사가 만들어낸 환영처럼, 물 위에 비친 달 그림자처럼, 그 수호신을 눈 앞에 떠올리고 그에 대해 명상하라. 만일 그대에게 특별한 수호신이 없다면 자비의 신을 명상하거나 아니면 나에 대해 명상하라. 명상의 대상이 정해졌으면 그를 마음 속에 그리면서 고요히 명상하라.

이제 그 수호신의 영상을 겉에서부터 녹여 서서히 사라지게 하라. 그 영상이 완전히 사라질 때까지 아무 사념도 일으키지 말고 명상하라. 그 다음에는 아무것도 존재하지 않는 텅 빈 세계에서 비쳐 나오는 투명한 빛을 명상하라. 그대여, 이것은 더 없이 심오한 기술이다. 이렇게 함으로써 그대는 자궁 속으로 들어가는 것을 막을 수 있다.

자궁문을 닫는 첫번째 방법

그런 식으로 명상하라. 그러나 이 방법이 자궁으로 들어가는 것을 막는 데 적합하지 않거나 또는 그대가 이미 자궁 안으로 들어갈 준비를 마친 상태라면 여기 자궁문을 닫는 또다른 심오한 가르침이 있다. 그대는 귀를 기울여 잘 들으라.
"아, 사후세계의 마지막 단계인 시드파 바르도가 나에게 밝아 오는 이때

오직 한 가지 결심을 마음에 품고
선한 카르마의 밧줄을 놓치지 말라.[1]
자궁문을 닫고 그 반대의 것을 기억하라.[2]
지금은 진실한 열정과 순수한 사랑이 필요한 때다.
질투를 버리고, 아버지이며 어머니인 영혼의 스승을 명상하라."[3]

그대 자신의 입으로 이것을 분명하게 따라 하라. 그 의미를 생생히 기억하고, 그것에 대해 명상하라. 이것을 실천에 옮기는 것이 무엇보다 중요하다.

그대여, 그 뜻은 다음과 같다.

'사후 세계의 마지막 단계인 시드파 바르도가 밝아 오는 이때'라는 것은 그대가 지금 환생을 찾는 사후세계에서 방황하고 있다는 뜻이다. 그 증거로 만일 그대가 물 속이나 거울 속을 들여다보면, 얼굴이나 몸이 거기에 비치지 않을 것이다. 또한

---

1) 좋은 결과를 얻기 위해서는 인간 세상에 살아 있을 때 행한 선한 행위들이 사후세계에서 그 힘을 발휘할 수 있어야 한다. 다시 말해 사후세계에 있는 사자에게 그 선한 공덕이 연결되어야만 한다.
2) 일반적으로 바르도의 상황은 사자를 다시 태어나는 쪽으로 인도하는 경향이 있다. 이것은 카르마의 습성 때문이다. 카르마의 습성은 존재의 근원을 깨닫는 것에 반대하고 그것을 방해하는 힘을 갖고 있다. 그러므로 사자는 가능한 한 모든 도움을 받아 이 본능적인 습성에 반대하지 않으면 안된다.
3) 이 시구(詩句)는 경진의 부록에 실린 〈여섯 바르도의 서시(序詩)〉에 나오는 것(p.469)으로 부록에 실린 것과는 몇 개의 단어들이 다르게 번역되었다. 그리고 마지막 문장의 '영혼의 스승'은 인간 세상의 스승이 아니라 지금까지 경전에서 설명한 명상하는 붓다들(오선정불)을 가리킨다.
한편 가와사키 신조는 이렇게 번역하고 있다.
"아, 나에게 시드파 바르도(환생을 찾는 미혹된 바르도)가 나타나고 있는 이때 마음을 한 점에 집중해야만 한다. 깨달음을 결심하고, 선한 카르마의 힘을 조금이라도 잡아당기는 것이 중요하다. 지금이야말로 자궁의 입구를 막을 때가 왔다. 자궁 입구를 막고 반대의 것을 생각하라. 용기와 순수한 마음이 필요한 때이다. 질투하는 마음을 버리고, 남존(男尊)과 여존(女尊)이 결합한 상태의 붓다들을 마음 속에 떠올리라."

그대의 몸은 그림자를 갖고 있지 않을 것이다. 그대는 이미 살과 뼈로 이루어진 물질적인 육체를 벗어 버렸다. 이것은 그대가 시드파 바르도를 방황하고 있다는 증거다.

그리고 이제 그대는 정신을 집중해 마음 속에 오직 한 가지 결심을 해야 한다. 지금 한 가지 결심을 하는 것은 대단히 중요하다. 그것은 마치 고삐를 이용해 말이 달려가는 방향을 조종하는 것과 같다.

그대가 원하는 것은 무엇이든지 그대 앞에 나타날 것이다. 그러므로 악한 행위를 생각하지 말라. 그 생각이 그대의 마음의 방향을 바꿔 놓을 수도 있다. 지금 그대에게 이《듣는 것으로 영원한 자유에 이르는 가르침》을 읽어 주고 있는 사람, 또는 인간 세상에 있을 때 그대에게 영적 가르침을 주었거나 그대를 진리의 세계에 입문시킨 사람, 또는 종교 경전들을 해석해 준 권위 있는 사람과의 영적인 관계에 대해 기억하라. 그리고 줄곧 선한 행위들을 떠올리라.

　그대여, 이것은 매우 중요하다. 마음이 흩어지면 안된다. 높은 차원으로 올라가는가, 낮은 차원으로 떨어지는가의 갈림길이 지금 여기에 있다. 만일 한 순간이라도 머뭇거린다면 그대는 긴 세월 동안 고통을 겪어야 할 것이다. 그것이 바로 이 순간에 달려 있다. 오직 한 가지 목적에 대해서만 생각하라. 선한 행위의 밧줄을 꼭 붙잡으라.

　이제 자궁문을 닫을 시간이 다가왔다. '지금은 진실한 열정과 순수한 사랑이 필요한 때'라는 것은 이제 무엇보다도 자궁문을 닫아야만 할 때가 왔다는 것을 뜻한다. 자궁문을 닫는 방법에는 다섯 가지가 있다. 이것을 마음 속에 잘 간직하라.

자궁문을 닫는 두번째 방법

아, 고귀하게 태어난 자여. 이제 그대는 남녀가 성교를 하고 있는 환영을 보게 될 것이다. 그대가 그들을 보게 될 때 그들 사이로 들어가지 않도록 그대 자신을 억제해야만 한다. 그 남녀를 그대의 신적인 스승과 그 스승의 여성 원리로 여기고 그들에 대해 명상하라.[4] 그들에게 절하라. 겸허한 믿음을 갖고 마음 속으로 정성을 다해 예배를 올리라. 그리고 그들에게 영적인 안내를 부탁할 결심을 하라.

이 결심만으로도 자궁문은 닫힐 것이다. 하지만 만일 그렇게 해도 자궁문이 닫히지 않고 그 속으로 들어가려는 충동이 생긴다면 수호신에게 명상하듯이 그대의 신적인 스승과 그의 여성 원리, 또는 자비의 수호신과 그의 여성 원리에 대해 명상하라.

---

4) 원문에는 "그 아버지와 어머니를 그대의 스승과 어머니 신으로 여겨라."로 되어 있다. 여기서 아버지와 어머니란 성교중인 남녀를 가리키며, 스승이란 인간적인 스승이 아니라 영적으로 존재하는 천상계의 스승을 말한다. 어머니 신은 스승의 샥티(여성 원리)이다. 가와사키 신조는 이것을 남녀합존불(男女合尊佛)로 번역했다.

그들에 대해 명상하고 마음의 예물을 바치면서 그들에게 절하라. 그들에게 안내를 부탁할 것을 진심으로 결심하라. 이렇게 할 때 자궁문은 닫히게 될 것이다.

자궁문을 닫는 세번째 방법

그대가 아직까지 자궁문을 닫지 못하고 자궁으로 들어가려고 하고 있다면, 여기 집착과 거부감[5]을 떨쳐 버리는 세번째 방법이 있다.

탄생에는 네 가지 종류가 있다. 알에서 태어나는 것〔卵生〕, 자궁으로 태어나는 것〔胎生〕, 초자연적으로 태어나는 것〔化生〕,[6] 열과 습기에서 생겨나는 것〔濕生〕[7]이 그것이다. 이 네 가지[8] 중에서 알에서 태어나는 것과 자궁으로 태어나는 것은

---

5) 가와사키 신조는 '거부감' 대신에 '적의(敵意)'라는 단어를 선택했다.
6) 원문은 주키에brzus-skyes. 산스크리트어는 스바얌부Svayambhu. 초자연적인 또는 기적적인 탄생을 말한다. 한 세계에서 다른 세계로 의식체가 옮겨감으로써 탄생하는 것이다. 예를 들어 인간이 바르도에 있다가 인간의 자궁을 빌려 다시 인간 세상에 탄생하는 것이 아니라 아미타바(아미타불)의 서방 극락정토와 같은 천상계에 태어나는 것을 말한다. 우리는 흔히 죽어서 서방 극락정토로 가는 것을 이상으로 알고 있지만 이 경전에서는 그곳을 니르바나의 세계로 보지 않고 인간이 환생해서 가는 천상계로 보고 있다. 천상계 역시 윤회계의 여섯 세계 가운데 하나이다.
7) 이것은 씨앗과 포자가 싹트는 것, 다시 말해 식물계로 탄생하는 것을 가리킨다.
8) "힌두교에서도 비슷하게 네 종류의 탄생을 말한다. 스베다자svedaja〔濕生〕, 안다자andaja〔卵生〕, 자라유자jarayuja〔胎生〕, 우드비자udbhijja〔植生〕가 그것이다." — 아탈 비하리 고쉬.

성질이 비슷하다.

앞에서 말했듯이 성교하는 남녀의 환상이 그대 앞에 나타날 것이다. 만일 이때 집착과 거부감에 이끌려 자궁으로 들어간다면 그대는 말이나 개나 닭이나 또는 사람으로 태어나게 될 것이다.[9]

이때 그대가 만일 남자로 태어날 예정이라면 남자의 느낌이 차츰 들기 시작할 것이다.[10] 더불어 아버지가 될 사람에 대한 강한 증오심이 생기며, 어머니가 될 사람에 대해서는 애착과 매력을 느낄 것이다.

만일 그대가 여자로 태어날 예정이라면 여자라는 느낌이 서서히 들기 시작할 것이다. 그리고 어머니에 대한 강한 증오심과 아버지에 대한 강한 매력과 애정을 느낄 것이다.

이 나중의 감정이 원인이 되어 그대는 자궁 속으로의 길[11]에 들어설 것이다. 그리고 정자와 난자가 결합하는 순간 최고의

---

9) 이 문장은 실제로 말이나 개나 닭 등으로 환생하리라는 것이 아니고, 그 동물들이 상징하는 성향을 가진 인간으로 태어나리라는 뜻이다. 플라톤 역시 《국가론》에서 같은 식으로 동물 상징들을 사용했다.
10) "자신이 남자라는 생각이 들 것이다." — 가와사키 신조의 번역.
11) 이 영역본에서는 '자궁 속으로의 길'이 '에테르의 길'로 번역되어 있다. 여기서는 다른 번역본들에 따라 '자궁 속으로의 길'로 번역했음을 밝힌다.

환희를 체험하며,¹²⁾ 그 상태에서 무의식 속으로 기절해 버릴 것이다.

　나중에 그대는 알 모양으로, 또는 태아 상태 속에 갇혀 있는 자신을 발견할 것이다. 그리고 자궁에서 나와 눈을 뜨는 순간 자신이 한 마리의 강아지로 변해 있는 사실을 발견할 것이다. 전에는 인간이었지만 이제는 한 마리의 개로 태어난 것이다. 그대는 개집에 묶여 고통받고 있는 자신을 발견할 것이다. 아니면 돼지우리 속의 새끼 돼지로, 개미굴 속의 개미로, 곤충으로, 구멍 속의 유충으로, 송아지로, 새끼 염소로, 또는 어린 양으로 변해 있는 자신을 발견하리라.¹³⁾ 이 상태에서 되돌아가는 것은 한동안 불가능하다. 말도 할 수 없고, 어리석고, 지성은 어둠 속에서 헤매는 이런 불행한 상태에서 그대는 온갖 고통을 겪어야만 하리라.

　이것과 마찬가지로 그대는 지옥계로, 또는 불행한 귀신들의

---

12) 영역본에서는 이 '최고의 환희'를 '동시에 태어난 상태의 지복'이라고 번역하고 있다. '동시에 태어난 행복'이라는 것은 본래부터 갖고 있는 행복 또는 원초적인 행복을 뜻한다.
13) 여기에 사용된 동물 상징은 플라톤이 《국가론》에서 묘사하고 있는 장면과 매우 비슷하다. 거기서도 다음의 환생을 위해 동물의 몸을 선택하는 이야기가 적혀 있다. 우리의 경전에 등장하는 이런 구절은 플라톤의 이야기와 마찬가지로 상징적으로 해석해야만 한다. 《티벳 사자의 서》를 기록한 필경사나 또는 이 부분을 끼워넣은 사람들은 아마도 상징적인 의미보다는 승려들이 흔히 하듯이 신자들에게 두려움을 심어 주기 위해 이 부분을 강조한 듯하다. 그 내용이 사실은 아니더라도 정신적으로 낮은 차원에 있는 사람들을 일깨우고 선행을 하게 하는 데 도움이 되기 때문이다. 그럼에도 불구하고 플라톤의 이야기가 그렇듯이 우리의 경전도 이 부분에 담긴 진정한 의미를 해독할 수 있는 열쇠가 있다. 이것에 대해서는 편집자의 해설(p.116~122)에 자세히 설명하고 있다.

세계인 아귀계로, 또는 여섯 세계의 이곳저곳을 방황하며 상상할 수 없는 고통을 겪게 될 것이다.

아, 끔찍하도다! 끔찍하도다! 탐욕스럽게 윤회계로 향해 가는 자들, 그것을 진심으로 두려워하지 않는 자들, 영적 스승의 가르침을 받아들이지 않는 자들은 이런 식으로 윤회의 나락으로 떨어져 끝도 없고 참을 수도 없는 고통을 당하리라. 이 같은 운명을 만나기 전에 그대여, 내 말에 귀기울이고 이 가르침을 가슴에 새기라.

집착과 거부감을 억제하고, 내가 지금 그대에게 일러 주고 있는 자궁문 닫는 방법들 중에서 어느 한 가지를 잘 기억하라. 자궁문을 닫고 그 반대의 것을 생각하라. 지금은 진실한 열정과 순수한 사랑이 필요한 때다. 앞에서 말한 대로 질투를 버리고 아버지이며 어머니인 영혼의 스승에 대해 명상하라.

앞서 설명했듯이 그대가 남자로 태어날 운명이라면 그대는 어머니에게는 애착이, 아버지에게는 거부감이 생겨날 것이다. 그리고 여자로 태어날 운명이라면 아버지에 대해서는 애착이, 어머니에 대해선 거부감이 들 것이다. 부모의 어느 한쪽에 대해 질투심이 생겨날 것이다.

이때 여기에 심오한 가르침 하나가 있다. 아, 고귀하게 태어난 자여. 집착과 거부감이 일어날 때 다음과 같이 명상하라.

"아, 나는 어찌해 이토록 악한 카르마를 갖게 되었는가! 내가 지금까지 윤회 세계를 방황한 것은 집착과 거부감 때문이었다. 만일 내가 앞으로도 집착과 거부감을 버리지 않는다면 나는 끝없이 윤회계를 방황하면서 고통의 바다에 오랫동안 잠겨 신음하리라. 지금이야말로 집착과 거부감을 버려야 할 때다. 아, 나 자신을 위해 그렇게 해야만 한다. 지금부터는 결코 집착과 거부감에 따라 행동하지 않으리라."

그대여, 이렇게 명상하라. 그리고 그 결심을 단단히 붙들라.

신비 경전[14]에는 "그렇게 결심하는 것만으로도 자궁문이 닫히리라."고 씌어 있다.

아, 고귀하게 태어난 자여. 어떤 것에도 마음이 유혹되지 말라. 마음을 한 곳에 집중해서 그 결심을 흩뜨리지 말라.

자궁문을 닫는 네번째 방법

아직까지도 자궁문이 닫히지 않고 아직도 그대가 자궁에 들어가고 싶은 충동을 느낀다면, 그때는 '거짓과 환영'[15]이라고 하는 가르침을 통해 자궁문을 닫아야 한다. 그것은 다음과 같이 명상하는 것이다.

"아, 성교중인 남자와 여자,[16] 검은 비, 폭풍우, 충돌하는 소리들, 무시무시한 유령들, 그리고 모든 현상은 본질적으로 환

---

14) 원문은 '탄트라'이다.
15) 원문은 덴네규마타부 Bden-ned-sgyu-ma-ltabu이다. 진실이 아닌 것과 환영 같은 것이란 뜻이다. 현상계의 비실재성에 대한 티벳 경전의 제목이다.
16) 원문은 '한 쌍의 아버지와 어머니'로 되어 있다. 가와사키 신조는 이것을 '남녀합존(男女合尊)인 붓다'로 번역했다.

영에 불과하다. 그들이 아무리 내 앞에 나타날지라도 그것들 속에는 아무런 실체가 없다. 모든 것들은 실제가 아니며 가짜에 불과하다. 그것들은 모두 꿈과 같고 허깨비와 같다. 그것들은 영원하지도 않으며, 고정된 것도 아니다. 아, 그런 것들에 집착하는 것이 무슨 이득이 있겠는가! 또한 그런 것들에 공포와 두려움을 느끼는 것이 무슨 이득이 있겠는가! 이것이야말로 존재하지도 않는 것을 존재하는 것처럼 착각하는 것이다. 이 모든 것은 마음 속에서 나온 환각일 뿐이다. 환각에 사로잡힌 마음 그 자체가 본래부터 존재하지 않는 것이다. 그러므로 그 외부의 현상들이 과연 어디에 존재할 것인가?[17]

나는 지금까지 이것을 이해하지 못하고 존재하지 않는 것을 존재하는 것이라고 생각했다. 실제가 아닌 것을 실제라고 여겼으며, 환영을 현실로 여겼다. 그리하여 나는 그토록 오랫동안 윤회의 세계에서 방황한 것이다. 지금 이 순간에도 그것들이

---

[17] "마음 그 자체가 하나의 환영처럼 본래부터 존재하지 않는 것이다. 그러므로 그것들이 외부에서 온다면 과연 어디서 오겠는가? 어디에도 그것들은 존재하지 않는다." —— 가와사키 신조의 번역.

환영인 줄 깨닫지 못한다면 나는 오랜 세월을 윤회계 속에서 방황하면서 온갖 고통의 수렁으로 빠져들 것이다.

진실로 이 모든 것들은 꿈 같고, 환각 작용 같고, 메아리 같으며, 향기를 먹고 사는 자[18]들의 도시 같고, 신기루 같고, 거울에 비친 모습 같고, 허깨비 같고, 물 위에 비친 달과 같다. 그것들은 단 한 순간도 실재하는 것들이 아니다. 그것들은 실제가 아니며 거짓이다."

그대여, 이 생각에 마음을 집중할 때 그것들이 실제로 존재한다는 믿음은 사라질 것이다. 그대의 의식이 이것에 깨어 있을 때[19] 그대는 돌아서게 되리라. 그것들이 실재하는 것들이 아니라는 지식이 이런 식으로 깊이 인상에 박힐 때 자궁문은 닫히게 되리라.

---

18) 원문은 디자 Dri-za. 향기를 먹는 자들이란 뜻이다. 산스크리트어는 간다르바 Gandarva 인데, 인도의 전설과 불교 설화에 나오는 요정들이다. 그들이 사는 도시는 환상으로 만들어진 구름들이며, 비 속에 녹아 사라져 버린다.

19) 원문은 '그대의 내면 의식 속에 이 인상이 깊이 뿌리박을 때'이다.

자궁문을 닫는 다섯번째 방법

그러나 이와 같이 가르침을 받아도 눈앞에 일어나는 현상들이 실제로 존재한다는 믿음을 갖고 있다면 자궁문은 닫히지 않을 것이다. 그리고 아직도 그대가 자궁 속으로 들어가려 하고 있다면 그대는 투명한 빛에 대한 명상을 통해 자궁문을 닫아야 한다. 이것이 다섯번째 방법이다. 그 명상은 다음과 같다.

"보라! 모든 것은 나의 마음이다.[20] 그리고 이 마음은 텅 빈 것이고, 태어나지도 않으며 죽지도 않는다."

그대여, 이렇게 명상하라. 그리고 그대의 마음을 태어나기 이전의 상태에서 휴식하게 하라.[21] 이를테면 물에 물을 붓는 것과 같은 상태에 머물라. 마음을 마음 자체의 편안한 상태, 아무런 인위적인 것이 섞이지 않은 자연스런 상태, 그 자체의 투

---

20) 여기서 마음에 해당하는 원문은 남셰rNam-shes이다. 의식체, 의식 원리라는 뜻이다. 산스크리트어로는 비즈나나 스칸다Vijnana Skandha. 번역자 라마 카지 다와삼둡은 여기서 문맥을 따라 '마음'이라고 번역했으며, 그것은 '의식'과 같은 말이다.
21) "아무런 인위적인 것을 가하지 않은 자연 상태에 마음을 놓아 두라." —— 가와사키 신조의 번역.

명하고 진동하는 상태에 머물게 하라.

　이와 같이 작위적이지도 않고 긴장하지도 않는 마음 상태를 유지할 때 자궁문은 닫히고 그대는 네 종류의 탄생[22]으로부터 해방되리라. 자궁문이 완전히 닫힐 때까지 이와 같이 명상하라.

　지금까지 자궁문을 닫는 몇 가지 심오한 가르침을 사자에게 들려주었다. 높은 지성을 가진 사람이든 중간 지성을 가진 사람이든 아니면 낮은 지성을 가진 사람이든 모두가 이 가르침을 통해 틀림없이 영원한 자유에 이를 것이다. 이것에 실패한다는 것은 불가능한 일이다. 그 이유를 묻는다면 이렇게 대답하리라.

　첫째는, 사후세계에서는 의식체가 한정된 범위이긴 하지만 초자연적인 지각 능력[23]을 갖고 있기 때문이다. 그래서 사자는 무슨 말이든지 이해할 수 있다. 둘째는, 사자가 생전에는 귀머거리였거나 장님이었을

---

22) 앞에서 말한 네 종류의 탄생을 말한다. 알에서 태어나는 것, 자궁으로 태어나는 것, 초자연적으로 태어나는 것, 열과 습기에서 생겨나는 것.

23) 원문은 곤세mngon-shes. 특정한 초자연적인 지각 능력을 뜻한다. 산스크리트어는 아비즈나Abhijna. 초능력 또는 신통력으로 번역할 수도 있다. 대개 여섯 가지의 능력을 말한다. ① 초자연적인 시력(천안통) ② 초자연적인 청력(천이통) ③ 다른 사람의 생각을 읽는 능력(타심통) ④ 기적을 일으키는 능력(신족통) ⑤ 과거의 생을 아는 능력(숙명통) ⑥ 번뇌를 끊는 능력(누진통).
　일반인에게는 이 초자연적인 능력이 한정되어 있을 뿐만 아니라 그것도 사후의 상태에서만 가능하지만 붓다나 완성된 명상 상태에 이른 사람은 모든 의식 세계에서, 다시 말해 살아 있을 때나 죽어서나 무한한 능력을 갖는다.

지라도 사후세계에서는 모든 기능이 완전해지기 때문이다. 따라서 그는 그에게 들려 주는 말을 모두 알아들을 수 있다. 셋째는, 사자는 끊임없이 두려움과 공포에 쫓기고 있기 때문에 "무엇이 가장 좋은 길일까?"[24] 하고 생각하게 되고 정신이 활짝 깨어 있게 된다. 따라서 그는 그에게 들려 주는 말을 무엇이든지 들을 준비가 되어 있다. 사후세계에서 의식체는 의지할 것을 갖고 있지 않기 때문에[25] 마음이 원하는 곳이면 어디든지 순식간에 갈 수가 있다. 그래서 넷째로, 의식체를 조종하기가 쉽다.[26]

사자의 기억력[27]은 살아 있을 때보다 아홉 배나 선명하다. 설령 그가 전에 우둔한 사람이었다 해도, 이제는 카르마의 작용 때문에 지성이 극도로 밝아지고 무엇을 가르쳐 주든지 그대로 명상할 능력을 갖고 있다.

사자가 바로 이러한 장점들을 지니고 있기 때문에 그것이 가능한 것이다.

---

24) "무엇이 최선의 선택일까?"
25) 이 말은 사자가 인간 세상의 육체를 갖고 있지 않다는 뜻이다.
26) 티벳어 원문을 직역하면 "의식체의 입의 방향을 바꾸기가 마치 재갈 물린 말머리 돌려 놓는 것처럼 쉽다."이다.
27) 원문은 탄파dranpa. 이것을 직역하면 '의식의 흐름'이다. 대개는 의식, 추억, 기억을 뜻한다. 산스크리트어는 스므리티smriti이다.

마찬가지로 바로 이러한 이유 때문에 사자의 장례식을 효과적으로 치러야만 한다. 이 《듣는 것으로 영원한 자유에 이르는 가르침》을 49일 동안 참을성있게 읽어 주는 것이 더없이 중요하다. 한 번의 인도에서는 실패해도 그 다음의 인도에서는 틀림없이 대자유에 이를 수 있다. 그렇기 때문에 여기에 이토록 많은 인도 절차가 있는 것이다.

· 2 ·
자궁문 선택하기

 그럼에도 불구하고 아직도 많은 부류의 사람들이 대자유에 이르지 못한다. 마음을 한 곳에 집중하라고 일깨워도 그들은 그렇게 할 수 없다. 그들을 가로막고 있는 악한 카르마의 장애물 때문이다. 그리고 그들이 선한 행위에 익숙하지 않고 영겁의 세월 동안 악한 행위에 길들

여져 왔기 때문이다.

그러므로 아직까지 자궁문이 닫히지 않았다면, 이제부터는 자궁문을 선택하는 가르침을 사자에게 주어야 한다. 먼저 세상의 모든 붓다와 보디사트바(보살)들에게 도움을 청하고 그들에게 귀의할 것을 밝히라. 그리고 다시 한번 사자의 이름을 부르면서 말하라.

아, 고귀하게 태어난 아무개여. 들으라. 지금까지 마음을 다해 그대를 인도했지만 그대는 아직도 이해하지 못했다. 그러므로 만일 아직 자궁문이 닫히지 않았다면 이제는 육체를 받아야 할 때가 되었다. 이 최상의 가르침을 따라 자궁을 선택하라. 내가 들려 주는 말을 잘 듣고, 그것을 마음에 새기라.

환생할 장소가 미리 환영으로 나타남

아, 고귀하게 태어난 자여. 이제 곧 그대가 태어날 장소의 징조와 특징들이 나타날 것이다. 그것들을 알아차려야 한다. 그대가 태어날 장소를 관찰하면서 대륙도 또한 선택해야 한다.[1]

만일 뤼파라는 동쪽 대륙에 태어날 운명이라면, 암수 백조가 떠다니는 호수가 보일 것이다. 그곳으로는 가지 말라. 그곳으로 갈 것 같은 느낌이 들면 얼른 마음 속에 혐오감을 불러일으키라.[2] 그곳으로 가면 행복하고 편안하겠지만 그 대륙에는 아직 진리의 가르침이 널리 퍼져 있지 않다. 그러므로 그곳에 들어가지 말라.

만일 잠부라는 남쪽 대륙에 태어날 운명이라면 크고 아름다

---

1) 이제부터 등장하는 대륙들은 티벳어 이름이다. 편집자의 해설(p.133~139)에 그것들에 해당하는 산스크리트어 이름이 나와 있으며 보충 설명도 들어 있다. 참고로 그것을 여기에 다시 설명하면 다음과 같다. 동쪽 대륙〔東勝身洲〕은 그곳에 사는 사람들이 몸이 매우 건장하므로 승신주란 이름이 붙었다. 그들의 수명은 250세다. 티벳어로 이 대륙을 뤼파라고 하는데, 그것은 '거대한 몸집'이란 뜻이다. 그들은 마음의 평정과 덕을 지니고 있다. 남쪽 대륙〔南贍部洲〕은 티벳으로 잠부링이라고 부른다. 잠부 나무 열매가 물 속으로 떨어지고 있는 장소라는 뜻이다. 부유함과 풍요로움이 이 대륙에 있으며, 우리가 살고 있는 세계가 이 대륙에 속한다. 서쪽 대륙〔西牛貨洲〕에서는 소가 많아 금전처럼 쓴다고 해서 우화주란 이름이 붙었다. 티벳어로 바랑최드라고 하는데, 암소 + 황소 + 행동의 뜻이다. 북쪽대륙〔北俱盧洲〕은 북울단월 또는 북승처라고도 하며, 사람의 수명은 1천 세이고 다른 대륙들보다 즐거움이 많다. 티벳어로는 다미냔 또는 가미냔이며, 북쪽에 사는 종족을 뜻한다.
2) 스스로 극도의 혐오감이나 거부감을 불러일으킴으로써 그곳으로 들어가지 않으려는 마음자세를 갖는다. 이것을 통해 사자는 자신을 보호할 수 있다.

운 건물들이 보일 것이다. 만일 그곳으로 들어갈 수 있다면 그대여, 들어가라.

만일 바랑최드라는 서쪽 대륙에 태어날 운명이라면 암수 말이 풀을 뜯고 있는 호수가 보일 것이다. 그곳으로 가지 말고 이곳으로 돌아오라. 그곳에는 부귀와 풍요는 있어도 아직 진리의 가르침이 널리 퍼져 있지 않으니 그곳으로 들어가지 말라.

만일 다미냔이라는 북쪽 대륙에 태어날 운명이라면 암수 소가 한가로이 풀을 뜯고 있고 주위에 나무가 무성한 호수가 보일 것이다. 그곳에는 장수와 행복은 있어도 그 대륙 역시 진리의 가르침이 널리 퍼져 있지 않다. 그러므로 그곳으로 들어가지 말라.

이것들이 그대가 환생할 대륙들의 징조다. 그것들을 깨달으라. 그것들 속으로 들어가지 말라.

만일 그대가 천상계에서 천신으로 태어날 운명이라면 온갖 보석으로 치장된 화려한 사원이나 저택들이 보일 것이다.[3] 거기에는 들어가도 좋으니 들어가라.

그대가 만일 거인신들이 사는 아수라계에 태어날 운명이라면 멋진 숲이 보이거나 서로 반대 방향으로 원을 그리며 회전하는 불꽃들이 보일 것이다. 그것들에 대해 혐오감을 일으키라. 그리고 절대로 그곳에 들어가지 말라.

만일 짐승들 사이에 태어날 운명이라면[4] 바위굴과 지상의 깊은 구멍과 안개가 나타나리라. 그곳으로는 들어가지 말라.

만일 불행한 귀신들이 사는 아귀계에 태어날 운명이라면 나무 한 그루 없는 황량한 평원과 낮은 동굴들과 밀림 사이의 빈 터와 폐허가 된 숲이 보일 것이다. 그곳에 들어가 아귀로 태어나면, 그대는 배고픔과 갈증으로 온갖 고통을 겪으리라. 마음에 혐오감을 일으켜 어떤 방법으로든 절대로 그곳에는 들어가지 말라. 그곳에 들어가지 않도록 최대의 에너지를 쏟으라.

---

3) 기독교에서 말하는 천국의 개념은 황금으로 된 거리와 보석으로 쌓은 벽들로 이루어져 있다. 이것은 아마도 천상계에 대한 힌두교와 불교의 믿음과 비슷한 기독교 이전의 신앙에서 유래한 듯하다. 흔히 니르바나(열반)를 불교적인 천국이라고 생각하지만 그것은 잘못이다. 불교에서는 천국 역시 하나의 장소를 가리키며, 윤회계에 속한 하나의 현상이다. 반면에 니르바나는 윤회를 떠나 있고 모든 현상을 초월해 있으며, 변하지 않고 태어나지 않으며 스스로 존재하고 형태가 없다. 이것은 일반적인 기독교로서는 생소한 개념이며 고차원적인 기독교에서만 발견되는 개념이다. 고차원적인 기독교란 초기 기독교의 그노시스 학파를 말하는데, 어리석게도 대중적인 기독교 공의회에서 공식적으로 이들을 이단이라고 배척했다.

4) 이것은 이 경전의 마지막 부분에서도 알 수 있듯이 상징적으로 해석해야 할 부분이다. 동물적인 성격을 지닌 인간 존재로 태어남을 뜻한다.

그대가 만일 지옥에 태어날 운명이라면 악한 카르마 때문에 울부짖는 노래소리들을 듣게 되리라. 그대는 저항하지 못하고 그곳으로 끌려들어가리라. 음침한 대지와 흑백의 건물들, 땅 위에 난 검은 구멍들, 그리고 그대가 지나가야 하는 검은 길 등이 나타날 것이다. 그대가 만일 그곳으로 들어간다면 그대는 지옥 속으로 떨어질 것이다. 그리고 불가마와 얼음바다의 참을 수 없는 고통을 겪게 되리라. 언제 그곳에서 빠져나올지 알 수도 없으리라.[5] 그 속으로 가지 말라. "젖 먹던 힘까지 다하라."는 말이 있지 않은가. 지금이 바로 그것이 필요한 때다.

괴롭히는 악령들로부터 자신을 지키기

아, 고귀하게 태어난 자여. 그대가 좋아하든 싫어하든 그대

---

[5] 티벳어 원문에서 직역하면 '거기서 빠져나올 시간이 없으리라.'이다. 불교와 힌두교는 지옥의 상태에서 영원한 형벌을 받는다고 가정하지 않는다. 이런 점에서 영원한 형벌을 가정하는 기독교 신학에 비해 더 논리적이다.

는 카르마로 인해 그대를 괴롭히는 수많은 악령[6]들에게 쫓길 것이다.[7] 그래서 할 수 없이 사방으로 달아나야 할 것이다.

앞에서는 악령들이 그대를 쫓아오고 목을 자르는 망나니들이 그 선봉에 서 있을 것이다. 그리고 암흑과 카르마의 회오리바람, 요란한 소리, 눈, 비, 무서운 폭풍우, 눈보라를 일으키는 돌풍 등이 그대를 괴롭힐 것이다. 그리하여 그대는 그것들로부터 달아나야겠다는 생각이 들 것이다.

두려움 속에서 피난처를 찾고 있을 때 그대는 앞서 말한 거대한 저택과 바위굴과 땅굴과 밀림과 연꽃 등의 환영을 보게 될 것이다. 그대가 그것들 속으로 들어가는 순간 그것들은 입구가 닫힐 것이다. 그대는 그곳들 중 한 곳으로 숨어 들어가서 거기서 나오는 것을 두려워하리라. "지금 나가는 것은 좋지 않아." 하고 그대는 생각할 것이다. 거기서 떠나는 것을 두려워하며, 그대는 그 피난처에 매우 강한 매력을 느낄 것이다. 그

---

6) 원문은 세드마 gshed-ma. 괴롭히는 자. 생명을 앗아가는 자. 여기서는 사자를 괴롭히는 복수의 악령들을 뜻한다.
7) "뒤에서는 그대의 생전의 카르마를 심판하려는 사형집행인들이 그대를 쫓아올 것이다." —— 가와사키 신조의 번역.

곳이 바로 자궁이다. 그곳에서 나가면 사후세계의 공포와 두려움이 또다시 엄습할까봐 그대는 겁을 먹을 것이다. 그것이 무서워서 그대가 선택한 그 장소 곧 자궁 속에 숨어 있게 되면 그대는 매우 바람직하지 못한 육체를 받게 되고, 많은 고통 속에 신음하게 될 것이다.

　이 상황은 악령들과 락샤사(나찰)들이 그대를 방해하고 있다는 증거다.[8] 이때를 위해 여기 심오한 가르침이 있으니 그대는 잘 듣고 그것을 마음에 새기라.

　공포의 악령들이 그대를 쫓고 있을 때, 그리고 두려움과 공포가 일어날 때, 즉시 최상의 헤루카, 또는 하야그리바〔馬頭王〕, 또는 바즈라 파니〔金剛手〕[9]를, 아니면 그대의 수호신이 있다면 수호신을 그대 마음 속에 상상하라. 그들이 바로 눈앞에 존재하는 것처럼 완벽한 형상과 거대한 몸집과 육중한 사지와 분노에 찬 공포스런 모습을 떠올리라. 그리고 그들이 모든

---

8) 락샤사(나찰)는 사람을 잡아먹으며 지옥에서 죄인을 못살게 군다는 악귀의 하나. 그런 악귀들이 탄생을 못하게 하거나 훌륭한 탄생을 막는다.
9) 이 세 명의 신들은 초에니 바르도에서 나타나며, 악령을 쫓는 특별한 능력을 갖고 있다. 최상의 헤루카란 여덟째날부터 열둘째날까지 나오는 분노의 신들인 불호금강, 호금강, 보금강, 연화금강, 업금강을 가리킨다.

해로운 악령들을 가루로 만들어 버리는 능력을 갖고 있다고 상상하라. 그대여, 즉시 그들의 모습을 마음에 떠올려야 한다. 그때 자비의 힘과 축복의 파동이 그대를 괴롭히는 악령들을 그대로부터 멀리 떼어 놓을 것이다. 그리고 그때 그대는 자궁문을 선택할 수 있는 능력을 얻게 되리라. 그대여, 이것이 이 심오한 가르침의 중요한 기술이다. 그러므로 이 비법을 마음 깊이 간직하라.

아, 고귀하게 태어난 자여. 모든 명상하는 붓다들(선정불)과 천신들은 깊은 명상의 힘으로부터 태어난다.

불행한 귀신들과 또다른 종류의 악령들은 사후세계에 머무는 동안 사자의 의식이 변해서 그런 모습들을 갖게 된 것이고, 그 후로도 그 모습들을 버리지 않고 굶주린 귀신이나 사악한 혼령이나 락샤사(나찰)가 된 것이다. 그들은 모습을 바꾸는 능력을 갖고 있다. 깊은 바다에 있는 아귀들과 공중을 나르는 아귀들

과 해코지를 하는 8만 종의 악령들 모두가 사후세계에서 사자의 의식이 변해서 그렇게 된 것이다.[10]

이때 만일 그대가 존재의 근원에 관한 가르침[11]을 기억해낼 수 있다면 그것이 가장 좋다. 만일 그대가 그것을 배우지 못했다면 그대의 정신적인 힘을 훈련시켜 모든 것이 환영이라고 여기라. 이것이 불가능할지라도, 어떤 것에도 현혹되어선 안된다. 수호신과 자비의 신을 명상하라. 그러면 그대는 붓다의 경지를 얻으리라.

10) 사후세계의 중간 상태인 바르도가 살기에 적당하고 안정된 곳이라는 잘못된 관념을 그곳에 살고 있는 혼령들, 아귀들, 악령들이 갖고 있다. 따라서 그들은 그곳에 익숙해지기 때문에 정상적인 진화가 늦어진다. 티벳의 깨달은 스승들은 이렇게 말한다. 오늘날 일반적으로 행해지는 '혼령 부르는 의식〔招魂〕'에서처럼 영혼을 불러들일 때마다, 그 혼령은 이승과 접촉하게 되고 저승에 대한 이승의 전통적인 여러 신앙들과 접촉하게 됨으로써 바르도 상태에서도 실질적인 영적 진화가 가능하다는 착각을 더욱 갖게 된다. 그래서 그 혼령은 거기서 벗어나려는 시도를 하지 않게 된다는 것이다. 대개 불러온 혼령은 자기가 살고 있는 착각 속의 영역인 바르도를 묘사할 때 어느 정도는 그가 생전에 갖고 있던 저승에 대한 생각에 따라 묘사를 한다. 사람이 꿈을 꿀 때 주로 평소의 경험을 꿈 속에서 재현하듯이 바르도 상태에 있는 혼령도 그것과 마찬가지로 인간 세상에 있을 때 만들어 갖고 있던 생각(의식)의 내용물에 따라 환각을 경험하게 되기 때문이다. 사자가 목격하는 환영들은 《티벳 사자의 서》에서 수차례 강조하듯이 그가 인간 세상으로부터 갖고 간 정신적인 찌꺼기나 카르마의 씨앗에서 나온 생각의 투영물이다. 따라서 아주 예외적인 혼령들만이 그들이 머물고 있는 바르도 세계에 대해 합리적인 설명을 할 수 있다. 나머지 대부분의 혼령들은 정신적으로 일관성이 없고 성격도 안정돼 있지 않은 상태에서 카르마의 노리개가 되어 버린다. 그들은 대개 지각 없는 유령들에 불과하며, 의식체에 의해 버려졌다가 인간 영매에 접촉해 자동인형처럼 활기를 띠는 심령 껍질에 지나지 않는다.

사실 티벳에서는 몽고나 중국에서처럼 신탁을 받는 능력을 가진 라마승들에 의해서 초혼 (招魂) 의식이 행해지고 있다. 달라이 라마 자신도 국정의 중요한 사안에 대해서 여기에 자문을 구하기도 한다. 그러나 불려오는 신들은 대개 '집행 신단'(티벳어로는 카되bkah-dod. 명령을 기다리는 사라는 뜻)이라고 하는 낮은 부류의 수호신들이며, 최근에 죽은 남녀의 혼령이나 귀신들은 불려오지 않는다. 티벳인들의 믿음에 따르면 이들 집행 신단들 중의 몇 명은 인간 세상에 있을 때 흑마술을 자주 사용한 탓으로 영적인 깨달음을 얻지 못했거나 본문에서 설명하는 것처럼 영적 진화의 길에서 벗어난 라마승과 수행자들의 혼령이다. 그들은 많은 경우에 악귀나 악령이 되는데, 그것은 그들이 죽자마자 영매에 의해 불려옴으로써 인간 세상에 묶이게 되어 그들의 영적 진화가 방해 받기 때문이 아니라 어디까지나 그들의 악한 카르마 때문이다. 이들 집행 신단은 종종 평범한 사자(死者)의 영혼인 것처럼 가장하고 나타나며, 이들은 인간을 괴롭히는 악령들처럼 훈련이 안 된 영매와 손님들에게 정신적 심리적으로 큰 피해를 입혀 이들을 미치게 하거나 도덕적으로 문란하게 만들어 버린다. 이런 이유 때문에 라마승들은 심령적인 연구는 신비 과학의 대가들만 행해야 하며 무분별하게 스승이 없는 대중들이 행해서는 안된다고 주장한다.

이《티벳 사자의 서》번역이 행해진 시킴 지방에서는 서양에서 행해지고 있는 것과 같은 강신술이 오랜 세월 동안 행해져 왔으며, 지금도 행해지고 있다. 시킴의 토착 부족의 후손인 렙차 족들이 아직도 이 지방의 많은 인구를 차지하는데 이들은 아메리칸 인디언들처럼 애니미즘과 비슷한 신앙을 갖고 있다. 죽은 자의 혼령을 부르는 풍습은 시킴의 불교 신도들 사이에 널리 퍼져 있으며, 그들 중 대부분은 티벳인이거나 렙차 족이다. 마찬가지로 불교국가인 부탄에도 초혼의 풍습이 널리 행해지고 있다. 두 나라에서 모두 라마승들이 그것을 강력하게 반대하지만 별로 소용이 없다.

바르도에 묶인 영혼들은 오백 년에서 천 년 동안 진화가 정지되며, 드문 경우에는 수세기 동안 진화가 정지된다고 한다. 바르도에서 벗어나지 못하는 한, 사자는 극락 세계에 들어갈 수도 없으며 인간 세상에 환생할 수도 없다. 그러나 언젠가는 결국 자궁에 들어가게 되며, 바르도에서의 삶은 끝이 난다.

11) 원문은 '공(쏜)에 관한 가르침인 위대한 상징'이다. 위대한 상징은 앞에서 설명했듯이 우주의 최고 진리를 실현한 상태이다.

· 3 ·

두 가지 선택

자궁으로 태어나는 것과 초자연적으로
태어나는 것

아, 고귀하게 태어난 자여. 그럼에도 불구하고 만일 그대가 카르마의 영향 때문에 자궁에 들어가야 한다면, 자궁문을 선택하는 가르침을 여기에 설명할 것이니 잘 들으라.

그대 앞에 나타나는 어떤 자궁에도 들어가지 말라. 만일 괴롭히는 악령들이 강제로 들어가게 한다면, 하야그리바(말 머리를 한 왕)를 명상하라.

그대는 지금 초자연적인 예지 능력을 갖고 있기 때문에 태어날 모든 장소가 하나하나 그대 눈에 보일 것이다.[1] 그것에 따라 잘 선택해야만 한다.

여기 두 가지 선택이 있다. 의식체를 순수한 붓다의 세계로 탈바꿈시키는 것과 순수하지 않은 윤회계의 자궁문을 선택하는 것이 그것이다. 그러기 위해선 다음과 같이 하라.

극락 세계에서의 초자연적인 탄생

순수한 극락 세계로의 의식체의 탈바꿈은 다음과 같은 명상을 통해서 가능하다.

---

1) 이 일련의 환영에서 사자는 각각의 자궁이나 탄생지와 관련된 운명을 미리 알 수 있다. 다시 말해 어떤 자궁이나 어떤 장소에서 태어나면 어떤 삶을 살게 되리라는 것을 미리 내다볼 수 있는 것이다. 플라톤의 《국가론》 제10권에 있는 일화에서도 이것을 엿볼 수 있다. 거기에는 저승에 간 그리스 영웅들이 다음번 환생할 때 받을 몸을 고르고 있는 장면이 그려져 있다.

"아, 슬프다. 아득한 옛날부터 무수히 많은 세월 동안 나는 윤회의 늪 속을 방황해 왔다. 지금까지 참나[2]를 깨닫지 못하고 붓다의 경지를 얻지 못했으니 이 얼마나 고통스런 일인가. 나는 이 윤회계가 지겹고 끔찍하며 역겹다. 나는 이제 윤회에서 벗어날 준비를 할 때가 되었다. 나는 서쪽 극락 세계의 아미타바(아미타불)의 발 아래, 한 송이 연꽃 속에서 기적적으로 태어나리라."

이렇게 생각하면서 그 세계에 태어나기를 진심으로 기원하라. 또는 마찬가지 방식으로 그대가 원하는 다른 세계에 대해 명상하라. 지복으로 가득한 동쪽 세계나, 우주의 모든 힘과 사물들의 씨앗이 빽빽이 채워진 중앙 세계, 또는 긴머리를 한 자들이 사는 세계[3], 우르겐이 있는 연꽃 피어나는 세계[4]에 태어나기를 기원하라. 아니면 그대가 가장 원하는 어떤 세계에 태어나기를 진심으로 기원하라. 그때 그대는 즉시 그곳에 태어날

---

2) 원문은 릭파rig-pa(의식) + 닥bdag(자아. 산스크리트어로는 아트마atma). 만일 본문에서 암시하듯이 이 '의식'을 본질적인 의식, 곧 잠재의식으로 본다면 이 부분은 현대 심리학과 그 내용이 일치한다. 현대 심리학은 인간의 의식 속에 축적된 자료에 기반을 두고 있는데, 잠재의식은 이번 생 또는 가정적이긴 하지만 과거생에서부터 축적된 모든 기억의 창고다. 이것이 참 자아이며, 그 안에서 의식체(생명의 흐름)는 한 존재 상태에서 다른 존재 상태로 끊임없이 흐른다. 그리고 이것이 완전히 깨달은 연금술사에 의해서 탈바꿈될 때 자아는 초월 의식 곧 붓다 의식이 된다. (에반스 웬츠 지음 《켈트 족의 정령 신앙》 참고. 옥스퍼드 대학 출판부.)

이 관점은 붓다 자신의 가르침에도 일치한다. 《앙굿타라 아함경》의 로나팔라 바가 품(品)에 그것이 잘 드러나 있다. 거기서 붓다는 잠재의식에 있는 과거의 기억을 되살리는 요가 행법을 설명하고 있다. (p.99~101 참조.) 붓다의 제자 중의 하나인 소비타는 전생을 기억하는 탁월한 능력을 갖고 있다고 붓다가 공인한 자였다. (《앙굿타라 아함경》의 에타다가 바가 품.) 그는 500겁에 걸친 전생을 체계적으로 기억해내는 능력을 갖고 있었다. 그리고 같은 문헌에서 붓다는 여제자 밧다 카필라니가 전생의 계보를 추적하는 탁월한 능력을 갖고 있다고 말하고 있다.

3) 이것은 바즈라 파니(금강수)의 극락 세계이며 불국토가 아니다. 만일 긴머리가 중국식의 변발을 가리키는 것이라면, 이것은 본 경전이 인도보다는 티벳에서 형성되었다는 증거를

것이다.

만일 그대가 마이트레이아(미륵불)가 있는 도솔천[5]에 태어나기를 원한다면 그런 방식으로 진심으로 기원하라. 그리고 이렇게 생각하라.

"이제는 때가 되었으므로 도솔천에 있는 마이트레이아에게로 나는 가리라."

그때 그대는 마이트레이아가 있는 곳의 연꽃 속에서 기적처럼 태어나리라.[6]

자궁을 통한 탄생 —— 인간 세상으로 돌아옴

만일 그대가 초자연적인 탄생이 불가능하고 자궁에 들어가고 싶거나 들어가야만 한다면 여기 윤회계의 자궁문을 선택하는

제공한다.
4) 이곳은 티벳 불교의 창시자이며 위대한 스승인 파드마삼바바가 통치하는 나라다. 여기서는 파드마삼바바를 우르젠이라고 부르고 있다.

5) 마이트레이아는 미래에 오는 깨달음의 스승이다. 지금은 도솔천에서 때를 기다리며 그곳을 통치하는 왕이다.
6) 천상계에 태어나는 것처럼 도솔천의 연꽃 속에서 태어나는 것은 순수한 탄생을 의미하며, 이것은 자궁을 통하지 않고 태어나는 것이다. 자궁을 통한 탄생은 불결한 탄생으로 여겨진다.

가르침이 있으니 잘 들으라.

그대의 초능력으로 앞에서 말한 대륙들을 둘러보고 진리의 가르침이 널리 꽃핀 곳을 선택해 그곳으로 들어가라.

만일 불결한 더미[7] 위에 탄생하게 되면 달콤한 냄새가 그 불결한 더미로 그대를 유혹하고, 그로 인해 탄생이 이루어진다.

어떤 자궁이나 환영이 나타나더라도 눈에 보이는 대로 그것들을 받아들이지 말라. 그것들에 유혹되거나 반발하지 않으면 좋은 자궁을 선택하게 될 것이다. 여기에서도 마음 속의 기원이 중요하므로 다음과 같이 기원하라.

"아, 나는 우주의 왕으로 태어나야 한다. 또는 거대한 사라수(沙羅樹)[8] 같은 성직자로, 명상 수행에 정통한 자의 아들로,[9] 또는 결점이 없는 가문이나[10] 종교적인 믿음으로 가득한 자의 집안에 태어나야 한다. 그렇게 태어나서 모든 생명 있는 것들에게 봉사할 수 있도록 큰 장점을 갖고 태어나야 한다."

---

7) 임신하지 않은 자궁 속의 정자와 난자를 가리킨다.
8) 인도의 단단한 나무의 하나로, 자라면 크기가 대단히 크다. 고대 인도인들은 무성한 잎과 아름다운 꽃을 가진 사라수를 최고의 나무로 여겼다. 그리고 불교도들은 붓다가 사라수 아래서 나고 죽었다고 해서 신성한 나무로 여긴다.
9) 원문을 그대로 번역하면 '싯디 능력에 정통한 자의 아들로'이다. 요가 수행을 통해 얻은 능력을 싯디 능력이라고 한다.
10) 인도의 창조 신화에 따르면 창조주의 입은 바라문, 양팔은 무사 계급, 양쪽 넓적다리는 서민, 발은 노예가 되었다. 이것이 인도의 네 계급이다. 위에서부터 세번째 계급까지는 깨끗하고 결점이 없는 계급이라고 하며, 노예 계급은 더러운 계급으로 분류한다.

이렇게 생각하고, 기원을 보내라. 그리고 나서 자궁 안으로 들어가라. 동시에 그대가 들어가는 자궁에 선한 의지의 파동을 보내 자궁을 하늘의 집으로 탈바꿈시키라.[11]

열 방향[12]의 모든 승리자들과 그 아들들(보디사트바)과 수호신들, 특히 자비의 신이 힘을 주고 있다고 믿고 그들에게 기도하라. 그리고 나서 자궁으로 들어가라.

자궁을 선택할 때 잘못을 저지를 수가 있다. 카르마의 영향 때문에 좋은 자궁이 나쁜 자궁으로 보이고 나쁜 자궁이 좋은 자궁으로 보일 수가 있다. 그런 잘못이 얼마든지 가능하다. 그 때 역시 이 가르침의 기술이 중요하다. 그러므로 그대는 다음과 같이 해야만 한다.

자궁이 좋아 보여도 거기에 이끌리지 말라. 또한 자궁이 나빠 보여도 거기에 혐오감을 갖지 말라. 혐오감과 애착심, 또는 취하려는 마음과 피하려는 마음으로부터 벗어나는 것, 다시 말

---

11) 이것을 다른 식으로 표현하면 다음과 같다. "그대의 초자연적인 힘을 사용해 그대가 들어가는 자궁을 하늘의 집으로 상상하라."
12) 열 방향은 동서남북 네 방향과 그 사이의 네 방향, 그리고 위 방향과 아래 방향이다.

해 조금도 편견을 갖지 않은 마음으로 자궁에 들어가는 것이 가장 중요한 기술이다. 그러나 실제적인 명상 체험이 있는 소수의 사람을 제외하고는 자신의 나쁜 습관과 성향을 완전히 제거하기는 어렵다.[13]

그러므로 애착심과 혐오감을 떨쳐 버리지 못하면 지성이 낮은 사람이나 악업을 쌓은 자들은 짐승들 사이에서 피난처를 구할 가능성이 크다. 거기서 벗어나도록 사자의 이름을 부르면서 다음과 같이 말해야 한다.

아, 고귀하게 태어난 자여. 만일 그대가 애착심과 혐오감을 떨쳐 버릴 수 없다면 앞에서 말한 어떤 환영이 나타나더라도 진리와 진리를 깨달은 자와 그를 따르는 구도자들에게 기도하라. 그리고 자비의 신에게 기도하라. 머리를 똑바로 세우고 걸

---

13) 문맥으로 볼 때 이 문단의 마지막 문장은 사자에게 읽어 주는 말이라기보다는, 읽어 주는 사람에게 하는 지시에 속해야 할 듯하다. 따라서 이 문장은 다음 문단에 포함되어야 할 것이다. 가와사키 신조의 번역본에도 그렇게 되어 있다.

으라. 그대가 지금 사후세계에 있다는 것을 알라. 모든 나약함을 버리라. 그대의 아들과 딸들 또는 두고 온 친척들에 대한 애착을 끊으라. 그들은 그대에게 아무런 도움도 될 수 없다. 천상계에서 나오는 흰색 빛의 길과 인간 세상에서 나오는 노란색 빛의 길을 따라서 걸어가라. 보석들로 장식된 대저택과 아름다운 정원 속으로 들어가라.

이 말을 사자에게 일곱 번 반복해서 읽어 주라. 그리서 나서 '붓다들과 보디사트바들에게 도움을 청하는 기원문', '사후세계의 두려움으로부터 도움을 청하는 기원문', '여섯 바르도의 서시(序詩)', '사후세계의 위험 가득하고 좁은 여행길로부터 구원을 청하는 기원문'을 세 번 읽으라. 몸의 구성 요소들을 해방시키는 타돌도 이때 읽어야만 한다.[14] 그런 다음 '습관과 성향의 힘을 이용해 대자유에 이르는 의식'[15] 또한 읽어야 한다.

---

14) 살아 있는 인체의 구성은 티벳의 요가 체계에 따르면 27부분으로 이루어져 있다. ① 5원소(물, 불, 공기, 흙, 에테르) ② 5온(색온, 수온, 상온, 행온, 식온) ② 5기(下降氣, 溫氣, 擴散氣, 上昇氣, 生氣) ③ 5관(눈, 귀, 코, 혀, 몸) ④ 6기능(시각, 취각, 청각, 미각, 지각, 이성) ⑤ 정신. 이상의 27부분이 한 인격체를 구성하며 이 인격체는 영원한 것이 아니다. 그 배후에는 잠재의식, 곧 의식체가 있는데 이것은 인격체와는 달리 니르바나에 도달할 수 있는 본체다.

타돌의 몇몇 부분은 얀트라(부적)로 만들어 산 자와 죽은 자의 몸에 지닌다. 임종시에는 함께 화장하거나 매장하는데, 몸의 구성 요소들을 해방시켜 준다는 일반적인 믿음이 있기 때문이다. 《사자를 위한 점성학》이란 책에서는 타돌의 이런 용도에 대해 잘 설명하고 있다. 이 책은 티벳 문헌으로 여러 판본이 있다. 사람이 임종을 맞이한 시간을 기준으로 점성학적인 계산을 해서 시신을 처리하는 방법, 시간, 장소 등을 결정한다. 아울러 사자가 가게 될 사후세계와 지상에 환생할 나라, 조건 등을 예언하는 데도 쓰인다.

15) 이것은 《티벳 사자의 서》를 운문으로 간단하게 각색한 것이다. 기억하기가 쉽기 때문에, 습관적으로 외울 수가 있다. 이것은 사자의 입장에서 습관과 성향의 힘으로 해탈에 이르는 법을 설명하고 있다. 사자는 이 의식을 마음 속에 새겨 놓았다가 사후에 누군가 읽어 주면 그것을 기억하게 되고 따라서 해탈을 얻게 된다고 한다.

· 4 ·
전체적인 결론

 이 가르침을 바르게 읽어 줌으로써 이해력이 뛰어난 구도자들은 죽음의 순간에 곧바로 의식체의 탈바꿈을 이룰 수가 있다. 그들은 사후 세계를 방황할 필요도 없이 공중으로 난 수직의 길을 통해 곧바로 영원한 자유에 이를 것이다.

영적인 수련이 조금 부족한 사람들은 죽음 직후의 초에니 바르도에서 투명한 빛을 인식하고 수직으로 난 길을 통해 올라가리라. 또한 이들보다 영적 수준이 낮은 사람들은 그들 특유의 능력이나 카르마의 힘에 따라 초에니 바르도에 머무는 2주 동안 평화의 신들과 분노의 신들이 나타날 때 대자유에 이를 것이다.

몇 군데의 고비들이 있는데, 그 중 한 곳에서 깨닫게 되면 대자유에 이를 수 있다. 선한 카르마를 별로 쌓지 못한 사람들은 악행으로 인해 장애물이 많기 때문에 시드파 바르도까지 계속해서 추락할 수밖에 없다. 그러나 사다리의 가로대처럼 많은 종류의 가르침이 행해지기 때문에 그 중 하나에서 깨달아 대자유에 이를 수가 있다.

하지만 정말로 악한 카르마를 가진 사람들은 깨달음을 얻지 못하고 공포와 두려움에 휩쓸리게 된다. 그들을 위해서는 자궁문 닫기와 자궁문 선택에 필요한 여러 수준의 가르침들이 있다. 이 여러 단계의 가르침 중 어느 하나에서 사자는 마음에 선명하게 떠올리는 방법을 이해하고 자신의 상황을 바꾸려고 무한히 노력해야 한다.

가장 수준이 낮아서 동물과 다름없는 자일지라도, 구원을 요청함으로써 불행에 빠져드는 과정에서 방향을 돌릴 수가 있을 것이다. 그리고 완전하고 자유로운 인간의 몸[1]을 받는 혜택을 입을 것이며, 다음 생에서는 영적 스승을 만나 구원의 약속을 얻게 될 것이다.

사자가 환생을 찾아 방황하는 시드파 바르도에 있을 때 이 가르침을 듣는다면, 그것은 마치 끊어진 배수관에 홈통을 연결하는 것처럼 선행(善行)의 흐름을 이어 주는 것이다. 그런 역할을 하는 것이 바로 이 위대한 가르침이다.[2]

악업을 아무리 많이 쌓은 자라 해도 이 가르침을 듣고 깨달으면 틀림없이 영원한 자유에 이른다. 왜냐하면 그때 모든 평화의 신들과 분노의 신들이 그를 맞으러 나타나며, 동시에 사악한 방해자인 마라들과 그 밖의 방해자들도 그들과 함께 나타나므로 이 가르침을 한 번 듣는 것만으로도 그의 시각이 바뀌고 그 결과 대자유를 얻을 수 있기

---

1) 자유롭다는 말은 여덟 가지 속박에서 자유롭다는 뜻이다. ① 천상계의 삶에서 겪어야 하는 영원히 반복해서 일어나는 쾌락. ② 아수라계의 삶에서 겪어야 하는 끝없는 전쟁. ③ 축생계의 삶에서 겪어야 하는 무력감과 노예 생활. ④ 불행한 귀신들의 세계인 아귀계의 삶에서 겪어야 하는 고통스런 배고픔과 목마름. ⑤ 지옥에서의 삶에서 겪어야 하는 지독한 열기와 추위. ⑥ 인간들 사이에 살면서 겪는 진리와 동떨어진 생활. ⑦ 인간으로 태어나서 겪는 신체적 장애. ⑧ 인간으로 태어나서 겪어야 하는 그 밖의 장애들.
완전한 인간의 몸을 얻기 위해서 사자는 구도자로서 진리에 대한 믿음, 인내, 지성, 성실, 겸허함을 가져야 한다. 또한 영적 진리가 꽃피어나는 시기, 다시 말해 깨달은 자가 세상에 머물 때나 그의 가르침이 세상에 널리 전파될 때에 태어나야 한다. 그래서 훌륭하고 영적으로 성숙한 스승을 만나야 한다.

2) 배수관이 끊어지면 물의 흐름이 끊어진다. 《티벳 사자의 서》의 가르침은 그 효과 면에서 끊어진 배수관에 홈통을 이어서 물을 흐르도록 배수관을 수리하는 것과 비슷하다. 배수관의 끊어짐은 죽으면서 의식의 흐름이 끊어지는 것을 상징한다. 사자는 이 가르침을 통해 인간 세상에서 행한 선행의 힘으로 앞으로 나아갈 수가 있다. 의식의 흐름을 되찾는 것이다.

때문이다. 그는 자신을 의지할 살과 뼈를 지닌 육체가 아닌 사념체를 갖고 있기 때문에 가르침에 쉽게 영향을 받는다. 사후세계의 아무리 먼 곳에서 사자가 방황하고 있더라도, 그는 어느 정도 초자연적인 지각 능력과 예지력이 있기 때문에 당장에 듣고 달려올 것이다. 그래서 그는 곧바로 기억하고 이해를 해서 마음이 변화할 수 있다. 이 가르침을 행하는 이유가 여기에 있다. 그것은 투석기의 이치와 비슷하다.[3] 또한 그것은 마치 거대한 통나무를 백 사람으로도 옮길 수 없지만 물 위에 띄우면 어디든지 가고자 하는 곳에 순식간에 옮길 수 있는 것과 같다.[4] 그리고 그것은 고삐를 잡고 말을 모는 것과 같다.[5]

따라서 만일 시신이 있다면 그 곁에 다가가서 사자의 영혼에게 이 가르침을 생생하게 여러 번 반복해서 들려 줘야 한다. 코에서 시신의 분비물이 나올 때까지 그렇게 하라. 이 사이에 시신을 움직이거나 하지 말고 편안하게 놓아 둬야 한다.

이 가르침이 효과적으로 행해지기 위해서는 사자를 위한다는 명목

---

3) 투석기가 정해진 목표에 돌을 쏘아 맞추듯이 이 가르침은 사자를 대자유라는 목표에 적중시킨다.
4) 물이 통나무를 움직일 수 있게 해 주는 것처럼 이 가르침은 사자를 가장 적합한 곳, 다시 말해 붓다의 경지까지 인도할 수 있다.
5) 고삐를 잡아당겨 말의 방향을 조절하는 것처럼 이 가르침으로 사자의 사후 진로를 조종할 수 있다.

으로 절대로 동물을 도살해서는 안된다.[6] 또한 시신의 곁에서 가족들이 슬퍼하며 눈물을 흘려서는 안된다.[7] 그리고 가족들은 가능한 한 선행을 베풀어야 한다.

이 가르침은 가능한 한 자주 읽어야 한다. 이 가르침의 내용과 의미를 누구든지 기억해야 한다. 죽음을 피할 수 없게 되고 또한 죽음의 징후들이 나타나면, 힘 닿는 대로 혼자서 이 가르침을 외우고 그 의미에 대해 명상해야 한다. 만일 그럴 만한 힘이 없다면 친구가 이 책을 읽어 줘서 마음 속에 생생하게 기억시켜야 한다. 그렇게 하면 틀림없이 대자유에 이를 것이다.

이 가르침은 명상이나 신앙을 실천하지 않았다 해도 다만 이것을 보여 주는 것만으로도 영원한 자유에 이르는 가르침이다. 이 심오한 가르침은 들려 주거나 보여 주기만 해도 대자유에 이르게 한다. 이 심오한 가르침은 많은 악행을 저지른 자들까지도 비밀의 통로를 통해 대자유에 이르게 한다. 일곱 마리 늑대[8]들이 쫓아올지라도 이 가르침

---

6) 이것은 장례식 때 조문객들을 위해 동물을 도살하는 풍습을 말한다. 불행하게도 이런 일이 자주 행해지고 있다. 직접 동물을 죽이지 않더라도 도살한 동물을 먼 곳으로부터 가져오는 것이다. 이것은 불살생(不殺生)이라는 불교의 정신에 어긋난다.
7) 티벳인들과 히말라야 지방 사람들은 사자를 위해 애도하는 풍습을 오래 전부터 행해 오고 있다. 인도인이나 이집트인들도 마찬가지다. 그러나 불교는 이슬람교처럼 이런 풍습에 반대한다.
8) 사나운 늑대들은 티벳 마을에 많으며 여행자들은 특별한 부적을 써서 그것들이 접근하지 못하게 한다. 일곱 마리 늑대에 대한 비유는 순전히 티벳적인 것이며, 이것은 《티벳 사자의 서》가 비록 많은 부분이 인도의 신화나 요가 철학의 체계로부터 비롯되었지만 그 자체는 티벳에서 만들어졌다는 또다른 증거이다.

의 의미와 내용을 잊지 말라.

이 비밀의 가르침을 통해 누구든지 죽음의 순간에 붓다의 경지를 얻으리라. 과거, 현재, 미래의 붓다들이 나타나서 찾는다 해도 이보다 뛰어난 가르침을 얻지는 못하리라.

이상이 육체를 갖고 태어난 존재를 영원한 자유에 이르게 하는, 《사후세계에서 듣는 것으로 대자유에 이르는 가르침》이라고 부르는 심오한 가르침의 핵심이다.[9]

《사자의 서》는 여기서 끝을 맺는다.

---

9) 가와사키 신조가 텍스트로 삼은 목판본에는 이 마지막 부분에 더하여 이렇게 적혀 있다.
"이티 히 타타 닷드 야타."
이것은 산스크리트어로, "이상과 같다."는 뜻이다.

● ──── 윤회계의 여섯 세계를 형상화한 육도윤회도(六道輪廻圖). 본문 p.304 참조.

사자의 서 부록

기원문들

우리의 필사본에는, 목판본에는 없지만 《사자의 서》 경전 다음에 13페이지에 걸쳐 의식문과 기도문이 실려 있다. 이것은 《사자의 서》를 읽어 주는 전문적인 사람이 반드시 알고 있어야만 하고 필요에 따라 사용할 수 있어야 한다. 그것을 번역해 여기에 싣는다.

— 편집자

·1·
붓다들과 보디사트바들에게 도움을 청하는 기원문

자기 자신이나 타인이 임종을 맞이할 때 붓다와 보디사트바들에게 도움을 청하는 방법은 다음과 같다. 먼저 진리와, 진리를 깨달은 자와, 그를 따르는 구도자들에게 임종자 자신이나 그의 가족들이 예물을 바친다. 마음으로 상상해서 예물을 바칠 수도 있다. 손에는 향기 좋은 향을 들고 마음을 모아 다음과 같이 반복해서 말한다.

아, 열 가지 방향에 있으며 더없는 자비를 갖추시고 지혜와 투시력〔天眼〕과 사랑을 갖고 모든 생명 있는 것들을 보호해주시는 붓다들과 보디사트바들이여. 자비의 힘으로 이곳에 내려오셔서 차려 놓은 공양물과 마음으로 만든 공양물을 받으소서.

　아, 자비로운 이여. 당신은 무한한 지혜와 자비의 사랑과 신통력과 보호하는 힘을 갖고 있습니다. 자비로운 이여, 지금 아무개가 이 세상을 떠나 저 세상으로 가려 합니다. 그는 지금 이 세상을 떠나려 하고 있습니다. 그는 큰 이동을 하려고 합니다. 그는 이제 친구가 없습니다. 불행은 참으로 큽니다. 그는 이제 지켜 줄 이도 보호해 줄 이도 없으며, 아무런 능력도 동행자도 없습니다. 이 세상의 빛이 져 버렸습니다. 그는 다른 곳으로 갑니다. 그는 무거운 어둠 속으로 들어갑니다. 그는 가파른 절벽 아래로 떨어집니다. 그는 고독의 밀림 속으로 들어갑니다. 그는 카르마의 힘에 끌려 다닙니다. 그는 광막한 정적 속으로 들어갑니다. 그는 거대한 바다 위에 떠다닙니다. 그는 카르마의 바람에 밀려 다닙니다. 그는 안정이 없는 곳으로 들어갑니다. 그는 큰 갈등 속에 빠집니다. 그는 거대한 악귀들의 포로가 됩니다. 그는 죽음의 왕이 보낸 사자 때문에 두려움과 공포에 빠집니다. 카르마가 그를 윤회 속으로 끌어당깁니다. 그는 아무런 힘도 없습니다. 그는 이제 혼자서 가야 할 때가 왔습니다.

　아, 자비로운 이여. 지켜 주는 이 없는 아무개를 지켜 주소서. 보호받지 못하는 그를 보호해 주소서. 그의 힘이 되어 주시고 동행자가 되어 주소서. 사후세계의 어둠으로부터 그를 보호해 주소서. 카르마의 붉은 광풍으로부터 그를 비켜 가게 하소서. 죽음의 왕들에 대한 공포와 두려움으로부터 그를 벗어나게 하소서. 사후세계의 길고 좁은 여행길로부터 그를 구하소서.

아, 자비로운 이여. 자비의 힘을 늦추지 마시고 그를 도우소서. 그를 불행한 곳으로 가게 하지 마소서. 당신의 옛 맹세를 잊지 마소서. 당신의 자비의 힘을 늦추지 마소서.

아, 붓다들과 보디사트바들이여. 이 사람을 향한 자비의 힘을 거두지 마소서. 당신의 자비의 밧줄로 그를 붙잡으소서. 악한 카르마의 힘에 이 생명 가진 자가 굴복하게 하지 마소서.

아, 진리와 진리를 깨달은 자와 그를 따르는 구도자들이여. 사후세계의 불행으로부터 이 자를 보호하소서.[1]

겸허하고 강한 믿음을 갖고 이렇게 기도하고 모든 참석자들이 그것을 세 번 반복해 읽는다.

---

1) 이 북방불교의 기도를 성 미카엘에게 드리는 중세 기독교의 기도와 비교해 보는 것도 흥미로울 것이다. 콤퍼가 편집한 《죽음의 기술》 제6장에 다음과 같은 구절이 나온다.
"성 미카엘 천사장이시여, 이제 정의로운 심판관 앞에서 우리를 구원하소서. 아, 불굴의 왕이시여. 지금 오셔서 그의 목표를 위해 열심히 노력하는 우리의 형제 아무개를 도우소서. 그리고 그를 지옥의 용으로부터 지켜 주시고 악령들의 농간으로부터 보호해 주소서. 또한 우리는 당신께 기도하오니, 이는 순수하고 순결한 신성의 소나기이옵니다. 우리 형제 아무개의 임종시에 인자하고 친절하게 그의 영혼을 당신의 오른쪽 거룩한 가슴에 받아 주시고, 그를 새롭고 평화롭고 휴식할 수 있는 곳으로 데려가시기를 간절히 기도하옵니다. 아멘."

◇ 1. 붓다들과 보디사트바들에게 도움을 청하는 기원문

2

사후세계의 위험 가득하고 좁은 여행길로부터
구원을 청하는 기원문

〖 1 〗

아, 열 가지 방향에 있는 승리자들과 그의 아들들이여.
아, 평화의 신들과 분노의 신들이며 완전한 선을 갖춘 모든 승리자들이여.
아, 영적 스승들과 천신들과 충실한 어머니 신들이여.
큰 사랑과 자비의 마음을 내어 이 기도를 들으소서.
존경하는 영적 스승들과 어머니 신들에게 절하오니
당신들의 더없는 사랑으로 우리를 진리의 길로 인도하소서.

〖 2 〗

환상에 사로잡혀 나와 다른 이들이 윤회계를 방황할 때
주의깊게 듣고 사색하고 명상하는 눈부신 빛의 길을 따라
영감을 받은 영적 스승들은 우리를 인도하소서.
어머니 신들께서는 우리를 뒤에서 지켜 주소서.
사후세계의 좁고 무서운 여행길에서 우리를 구하소서.
우리로 하여금 완전한 붓다 경지에 이르게 하소서.

〖 3 〗

분노의 마음이 너무 깊어 윤회계를 방황할 때
거울 같은 대지혜로부터 나오는 눈부신 빛의 길을 따라
바즈라사트바(금강살타)께서는 우리를 인도하소서.
어머니 신 마마키께서 우리를 뒤에서 지켜 주소서.
사후세계의 좁고 무서운 여행길에서 우리를 구하소서.
우리로 하여금 완전한 붓다 경지에 이르게 하소서.

〖 4 〗

자만심이 너무 깊어 윤회계를 방황할 때
평등 지혜로부터 나오는 눈부신 빛의 길을 따라
라트나삼바바(보생불)께서는 우리를 인도하소서.
붓다의 눈을 한 어머니 신께서 우리를 뒤에서 지켜 주소서.
사후세계의 좁고 무서운 여행길에서 우리를 구하소서.
우리로 하여금 완전한 붓다 경지에 이르게 하소서.

〖 5 〗

집착하는 마음이 너무 강해 윤회계를 방황할 때
분별하는 대지혜로부터 나오는 눈부신 빛의 길을 따라
아미타바(아미타불)께서는 우리를 인도하소서.
흰 옷을 입은 어머니 신께서 우리를 뒤에서 지켜 주소서.
사후세계의 좁고 무서운 여행길에서 우리를 구하소서.
우리로 하여금 완전한 붓다 경지에 이르게 하소서.

〖 6 〗

　질투하는 마음이 너무 깊어 윤회계를 방황할 때
　모든 것을 성취하는 대지혜로부터 나오는 빛의 길을 따라
　아모가싯디(불공성취불)께서는 우리를 인도하소서.
　신앙심 깊은 어머니 신 타라께서 우리를 뒤에서 지켜 주소서.
　사후세계의 좁고 무서운 여행길에서 우리를 구하소서.
　우리로 하여금 완전한 붓다 경지에 이르게 하소서.

〖 7 〗

　무지의 어둠이 너무 깊어 윤회계를 방황할 때
　진리 세계의 지혜로부터 나오는 눈부신 빛의 길을 따라
　바이로차나(비로자나불)께서는 우리를 인도하소서.
　무한한 우주 공간의 어머니 신께서 우리를 뒤에서 지켜 주소서.
　사후세계의 좁고 무서운 여행길에서 우리를 구하소서.
　우리로 하여금 완전한 붓다 경지에 이르게 하소서.

【8】

　환상이 너무 깊어 윤회계를 방황할 때
　환상이 만들어낸 공포와 두려움에서 벗어나게 하는 눈부신 빛의 길을 따라
　분노의 신들께서는 우리를 인도하소서.
　하늘 공간에 가득한 분노의 여신들께서 우리를 뒤에서 지켜 주소서.
　사후세계의 좁고 무서운 여행길에서 우리를 구하소서.
　우리로 하여금 완전한 붓다 경지에 이르게 하소서.

【9】

　나쁜 습관과 성향이 너무 깊어 윤회계를 방황할 때
　우리와 동시에 태어난 지혜의 눈부신 길을 따라
　지식 가진 신들께서는 우리를 인도하소서.
　사후세계의 좁고 무서운 여행길에서 우리를 구하소서.
　우리로 하여금 완전한 붓다 경지에 이르게 하소서.

〖 10 〗

　허공의 원소〔靈氣〕들이 우리의 적으로 나타나지 않게 하시고
　우리가 푸른색 붓다의 세계를 볼 수 있게 하소서.
　물 원소가 우리의 적으로 나타나지 않게 하시고
　우리가 흰색 붓다의 세계를 볼 수 있게 하소서.
　흙 원소가 우리의 적으로 나타나지 않게 하시고
　우리가 노란색 붓다의 세계를 볼 수 있게 하소서.
　불 원소가 우리의 적으로 나타나지 않게 하시고
　우리가 붉은색 붓다의 세계를 볼 수 있게 하소서.
　공기 원소가 우리의 적으로 나타나지 않게 하시고
　우리가 초록색 붓다의 세계를 볼 수 있게 하소서.[1]
　무지개 색 원소들이 우리의 적으로 나타나지 않게 하시고
　붓다들의 세계를 우리가 볼 수 있게 하소서.
　사후세계에서 나는 모든 소리들이 우리들 자신의 소리라는 것을 알게 하시고
　모든 빛들이 우리들 자신의 빛임을 알게 하소서.
　사후세계에서 우리가 존재의 근원과 하나가 되게 하소서.[2]

---

1) 푸른색 붓다는 사만타바드라(보현보살), 흰색 붓다는 바즈라사트바(금강살타), 노란색 붓다는 라트나삼바바(보생불), 붉은색 붓다는 아미타바(아미타불), 초록색 붓다는 아모가싯디(불공성취불)이다. 사만타바드라가 종종 바이로차나(비로자나)의 위치를 대신한다. 바이로차나는 푸른색 대신 흰색으로 묘사되기도 하지만 두 붓다는 본질적으로 같다.
2) 원문에는 '삼신(三身)을 실현하게 하소서'로 되어 있다.

3

여섯 바르도의 서시(序詩)

〖1〗

아, 지금은 출생지의 바르도[1]가 내 앞에 밝아 오는 때!
게으름을 버려야 한다.
구도자의 삶에 게으름이란 없는 것.
진지하게 듣고 사색하고 명상하며
마음이 흩어짐 없이 존재의 근원으로 들어가
마음과 현상의 진정한 본질을 깨닫게 되기를.
그리하여 존재의 근원과 하나가 되기를.
한번 인간의 몸을 얻으면

---

1) p.197~198, 262를 참고할 것.

인간의 삶을 게으름으로 헛되이 써 버리지 않게 되기를.

〖 2 〗

아, 지금은 꿈 속의 바르도가 내 앞에 밝아 오는 때!
시체와 다를 바 없는 아주 깊은 어리석음의 잠에서 깨어나
마음이 그 근본 자리에서 머물게 하소서.
꿈의 본질을 완전히 이해하고
기적의 탈바꿈을 일으키는 투명한 빛을 깨닫게 하소서.
게으른 짐승처럼 행동하는 일 없이
잠을 자는 상태에서도 의식이 깨어 있게 하소서.[2]

〖 3 〗

아, 지금은 명상의 바르도가 내 앞에 밝아 오는 때!
모든 사념과 헛된 생각을 버리고
영원히 흐트러짐 없는 깊은 명상에 들게 하소서.
존재의 빛을 마음에 떠올려 그 빛과 하나가 되게 하시고[3]
다른 모든 행위를 접어두고 오직 명상에 전념할 때
나를 유혹하고 어리석게 만드는 욕망의 힘에 굴복하지 않게

---

[2] 원문을 직역하면 '수면 상태에서 깨어 있는 수행을 내가 가치있게 여기게 하소서.'이다. 이것은 심오한 요가 수행법으로, 수행자는 의식이 완전히 깨어 있는 상태에서 수면 상태에 들어가 실험을 하며, 그 실험 결과를 완전히 기억한 상태에서 잠에서 깨어난다. 그리하여 잠을 자는 상태나 깨어 있는 상태 모두가 현상에 바탕을 둔 단순한 환영이라는 사실을 깨닫는다.

[3] 원문을 직역하면 '시각화 단계와 완성 단계 모두에서 확고하게 서게 하시고'이다.

하소서.

〖4〗

 아, 지금은 죽음의 순간의 바르도가 내 앞에 밝아 오는 때!
 집착과 욕망과 세속의 모든 사물에 대한 미련을 버리고
 깨달음을 주는 밝은 가르침의 공간으로 마음을 집중해 들어가게 하소서.
 나로 하여금 태어남 없는 하늘 공간으로 옮겨가게 하소서.
 이제 살과 뼈로 만들어진 육체를 벗어 버릴 때가 왔습니다.
 이 몸이 영원하지 않으며 환영에 불과하다는 것을 알게 하소서.

〖5〗

 아, 지금은 존재의 근원의 바르도가 내 앞에 밝아 오는 때!
 모든 현상에 대한 두려움과 공포와 무서움을 버리고
 눈앞에 나타나는 모든 것들이 내 자신의 마음에서 투영된 것임을 깨닫게 하소서.
 그것들 모두가 사후세계의 환영임을 알게 하소서.

더없이 중요한 순간이 다가왔으니
내 자신의 생각의 투영인 평화의 신들과 분노의 신들을 두려워하지 않게 하소서.

〖6〗

아, 지금은 환생의 바르도가 내 앞에 밝아 오는 때!
한 가지 기원에 마음을 집중해
끝없는 노력으로 선행의 길을 계속하게 하소서.
자궁문이 닫히게 하시고 그 반대의 것을 생각하게 하소서.
지금은 힘과 순수한 사랑이 필요한 때
질투심을 버리고 아버지이며 어머니인 영적 스승을 명상하게 하소서.

〖7〗

아, 죽음이 다가오는 줄도 모르고 꾸물거리는 자여.
그대는 이번 생을 쓸모없는 일에 모두 바치고
귀중한 기회를 놓쳐 버리는 어리석음을 범하고 있다.
만일 그대가 이 삶으로부터 아무것도 얻지 못하고 빈 손으

로 돌아간다면
 그대의 목적은 잘못된 것이다.
 그대에게 진정으로 필요한 것은 진리를 깨닫는 것이니
 지금이라도 신성한 진리에 그대 자신을 바치지 않겠는가?

〖 맺음말 〗

 위대한 명상 수행자는 이렇게 말했다.
 만일 영적 스승이 골라 준 이 가르침을 마음 속에 새기지 않으면
 제자여, 그대는 스스로에게 반역자가 되는 것이다.
 이 근본 가르침을 아는 것은 더없이 중요한 일이다.

·4·
사후세계의 두려움으로부터 보호를 청하는 기원문

〖1〗

내 삶의 주사위가 완전히 던져졌을 때
이 세상의 가족들은 나에게 아무 소용이 없다.
나 혼자 사후세계를 방황할 때
평화의 승리자와 분노의 승리자들이여, 당신들의 자비의 힘으로
무지의 어둠을 걷어내 주소서.

〖2〗

　사랑하는 친구들과 헤어져 홀로 방황할 때
　내 자신의 공허한 생각들이 환영이 되어 나타날 때
　붓다들이여, 당신들의 자비의 힘으로
　사후세계의 두려움과 공포를 물리쳐 주소서.

〖3〗

　다섯 가지 지혜의 밝은 빛이 비칠 때
　두려움과 공포에 달아나지 않고 그것들이 나 자신의 표현임을 깨닫게 하소서.
　평화와 분노의 모습을 한 유령들이 내 앞에 나타날 때,
　두려움 없이 이 사후세계를 깨닫게 하소서.

〖4〗

　악한 카르마의 힘 때문에 온갖 불행을 경험할 때
　평화와 분노의 승리자들이여, 이 불행을 사라지게 하소서.

스스로 존재하는 존재 근원의 소리가 천 개의 천둥처럼 울릴 때
그것들이 위대한 가르침의 소리들로 변하게 하소서.

〖 5 〗

내가 보호받지 못하고 카르마의 힘에 끌려 다닐 때
평화와 분노의 승리자들이여, 나를 지켜 주소서.
카르마의 성향 때문에 고통을 당할 때
투명한 빛의 환희에 찬 명상 상태가 나에게 밝아 오게 하소서.

〖 6 〗

시드파 바르도에서 초자연적인 탄생을 선택받았을 때
나를 유혹하는 마귀들이 나타나 방해하지 않게 하소서.
내가 바라는 곳에 도착했을 때
악한 카르마에서 생겨나는 환영의 공포를 경험하지 않게 하소서.

〖7〗

사나운 짐승들의 울부짖음 소리가 들릴 때
그 소리가 여섯 글자의 진언[1]으로 바뀌게 하소서.
눈, 비, 폭풍, 암흑에 쫓겨 다닐 때
빛나는 지혜의 눈〔天眼〕으로 보게 하소서.

〖8〗

사후세계에 있는 생명 가진 모든 존재들이
조화로운 질서 속에서 서로를 질투하지 않고[2]
보다 높은 차원에 태어나게 하소서.
내가 배고픔과 목마름으로 극도의 고통을 당할 운명이라도
나로 하여금 배고픔과 목마름과 뜨거움과 차가움의 고통을 겪지 않게 하소서.[3]

〖9〗

성교중에 있는 미래의 부모를 보게 될 때

---

1) 육자진언. '옴 마니 밧메 훔'을 가리킨다.
2) 남자나 여자로서 태어날 때 생겨나는 질투를 가리킨다.
3) 배고픔과 목마름은 아귀계에서 겪는 고통이며, 뜨거움과 차가움은 지옥계에서 겪는 고통이다.

그들을 신성한 부부, 승리자이며 평화와 분노의 아버지와 어머니 신으로 볼 수 있게 하소서.
내가 어느 곳에 태어나든지 다른 이들을 위한 삶이 되게 하시고
상징과 은총을 받은 완전한 몸[4]으로 태어나게 하소서.

〖 10 〗

보다 좋은 남자의 몸을 얻어
나를 보거나 내 말을 듣는 모든 이들을 대자유로 인도할 수 있게 하소서.
악한 카르마가 나를 따르지 못하게 하시며
나를 따라오는 모든 공덕은 더 많아지게 하소서.

〖 11 〗

어느 곳에 태어나든지 그 자리에서 평화와 분노의 승리자들을 만날 수 있게 하시고
내가 태어나자마자 걷고 말할 수 있게 하소서.[5]
또한 잊어 버리지 않는 기억력을 얻어 과거생을 기억하게 하

---

4) 여러 가지 특이한 신체 특징과 능력을 지닌 붓다의 몸을 가리킨다.
5) 이것은 고타마 붓다가 태어났을 때 사방으로 일곱 걸음을 걸어 나갔다가 일곱 걸음을 걸어 돌아왔으며(모두 합해 56걸음), 각 방향으로 걸어나갔다 돌아올 때마다 신비한 예언(天上天下 唯我獨尊)을 한 것을 가리킨다. 이런 비범한 행동을 보인 뒤에 붓다는 일반적인 아이처럼 충분히 나이가 들 때까지 걸을 수 없는 상태로 돌아갔다.

소서.[6]

〖12〗

모든 크고 작은 지식들에 대해
단지 보거나 듣거나 생각만 해도 다 알 수 있게 하소서.
어느 곳에 태어나든 그곳이 좋은 곳이게 하시고
모든 생명 가진 존재들이 행복을 얻게 하소서.

〖13〗

평화와 분노의 승리자들이여, 나로 하여금 당신들의 육체를 닮고
　당신들의 수많은 추종자들과, 당신들의 긴 수명과, 당신들의 무한한 세계를, 끝없이 펼쳐진 나라를 내게도 허락하소서.
　그리고 당신들의 성스런 이름을 닮게 하소서.
　나와 모든 존재들이 그 모든 것들에서 당신들을 닮게 하소서.

---

6) 남방불교의 《디가 아함경(장아함경)》의 삼기티 수타 품에는 전생 기억에 대해 붓다 자신이 이렇게 설명하고 있다.
"태아가 자궁에 들어가는 데는 네 가지 조건이 있다. 세상의 형제들아! 아무것도 알지 못하고 자궁에 들어가서 거기서 아무것도 모르는 채 머물다가 아무것도 모르고 자궁에서 나오는 것, 이것이 첫번째다. 형제들아! 어머니의 자궁에 알고 들어가서 모르고 머물다가 모르고 거기에서 나오는 것, 이것이 두번째다. 이 세상의 형제들아! 어머니의 자궁에 알고 들어와서 알고 머물다가 모르고 거기에서 나오는 것, 이것이 세번째다. 이 세상의 형제들아! 어머니의 자궁에 알고 들어와서 알고 머물다가 알고 거기에서 나오는 것, 이것이 네번째다."

〖14〗

완전한 선을 갖춘 수많은 평화와 분노의 신들의 자비에 의해서
더없이 순수한 존재의 근원에서 나오는 축복의 파장에 의해서
그리고 마음을 다해 헌신하는 구도자들이 보내는 축복의 파장에 의해서
지금 여기서 기원하는 모든 것이 이뤄지게 하소서.

'사후세계의 두려움으로부터 보호를 청하는 기원문'은 여기서 끝난다.

· 5 ·
끝맺음말

〔필사본은 다음의 일곱 행의 시(詩)를 마지막에 싣고 있다. 이 경전을 편집한 라마승이나 기록자가 쓴 것인 듯하다. 그러나 작자의 이름은 적혀 있지 않다. 그것은 자신을 낮추고 경전의 위대함만을 대중에게 전하는 티벳 불교의 전통에 따른 것이다. ─ 편집자〕

더없이 순수한 나의 의도로 이 책을 만들 때
그 공덕으로
모든 생명 가진 것들과 어머니들이
붓다의 경지에 이르게 되기를.[1]
그리고 행복의 빛이 인간 세상을 비추기를.

---

1) 이 기록자는 《티벳 사자의 서》의 사본을 만드는 일에서 얻어진 자신의 모든 공덕이 인종이나 종교에 관계없이 모든 존재가 대자유의 경지를 얻는 데 도움이 되기를 바라고 있다. 또한 그는 여기서 어머니들을 언급함으로써 불교라는 민주주의가 언제나 여성을 존중해 왔음을 증명하고 있다.

이 책에 행운이 깃들고
모든 곳에서 덕과 선이 이루어지기를.

《티벳 사자의 서》 필사본 끝

푸나여, 성스런 삶을 가득 채우라.
열다섯째날의 보름달처럼.
진리(道)에 대한 완전한 지식으로 자신을 채워
무지의 어둠을 흩어 버리게 하라.

푸나, 어느 여승,《초기 불전》제1장 3절
라이스 데이비스 번역

부 록

【보충해설】

이 세상 만물의 본질은 하나이며 같다. 그 본질은 더없이 고요하고 평화롭다. 그곳에는 아무것도 무엇으로 되어야 하는 것이 없다. 그러나 무지가 스스로를 눈멀게 하고 망상이 깨달음을 잊게 한다. 그것 때문에 우주의 모든 현상을 특징짓는 조건과 차이와 활동들을 바르게 인식하지 못한다.

아슈바고사〔馬鳴〕《대승기신론》
스즈키 번역

《티벳 사자의 서》의 이해를 위한 몇 개의 설명

에반스 웬츠

이 부록은 일곱 장으로 되어 있으며, 《티벳 사자의 서》의 이해를 돕기 위해 해설문과 주석에 덧붙여 몇 가지 것들을 더 자세히 설명한 것이다. 그 내용은 다음과 같다.

1. 요가
2. 탄트라
3. 만트라
4. 스승과 제자 그리고 입문
5. 존재의 근원
6. 북방불교와 남방불교 그리고 기독교
7. 중세 기독교의 사후 심판

1. 요가

《티벳 사자의 서》의 주석에 자주 등장하는 요가Yoga라는 말은 산스크리트어 유즈yuj에서 나온 말이다. 유즈는 '묶다, 결합하다'의 뜻이다. 이 말은 영어 동사 '매다, 연결하다yoke'와도 밀접한 관계가 있다. 인간 내부에 있는 낮은 차원의 본성과 높은 차원의 신적인 본성을 한데 묶어서 높은 것이 낮은 것을 이끌도록 하는 것을 뜻한다. 이것은 《티벳 사자의 서》의 가르침을 성공적으로 실천하는 데 꼭 필요한 것이다. 그리고 그런 상태에 도달하기 위해서는 마음 속에서 일어나는 사념을 통제하는 능력을 갖춰야만 한다.

어떤 학자들은 이런 일반적인 설명에 의문을 갖기도 한다. 그들은 요가라는 용어는 종교에 있어서 이론과 반대되는 '실제 수행'을 뜻한다고 믿는다. 이 경우에는 사념을 단단히 통제해 실체를 깨닫도록 하는 요가 수행을 뜻한다. 이런 뜻에서 요가는 서양의 어떤 과학보다도 발달한 응용 심리학이라고 할 수 있다.

인간은 눈에 보이는 현상들이 실제로 존재하는 것이라고 믿는다. 이것은 인간 모두를 지배하고 있는 잘못된 관념이다. 그 잘못된 관념에서 나온 생각들이 마음을 지배하고 있는 한 그는 정신적 장애에 시달리는 사람이다. 종교에서는 그 정신적 장애를 무지 또는 무명(無明)이라고 부른다. 이 무지는 참 지식을 얻는 데 방해가 된다. 불분명하고 잘못된 관념들을 모두 치워 버렸을 때만이 비로소 무지의 생각들이 지배하지 않는 마음의 근본을 깨달을 수 있다. 그리고 그것을 깨달을 때 《티벳 사자의 서》에서 말하는 다르마카야의 최초의 투명한 빛이 밝아 온다.

무지로 어두워진 인간의 마음은 곧잘 두터운 먼지로 덮인 거울이나 흙탕물로 가득한 수정 꽃병에 비유하기도 한다. 요가는 거울에서 먼지를 닦아내고 물에서 흙 알갱이를 걸러내는 과학적인 방법이다. 마음이 그런 식으로 맑고 투명해졌을 때만이 마음은 비로소 존재의 근원에서 비치는 빛을 반사할 수 있다. 그때 인간은 자기 자신을 알 수 있다. 그러나 물들지도 않고 물들여질 수도 없는 존재의 근원을 짙은 안개처럼 인간의 시야로부터 가려 버리는 것이 있으니, 그것이 바로 마야이며 환영이다. 이 안개를 뚫고 그 너머에 숨겨진 것을 볼 수 있게 하는 방법들이 있다. 서양의 화학 실험실에서 사용되는 방법들이 확실하고 분명한 물리적 결과를 낳듯이 이 방법들 역시 똑같은 영적 결과를 가져온다. 화학적인 방법으로 황금에서 불순물을 제거할 수 있는 것처럼 요가라는 방법을 통해 인간은 오류로부터 진리를 분리해낼 수 있다.

불교의 다른 근본 가르침들과 마찬가지로 《티벳 사자의 서》의 근본 가르침 역시 바른 지식이 없이는 실제로 적용할 수가 없다. 바른 지식이 구도자의 삶에 조금이라도 의미가 있으려면 그것이 믿음이나 이론에서 얻어진 것이 아니라 깨달음에서 나온 것이어야만 한다. 그리고 요가가 뜻하듯이 마음의 다스림이 없이는 바른 지식을 깨닫는 일이 불가능하다. 모든 불교학파의 공인된 경전들이 이것을 말해 주고 있다.

요가 수행은 인도 페샤워르 지방인 간다라의 수도승 아상가〔無着〕에 의해 대승불교에 소개되었다. 그는 미래의 붓다인 보디사트바 마이트레야, 곧 미륵보살에게 영감을 받아 《마이트레야의 다섯 권의 책〔彌勒五書〕》라는 유가행파(瑜伽行派)의 경전을 지었다.

여기서 우리는 요가의 다양한 면과 학파들을 토론하려고 하는 것은 아니다. 힌두교와 불교의 전문 용어들도 다양하고 철학적이고 이론적인 부분들도 차이가 있으며 사념을 통제하는 과학 체계도 다양하다.

그러나 나는 여러 학파의 요가 수행자들과 함께 생활하면서 많은 탐구를 한 결과 모든 요가 수행자들의 목표는 똑같다는 것을 확신할 수 있었다. 그것은 힌두인들이 묵티라고 부르고 불교인들은 니르바나라고 부르는 것으로, 윤회계(현상계)의 노예 상태로부터의 해방이다.

나는 라마 카지 다와삼둡이 번역한 요가에 관한 중요한 티벳 문헌들을 갖고 있다. 그 가운데 하나는 고대 인도로부터 전해진 것이다. 그것들을 출판할 기회가 생긴다면 나는 요가에 대한 라마 카지 다와삼둡 자신의 연구 결과를 자세히 소개할 계획이다.

《티벳 사자의 서》의 많은 부분을 이해하려면 이상과 같은 요가에 대한 기본 사항을 알고 있어야만 한다. 요가의 가르침 중에서 대표적인 것 한 가지만 보기를 든다면, 우리의 경전에서 자주 등장하는 투명한 빛은 죽음의 결정적인 순간에 모든 인간에게 똑같이 나타남에도 불구하고 요가 수행자는 그것을 가장 잘 인식한다. 이와 같이 투명한 빛이란 죽음의 순간이나 그 후의 사후 중간 상태에서 인간이 자기 자신을 발견하는 '시각적인 조건'을 상징한다. 만일 그 시각적인 조건이 카르마로 인해 어두워지지 않는다면— 카르마는 바르도 상태에서 생겨나는 모든 현상과 환영을 일으키는 근원이다 — 사자(死者)는 존재의 근원을 최초의 투명한 빛으로 보게 된다. 그리고 그 자신이 원할 경우에는 윤회를 포기하고 탄생과 죽음의 사슬을 넘어 니르바나로 들어갈 수 있다.

물론 그런 분명한 영적 통찰력을 갖는 경우는 극히 드물다. 그것은 바른 삶을 무수한 생 동안 살아 온 결과로서 얻어지는 것이다. 그럼에도 불구하고 《티벳 사자의 서》의 목적은 죽음의 순간에 처했거나 이미 죽음을 맞이한 모든 인간을 깨달음의 세계로 인도하기 위한 것이다. 죽음이 찾아오기 전에 바른 지식에 이르기 위해서는 무엇보다 먼저 깨달음에 이르러야만 한다. (다시 말해, 인간 육체 속에 머물러 있을 때 무아경의 명상 상태에서 투명한 빛을 인식할 수 있어야만 한다.) 깊은 명상 수행을 통해 사념을 완전히 통제하는 능력을 갖지 않고서는 투명한 빛의 본질을 이해하는 것이 거의 불가능한 일이라고 티벳 스승들은 주장한다. (에반스 웬츠가 이 책에서 말하고 있는 요가는 명상 수행 전체를 가리키는 것으로 이해해야만 한다. 그는 좁은 의미의 요가, 곧 명상 수행의 한 방법인 요가 수행법을 말하고 있는 것이 아니라 인간 내면을 들여다보기 위한 모든 수행법 일체를 '요가'라는 한 단어로 표현하고 있는 것이다. 이런 경우는 서양의 명상 서적들에서 흔히 찾아볼 수 있다.)

2. 탄트라

《티벳 사자의 서》는 그 자체가 어느 정도 탄트라에 속한다. 하지만 무엇이 탄트라이고 무엇이 탄트라가 아닌지 정의내리기는 쉽지 않다. 티벳 어원학에 따르면 탄트라(티벳어로는 규드Rgyud)는 글자 그대로는 종교적인 성질을 지닌 '논문'을 뜻하며, 대개 대승유가행파(大乘瑜伽行派)라고 하는 요가 학파에 속한다. 종교상으로 보면 탄트라는 두 개의 큰 그룹으로 나뉘는데, 하나는 힌두교 계통이고 다른 하나는 불교 계통이다. 힌두교 탄트라는 주로 신적인 스승인 시바 신과 그의 아내 파르바티의 대화 형식으로 되어 있으며, 그들은 종종 분노한 모습의 바이라바와 바이라비로 등장한다. 불교 탄트라는 힌두 신들 대신 불교의 신들, 붓다들과 그들의 여성 배우자들, 또는 남성 신들과 여성 신들이 나타난다. 이들 두 탄트라의 공통된 특징 중의 하나는 그것들이 대개 요가 철학에 바탕을 두고 있다는 것이다.

두 탄트라 중에서 어느 것이 더 오래됐는가에 대해선 논란이 많다.

하지만 가장 오래된 탄트라는 서양 학자들이 생각하는 것보다는 아마도 훨씬 더 오랜 역사를 갖고 있을 것이다. 서양 학자들은 탄트라가 생겨난 것이 기원 후의 일이라고 주장한다. 물론 어떤 탄트라는 역사가 짧은 것이 틀림없는 사실이다. 정통 힌두교도들에 따르면, 탄트라들은 《베다》 경전에 기원을 두고 있으며, 칼리 유가 곧 현재의 시대를 위한 주요 경전으로 쓰이도록 만들어졌다. 인도에서 《베다》가 만들어진 시기는 기원전 2천 년에서 5백 년까지로 추측되고 있다. 어떤 불교도들은 탄트라가 순전히 불교에 기원을 두고 있다고 주장한다. 그러나 힌두교도들의 견해가 일반적으로 받아들여지고 있다.

마치 당시의 지식의 백과사전인 양 탄트라는 그 수가 무척 많다. 어떤 것은 우주의 본질과 진화와 해체에 관한 것이고, 생명을 가진 존재들과 다양한 천국들과 지옥들과 세계들을 분류해 놓은 것도 있다. 또한 인간 관계와 행동을 통제하는, 신이 만든 규율들에 관한 것도 있다. 그 밖에도 숱한 형태의 숭배와 영적 수련, 종교 의식, 명상, 요가, 왕의 의무, 법률, 관습, 의약, 점성학, 천문학, 마술 등 탄트라는 쉽게 말해 동양 과학의 모든 영역을 아우르고 있다.

《티벳 사자의 서》가 요가에 바탕을 둔 하나의 의식이며 주된 내용이 탄생과 죽음과 환생의 과학이고 우주에 살고 있는 다양한 존재들에 대한 설명과 함께 영원한 자유에 이르는 방법을 가르치고 있는 한, 비록 엄격히 말해서는 탄트라는 아닐지라도 탄트라적인 작품이라고는 할 수 있다.

따라서 그것이 탄트라적이며 요가 철학에 크게 기반을 두고 있으므로 요가에 대한 지식과 더불어 탄트라에 대한 일반적인 이해가 이 책을 읽는 이들에게 필요하다. 여기에 불완전하나마 탄트라에 대한 간단한 설명을 싣는 것도 그 때문이다.

서론에서 《티벳 사자의 서》는 생명의 바람〔氣〕 또는 생명력에 대해 말하는데, 그것을 탄트라에서는 다음과 같이 설명한다.

생명력(프라나)

인간의 의식체 곧 영혼은 환생할 때 다섯 가지의 옷을 입는다(옷은 산스크리트어로 코샤이다). 그 다섯 가지 옷들은 이렇다. 첫째, 육체의 옷(아나 마야 코샤). 둘째, 생명의 옷(프라나 마야 코샤). 셋째, 인간의 표면의식이 사는 옷(마니 마야 코샤). 넷째, 무의식의 옷(비즈나나 마야 코샤). 다섯째, 모든 것을 초월하는, 행복으로 가득한 절대의식의 옷(아난다 마야 코샤).

생명의 옷에는 생명력(프라나)이 깃들이며, 이것은 다시 열 가지의 생명의 바람〔氣〕으로 나뉜다. 생명의 바람은 산스크리트어로 바유 vayu라고 하는데, '숨쉬다' 또는 '바람이 불다'를 뜻하는 바va에서 나온 것이다. 이것은 프라나를 움직이는 힘을 가리킨다. 바유는 프라나의 음(−)의 요소로 이루어져 있다. 플라톤의 신비학에서 다이몬(신과 인간 사이의 초자연적 존재)이 우주 천체들의 운행을 주관한다고 하듯이, 바유는 인간 몸의 활동을 주관한다. 근본이 되는 다섯 가지의 바유는 다음과 같다.

1) 프라나. 영감을 담당한다.

2) 우다나. 위쪽으로 올라가는 생명력(생명의 바람)을 담당한다.

3) 아파나. 아래쪽의 생명력, 곧 방귀와 배설물, 오줌, 정액 등을 내보내는 일을 담당한다.

4) 사마나. 이것은 바유의 집합적인 힘으로, 몸의 불을 켜는 일을 담당한다. 이 불에 의해 음식이 소화되고 피를 통해 온몸으로 분배된다.

5) 비아나. 모든 신진대사에서 분해와 분산 작용을 맡는다.

다섯 가지 작은 생명의 바람들은 나가, 크룸마, 크리카라, 데바닷타,

다난자야 등이며, 이것들은 각각 딸꾹질과 눈을 떴다 감았다 하는 것과 소화의 보조 역할과 하품과 신체 장기의 팽창을 담당한다.

신경 또는 에너지 통로

이것은 산스크리트어의 나디nadi를 번역한 것이다. 나디는 몸의 생명력인 기(氣)가 움직이는 통로를 말한다. 요가에 관한 산스크리트어 책에는 열네 가지의 중심되는 나디와 7만 2천 가지의 작은 나디들이 인간의 몸 속에 존재한다고 적혀 있다. 이것은 마치 서양의 생리학자들이 많은 주신경과 부신경을 말하는 것과 같다. 그러나 동양의 나디와 서양의 신경은 문자적인 뜻은 같지만 동의어가 아니다. 나디는 심령의 힘이 흐르는 보이지 않는 통로이며, 심령의 힘은 생명의 바람에 의해서 움직인다. 열네 가지 중심 나디 중에서 근본적으로 중요한 세 가지 나디가 있다. 우리의 경전에 따르면 그것들은 중앙 에너지 통로(수슘나 나디), 왼쪽 통로(이다 나디), 오른쪽 통로(핑갈라 나디)이다.

수슘나 나디는 말 그대로 중앙의 중심되는 에너지 통로로 척추의 공동 속에 위치해 있다. 인간을 하나의 소우주로 볼 때 척추는 인체의 수미산에 해당한다. 왼쪽의 이다 나디와 오른쪽의 핑갈라 나디는 두 마리의 뱀이 서로 꼬여 올라가는 형상을 하고 있다. 이것은 신들의 사자(使者)이자 과학의 신이기도 한 헤르메스가 갖고 다니는 지팡이(카두세우스)와 똑같은 모양이다. 이 고대의 선구자가 들고 있던 지팡이는 가운데의 수슘나 나디를 중심으로 두 마리의 뱀처럼 꼬여 올라간 이다 나디와 핑갈라 나디를 상징하는 것으로 여겨진다. 오늘날 모든 서양 의사들은 이 마크를 옷에 매달고 있다. 다시금 동서양의 상징 암호들이 어떻게 서로 통하는가를 알 수 있다.

생명 에너지 센터(차크라)

수슘나 나디는 심령의 힘(氣)들이 흘러다니는 인체의 넓은 고속도로에 해당한다. 이 힘들은 발전기에서처럼 몇 개의 중심지에 집중되어 있다. 이 중심지를 차크라라고 부른다. 차크라들은 수슘나 나디를 통해 서로 연결되어 있다. 차크라 안에는 모든 심리 과정과 물리적 과정을 지배하는 생명력 또는 생명액이 저장되어 있다. 이 차크라들 중에 여섯 개가 가장 중요하다.

첫번째가 수슘나 나디의 뿌리로 알려진 물라다라 차크라이다. 이것은 성기와 항문 사이인 회음부에 위치해 있다. 여기에는 생명력의 비밀 샘이 있으며 쿤달리니 여신이 이곳을 관장한다. 네 개의 꽃잎을 가진 연꽃으로 상징된다.

바로 그 위에는 스와디스타나라고 하는 두번째 차크라가 있다. 성기의 에너지 센터인 이것은 여섯 개의 꽃잎을 가진 연꽃으로 상징된다.

배꼽의 에너지 센터가 그 위에 있는데, 산스크리트어로 마니푸라 차크라라고 부른다. 열 개의 꽃잎을 가진 연꽃이다.

그 다음은 가슴의 에너지 센터로 열두 개의 꽃잎을 가진 연꽃이며 아나하타 차크라라고 부른다.

다섯번째인 비슈다 차크라는 목구멍 부위에 위치해 있고 열여섯 개의 연꽃잎을 갖고 있다.

여섯번째 아즈나 차크라는 불상이나 힌두의 신상에서 제3의 눈으로 표시되는 것처럼 양 눈썹 사이에 위치하고 있다. 두 개의 꽃잎을 가진 연꽃으로 상징되는 이곳은 심령의 주요 에너지 통로(나디)들인 수슘나, 이다, 핑갈라가 모였다가 갈라지는 곳이다.

이 모든 것들 위에서는 신체의 태양처럼 일곱번째 차크라인 최상의 차크라가 인체라는 우주를 내리비치고 있다. 이곳은 사하스라라 파드마라고 하는, 1천 개의 꽃잎을 가진 연꽃이다. 바로 이곳이 수슘나 나디가 빠져나가는 출구로, 우리의 경전에서는 브라흐마의 출구로 부르고 있다. 죽었을 때 이곳을 통해 의식체가 몸 밖으로 빠져나가는 것이다.

요가 수행자의 최초의 목표는 쿤달리니 여신으로 표현되는, 탄트라에서 말하는 뱀의 힘을 깨우는 것이다. 척추의 뿌리 부분에 위치한 물라다라 차크라 속에는 강력한 신비의 힘이 마치 잠자는 뱀처럼 또아리를 틀고 있다. 이 뱀의 힘은 일단 깨어나 활동을 시작하면 마술 유리관 속의 수은처럼 일어나서 하나씩 생명 에너지 센터들을 통과해 올라가서는 머리의 에너지 센터에 있는 1천 개의 꽃잎을 가진 연꽃에 도달하도록 되어 있다. 그것은 정수리 부분에서 분수 모양으로 퍼져나와 천상의 음식이 되어 소나기처럼 쏟아져 내린다. 그렇게 해서 심령체의 모든 부분을 먹여살린다. 이렇듯 최상의 영적인 힘으로 가득 차면 요가 수행자는 깨달음을 경험하게 된다.

만다라

생명 에너지 센터 곧 차크라들 중에서 《티벳 사자의 서》는 주로 다음의 세 개와 관계를 맺고 있다. 첫째, 가슴 에너지 센터(아나하타 차크라). 둘째, 목 에너지 센터(비슈타 차크라). 셋째, 머리 에너지 센터(사하스라라 파드마).

이 중에서 두 개가 중요하다. 머리 에너지 센터는 북쪽 센터라고 불리며, 가슴 에너지 센터는 남쪽 센터라고 불린다. 이 둘은 신체의 양극을 이룬다. 인간이 태아 상태로 있을 때 가장 먼저 만들어지는 것이 이 두 가지 센터이며, 태양에 있는 프라나 중앙 저수지와 연결된 지구의 프라나가 직접 그것들을 만드는 일을 맡는다고 한다.

이 세 개의 중심 차크라와 관련해서 세 개의 중심 만다라가 있다. 신비한 신들의 그룹이라고 할 수 있는 이 만다라들은 다시 열네 개의 만다라로 나누어진다. 그것들은 우리의 경전에서 설명하고 있는 바르도의 처음 14일(7일 + 7일)에 해당한다.

세 개의 중심 만다라 중에서 첫번째 것은 42명의 신들을 담고 있다. 이 만다라는 여섯 개의 만다라로 나뉘며, 이것은 초에니 바르도의 처음 6일에 해당한다. 그리고 이들은 가슴 에너지 센터(아나하타 차크라)로부터 나온다.

두번째 만다라는 열 명의 중심이 되는 신들을 담고 있으며, 일곱째 날에 나타난다. 그리고 이들은 목 에너지 센터(비슈타 차크라)로부터 나온다.

세번째 만다라는 58명의 중심 되는 신들을 담고 있고, 일곱 개의 만다라로 나뉘며, 초에니 바르도의 처음 6일에 해당한다. 이들은 머리 에너지 센터(사하스라라 파드마)에서 나온다.

처음의 42신과 마지막의 58신이 합쳐져 100명이 최고신들로 이루어진 대만다라를 만든다. 이들 42신은 평화의 신들이라 불리고 58신은 분노의 신이라 불린다. 그리고 나머지 열 명의 신들은 목 에너지 센터와 연결되어 있는데, 이들은 가슴 에너지 센터의 42신과 머리 에너지 센터의 58신들의 중간에 나타나며, 42 평화의 신들과 함께 분류된다. 이들이 모두 합쳐지면 110명의 신들로 이루어진, 초에니 바르도 전체의 더 큰 만다라를 형성한다.

또한 모든 만다라 안에는 분명한 방향이 있다는 것을 발견할 수 있을 것이다.

다섯 명의 명상하는 붓다들〔五禪定佛〕과 그 여성 배우자들이 처음 5일 동안에 주로 나타나는 신들이다. 여기서 여성 배우자(샥티)에 대한 설명이 필요할 것이다. 샥티shakti는 문자 그대로는 '신의 힘'을 뜻하지만 신의 힘의 여성적 측면을 가리킨다. 신의 여성 배우자로 인격화되어 표현된다. 신은 양(+)이고 샥티는 음(−)이라고 할 수 있다.

샥티를 숭배하는 탄트라 수행자들, 다시 말해 어머니 여신으로 인격화되는 신의 이 우주적인 힘을 숭배하는 자들을 샥타라고 부른다. 탄트라 수행자들은 고대 이집트인들처럼 생식 과정에 대한 정확한 지식을 당연히 종교 과학의 수준까지 올려놓았다. 이 과학에서는 《티벳 사자의 서》에서 설명하고 있듯이 자연의 남성 원리와 여성 원리의 결합은 완성을 상징한다. 티벳어에서는 이 남성 원리를 얍이라고 하고 여성 원리를 윰이라고 한다. 남성(얍 또는 신)으로 상징되는 '힘'과 여성(윰 또는 샥티)로 상징되는 지혜가 합쳐질 때 완성이 이루어지는 것이다.

유감스럽게도 의도적으로 이 사상을 왜곡하거나 아니면 흔히 그렇듯이 잘못 이해했기 때문에 탄트라의 가르침을 악용하는 그릇된 수행법이 생겨나게 되었다. 이 수행법들은 유럽이나 미국에서 정식으로 입문식을 거치지도 않은 사람들에 의해서 탄트라라는 이름 아래 행해지고 있는데, 때로는 조직적인 단체의 후원을 받는 경우도 있다. 이래서 탄트라의 가르침에 대한 부당한 악평이 떠돌게 되었다. 탄트라에 정통한 스승들의 지도를 받지 않았기 때문에 생긴 불행한 결과이다. 따라서 동양의 신비주의 스승들은 오랜 수행 기간을 거친 자격 있는 제자들을 제외하고는 그들의 내밀한 가르침을 주지 않는다. 이상은 라마 카지 다와삼둡과 부탄에 살았던 그의 스승의 공통된 생각이다.

앞서 말했듯이 처음 5일 동안에는 다섯 명의 명상하는 붓다들이 그들의 여성 배우자들과 함께 나타난다. 첫째날에는 바이로차나(비로자나불)와 그의 여성 배우자만이 등장한다. 그 다음 4일 동안에는 나머지 네 명의 명상하는 붓다들과 그들의 여성 배우자들이 각각 두 명의 보디사트바(보살)들과 그들의 여성 배우자들을 거느리고 나타난다. 그리고 나서 6일째 되는 날, 이 모든 신들이 한 만다라에 나타나며 여기에 16명의 신이 더 등장한다. 16신은 8명의 수문장 신과 여섯 세계를 관장하는 6명의 붓다와, 아디붓다(본초불)와 그의 여성 배우자이다. 이 모든 신들이 가슴 에너지 센터로부터 나타나는 42신을 이룬다.

일곱째날에 연꽃의 신들이라고 높여 부르는, 목 에너지 센터로부터 10명의 '지식을 가진 신들'이 나타난 다음에 나머지 7일 동안 머리 에너지 센터의 58신들이 다음과 같이 나타난다.

처음 5일간은, 곧 여덟째날부터 열둘째날까지는 매일 헤루카들과 그들의 여성 배우자가 나타나는데, 모두 합해 10명의 신이다. 열셋째날은 8명의 케리마와 8명의 타멘마가 나타나고, 열넷째날은 4명의 수문장 신과 28명의 동물머리 신들이 나타난다.

신들과 만다라와 생명 에너지 센터의 상징들에는 합리적인 설명이 숨겨져 있다. 다시 말해 각각의 에너지 센터로부터 나타나는 신들은 사후에 카르마가 활동을 시작했음을 뜻한다. 이 카르마는 사자의 충동과 욕망에 좌우된다. 마치 입문식의 신비 연극을 보는 것처럼 날마다 다른 배우들이 사자의 정신적인 무대 위에 나타나며, 사자는 유일한 관객이다. 그리고 연출자는 카르마이다. 맨 먼저 사자의 의식 속에 담긴 신성하고 고차원적인 요소들이 최초의 투명한 빛 속에서 나타난다. 그리고 점점 빛이 흐려지면서 환영들은 서서히 불행한 모습을 띠기 시작한다. 가슴 에너지 센터와 목 에너지 센터의 평화의 신들은 머리 에너지 센터의 분노의 신들 속으로 녹아들어간다.

마지막으로 순전히 인간적이며 야수적인 습성이 분노한 신들로 인격화되어 나타난다. 분노한 신들에는 두 종류가 있는데 덜 분노한 신들(토와)과 더 분노한 신들(닥포)이 있다. 이 분노의 신들의 무섭고 공포스런 환영이 마음의 화면에 나타날 때 사자는 당황해 그것들로부터 도망쳐 자궁 속으로 피신한다. 사실 그 환영들은 그 자신의 마음에서 나오는 것에 지나지 않지만 그는 그 사실을 알지 못한다. 그리하여 그는 마야의 노리개가 되고 무지의 노예가 된다.

바꿔 말하면 지상에서 육체가 성장하고 늙어 사후에는 해체되듯이, 상념체인 사후의 몸은 천국 같은 바르도의 유년 시절을 보낸 뒤 이상으로 가득한 바르도의 청년기를 보내고 그 다음에는 차츰 늙어서 바르도에서 죽게 된다. 이때 사자는 바르도를 포기하고 환생하는 것이다.

탄트라에서는 각각의 차크라를 연꽃잎의 숫자로 나누는데, 이것을 통해 우리는 의식을 구성하는 요소들이 바르도에서 나타날 때 그것들을 구분하는 실마리를 갖게 된다. 이를테면 가슴 에너지 센터의 연꽃, 곧 아나하타 차크라는 12개의 꽃잎을 가진 붉은색 연꽃으로 그려지며, 각각의 꽃잎은 다음과 같이 성격의 주된 요소들을 나타낸다. ① 희망(아샤), ② 걱정 근심(친타), ③ 노력(체쉬타), ④ 나의 것이라는 느낌(마마타), ⑤ 자만 또는 위선(담바), ⑥ 권태(비칼라타), ⑦ 속임(아항카라), ⑧ 분별(비베카), ⑨ 탐욕(롤라타), ⑩ 표리부동(카파타타), ⑪ 우유부단(바타르카), ⑫ 후회(아누타파).

목 에너지 센터의 연꽃, 곧 비슈다 차크라는 바라티스타나라고도 부르는데 16개의 꽃잎으로 이루어졌다. 처음 7개는 7개의 산스크리트 음조를 상징한다. 여덟번째 꽃잎은 죽음의 독액을 상징한다. 다음의 7개 꽃잎은 7개의 시드 만트라를 뜻한다. 시드 만트라 seed mantra는 산스크리트어의 기본 소리를 말하는 것으로, 이것을 반복해서 발음하면 그 소리로 대표되는 대상이나 신이나 어떤 상태가 나타난다. 마지막 16번째 꽃잎은 불멸의 감로를 상징한다.

머리 에너지 센터의 연꽃은 천 개의 꽃잎을 갖고 있다. 이 꽃잎들에는 색색가지의 산스크리트어 또는 티벳어 알파벳이 상징적으로 지정돼 있다. 그리고 이 차크라는 다른 차크라들에 존재하는 모든 것,

그리고 우주에 존재하는 모든 것이 잠재돼 있다. 다른 모든 차크라들이 이 차크라에서 나온다.

다섯 명의 명상하는 붓다들은 이 책의 다른 곳에서 다른 관점으로도 설명했듯이 우주의 영적인 속성들을 상징한다. 바이로차나(비로자나불)는 북방불교의 탄트라 수행자들에게는 육체를 가진 존재와 영적인 존재들 모두에게 모습을 부여하는 우주의 힘으로 다가온다. 바즈라사트바(금강살타)는 악쇼비아(아축불)의 반영으로, 공덕으로 나쁜 카르마를 씻어내도록 기원하는 우주의 힘이다. 라트나삼바바(보생불)는 원하는 모든 것을 재생하도록 기원하는 우주의 힘이다. 아미타바(아미타불)는 장수와 지혜를 얻도록 기원하는 우주의 힘이다. 아모가싯디(불공성취불)는 예술과 공예에서 성공하도록 기원하는 우주의 힘이다.

바즈라사트바 안에는, 순전히 밀교적인 측면에서, 《티벳 사자의 서》의 만다라 안에 나타나는 모든 평화의 신들과 분노의 신들이 녹아들어가 있다고 한다.

3. 만트라 또는 힘을 가진 말

《티벳 사자의 서》 전체에서 얘기되고 있는 만트라의 힘에 대한 하나의 실마리는 고대 그리스 음악 이론에서 찾아볼 수 있다. 다시 말해 어떤 특별한 성질을 가진 기본음을 알면, 그 음을 이용해 그 특별한 성질을 분해할 수 있다. 이것은 과학에 있어서 진동의 법칙을 알면 쉽게 이해할 수 있다. 모든 유기체는 자기만의 고유한 진동수를 갖고 있다. 모래알에서부터 산에 이르기까지, 그리고 심지어 행성과 태양까지도 고유한 진동수를 갖고 있다. 이 진동수를 알면 그것을 신비적으로 사용해 그 유기체를 분해할 수 있다.

　신비술에 정통한 사람은 어떤 신이든 그 신에 해당하는 만트라를 알면 그 신과 정신적으로 통신을 주고받는 법을 안다. 일종의 무선 통신이나 텔레파시 통신과 비슷한 것이다. 예를 들어 그가 좌도 밀교에 정통한 자 곧 흑마술사라면 그는 원소들이나 열등한 차원의 영적 존재들을 불러내어 명령할 수 있다. 왜냐하면 그들 각각은 특정한 진동수를 갖고 있는데, 이것을 알아내 하나의 만트라로 만들어 버리면 흑마술사는 그 만트라를 사용해서 특정한 원소나 영적 존재들을 분해해 완전히 없앨 수도 있다. 노상강도가 총을 들이대고 여행자에게 돈을 내라고 윽박지르듯이, 흑마술사는 만트라를 써서 한 영혼에게 그가 원하는 대로 하도록 만들어 버릴 수 있다.

　이와 같이 소리는 절대적인 힘을 갖고 있기 때문에 영적 존재들, 영적인 힘, 물리적인 힘 등의 특정한 진동수에 해당하는 만트라가 만들어지면 그 만트라들은 절대적인 비밀로 지켜진다. 그리고 이 보완을 유지하기 위해 영적 스승들의 계보가 세워지고 그 안에서 힘을 가진 말들을 지켜 나가는 것이다. '비법을 보호하는 형제단'에 가입하고자 하는 제자들은 보물들이 그에게 맡겨지기 전에 반드시 시험을 치른다. 그렇게 해서 보호단원들이 맥을 이어 간다.

　시험을 잘 치른 제자에게는 잠들어 있는 쿤달리니 여신을 깨우는 힘을 가진 특별한 만트라가 주어진다. 그 만트라를 외면 여신이 깨어나고 명령을 받기 위해 그에게 나타난다. 이때 위대한 스승이 필요하다. 왜냐하면 깨어난 여신은, 그 만트라를 현명하게 사용하는가 그렇지 않은가에 따라 그를 파괴할 수도 있고 구원할 수도 있기 때문이다.

　외부의 공기가 거친 소리들을 진동시킴에 따라 내부의 생명의 바람이 움직인다. 내부의 생명의 바람은 만트라의 소리에 따라 활동을 시작한다. 미묘한 신비의 소리를 포착한 쿤달리니 여신은 그 신의 음악에 따라 척추 뿌리의 에너지 센터에 있는 왕좌로부터 몸을 일으켜 차례차례 위쪽의 차크라들로 상승한다. 마침내 그 음악은 천 개의 꽃잎을 가진 연꽃을 가득 채우며, 거기서 그 음악이 울려 나오고 절대의 스승이 그 음악에 반응한다.

어떤 신의 모습을 상상해 시각화하는 것에 대해 우리의 경전은 자주 얘기하고 있다. 그것은 다만 그 신의 본질적인 속성을 생각하는 또 다른 방법일 뿐이다. 신의 모습을 상상하거나 그 신에 해당하는 만트라를 소리내어 발음할 때 똑같은 요가 수행의 효과가 얻어진다. 어떤 신이든 그에 해당하는 만트라를 외면 그 신이 나타나기 때문이다.

그러나 만트라라고 해도 리듬이 맞지 않으면 효과가 없다. 또한 정식으로 입문하지 않은 자의 눈에는 이 모든 것이 아무런 의미가 없어 보인다. 스승의 지도가 없기 때문이다.

나아가 어떤 신의 만트라를 정확히 발음하려면 알맞은 리듬에 대한 지식을 갖고 있어야 할 뿐만 아니라 육체가 순결해야만 한다. 그래서 수행자는 먼저 육체를 정화하는 만트라로 자신의 입과 혀를 깨끗이 한다. 그리고 그 다음에는 잠자고 있는 만트라의 힘을 깨우는 과정, 또는 잠자고 있는 만트라의 힘에 생명을 주는 과정을 통해서 만트라 자체를 정화한다.

만트라의 신비한 힘은 싯디라고 하는 초자연적인 능력들을 낳는다. 싯디는 원래 글자 자체의 뜻은 '목표를 이룸'이지만 여기서는 요가 수행을 통해 얻어지는 능력들을 뜻한다. 이 능력들은 수행자의 성향에 따라 좋은 목적을 위한 백마술로 또는 사악한 목적을 위한 흑마술로 쓰일 수도 있다. 심령의 개발을 통해 얻어지는 결실은 같지만 그것을 어떻게 사용하는가에 따라 이 시점에서부터 우도와 좌도로 갈라진다. 그래서 한쪽은 영원한 자유의 길로 가고, 다른 한쪽은 노예의 길로 떨어진다.

4. 스승과 제자 그리고 입문

《티벳 사자의 서》는 임종을 맞이하는 사람과 이미 죽은 사람에게 그의 수호신이나 영적인 스승을 마음 속으로 그리도록 자주 지시한다. 또 어떤 경우에는 인간 스승에게서 배운 가르침, 특히 제자로 입문할 때 전해 들은 가르침을 기억하라고 말한다.

요가와 탄트라 수행자들은 스승에는 세 가지 계열이 있다고 말한다. 첫째는 가장 높은 단계의 스승으로, 산스크리트어로 디비아우가라고 부른다. 이것은 천상의, 또는 신의 계열을 뜻한다. 여기에 속한 스승은 인간이 아니라 순수하게 신적으로 존재하는 스승이다.

둘째는 가장 영적으로 진화한 인간 존재이다. 이들은 초자연적인 싯디의 능력들을 갖고 있으며, 그래서 싯다우가라고 부른다.

셋째는 일반적인 종교의 교사들이다. 그래서 이들은 인간의 계열을 뜻하는 마나바우가라고 부른다.

그러나 스승을 이렇게 세 가지로 구분하는 것은 그들 각자의 능력의 차이 때문이 아니라 그들이 위치해 있는 자리에 따른 것이다.《탄트라 라자》라는 문헌에 보면 신적인 계열은 언제나 시바 신의 천상계에 머물며, 초자연적인 능력의 계열은 인간계와 천상계 둘 다에 머물고, 인간 계열은 이 세상 속에서만 머문다.

여자든 남자든 자격만 있으면 스승이 될 수 있다. 제자는 대개 입문하기 전에 1년 동안 수습 기간을 거친다. 만일 이 기간 동안 더 높은 차원의 가르침을 받기에 부족하다고 판단되면 그는 제자로 받아들여지지 못한다. 그러나 적격자라고 판단되면 그는 스승에게 맡겨져 영적 진화의 길에 조심스럽게 발을 들여놓게 된다. 제자는 수습 기간 동안 그에게 필요한 이런저런 수행을 지시받는다. 그리고 수습 기간이 끝났을 때 제자는 그 수행 과정을 거쳐야만 하는 이유와 그것을 성공적으로 마쳤을 때 얻어지는 최종적인 결과에 대해 스승에게 듣는다. 일단 스승이 선택되면, 제자는 그 첫번째 스승이 더이상 그를 가르칠 수 없다고 판단될 때까지는 그 스승의 말에 불복종할 권리나 다른 스승을 선택할 권리가 없다. 만일 카르마 덕분에 제자의 수행 속도가 빨라서 스승과 대등한 위치에 오르게 되면 스승은 더이상 그를 가르칠 수 없으므로 더 높은 스승에게 그를 보낼 것이다.

제자를 입문시키기 위해, 스승은 여러 날에 걸친 수행을 통해서 스스로를 준비한다. 이때 스승은 신적인 스승들에게 축복의 염파(念波)를 보내 줄 것을 기원하고, 신적인 스승들이 존재하는 영적 세계와 직접 통신을 한다. 만일 그가 초자연적인 능력을 갖고 있다면 이런 통신은 세상 사람들이 행하는 무선 통신이나 텔레파시 교신처럼 실제로 일어난다.

그 다음에 이어지는 실제 입문식에서 스승은 제자에게 비밀의 만트라, 곧 '힘을 가진 말'을 내려 준다. 이때 비밀 형제단의 새로운 회원이 된 제자와, 아버지 신으로서 모든 스승들과 제자들 위에 서 있는 절대의 스승 사이에 하나됨이 이루어진다. 생명력(생명의 바람)이 인간과 신을 이어 주는 심령적이고 물리적인 연결고리 역할을 한다. 그 생명력은 일곱번째 생명 에너지 센터인 천 개의 꽃잎을 가진 연꽃에 자리잡고 있으며, 뱀의 힘을 깨우는 수련에 의해서 마치 무선 수신국이 하듯이 그 에너지 센터를 통해 절대의 스승이 보내는 축복파를 수신한다. 그리하여 신의 은총이 인체의 각 기관으로 전달되어 빛을 발한다. 이것은 마치 전기가 전구의 진공관에 유도되어 빛을 발하는 것과 같다. 이렇게 해서 진정한 입문이 이루어지며 제자는 깨달음을 얻게 된다.

인도와 티벳의 신비 입문식에 따르면 절대의 스승이 천 개의 꽃잎이 달린 연꽃 왕좌에 앉아 있다. 인간 스승의 인도를 받은 제자는 깨어난 쿤달리니 여신의 뱀의 힘에 의해 이 아버지 신의 발 아래 엎드려 절을 하고 축복과 은총을 받는다. 마야(환상)의 베일은 걷히고, 투명한 빛이 제자의 가슴 속으로 거침없이 비쳐든다. 하나의 등불이 다른 등불에 의해 점화되듯이, 신의 능력이 아버지 신, 곧 절대의 스승으로부터 새로이 태어난 인간 제자에게 전해진다.

입문식에서 주어지는 비밀의 만트라는 이집트의 '힘을 가진 말'처럼 깨어 있는 의식 상태에서 육체를 버리고 육체를 갖지 않은 세계로 들어가는 데 꼭 필요한 암호이다. 만일 입문자가 죽음에 이르러 육체를 버려야 할 시간이 오기 전에 이미 영적으로 충분히 진화했다면, 그래서 지상계를 떠나는 순간에 그 신비의 만트라 곧 힘을 가진 말을 기억해 낼 수 있다면, 그는 의식을 잃지 않은 상태에서 육체에서 이탈할 수 있을 것이다. 영적으로 진화한 제자는 환생과 환생으로 이어지면서도 의식이 단절되지 않는다.

5. 존재의 근원

불교의 모든 종파는 영혼설을 부정하면서 개체의 불멸은 불가능하다고 말한다. 왜냐하면 모든 개체적 존재는 하나의 불안정한 흐름에 불과한 것이고 카르마에 따라 끝없이 변화하는 것에 지나지 않는다. 그 카르마는 눈앞에서 일어나는 모든 현상들이 실제로 존재하는 것이라는 잘못된 관념에서 생겨난다. 다른 말로 하면, 불교는 개체로서 존재하는 마음이나 의식은 실체를 깨달을 수 없다고 주장한다.

《티벳 사자의 서》가 가르치는 핵심도 그것과 다르지 않다. 만일 그 마음이 인간이라는 것에 붙잡혀 있고 '나'라는 생각을 갖고 있으며 자신이 다른 마음들과 분리된 존재라고 여긴다면, 그는 마야의 노리개요 무지의 장난감에 지나지 않는다. 윤회계 안에 존재하는 모든 환각 상태의 파노라마들을 실제로 존재하는 것으로 믿게 만드는 것이 바로 이 마야와 무지이며, 현상계의 질곡에서 헤매게 하는 것도 바로 그것이다.

기독교 신앙을 가진 이들은 영혼설을 전통적으로 확실하게 믿고 있기 때문에 그들의 입장에서는 다른 선택의 여지가 있을 리 없다. 그들은 육체의 죽음 후에도 천국에 가든 지옥에 가든 개체가 불멸한다고 믿는다. 따라서 그들의 시각으로 보면 불교가 존재 자체를 완전히 부정하고 있는 것처럼 잘못 보일 수도 있다.

《티벳 사자의 서》에 따르면 존재의 근원을 깨닫는다는 것은 마음으로부터 모든 오류와 잘못된 믿음을 내던져 버리는 일에 전적으로 달려 있다. 그래서 마야(환영)가 더이상 지배하지 못하는 상태에 이르는 것이다. 일단 마음이 카르마의 온갖 속임수로부터 자유로워지고, 천국이든 지옥이든 그 밖의 어떤 세계든 모든 곳에서 일어나는 현상들이 실제로 존재하는 것이라는 그 최고의 이단론을 벗어 던지기만 한다면, 그때 바른 지식이 스스로 문을 열고 다가온다. 그때 모든 모습들은 모습 없음 속으로 녹아들어갈 것이며, 모든 현상은 현상 너머로 사라질 것이다. 무지는 진리의 빛에 흩어져 버릴 것이다. '나'라는 개체는 사라져 버리고 '나'의 슬픔도 마지막을 고할 것이다. 마음과 물질이 하나라는 것을 알게 되고, 세속적인 의식은 초월적인 의식으로 탈바꿈할 것이다. 그리하여 다르마카야와 하나가 되고, 순례자는 마지막 목적지에 도착한다.

위대한 수도승 아슈바고샤〔馬鳴〕는 붓다의 생존 당시에 입문한 제자들에 의해 직접 구전된 대승불교의 핵심적인 가르침들을 1세기경에 기록으로 남겼다. 《대승기신론(大乘起信論)》이라는 제목의 이 저서는 이론과 실천 양쪽에서 대승불교의 중심적인 사상을 간추린 것으로 단편이기는 하지만 불교사상 매우 중요한 문헌이다. 아슈바고사가 살았던 연대는 확실치 않다. 이 문제에 대해 세심하게 연구한 스즈키에 따르면 아슈바고사는 기원전 1세기 후반에서 기원후 50년 또는 80년까지에 걸쳐 살았다. 그의 생존 연대가 이보다 1세기 정도 더 뒤일 가능성은 거의 없다.

그의 저서 《대승기신론》은 한문본에서 번역한 두 권의 영역본이 있다. 하나는 중국에 기독교 선교사로 간 티모시 리처드Timothy Richard가 1894년에 번역한 것으로 1907년 상하이에서 출판되었다. 다른 하나는 학식있는 일본 승려 테이타로 스즈키가 시카고에서 1900년에 출판했다. 마찬가지로 두 권의 한문본이 있는데, 지금은 사라지고 없는 산스크리트 본에서 한역한 것이다. 그 중 하나는 554년 인도의 불교 포교사였던 파라마르타(眞諦, 쿨라나타라고도 부른다)가 번역했는데, 그는 546년에 중국에 와서 569년에 71세의 나이로 죽었다. 다른 한 권은 마찬가지로 인도의 불교 포교사였던 칙샤난다가 700년에 번역을 시작한 것으로, 그는 중국에서 710년에 59세의 나이로 죽었다. 리처드의 영역본은 파라마르타 본에서 번역한 것이며, 스즈키의 영역본은 칙샤난다 본에서 번역한 것이다.

이 탁월한 저서 《대승기신론》의 영향은 대단해서 대승불교의 모든 중요한 종파에 그 영향을 미치고 있다. 이 책에서는 존재의 근원에 대해 다음과 같이 설하고 있다.

무지에 대해

"존재의 근원은 본디 하나일 뿐이다. 그러나 무지의 정도는 무수히 많다. 그 무지의 정도에 따라 사람의 본성도 수없이 다르다. 갠지스 강의 모래알보다도 많은 거친 생각들이 있다. 어떤 생각들은 무지한 관념에서 생기고, 또 어떤 것들은 감각과 욕망의 무지로부터 생겨난다. 이와 같이 모든 종류의 거친 생각들은 무지로부터 생겨나며, 그것은 무수히 많은 차이들을 갖고 있다. 이것에 대해선 오직 타다가타(如來)만이 아신다.

인간이 이 존재의 근원을 통해서 객관적 세계가 존재하지 않는다는 사실을 알 때, 이 진정한 존재에 따르고 복종하려는 다양한 방법들이 자발적으로(다시 말해 어떤 생각이나 행위가 없이도) 생겨난다. 그리고 오랫동안 이 힘에 영향을 받을 때 무지는 사라진다. 무지가 사라지면 잘못된 관념은 일어나지 않는다. 잘못된 관념이 일어나지 않으면 이전의 객관 세계도 종말을 고한다. 그 세계들이 힘을 잃으면 한계를 가진 마음의 거짓된 힘은 더이상 존재하지 않는다. 이것을 일러 니르바나라고 하며, 이때는 존재의 진정한 근원에서 나오는 자연스런 힘들만이 작용한다."

이것은 리처드의 번역본에서 옮긴 것이다. 스즈키 번역본은 이 부분을 이렇게 번역하고 있다.

"모든 존재는 한결같이 진여(眞如, 우주 만물의 실체)를 갖고 있지만 태초부터 있어 온 무지는 갠지스 강의 모래알 수만큼 다양하다. 그 무지로 인해 낱낱의 존재들이 떨어져 나왔다. 그리고 무지 때문에 '나'라는 관념이 생겨나고, 지적인 편견이나 감정적 편견들까지 일어난다. 이것을 얼마큼 닦아낼 수 있는가 하는 것은 각자가 지금까지 쌓아 온 카르마에 따라 다르다. 이 모든 것은 다만 타다가타(여래)만이 이해할 수 있다. 그래서 그토록 많은 믿음의 차이 등이 생겨나는 것이다.

무지를 닦아내는 이 일을 통해서 우리는 우리 안에 본래 순수하고 아무것에도 물들지 않은 진여를 갖고 있다는 것을 믿게 된다. 그리고 세상의 모든 현상들이 다만 마음이 만들어낸 환영이며 실체가 없다는 것을 깨닫게 된다. 우리가 그렇게 진리를 올바로 이해하면, 영원한 자유에 이르는 방법들을 수행할 수 있게 되고 다르마(진리)에 일치하는 행위를 할 수 있다. 그때 우리는 어떤 것도 특별히 여기지 않으며 집착하지도 않는다. 무수한 아승기겁(헤아릴 수 없이 많은 세월) 동안의 수행과 훈련 덕분에 우리는 무지를 벗을 수 있다. 이렇듯 무지가 사라지면 마음은 더이상 '나'에 끌려다니지 않는다. 마음이 끌려다니지 않으므로 주위 세상을 특별한 것으로 여기는 마음조차 사라진다. 이런 식으로 마음의 먼지가 걷히고 정신적 장애들이 모두 사라졌을 때 우리는 니르바나에 이르렀다고 말하며, 행위 없는 행위에 이르렀다고 말한다."

현상에 대해
"모든 현상은 본디 마음 속에 있으며 실제로는 모습이 존재하지 않는 것이다. 모습이 없으므로 무엇인가가 거기에 존재한다고 생각하는 것은 잘못이다. 모든 현상은 단지 마음 속의 잘못된 관념에서 생겨나는 것일 뿐이다. 만일 마음이 이러한 잘못된 관념들로부터 자유로워진다면, 그때 모든 현상도 사라질 것이다.

그러므로 세 개의 세계(욕망의 세계, 모습을 가진 세계, 모습을 갖지 않은 세계)에서 일어나는 현상들은 마음이 지어낸 것이다. 마음이 없다면 대상도 실제로는 없다. 그러므로 모든 존재는 마음 속의 불완전한 관념들로부터 생겨난 것이다. 모든 차이는 곧 마음 속의 차이이다. 그러나 마음은 스스로를 볼 수 없다. 왜냐하면 그것은 모습이 없기 때문이다. 우리는 모든 현상이 한계를 가진 마음 속의 불완전한 관념들로부터 창조된 것임을 알아야 한다. 그러므로 모든 존재는 거울에 비친 실체 없는 그림자와 같고, 마음 속의 환영과 같은 것이다. 한계를 가진 마음이 활동을 시작하면 일체가 생겨난다. 한계를 가진 마음이 잠잠하면 일체가 사라진다."

스즈키는 이 문장을 다음과 같이 번역했다.

"한 마디로, 모든 상대적인 존재와 현상계 전체는 혼란된 마음의 분별심에서 나온 것이다. 만일 우리가 분별심으로부터 놓여나 자유로워지면, 모든 형태의 상대적인 존재는 스스로 사라질 것이다.

삼계(욕계, 색계, 무색계)는 단지 마음의 그림일 뿐이다. 마음으로부터 떨어져 있으면 여섯 가지 감각의 대상(색깔, 소리, 냄새, 맛, 촉각, 관념) 같은 것은 존재하지 않는다. 그 까닭은 무엇인가? 모든 것은 각각의 존재 원리를 마음에 두고 있으며 주관성에 의해 생겨난다. 따라서 모든 차별적 형태는 마음의 차별성에서 나오는 것이다. 그러나 마음 그 자체에는 특별한 속성이 없으므로 구별지을 수가 없다. 그러므로 우리는 일체의 사물과 현상계의 모든 상황들은 다만 모든 존재에게 있는 무지와 주관성을 통해 그 실체를 갖게 된 것이기 때문에 거울 속에 비친 상만큼도 실제적이지 못하다는 결론에 이르게 된다. 그것들은 모두 분별하는 마음으로부터 생겨난 것이다. 마음이 시끄러워질 때 수많은 대상들이 생겨난다. 그러나 마음이 고요해지면 수많은 대상들이 사라진다."

공간에 대해

"인간은 공간이 무(無)라는 것을 이해해야 한다. 공간은 존재하지 않으며 실체가 아니다. 그것은 실체에 반대되는 낱말이다. 우리는 다만 사물들을 구별하기 위해서 이것이 보이고 저것이 보인다고 말할 뿐이다."

스즈키는 이렇게 번역했다.

"공간은 분별심에서 생겨난 물건에 불과하며 그 자체가 실제로 존재하지는 않는다는 것을 우리는 분명하게 이해해야만 한다. 공간을 지각할 때 비로소 그 속에 있는 사물들을 지각하게 되는데, 이것은 공간이 마치 사물과는 독립적으로 존재하는 것처럼 얘기되는 것에 모순된다. 그러므로 공간은 우리의 분별 의식 속에서만 존재한다."

마음과 물질에 대해
"마음과 물질은 영원히 하나다. 물질의 본질은 지혜이므로 물질의 본질에는 형태가 없다. 그것은 지혜가 구체화되어 나타난 것이라고 부른다. 지혜의 본질이 표현된 것이 물질이므로 물질에는 어디에나 지혜가 깃들여 있다. 표현되지 않은 물질은 크기가 없다. 그것은 의지에 따라 우주의 어디에나 자신을 나타낼 수 있다. 헤아릴 수 없이 많은 푸사(지성을 갖춘 독실한 수행자, 또는 보디사트바), 헤아릴 수 없이 많은 영감 받은 영혼들, 헤아릴 수 없이 많은 영광들로 자신을 나타낼 수 있다. 그것들은 크기가 없으면서도 서로 다르고, 서로 방해하지도 않는다. 이것은 존재의 절대적인 근원이 작용하는 것이기 때문에 일반적인 감각으로는 이해할 수 없다.

존재의 절대적인 근원에서는 마음과 물질에 아무런 차이가 없다. 차이가 생겨나는 것은 삶과 죽음의 윤회 속에서 이 한계 가진 자가 물들었기 때문이다.

물든 이 세계는 모두 가짜이다. 그것들은 아무런 실체도 갖고 있지 않다.

마지막으로, 그릇된 관념을 버리기 위해서는 물들었느니 물들지 않았느니 하는 것이 상대적인 단어이며 따로 떨어진 것이 아님을 알아야 한다. 영원히 모든 것은 마음도 물질도 아니며, 무한한 지혜도 유한한 지식도 아니며, 존재하는 것도 존재하지 않는 것도 아니다. 그러나 이 모든 것은 결국 표현할 수가 없는 것이다. 그럼에도 불구하고 우리는 언어를 사용한다. 우리는 붓다가 사람들을 바르게 인도하기 위해 솜씨있게 언어를 사용한 것은 이유가 있기 때문이라는 것을 알아야만 한다. 모든 것 중에 최고인 인간의 생각은 다만 일시적인 것이며 결코 절대적인 진리가 아니기 때문에 인간들로 하여금 억측을 삼가고 존재의 근원에게로 돌아오도록 하기 위한 것이다."

스즈키의 번역본은 이렇게 옮기고 있다.

"물질과 마음은 태초부터 둘이 아니었다. 우리는 물질의 본질이 단지 마음으로 이루어져 있다는 것을 알기 때문에 우주를 이성(理性)의 몸이라고 말한다. 또한 우리는 마음의 본질이 단지 물질로 이루어져 있다는 것을 알기 때문에 우주를 물질의 몸dharmakaya이라고 말한다. 이 다르마카야에 의지해 모든 타다가타(여래)들이 육체적인 모습으로 화해 모든 장소에 끊임없이 나타난다. 그리고 열 방향[十方]에 있는 모든 보디사트바들은 각자의 능력과 소원에 따라 헤아릴 수 없이 많은 축복의 몸들과 헤아릴 수 없이 많은 장식된 나라들로 나타날 수 있다.

그리고 각각의 몸과 나라는 개체의 특징을 갖고 있지만 다른 개체들이 그 속으로 녹아들어가는 것을 막지 않으며, 서로 녹아드는 일들이 방해받지 않는다. 하지만 헤아릴 수 없이 많은 몸을 하고 나타나는 이 다르마카야는 일반 사람의 생각이나 이해력으로는 납득하기 어렵다. 왜냐하면 그것은 진여(眞如)의 자유롭고 가장 미묘한 활동이기 때문이다.

이것을 분명히 깨쳐야 한다. 진여는 마음에 얼룩이 생겨서 일어나는 어떤 차별적인 모습과도 관계가 없다. 또한 우리가 진여는 무수히 많은 가치있는 특징들을 갖고 있다고 말할 경우에조차 그런 특징들은 마음의 얼룩과는 아무런 관계가 없다.

마음에 얼룩이 생겨서 일어나는 모든 대상은 다만 실체가 없다. 그것들은 처음부터 존재라는 것을 갖고 있지 않았다.

만일 분별과 집착으로부터 완전히 벗어나게 되면 순수하고 오염된 모든 것들이 다만 상대적 존재라는 것을 이해하게 될 것이다. 그러므로 이것을 알라. 세상의 모든 것은 태초부터 물질도 아니고 마음도 아니며 지성도 아니고 의식도 아니다. 그리고 존재하는 것도 아니고 존재하지 않는 것도 아니다. 그것들은 결국 설명할 수가 없다. 그럼에도 불구하고 타다가타께서 말씀과 정의내림이라는 방법을 통해 가르치고자 애쓰는 이유는 훌륭하고 탁월한 기술을 갖고 있기 때문이다. 그는 다만 일시적으로 말과 정의내림을 써서 모든 인간들을 인도하려는 것일 뿐이며, 그의 궁극적인 목적은 인간들로 하여금 말과 언어의 상징을 떠나서 바로 실체로 들어가게 하기 위한 것이다. 왜냐하면 만일 사람들이 논리와 궤변에 빠지거나 매달려서 주관적인 분별만 늘어난다면 그들은 참 치혜와 니르바나를 얻을 수 없기 때문이다."

마음의 본성에 대해

"태초부터 마음은 순수한 본성을 갖고 있지만, 제한된 생각으로 얼룩진 제한된 면이 있기 때문에 거기에는 얼룩진 면이 있다. 이렇게 얼룩이 졌어도 본래의 순수한 본성은 변하지 않는다. 이러한 신비는 깨달은 자만이 이해한다.

만일 마음의 참 본성이 없었다면 만물은 존재할 수 없었을 것이다. 그 본성을 보일 아무것도 없었을 것이다. 만일 마음의 참 본성이 남아 있다면 그때는 한계 가진 마음이 지속된다. 한계 가진 마음의 광기가 사라질 때만이 한계 가진 마음이 사라진다. 사라지는 그것은 존재의 진정한 근원에서 나오는 지혜가 아니다.

동쪽과 서쪽은 실제로 바뀌지 않았지만 어떤 길잃은 사람이 동쪽을 서쪽이라고 부르듯이, 인간은 무지 속에서 길을 잃고 우주의 마음을 자신의 생각이라고 부른다. 그러나 마음은 여전히 그대로이며, 인간의 생각에 의해 바뀌지 않는다. 사람들이 절대의 마음은 인간의 사념 같은 것을 필요로 하지 않는다는 사실을 깨달을 때, 그들은 저 무한 세계에 이르는 바른 길을 따르게 될 것이다."

스즈키의 번역은 다음과 같다.

"마음의 본성은 영원히 깨끗하고 순수하지만 무지 때문에 마음에 때가 묻는다. 마음에 때가 묻었더라도 마음 자체는 영원하고 깨끗하며 순수하고 변화에 물들지 않는다. 나아가 마음의 본성 그 자체는 모든 구분으로부터 자유롭기 때문에 그것이 어디에서나 다양한 모습의 존재를 만들어내더라도 그 자체는 바뀌지 않는다. 이 세상 만물이 본디 하나임을 깨닫지 못했을 때 무지가 생겨나고 나누는 마음이 인다. 그리고 마음의 때가 커져 간다. 그러나 이 가르침은 너무도 중요하고 그 중요함은 이루 다 헤아릴 수 없어서 붓다에게나 충분히 이해될 뿐 다른 이들에게는 그렇지 못하다.

무지를 없애도록 하라. 그러면 마음의 장애들이 사라질 것이다. 반면에 마음의 본질(곧 진여)은 항상 똑같은 상태로 남아 있다. 마음 그 자체가 사라지면 모든 존재도 사라지게 된다. 왜냐하면 존재들이 스스로를 나타낼 근거가 사라지기 때문이다. 그러나 마음이 사라지지 않는 한 마음의 장애도 계속될 것이다.

길잃은 자가 동쪽을 서쪽이라 여기듯이, 그가 혼동하고 있다고 해서 방향이 바뀌는 것은 아니지만, 모든 존재들은 그들을 잘못 인도하는 무지 때문에 그들의 마음이 장애를 받고 있다고 상상한다. 그러나 실제로는 그렇지 않다. 하지만 그들이 마음의 장애(곧 생과 사)가 곧 불멸성(즉 진여)이라는 사실을 이해할 때, 그들은 진여의 문 안으로 들어가게 된다."

절대의 본성에 대해

"그것은 시작이 있는 것도 아니고, 끝이 있는 것도 아니다. 그것은 진실로 영원하다. 본질에 있어서 그것은 항상 가능성으로 가득 차 있다. 그것은 이 세상 만물에 빛을 주고, 실제적이고 모든 것을 아는 큰 빛과 지혜로 묘사된다. 그것의 참 본성은 순수한 마음의 본성이며, 영원히 기쁨으로 가득하고, 사물들의 진정한 모습이며, 순수하고 고요하고 변치 않는다. 그러므로 그것은 자유로우며, 갠지스 강의 모래알 수보다도 많은 깨달음의 속성과 덕으로 가득 차 있고, 신성하며 불변하고 말로 설명할 수가 없다.

모든 경험의 배후에 있는 본성이 그 시작이 없는 것처럼, 그것은 끝이 없도다. 이것이 진정한 니르바나이다.

모든 존재의 배후에는 절대의 니르바나(절대 평화)가 있다."

스즈키의 번역은 다음과 같다.

"그것은 과거에 창조된 것이 아니며, 미래에 없어지지도 않는다. 그것은 영원하고 무한하며 절대적이다. 그리고 태초부터 그것은 그 본질 속에 모든 가능한 장점들을 충분히 담고 있다. 다시 말해 진여는 다음과 같은 특징을 지니고 있다. 대지혜의 빛, 다르마 다투(法界, 우주)를 널리 비춤, 진실되고 적절한 지식, 본성에 있어 순수하고 깨끗한 마음, 영원성, 절대 행복, 자기 조절 능력, 순수성, 고요, 불변성, 그리고 자유. 이 모든 붓다 다르마 안에는 이질성이 존재하지 않는다. 그것들은 갠지스 강의 모래알 수보다도 많기 때문에 진여의 본질과 같기도 하고 같지 않기도 하다. 그러므로 이런 것은 우리의 이해의 수준을 넘어서는 것이다.

이것을 분명히 이해하라. 다섯 원소들의 본질은 창조되지 않았으므로, 없어지지도 않는다는 것을. 그리고 그것들이 없어지지 않으므로 그것들은 원래 열반 그 자체라는 것을.

모든 존재는 태초부터 본질적으로 니르바나 그 자체이다."

절대에 대한 이런 설명은 다르마카야에 대한 설명이기도 하다. 왜냐하면 절대와 다르마카야는 동의어이기 때문이다. 현대 불교학자 락쉬미 나라수Lakshmi Narasu는《불교의 본질 The Essence of Buddhism》에서 최고선(善)에 대해 이렇게 설명한다.

"불교는 이쉬바라 신(최고신)을 부정한다. (왜냐하면 본초불조차도 최고신이 아니라 티벳 불교의 가상적인 최초의 붓다일 뿐이기 때문이다.) 그러므로 최고신은 불교의 최종적인 목표나 안식처가 될 수 없다. 불교도의 목표는 불성을 실현하는 데 있다. 불성의 본질은 다르마카야이다. 그것은 삶에 영향을 미치는 모든 법칙들의 종합이며, 그것을 생생히 인식하는 것이 곧 깨달음이다. 다르마카야는 불교도들이 우주에 대한 이해와 느낌을 종합해서 표현하는 가장 이해하기 쉬운 말이다. 다르마카야는 불교도에게는 우주가 단순한 기계 장치가 아니라, 삶과 더불어 고동치는 것임을 의미한다. 나아가 다르마카야는 우주에 관한 가장 감동적인 사실은 우주의 지적인 측면과 특별히 더 높은 범위에서는 윤리적인 질서임을 뜻한다. 뿐만 아니라 그것은 우주는 본질에 있어서 하나이며 혼란과 이원론을 초월해 있음을 암시한다. 다르마카야는 초라한 추상이 아니고, 인과법칙 안에서 자신을 나타냄으로써 세계를 이해할 수 있는 것으로 만들어 주는 존재의 측면이다. 다르마카야는 인간의 이성적 의지와 도덕적 열망 안에서 스스로를 가장 완벽하게 나타내는 존재의 이상적인 경향성이다. 그것은 모든 완벽한 이성적 정신이 인격화된 영감의 형태이다. 만일 다르마카야가 없다면, 개체를 구성하는 아무것도 없을 것이며 이성도, 과학도, 도덕적 의지도, 이상도, 삶에 있어서의 목표와 목적도 없을 것이다. 다르마카야는 모든 존재의 규범이며, 진리의 기준이고, 정의롭고 선한 법의 척도이다. 그것은 만물을 구성하는 데 있어서 이로운 행위와 해로운 행위를 만드는 주체이다."

이렇듯 아슈바고샤는 《티벳 사자의 서》의 근본을 이루는 대승불교의 사상이 건전성과 탁월성을 동시에 지니고 있음을 증명하고 있다. 그리고 또 한 사람의 주석자로서 우리의 풀이가 옳다는 것을 확인시켜 준다.

6. 북방불교와 남방불교 그리고 기독교

두 개의 큰 불교 학파 사이의 차이점들을 보여 주기 위해서는 무척 많은 주제를 다뤄야 할 것이다. 그 두 학파란 북방불교와 남방불교이다. 이것들은 흔히 '큰 길'을 뜻하는 대승불교와 '작은 길'을 뜻하는 소승불교로 부르기도 한다. (남방불교도들은 무시당하는 느낌 때문에 결코 소승불교라는 단어를 쓰지 않는다.)

여기서 아탈 비하리 고쉬는 이렇게 말하고 있다.

"대승(大乘, 마하야나)은 큰 길 또는 높은 길(또는 여행)을 뜻하며, 소승(小乘, 히나야나)은 작은 길 또는 낮은 길(또는 여행)을 뜻한다. 야나의 야는 '가다'라는 뜻이며, 야나는 '가기 위한 수단'을 뜻한다. 동양학을 하는 서양 학자들은 흔히 학교 교과서에서 설명하고 있듯이 야나를 '수레'[乘]로 번역했지만, 사실은 '길'이 더 가까운 뜻이다."

북방불교는 승단이 체계적이고 잘 조직화된 점, 종교 의식을 강조한다는 점, 신들의 영향력에 대한 정교한 교리, 기독교와 비슷한 숭배와 예불, 탄트라, 명상하는 붓다들(선정불), 보디사트바, 요가를 강조하는 점, 미묘한 철학, 삼신(三身)에 대한 초월적인 가르침 등이 남방불교와 잘 구별된다.

남방불교는 반대로 느슨한 승려 조직을 갖고 있으며, 신적인 왕인 달라이 라마나 티벳 불교의 최고 영적 지도자인 타시 라마와 같은 지도자가 없다. 북방불교에 필적할 만한 의식(儀式)도 없으며, 탄트라는 거의 찾아볼 수 없고, 선정불이나 원초불에 대한 숭배도 없다. 다만 천신들과 수호신에 대한 한정된 믿음이 있을 뿐이다. 사찰에 그려진 흥미를 끄는 유일한 보디사트바는 미래에 올 붓다인 마이트레이야(미륵불)이다. 이론적으로는 요가를 강조하지만, 붓다고사(佛音)와 그의 직계 제자들의 시대 이후에는 남방불교도들 사이에서 요가 수행은 거의 행해지지 않았다. 붓다고사의 시대에는 스리랑카는 오늘날의 티벳처럼 위대한 성자들과 요가 수행자들로 유명했다고 한다.

탄트라의 가르침들이나 요가에 주로 적용되는 초월적인 불교가 존재한다는 것을 남방불교는 부정한다.

티벳 스승들은 붓다의 시대로부터 직접 구전되어 내려온 비밀의 가르침을 자신들이 갖고 주장하는데, 탄트라의 가르침들이나 요가에 주로 적용되는 이런 초월적인 불교가 존재한다는 것을 남방불교는 부정한다. 왜냐하면 그들은 《팔리 삼장(三藏)》에 기록된 것 외에는 붓다가 더 이상의 고차원적인 가르침을 설하지 않았다고 믿기 때문이다. 마찬가지로 그들은 다르마카야에 대한 것이 《장아함경》의 아가나 수타나 품에서 분명히 언급되고 있음에도 불구하고 삼신(三身) 사상을 내세우지 않는다. 그 경전에서 붓다는 바세타라는 바라문 승려에게 다르마카야에 대해 설하고 있다. 그리고 《다르마 프라디피카 Dharma-Pradipika》라는 제목의 싱할리(스리랑카의 주요 민족) 언어로 씌어진 작품에는 다르마카야와 루파카야〔色身〕에 대한 자세한 설명이 들어 있다.

북방불교가 남방불교와 다른 것은 초기 기독교 선교사들의 영향 때문이라는 기독교 옹호론자들의 주장이 있지만 그것은 틀린 주장임이 쉽게 밝혀진다. 왜냐하면 근본 교리에 관한 한 북방불교는 지금도 1

세기경과 근본적으로 달라진 것이 아무것도 없으며, 또한 북방불교의 역사가 서력 기원보다 앞서기 때문이다. 그러나 이런 사실은 아슈바고사와 같은 북방불교의 위대한 스승들의 저서들이 발견되면서 최근에야 서양 학자들에게 알려졌다. 설령 기독교 학자들이 주장하는 것처럼 네스토리우스교나 성 토마스, 또는 그 후의 선교사들이 미친 기독교의 영향이 있었다고 해도 기껏해야 피상적인 수준에 지나지 않았던 것 같다. 〔네스토리우스교는 5세기 시리아의 성직자 네스토리우스가 주창한 교파로 예수에 있어서의 신성과 인간성의 공존설을 주장했다. 이것은 481년 에페우스 공회의에서 이단으로 배척되었지만 그 일파는 중국에 전해져서 경교(景教)라고 불렸다.〕

휴Hue는 그의 책 《타타르 지방 여행기 Travels in Tartary》에서, 티벳 불교의 새로운 종파 게룩파를 창시한 총카파는 출생지에서 가까운 중국의 암도 지방에서 선교 활동을 하던 로마인 성직자를 통해 기독교에 접하게 되었다고 기록하고 있다. 그러나 총카파는 14세기 후반에 태어나 15세기 초에 게룩파 종을 세웠기 때문에 8세기 파드마삼바바에 의해 창시된 원시 닝마파 종에 대해선 그런 짐작에 불과한 기독교의 영향은 거의 중요하지 않다. 중도의 카규파 종도 역시 게룩파 종을 시대적으로 앞질러 있다. 이 종파는 11세기 말 마르파에 의해 창시되었으며, 그는 인도의 아티샤를 스승으로 두고 있다.

우리의 시각으로는, 물론 힌두교나 불교 등의 동양 종교들과 기독교가 주고받은 서로의 영향들을 현재 거의 알 수 없으므로 속단하기는 어렵지만, 기독교가 오히려 그 이전에 존재했던 종교들로부터 많은 영향을 받아 종교 의식과 상징물뿐만 아니라 신앙까지도 그것들을 바탕으로 만들어지고 발전한 것이 아닌가 여겨진다. 예를 들어 기원후 처음 수세기 동안 이집트에서 가장 잘 실천된 기독교의 수도 생활과 요가 비슷한 수행법 등은 분명히 그보다 역사가 오래된 힌두교와 불교, 자이나교, 도교의 직접적인 영향을 받은 것이었다.

기독교의 2대 교리, 곧 삼위일체설과 신자성육설(神子成肉說, 신이 인간의 유체를 하고 지상에 태어났다는 교설)은 기독교 이전에도 있었던 것이기 때문에 독특한 것이 아니다. 이 둘은 인도에서 기독교 이전 시대부터 발전해 왔을 뿐만 아니라, 이집트에서는 적어도 6천 년 전에 오시리스 신앙의 중심 교리였다.

알렉산드리아의 성 클레멘스(부모는 이교도이나 기독교로 개종하고 여러 나라를 편력한 뒤 190년경 알렉산드리아의 전도사 학교 교장인 판타이노스의 가르침을 받고 200년경 그의 뒤를 이어받았다)의 제자이며 기독교 교부들 중에서 가장 박식했던 오리게네스는 환생설과 카르마 교리가 기독교에 적합한 것이라고 주장했다. 그는 그런 신념 때문에 사후 299년 뒤에 기독교에 의해 파문당했다. 그는 다음과 같이 말했다.

"일반 대중에게 알려지지 않은 어떤 비밀의 교리가 존재한다는 것은 기독교만의 독특한 점이 아니다. 그 비밀의 교리들은 일반적인 교리들이 가르쳐진 다음에야 공개될 수 있다. 철학 사상도 어떤 것은 일반적이지만 어떤 것들은 대단히 비밀스럽고 상징적이다."

일반 교회들에 의해서 열린 타락한 제2차 콘스탄티노플 종교회의에서 이단으로 판결을 받았지만 오리게네스가 건전한 기독교인이라는 것은 기독교의 창시자인 예수 자신의 말에서도 분명해진다.

"이르시되 하나님 나라의 비밀을 너희(선택된 제자들)에게는 주었으나 외인(곧 일반 사람들)에게는 비유로 하나니 이는 저희로 보기는 보아도 알지 못하며, 듣기는 들어도 깨닫지 못하게 하여 돌이켜 죄사함을 얻지 못하게 하려 함이니라."(마가복음 4장 11~12절, 고린도전서 2장 7절, 3장 1~2절.)

기독교 신비주의의 전형인 원시 기독교의 그노시스 학파는 환생과 카르마를 얘기하는 고대 동양의 가르침에 일반적으로 동의하고 있다. 그노시스 파는 동양 종교의 영향을 받아 인간의 지혜가 신비적인 체험을 통해 신의 경지에 도달할 수 있고 아울러 신을 인식할 수 있다고 믿었다. 그래서 그들은 영지학파(靈智學派)라고 불리게 되었다. 그러나 후기 기독교는 결국 이를 거부했으며, 553년 제2차 콘스탄티노플 종교회의에서 다음과 같이 결의했다.

"영혼이 전생에도 존재한다는 미신적인 교리나 영혼이 환생한다는 이상야릇한 의견을 지지하는 자는 누구든지 파문당할 것이다."

산상수훈 자체도, 기독교 이전의 팔리어 경전들에 대한 연구가 증명하듯이 선사시대의 여러 붓다〔覺者〕들로부터 전해져 내려온 것을 고타마 붓다가 체계적으로 설하고 다시 그것이 기독교적으로 각색된 것이다. 많은 불교학자들은 그렇게 여기고 있다.

현대의 기독교 교회들은 신비주의적인 가르침이나 그노시스 학파 같은 원시 기독교의 교리를 갖고 있지 않다는 데서 자부심을 느낀다. 그들은 불교나 그 밖의 동양 종교들의 교리와는 크게 다른 정교한 교리들을 내세운다. 이 교리들 중에서 가장 두드러진 것은 이런 것들이다.

① 지구에서의 한 번의 생이 끝나면 영원한 천국이나 영원한 지옥이 뒤따른다. ② 구세주의 피의 희생으로 대신 속죄받는다. ③ 기독교의 창시자인 예수에게서 입증되었듯이 신이 인간의 육체를 갖고 지상에 내려온다.

원시 기독교나 그노시스 학파의 영향보다는 공의회(교계의 대표자들이 모여서 신앙과 교리상의 문제를 결정하는 회의)를 바탕으로 한 기독교 신학에 더 많은 영향을 받은 서양 학자는 불교가 근본적으로 어떻게 현대 기독교와 다른가를 정확하게 알 필요가 있다.

바깥의 구세주의 능력에 의존할 것을 가르치는 현대 기독교와는 달리 불교는 구원을 얻으려면 자신의 노력에 의지해야 한다고 가르친다. 하지만 실제로는, 그리고 어느 정도는 이론에 있어서도, 이 근본적인 자기 의존의 교리가 티벳 불교에선 약간 수정이 되었다.《티벳 사자의 서》에 이 점이 잘 나타나고 있다. 헌신자는 마치 기독교인들이 예수나 성인들과 천사들에게 하듯이 명상하는 붓다들이나 수호신들에게 직접 호소한다. 마찬가지로 북방불교와 기독교는 남방불교와는 달리 예불과 예배를 드리고 성체 의식을 올린다.

둘째로, 앞에서 지적했듯이 현대 기독교는 원시 기독교에서 지지했던 환생과 카르마의 교리를 비난하며, 불교는 옹호한다.

셋째로, 두 신앙은 최고신의 존재 여부에 대해 다른 견해를 갖고 있다. 인격화된 신 하나님 아버지는 기독교 신학의 초석이나, 불교에서는 비록 붓다가 최고신을 긍정도 부정도 하지 않았지만 최고신이 설 자리가 없다. 왜냐하면 붓다가 주장했듯이 최고신을 믿거나 믿지 않는 것보다는 올바른 자기 노력이 생의 본질을 이해하는 데 더욱 필수적이기 때문이다. 붓다는 이쉬바라〔主宰神〕가 이 세상 만물의 원인이라고 주장하지 않았으며, 또다른 원인을 주장하지도 않았고, 세상이 시작하게 된 원인이 없다고 주장하지도 않았다.

붓다는 이렇게 설했다.

"만일 세상이 이쉬바라 신에 의해 만들어졌다면 슬픔이나 재난 같은 것은 없어야 할 것이며, 선을 행하거나 악을 행하는 것도 없어야 할 것이다. 왜냐하면 이 순수한 행동과 불순한 행동 모두가 이쉬바라 신으로부터 비롯되어야 하기 때문이다. 또 만일 이쉬바라 신이 창조주라면 모든 살아 있는 것들은 인내를 가지고 창조주의 권력에 묵묵히 굴복해야 할 것이니, 선을 행할 필요가 무엇이겠는가? 선을 행하든 악을 행하든 똑같은 것이다. 그러므로 보다시피 이쉬바라에 대한 생각은 이렇듯 논란의 여지가 있는 것이다."

이상은 420년경 인도의 불교 수도승 다르마락샤[曇無讖]가 한문으로 번역한 아슈바고사의 《불소행찬(佛所行讚)》에서 인용한 내용이다.

위대한 스승께서는 최고신 특히 인격화된 신을 믿고 안 믿고는 인간이 영적으로 각성하는 데 필수적인 것이 아니라고 제쳐놓았다. 하지만 그는 서양 과학에서 인과법칙이라 하고 동양 과학에선 카르마라고 부르는 절대적인 힘 또는 우주적인 법칙에 대한 믿음을 불교의 주춧돌로 삼았다. 그것은 힌두교의 경우와 같은 것이었다. "그대가 뿌린 대로 그대는 거둘 것이다."라고 붓다는 말했다. 사도 바울까지도 오랜 뒤에 편지에서 "무엇을 심든 그대는 심는 대로 거두리라."라고 썼다.

그리고 앞에서도 이미 말했듯이 불교는 기독교 신학이 말하는 '영혼' 같은 영원하고 불변하는 개체가 존재한다는 것을 인정하지 않는다. 또한 윤회계(곧 현상계) 안에서는 영원한 행복의 상태에 도달할 수 없다고 여긴다. 왜냐하면 모든 불교 종파는 공통적으로 니르바나가 현상계 너머에 있다고 믿기 때문이다. 모든 세상과 천상계와 지옥계를 초월한 곳에 니르바나가 있으며, 그 상태는 오직 그것을 직접 깨달음으로써만 이해될 수 있다는 것이다.

붓다는 하늘에 계신 아버지나 독생자에 대해 가르치지 않았으며, 바른 지식을 향해 다가가는 자기 노력에 의한 방법밖에는 인간을 구원할 다른 방법이 없다고 가르쳤다. 그는 모든 불교도들이 믿고 있듯이 무수한 생에 걸친 영적 진화의 결과로 길을 발견했고 완전히 깨달은 자가 되었으며, 이 덧없고 슬픔으로 가득한 윤회계를 완전히 벗어났다. 오직 자신의 노력에 의해서 그는 모든 존재의 목표 곧 영원한 자유를 성취했다. 불교도들은 기독교인들이 구세주에 대해 갖는 태도와는 달리 오직 그들의 안내자로서만 붓다를 존경한다. 진리를 깨닫고 구원을 얻으려면 그가 걸어간 발자국을 각자가 따라 밟아야만 하며, 그에게 빌고 의지한다고 해서 그 목적지에 이를 수 있는 것은 아니다.

비록 《티벳 사자의 서》에서처럼 인간의 능력보다 더 큰 능력을 가진 자에게 기도를 하고 또한 모든 불교도들이 붓다에게 일종의 숭배를 올리긴 하지만, 자신의 노력을 통해 바른 지식에 도달한다는 교리는 결코 사라지지 않는다. 기독교가 가르치는 것처럼 바깥의 힘에 전적으로 의지하는 일은 결코 있을 수 없으며, 회개나 구세주에 대한 믿음이나 대리 속죄를 통해 죄를 사함받는 것 같은 기독교 신앙에 비교될 만한 것은 어디에도 없다. 북방불교의 어떤 의식들은 기독교의 죄 사함 이론과 비슷한 내용을 담고 있기는 하다. 만일 북방불교가 기독교의 영향을 조금이라도 받은 것이 사실이라고 한다면 바로 그런 부분일 것이다. 그러나 그런 의식들도 마지막까지 분석해 보면, 그것들이 뜻하는 것은 악업을 소멸할 수 있는 것은 똑같은 양의 선업이라는 것이다. 마치 물리학에서 두 개의 반대되는 힘이 서로 균형을 이루는 것과 같은 것이다. 기독교의 영향은 접어두고라도 이것은 모든 남방불교가 더 분명하게 가르치고 있는 내용이다.

하지만 모든 종교가 그렇듯이 불교도 원래의 가르침과 실제 교리와 수행 사이에는 커다란 차이가 있기 쉽다. 따라서 의식을 행하는 경전으로서의 《티벳 사자의 서》도 예외는 아니다. 그러나 《티벳 사자의 서》의 상징적인 내용 뒤에는, 때로 남방불교와 비교해 상승(上乘) 불교라고 불리는 북방불교의 핵심적인 가르침들이 숨겨져 있다. 볼 수 있는 눈을 가진 이들은 그것을 발견할 수 있을 것이다.

7. 중세 기독교의 사후 심판

해설에서 나는 사후의 심판과 관련해 불교를 비롯한 동양의 신앙들과 오시리스 신앙 등이 기독교에 미친 영향에 대해 지적한 바 있다

(p.94~101). 사실 그것은 기원을 따지는 문제이기 때문에 결코 간단한 것이 아니다. 하지만 그것과 관련해,《티벳 사자의 서》에 나오는 사후 심판과 대영박물관이 소장하고 있는《죽음을 맞이하는 자의 탄식》을 비교해 보는 것은 무척 흥미로운 일이다. 콤퍼가 편집한 이 책은 연대가 미정이긴 하지만 대략 14세기에서 15세기로 추정되는 중세 시대의 작품이다. 이 책에서도 비슷한 형태의 사후 심판 장면을 다루고 있다.

"피할 수 없는 고통에 젖은 임종자는 그에게 다음과 같이 불평한다.

'아아, 나는 일생 동안 죄를 지었구나. 오늘 가장 끔찍한 소식이 나에게 전해졌네. 왕 중의 왕, 주님 중의 주님, 판관 중의 판관이 보낸, 잔인함이라는 이름을 가진 무장한 병사가 여기 나와 함께 있도다. 그의 직권을 상징하는 갈고리 달린 철퇴를 내 위에 올려놓으며 그는 말한다. 그대를 체포하노니 준비하라, 그대를 심판할 자는 공평하며, 재물에 매수되지 않으며, 정의롭고 공정하게 심판하실 것이라고.'

임종자는 탄식한다.

'아아, 슬프도다! 내가 나를 변론할 수 없도다. 나를 위해 변론해 줄 자를 나는 알지 못하노라. 그날과 그때가 무섭도다. 심판하실 자는 정의롭고, 나의 적들은 심히 사악하도다. 나의 가족과 이웃과 친구와 하인들은 나에게 호의를 베풀지 않으니, 그들의 목소리를 그곳에선 들을 수 없으리란 걸 나는 잘 안다.'

임종자는 선한 천사에게 이렇게 불평한다.

'아아, 나의 선한 천사여, 나의 주는 나를 누구에게 맡기실 것이며, 당신은 지금 어디에 있나이까? 생각컨대 당신은 이곳에 계셔서 나를 책임져 주셔야만 합니다. 죽음의 공포가 엄습해 와 나 자신을 어찌할 수 없나이다. 여기 악한 천사가 대기하고 있습니다. 그는 나를 고소할 자이며, 악마의 군단을 대동하고 있습니다. 나를 책임져 줄 자가 없나

이다. 아아, 너무도 고통스런 상황에 나는 처해 있습니다!'

임종자에게 선한 천사가 대답한다.

'너의 사악한 행위에 대해 나는 동의한 적이 없다. 나는 네가 천성적으로 나보다는 악한 천사에게 이끌리는 것을 보았다. 너는 변명할 수 없다. 하지만 네가 신의 계명에 반대되는 행동을 하려고 했을 때 나는 그것이 옳지 않다는 것을 너에게 상기시켜 주었다. 그리고 위험한 곳과 너를 그곳으로 유혹하는 친구들을 떠나라고 충고했다. 그래도 넌 아니라고 말할 수 있는가? 어째서 내가 널 책임져야 한다고 생각하는가?'"

죽음을 맞이하는 자는 모든 사람의 행동 방식에 따라 이성과 공포와 양심 그리고 다섯 가지 지혜에 도움을 호소한다. 이것은 중세 기독교의 신비 의식에서 잘 알려진 것으로, 동양 사상이 서양에 전파된 산물인 듯하다. 하지만 어쨌거나 아무도 그를 구제할 수 없다. 그리하여 마지막으로 그는 믿음, 소망, 자비를 통해 중재자인 성모 마리아에게 호소를 한다. 그리고 성모 마리아는 자신의 아들 예수 그리스도에게 호소를 하고, 여기서 《티벳 사자의 서》에 설명된 카르마 교리와는 반대되는 기독교의 죄사함 교리가 도입된다.

사후 심판에 대한 기독교식의 이 흥미로운 각색을 자세히 살펴보면 그것이 기독교 이전의 종교들과 동양 사상에서 유래한 것이라는 암시를 받을 수 있다. 그 안에는 카르마와 환생의 교리가, 《죽음을 맞이하는 자의 탄식》을 이루고 있는 유럽 중세 철학에 의해서도 수정되지 않은 채 남아 있다. 임종자에게 하는 다음의 답변을 읽으면 원시 기독교의 그노시스 학파가 갖고 있던 고대의 카르마 교리가 그대로 가르쳐지고 있다는 것이 여실히 드러난다.

양심—"너는 슬픔에 가득한 채로 네가 처러야 할 심판을 순순히 감수해야 한다."

다섯 가지 지혜——"그러므로 당연히 너의 의무 불이행은 네가 책임져야 한다. 그러므로 공평하게 재난이 너에게 미치리라."

또한 콤퍼가 편집한 14세기의 문헌 《오롤로기움 사피엔티아 *Orologium Sapientiae*》에 나오는 사후 심판에 대한 비슷한 설명을 비교해 보라. 거기에는 다음과 같은 내용이 적혀 있다.

"아아, 더없이 정의로운 심판관이여, 그대의 판결은 참으로 까다롭고 엄하구나. 작고 하찮아서 사람들이 고발을 하거나 두려워하지 않는 것들 속에서 그대는 나를 고발하고 엄하게 심판하는구나. 아아, 정의로운 심판관의 무서운 모습이 지금 내 앞에 나타나고, 갑자기 내게로 다가오고 있다."

영국 남부의 서리 지방에 있는 챌든 교회에는 사후 심판 장면이 벽화로 그려져 있다. 이것의 제작 연대는 약 1200년경으로 거슬러 올라가며, 1870년에 발견되었다. 이것은 여러 가지로 티벳의 사후 심판 그림(p.360)과 비슷하다.

두 그림 모두, 천상계 아래에 있고 지옥계 위에 있는 중간 지역 곧 바르도 상태에서 사자를 심판한다. 티벳 벽화에는 신제가 저울을 들고 있지만 기독교식으로 각색된 챌든 교회의 벽화에는 성 미카엘이 그 일을 대신 맡고 있으며, 카르마의 행위 대신에 영혼이 저울질되고 있고, 여섯 세계(六道)로 인도하는 여섯 개의 카르마의 길은 하나의 천국으로 인도하는 사다리로 되어 있다.

사다리의 맨 위에는 여섯 세계의 여섯 붓다 대신에 의로운 자들을 환영하기 위해 그리스도가 기다리고 있다. 마치 한 사람의 붓다처럼 태양이 그의 오른손에 들려 있고 달이 왼손에 있다. 지옥 세계에는 두 벽화 모두, 악마들의 지휘 아래 악행자들을 삶고 있는 커다란 가마솥이 놓여 있다. 그리고 기독교식으로 각색된 벽화에는 불교 벽화의 '큰 못들이 박힌 언덕'이 '큰 못들이 박힌 다리'로 바뀌어 있다. 심판받은 영혼들은 그 위를 지나가야만 한다.

또한 부쉬에 E. S. Bouchier가 쓴 《옥스퍼드 지방의 스테인드글라스에 대한 연구 Notes on the Stained Glass of the Oxford District》에 보면 브라이트웰 볼드윈 교회의 스테인드글라스 창문에는 사후의 심판에서 영혼의 무게를 다는 장면이 그려져 있다고 적혀 있다.

"아래쪽에는 하얀 유리로 된 성 미카엘의 손이 노란 저울을 받치고 있고, 저울의 왼쪽 접시 위에서는 절반 정도 키의 노랑 머리를 한 영혼이 기도를 하고 있으며, 오른쪽 접시 아래서는 뿔과 꼬리와 발톱과 노란 날개가 달린 작은 악마가 저울을 끌어내리려 하고 있다."

이런 모든 유사점들은 그동안 기독교나 유태교만의 독특한 것으로 여겨져 온 많은 상징물들이 사실은 이집트와 동방에서 흘러들어온 것이라는 우리의 견해에 더욱 확신을 준다. 그것들은 또한 동양이나 서양의 사고방식이 근본적으로 닮았다는 것, 다시 말해 인종이나 믿음과 물리적·사회적 환경이 다름에도 불구하고 인류는 아득한 과거 시대부터 정신적으로 영적으로 하나였으며 현재도 그렇다는 것을 암시한다.